O Negro no Futebol Brasileiro

Mario Filho

O Negro no Futebol Brasileiro

5ª Edição

Mauad X

Copyright © by Herdeiros e sucessores de Mario Rodrigues Filho, 2003.

5ª edição: 2010

Direitos desta edição reservados à
MAUAD Editora Ltda.
Rua Joaquim Silva, 98, 5º andar
Lapa — Rio de Janeiro — RJ — CEP: 20241-110
Tel.: (21) 3479.7422
www.mauad.com.br

FACEBOOK.COM/EDITORAMAUADX
@EDITORAMAUADX
@MAUADXEDITORA
(21) 97675-1026

Projeto Gráfico:
Núcleo de Arte/Mauad Editora

Imagem da Capa:
'Futebol', 1936, óleo s/tela, 86 cm x 56 cm
Autor: Francisco REBOLO Gonzales (1902-1980)

CIP-BRASIL. CATALOGAÇÃO-NA-FONTE
SINDICATO NACIONAL DOS EDITORES DE LIVROS, RJ.

M341

Mario Filho.

O negro no futebol brasileiro / Mario Filho

Rio de Janeiro : Mauad, 2003. 5ª edição, 2010

360p. ; 16cm x 23cm

ISBN 85-7478-096-0

1. Futebol – Brasil. 2. Futebol – História. 3. Negros. I. Título.

CDD – 796.3340981

Nota à 4ª Edição

Esta 4ª Edição do clássico *O Negro no Futebol Brasileiro* traz um Caderno Especial – inserido em papel diferenciado e sem numeração – com a trajetória de seu autor, Mario Filho, assinada pelo neto e jornalista Mario Neto, e as fotos de alguns dos primeiros craques negros e mulatos do futebol nacional, com seus perfis assinados pelo historiador Gilberto Agostino. Este Caderno finaliza com a imagem da capa desta edição, do artista plástico Rebolo, que também foi jogador de futebol e que, como pintor já conhecido, traçou pioneiramente na arte brasileira (1936, 'Futebol') uma cena de jogadores de futebol – o negro driblando o próprio Rebolo, que se autorretrata, como relata o sociólogo Antonio Gonçalves.

O Negro no Futebol Brasileiro, cuja 1ª edição, em 1947 (Irmãos Pongetti Editores), trazia o título *O Negro no Foot-Ball do Brasil*, que se revezava ao longo do livro com *O Negro no Foot-Ball Brasileiro*, já surgiria, em sua 2ª edição, em 1964 (Editora Civilização Brasileira) – a última edição com o seu autor em vida – com o título definitivo de *O Negro no Futebol Brasileiro*. Edição esta que ele ampliou, com acréscimos – os dois últimos capítulos – que considerou definitivos.

A 4ª Edição, agora lançada, retoma os títulos originais do Prefácio de Gilberto Freyre para a 1ª edição e do texto das orelhas de Édison Carneiro para a 2ª edição, que haviam sido modificados na 3ª edição, de 1994 (Editora Firmo).

A presente edição também retoma o nome do autor como ele o assinava: sem o acento em Mario, como na 1ª Edição.

Os Editores
Rio de Janeiro, 2003

SUMÁRIO

Apresentação à 4ª Edição,
Epitácio Brunet — 9

Prefácio à 4ª Edição – **Futebol, Racismo e Identidade Nacional**,
Luis Fernandes — 10

Apresentação à 3ª Edição,
José Mauro Firmo — 14

Texto das Orelhas da 3ª Edição,
João Máximo — 15

Nota à 2ª Edição,
Mario Filho — 16

Texto das Orelhas da 2ª Edição – **A Vez do Preto**,
Édison Carneiro — 18

Nota ao Leitor (1ª Edição),
Mario Filho — 20

Prefácio à 1ª Edição – **O Negro no Futebol Brasileiro**,
Gilberto Freyre — 24

Capítulo I – **RAÍZES DO SAUDOSISMO** — 27

Capítulo II – **O CAMPO E A PELADA** — 71

Capítulo III – **A REVOLTA DO PRETO** — 127

Capítulo IV – **A ASCENSÃO SOCIAL DO NEGRO** — 179

Capítulo V – **A PROVAÇÃO DO PRETO** — 229

Capítulo VI – **A VEZ DO PRETO** — 285

Apresentação à 4ª Edição

A Faperj assume, através do seu Programa de Editoração Científica, o apoio à reedição de um livro clássico sobre a formação da identidade nacional. Mario Filho, ao definir a contribuição do negro brasileiro ao futebol, completou um ciclo de obras – tais como *Casa Grande e Senzala*, *Formação do Brasil Contemporâneo* ou *Raízes do Brasil* – voltadas para a interpretação do Brasil, trabalhos que buscaram entender o que fazia, e faz, o Brasil ser brasileiro.

Ao lado das teses sobre a miscigenação racial, a onipresença do latifúndio, ou a cordialidade brasileira, Mario Filho buscou no negro brasileiro um jeito, uma 'ginga', um toque que fez do futebol duro e violento dos europeus uma arte alegre e feliz.

Assim, em todo o mundo, identifica-se uma 'escola' brasileira de futebol, marcada pelo drible, a ginga, a 'pedalada', imortalizando a contribuição do negro para um dos aspectos da cultura brasileira que mais identificam o brasileiro no mundo moderno. Pois é com esta compreensão que a FAPERJ decidiu, no âmbito do Projeto Memória Social dos Esportes, apoiar a reedição da obra de Mario Filho. No seu conjunto, o Programa Editorial já conta com mais de 150 títulos, dando ampla vazão à produção científica da comunidade acadêmica fluminense.

Epitácio Brunet[*]
Rio de Janeiro, 2003

---

[*] Historiador. Presidente da FAPERJ.

Prefácio à 4ª Edição

FUTEBOL, RACISMO E IDENTIDADE NACIONAL

A obra clássica *O Negro no Futebol Brasileiro*, publicada originalmente em 1947, trata-se, sem dúvida, do principal livro de referência sobre a gênese e formação do futebol de massas no Brasil. O rigor investigativo, a erudição e a riqueza de informações que marcam a pesquisa do cronista sobre o período formativo do nosso futebol situam a sua obra, no âmbito da historiografia e sociologia dos esportes, no mesmo plano dos grandes textos interpretativos da formação social brasileira, como *Casa Grande e Senzala*, de Gilberto Freyre, *Raízes do Brasil*, de Sérgio Buarque de Holanda, ou *Os Donos do Poder*, de Raymundo Faoro.

Mario Filho - cujo nome, merecidamente, crismou o monumental estádio construído no bairro do Maracanã, Rio de Janeiro, para a Copa do Mundo de 1950 - traça um interessantíssimo painel do desenvolvimento do futebol brasileiro nas primeiras décadas do Século XX, enfocando, principalmente, a sua prática e organização no Distrito Federal de então, mas abarcando, igualmente, a sua evolução em outras regiões do país, como São Paulo e Bahia. Para tal, o autor empreendeu ampla pesquisa em jornais da época e documentos oficiais de associações desportivas. Sua principal fonte, no entanto, foram as centenas de entrevistas realizadas com os principais atores diretamente envolvidos na prática e consolidação do novo esporte: jogadores, dirigentes, associados e torcedores. Esta opção metodológica situa *O Negro no Futebol Brasileiro* como obra precursora do recurso sistemático à História Oral como fonte da História Escrita, prática que só viria a se disseminar mais amplamente nas Ciências Sociais brasileiras décadas depois. Foi essa opção que permitiu a Mario Filho reconstituir uma tradição oral que, nas suas próprias palavras, era 'muito mais rica, muito mais viva do que a escrita dos documentos oficiais, graves, circunspectos' ou dos jornais que 'diziam quase nada'.

Qual é a história simultaneamente desvelada e construída pelos primeiros praticantes do futebol no Brasil, que nos é resgatada pela cativante narrativa de Mario Filho? É a de um esporte praticado quase que exclusivamente por clubes de engenheiros e técnicos ingleses e suas famílias no início do Século XX. Do fascínio pelo novo esporte por jovens da elite metropolitana que conviviam com os ingleses e os seus clubes. Da organização de clubes para a prática do futebol nos bairros da elite social da Capital, que se tornaram, igualmente, importantes centros de convivência das 'famílias de bem'. Da precaução dos organizadores dos primeiros campeonatos de futebol em não marcar jogos nos dias das regatas de remo para não ficarem sem público. Da rápida expansão do gosto pela assistência do futebol, fazendo com que fossem os organizadores das regatas de remo os que passassem a ter que remarcar suas disputas para não coincidir com os jogos do recém-chegado 'esporte bretão'. Da gradual substituição de profissionais liberais e funcionários públicos por acadêmicos e candidatos a bacharel na base dos principais times de futebol (já que, nos marcos da estrutura amadorística que regulava a competição desportiva de então, estes dispunham de mais tempo para treinar). Da virtual monopolização dos campeonatos pelos 'grandes clubes' dos bairros de elite, relegando os poucos clubes participantes com sede na periferia ou nos subúrbios (e que contavam com a participação de alguns jogadores negros, mulatos ou de origem popular) à condição de simples *sparrings*, eternamente condenados à derrota nas competições.

A narrativa de Mario Filho conta, igualmente, como esta estrutura elitista que dominou o futebol brasileiro nos seus primórdios veio a ser quebrada. Na Capital Federal, os marcos desta ruptura foram os triunfos do Vasco da Gama no campeonato de 1923, do São Cristóvão no de 1926, e do Bangu no de 1933. Todos eram clubes de origem popular, com sedes no que então se consideravam 'bairros periféricos' da cidade, e contavam com numerosos jogadores negros, mulatos e de origem humilde. Destes clubes, como é sabido, apenas o Vasco conseguiu se consolidar na elite do futebol brasileiro (o próprio conceito de 'elite' passando a ser referido não mais à condição social dos atletas ou associados do clube, mas ao seu desempenho esportivo em seguidas competições). Mas o destaque dado à ascensão do Vasco em 1923 na narrativa de Mario Filho deve-se ao fato de esta ter operado uma 'verdadeira revolução' no futebol brasileiro. A aguda sensibilidade social do cronista, reforçada pelos depoimentos colhidos nas entrevistas, captou o significado mais profundo e duradouro desta revolução:

> *Os clubes finos, de sociedade, como se dizia, estavam diante de um fato consumado. Não se ganhava campeonato só com times de brancos. Um time de brancos, mulatos e pretos era o campeão da cidade. Contra esse time, os times de brancos não tinham podido fazer nada. Desaparecera a vantagem de ser de boa família, de ser estudante, de ser branco. O rapaz de boa família, o estudante, o branco, tinha de competir, em igualdade de condições, com o pé-rapado, quase analfabeto, o mulato e o preto, para ver quem jogava melhor.*

No futebol, assim como na vida social e na História em geral, todo processo de ruptura se depara com a reação das forças dominantes que se sentem ameaçadas. No caso da ascensão do Vasco em 1923, esta reação se deu em duas frentes. A primeira, ainda com o campeonato em andamento, se processou na própria assistência dos jogos. A escalada vitoriosa de um clube de origem popular trouxe uma afluência de novo tipo às nobres arquibancadas dos clubes tradicionais. O próprio Mario Filho relata como havia se tornado costume entre 'famílias de bem', após assistir missa na Igreja da Matriz da Glória no Largo do Machado, se dirigir, ainda trajando as suas melhores roupas de domingo, para o estádio do Fluminense nas Laranjeiras, para acompanhar a *performance* dos seus filhos e amigos nos jogos de futebol. Com a ascensão do Vasco, essa seleta assistência passava a ter de disputar lugar nas arquibancadas com imigrantes portugueses, suas famílias, colegas e empregados. Para a elite da época, tratava-se de inaceitável subversão da hierarquia social. Guardadas as devidas proporções históricas, era como se, nos dias de hoje, uma turba de farofeiros invadisse o desfile de gala das *socialites* nas bancadas do Jockey Club Brasileiro em pleno Grande Prêmio Brasil. No caso do futebol, a primeira reação elitista a essa 'invasão' tomou a forma de um curioso e deslocado antilusitanismo, que se espalhou rapidamente entre os adeptos dos 'clubes grandes' de então (Fluminense, Flamengo, Botafogo e América). Tratava-se de uma espécie de reedição farsesca do jacobinismo antilusitano do início da República no Brasil. Mas o alvo do antilusitanismo republicano era a monarquia, ao passo que a sua nova versão futebolística se voltava contra o imigrante, por parte de uma elite formada historicamente em convívio íntimo com a corte imperial. Por isso, as diatribes lançadas contra 'o português' mal disfarçavam a sua real carga de preconceito social.

A segunda reação foi de natureza institucional, e muito mais séria. Os quatro clubes tradicionais acima citados se retiraram da Liga Metropolitana que organizara o campeonato vencido pelo Vasco e fundaram a Associação Metropolitana de Esportes Atléticos (Amea). Sob a presidência do patrono do Fluminense, Arnaldo Guinle - que o próprio Mario Filho caracterizou como 'uma espécie de Príncipe de Gales do esporte brasileiro' -, a Amea adotou controles rígidos sobre a origem social dos atletas dos clubes filiados, incluindo a investigação minuciosa dos seus meios de sobrevivência e a aplicação de questionários extensos para aferir o seu grau de escolarização. O objetivo, segundo o autor, era expurgar os atletas negros, mulatos e de origem humilde que haviam subvertido o monopólio elitista do futebol que imperara até então. O Vasco não aceitou essas condições e permaneceu na Liga Metropolitana, gerando a disputa de dois campeonatos de futebol paralelos na Capital Federal.

Alguns autores críticos da obra de Mario Filho sustentam que a ausência de referências explícitas à questão racial nos documentos da Amea não permitiria caracterizar os seus desígnios como 'racistas'.[1] A verdadeira polarização se daria entre a defesa de formatos amadores ou semiprofissionais para o esporte. Ocorre, no entanto, que a polêmica em torno do amadorismo está diretamente ligada à questão da origem social dos praticantes do futebol. Já vimos como as estruturas do amadorismo privilegiavam os estudantes e candidatos a bacharel na prática do esporte (e dada a composição étnica da nossa estratificação social, este era um universo quase que exclusivamente branco nas primeiras décadas do Século XX). O ponto forte da interpretação de Mario Filho, respaldada nos depoimentos dos principais participantes no processo que resultou na cisão do futebol carioca, reside, precisamente, no destaque dado ao

---

[1] Ver, por exemplo, A. J. Soares, 'O Racismo no Futebol do Rio de Janeiro nos Anos 20: uma História de Identidade', *in* R. Helal *et alii*, ***A Invenção do País do Futebol: Mídia, Raça e Idolatria***, Rio de Janeiro, Mauad, 2001.

entrelaçamento material e simbólico dos preconceitos raciais e sociais. Só assim podemos compreender a profundidade do enigmático comentário, citado no livro, do jogador negro Robson que atuava no Fluminense no início dos anos '50: *'Eu já fui preto e sei o que é isso'*.

O caminho da superação das barreiras sociais e raciais para a prática do futebol aberto pela ascensão do Vasco em 1923 e seguido pelo São Cristóvão em 1926 e o Bangu em 1933 foi coroado pela implantação generalizada do profissionalismo na década de '30. Este regime abriu definitivamente as portas dos grandes clubes brasileiros para jogadores profissionais negros, mulatos e de origem humilde (embora alguns, como o Fluminense, continuassem a fazer questão de evitar o convívio dos atletas profissionais – definidos como empregados do clube - com o seu quadro social). Na sequência da sua adoção do profissionalismo, a contratação dos maiores ídolos negros do futebol brasileiro - Leônidas da Silva, Domingos da Guia e Fausto dos Santos – pelo Flamengo em 1936 foi decisiva para a conquista de uma grande legião de adeptos para o clube em todo o país, superando as barreiras sociais e raciais que haviam marcado a sua história inicial.

Para além das paixões clubísticas, a democratização da prática do futebol, materializada na ascensão de jogadores negros e mestiços, permitiu que esse esporte viesse a ocupar posição central na construção da identidade nacional. Na ausência de um maior envolvimento brasileiro em guerras – matéria-prima para a construção de fronteiras de identidade na formação dos estados nacionais unificados na Europa – o futebol forneceu um simulacro de conflito bélico para o qual era possível canalizar emoções e construir sentidos de pertencimento nacional. Essa realidade foi captada pelo técnico Ondino Vieira que sentenciou em plena Segunda Guerra Mundial: *'O campeonato é uma guerra'*. Do Estado Novo de Getúlio ao regime militar, passando pela República Democrática instalada em 1945, todos os regimes que governaram o Brasil durante o seu ciclo nacional-desenvolvimentista exploraram a chave do futebol para ajudar a construir e consolidar a nossa identidade nacional. Em oposição ao racismo aberto das velhas oligarquias, o novo discurso oficial passou a valorizar a mestiçagem, associando-a aos sucessos de uma 'escola brasileira' de futebol que expressaria a nossa singular maneira de ser no mundo (marcada pela criatividade, flexibilidade, informalidade e sensibilidade plástica). **O Negro no Futebol Brasileiro** é, simultaneamente, parte integrante dessa construção e investigação rigorosa das transformações históricas que a tornaram possível. Em tempos marcados pela busca de novos caminhos para o desenvolvimento do país, o relançamento da obra clássica de Mario Filho sobre a gênese e consolidação de um dos pilares da nossa identidade nacional não poderia ser mais oportuno.

Luis Fernandes*
Rio de Janeiro, 2003

Cientista político. Professor no Instituto de Relações Internacionais da PUC-Rio e no Departamento de Ciência Política da UFF.

Apresentação à 3ª Edição

Esta nova edição de O Negro no Futebol Brasileiro tem o duplo objetivo – ou a dupla missão – de um lado, homenagear um dos mais importantes cronistas esportivos que o Brasil já teve, na verdade um escritor dotado do melhor talento narrativo e literário, e de outro, registrar o centenário de implantação do futebol no País, trazido pelo inglês Charles Miller em 1894.

O futebol brasileiro, a princípio aristocrático, praticado somente por 'brancos esnobes', a ponto de ser referenciado exclusivamente por termos e palavras inglesas, popularizou-se de tal forma, ao longo do tempo, que passou a ser 'uma verdadeira instituição nacional, condensando e acumulando velhas energias psíquicas e impulsos irracionais do homem brasileiro, sublimando o que é mais primitivo, mais natural em nossa cultura' – como assinala Gilberto Freyre no texto que prefacia a 1ª edição do livro, em 1947; depois, enobreceu-se, não no sentido sectário de seus primórdios, mas levado pela arte de escrever de Mario Filho que o erigiu a tema – de cunho sociológico e literário – de suas crônicas, artigos e reportagens publicadas em jornais, revistas e livros.

Possuidor de um estilo único, incomparável, quase que como 'uma prosa gostosa, escrita como quem bate um papo envolvente' – que viria a influenciar a maioria dos jornalistas esportivos brasileiros – Mario Filho confere às suas obras sobre futebol uma nítida conotação ensaística, da qual este livro é exemplo lapidar.

Relevante, significativa, histórica, a presente edição de O Negro no Futebol Brasileiro manteve a estrutura das duas edições anteriores, a última delas publicada há exatos 30 anos, contendo o Prefácio de Gilberto Freyre – aqui com o novo título de O Futebol e o Negro, já que o original confundia-se com o título do livro – e os textos de Apresentação do próprio Mario Filho para duas edições, passando no entanto o texto de Édison Carneiro, publicado na 2ª edição nas 'orelhas' do livro, a constar do miolo, também sob novo título – A Batalha do Negro, ao invés de A Vez do Preto, que era o mesmo dado por Mario Filho à última parte de seu texto original.

Nesta edição, procurou-se ainda – e tão somente – atualizar a grafia de determinadas palavras em consonância com normas ortográficas e lexicográficas hoje em vigor (...)*.

José Mauro Firmo[**]
Rio de Janeiro, 1994

---

[*] O Editor exemplifica as normas adotadas para a 3ª edição, afirmando que os textos foram conservados como originalmente escritos, 'até porque expressam, acima de tudo e de todos os tempos, o talento nato, inconfundível, insubstituível do Autor'.

[**] Editor da 3ª Edição.

Texto das Orelhas da 3ª Edição

Aos jovens cronistas esportivos de hoje pode parecer incrível que um dia as páginas dedicadas ao futebol por nossos jornais fossem tão sem vida. Os noticiários dos clubes não passavam de burocráticos boletins, o relato dos jogos eram desprovidos de qualquer emoção, tratava-se o futebol como hoje se tratam as corridas de cavalos: colocações, tempos, nomes do jóqueis, dos proprietários, pules, tudo em forma de fichas. E a emoção, onde ficava? Os principais personagens das páginas esportivas de antigamente, quando acontecia de se trocar números por nomes, eram os 'cartolas' e não os craques. Como se estes não passassem de coadjuvantes no apaixonante drama do futebol.

As coisas eram realmente assim. Quer dizer, antes de Mario Filho entrar em campo. Não há qualquer exagero em se dizer que Mario é o pai da moderna crônica esportiva brasileira, aquele que descobriu no futebol uma fonte permanente de histórias admiráveis, das quais heróis e vilões eram os jogadores. Hoje pode parecer óbvio que assim seja, mas há 40, 50 anos, o papel de Mario foi de fato pioneiro, para não dizer revolucionário. Inventando a mitologia do futebol, ele reinventou a crônica. Do que este *O Negro no Futebol Brasileiro* é um (e talvez o mais eloquente) exemplo.

Os textos de Mario Filho têm aquela rara qualidade de funcionarem tanto nas páginas de jornal, para as quais a maior parte foi produzida, como em livro, já que ele era mesmo um escritor (aliás, aquele cujo talento o irmão Nélson Rodrigues mais admirava). Eram bons de ler, no dia a dia dos periódicos, como continuam bons de ler, nos hoje esgotados *Copa Rio Branco de 32*, *Romance do Futebol* e *Histórias do Flamengo*. Nenhum desses perdeu coisa alguma ao passar de um veículo para outro. Já *O Negro no Futebol Brasileiro* tem vida distinta: foi pensado, planejado, escrito e publicado como livro, tornando-se assim, do ponto de vista literário, o volume mais caro a Mario.

Difícil saber que destino aguarda esta nova edição, na medida em que os problemas raciais (no Brasil em geral e no futebol em particular) passaram a ser estudados sob uma ótica que praticamente não existia quando Mario morreu em 1966. Mas não há dúvida de que, em cada linha deste livro, está a marca da paternidade que todos nós, cronistas esportivos, reconhecemos em Mario Filho. O drama do futebol já existia para ele muitos anos antes de Pelé.

João Máximo*
Rio de Janeiro, 1994

Jornalista, cronista esportivo e escritor.

Nota à 2ª Edição

O Negro no Futebol Brasileiro, cuja primeira edição estava esgotada há anos, era um ensaio que, embora insinuasse mais do que concluísse e procurasse, sobretudo, fixar o processo, de uma certa forma penoso e longo, da democratização do futebol brasileiro, enfrentava uma prova a que poucos livros se submetem em vida.

Basta lembrar que a derrota do Brasil em 50, no campeonato mundial de futebol, provocou um recrudescimento do racismo. Culpou-se o preto pelo desastre de 16 de julho. Assim, aparentemente, *O Negro no Futebol Brasileiro,* por uma análise superficial, teria aceito uma visão otimista a respeito de uma integração racial que não se realizara ainda no futebol, sem dúvida o campo mais vasto que se abrira para a ascensão social do preto.

A prova estaria naqueles bodes expiatórios, escolhidos a dedo, e por coincidência todos pretos: Barbosa, Juvenal e Bigode. Os brancos do escrete brasileiro não foram acusados de nada.

É verdade que o brasileiro se chamou, macerando-se naquele momento, de sub-raça. Éramos uma raça de mestiços, uma sub-raça incapaz de aguentar o rojão. Mas o brasileiro, inconscientemente, idealizou um ídolo à imagem e semelhança de Obdúlio Varela, *El Gran Capitan,* por sinal um mulato uruguaio. Se o Brasil se tornasse campeão do mundo, como todos esperávamos em 50, o ídolo nacional seria, naturalmente como sempre fora, um mulato ou um preto.

O primeiro se chamara Arthur Friedenreich, filho de pai alemão e mãe preta. Um mulato de olhos verdes. O segundo, Leônidas da Silva, filho de pai português e mãe preta. Um mulato mais para preto, de nariz arrebitado.

Quando o Brasil levantou o campeonato mundial da Suécia, em 58, o brasileiro elegeu dois ídolos: o preto Pelé e o mulato Garrincha. *O Negro no Futebol Brasileiro* suportava a prova sem ter de mudar uma linha.

O curioso é que quase o mesmo espaço de tempo separara a escolha de um ídolo nacional do futebol brasileiro: dezenove anos entre Friedenreich e Leônidas e vinte entre Leônidas e Pelé e Garrincha.

Há de parecer estranho que sem ter de modificar nada que escrevi, conservando intactas as quatro partes da primeira edição de *O Negro no Futebol Brasileiro,* a segunda edição surja aumentada e tenha a pretensão de definitiva.

Pouca gente se dá conta do que se exige de um jogador de futebol. Ele tem de representar um clube, uma cidade, um Estado, a Pátria. O que se espera dele é que encarne as melhores virtudes do homem, no caso do brasileiro, as melhores virtudes do homem brasileiro.

Quando o brasileiro acusou Barbosa, Juvenal e Bigode, acusou-se a si mesmo. O futebol não seria paixão do povo se o povo não se identificasse com um time, o seu time, com uma bandeira e uma camisa. Quem torce em futebol está ligado, irremediavelmente, ao seu time, para o bem ou para o mal, para a felicidade ou para a desgraça.

No fundo o torcedor quer que jogador seja melhor do que ele. O jogador representa-o, representa o seu clube, a sua cidade, o seu Estado, a sua Pátria. A derrota do jogador é a derrota do torcedor. Quem perdeu em 50 foi o brasileiro. Mais o brasileiro que não jogou do que o que jogou.

É fácil imaginar a pressão exercida sobre o jogador, branco, mulato ou preto. Mais sobre o mulato e o preto que envolvem a mistura racial em que se caldeia o brasileiro. O futebol desencadeia uma luta entre clubes, que é o seu cotidiano. A tal ponto que se chamou a essa luta de guerra. O jogador era o soldado, a carne do canhão, embora alguns fossem generais, deuses das batalhas. Muito jogador não resistiu a essa tensão permanente, verdadeiro *stress*.

É um capítulo acrescentado a *O Negro no Futebol Brasileiro* e que lhe dá nova dimensão. O outro diz respeito ao embranquecimento do preto nos clubes que defendem. Um preto no Fluminense não é preto para o Fluminense. É tratado como branco. Pode esquecer-se da cor e dizer como Robson:

— Eu já fui preto e sei o que é isso.

Realmente os pretos do futebol procuraram, à medida que ascendiam, ser menos pretos. Esquecendo-se de não se lembrar, mesmo em alguns casos, que eram pretos. Mandando esticar os cabelos, fazendo operações plásticas, fugindo da cor.

Daí a importância de Pelé, o Rei do Futebol, que faz questão de ser preto. Não para afrontar ninguém, mas para exaltar a mãe, o pai, a avó, o tio, a família pobre de pretos que o preparou para a glória.

Nenhum preto, no mundo, tem contribuído mais para varrer barreiras raciais do que Pelé. Tornou-se o maior ídolo do esporte mais popular da Terra. Quem bate palmas para ele bate palmas para um preto. Por isso Pelé não mandou esticar os cabelos: é preto como o pai, como a mãe, como a avó, como o tio, como os irmãos. Para exaltá-los, exalta o preto.

Por isso é mais do que um preto: é 'o Preto'. Os outros pretos do futebol brasileiro reconhecem-no: para eles Pelé é 'o Crioulo'.

Estou certo de que *O Negro no Futebol Brasileiro* se enriqueceu com o que agora lhe foi acrescentado e que, por pertencer-lhe de direito, completa-o, dando-lhe forma definitiva.

Mario Filho
Rio de Janeiro, 1964

Texto das Orelhas da 2ª Edição

A VEZ DO PRETO

Esta crônica viva, movimentada, alegre, de êxitos e insucessos, avanços e recuos, marchas e contramarchas do negro na batalha que travou por um lugar no futebol metropolitano exemplifica a extrema versatilidade com que, historicamente, o nosso irmão de pele escura vem conquistando, em todos os terrenos, a igualdade com todos os brasileiros.

A batalha particular do negro é quase toda a história do futebol – e, afortunadamente para nós, as suas várias peripécias são narradas por um homem tão senhor do assunto como Mario Filho, um velho *sportsman* que conhece de primeira mão grande parte do que relembra, restaura e revive. E podemos dizer, com ele, que, ao menos no futebol, chegou 'a vez do preto', tão bem simbolizada no triunfo mundial de Pelé.

Quando o futebol começou a candidatar-se à preferência popular, faltavam ao negro dinheiro e posição social. Naqueles tempos, as regatas e as corridas de cavalos eram as diversões prediletas. Esporte era para ricos, para brancos ou, pelo menos, para pessoas de boa família. O futebol não excluiu, inicialmente, o negro, mas não lhe deu as mesmas regalias que ao branco. O negro se conformava, parecia conhecer o 'seu' lugar, e o branco podia assumir a confortável atitude do bom senhor em relação aos escravos dóceis e obedientes.

O paternalismo desse primeiro período não durou muito. O interesse do público aumentava cada dia – o futebol não dava camisa a ninguém, mas dava renome e fama – o remo e o turfe passavam a segundo plano – e houve um recrudescimento do preconceito de cor. No espírito do tempo, dos ominosos tempos em que o fascismo estava em ascensão no mundo, a Amea, uma liga local, e a CBD se lançaram a campanhas de 'arianização' do futebol, afastando dos times jogadores pretos e mulatos, então numerosos – conta Mario Filho – nos clubes do subúrbio, Bangu, Andaraí, América, Vasco, São Cristóvão. Tão deliberada era essa atitude dos racistas do futebol que nem mesmo se importavam com o risco da derrota em partidas internacionais. A ofensiva segregacionista fez as suas baixas nas hostes de cor – feridos, estropiados, desertores. Alguns tentaram disfarçar a cor – Friedenreich engomava o cabelo, houve um mulato que cobria o rosto com uma camada tão espessa de pó-de-arroz que acabou dando o famoso apelido ao Fluminense. Outros, mais seguros de si, como Robson, declaravam *já terem sido* pretos. Outros se envergonharam e se deixaram subjugar, como Manteiga, que aproveitou a primeira oportunidade para voltar à sua terra, a Bahia, ou Leônidas, que, vilipendiado, se refugiou em São Paulo. Outros ainda se asilaram em times estrangeiros. Em geral, porém, o negro não se deu por vencido – e, no campo e na pelada, com paciência e obstinação, desenvolveu a perícia que, logo que os tempos mudaram, em especial após algumas derrotas memoráveis em campos estrangeiros, lhe abriu de novo as portas dos clubes. O negro não recebia um favor – não confiava mais na bondade e na tolerância do branco, estava seguro das suas próprias forças e possibilidades, estava preparado para competir com quem quer que fosse em igualdade de condições.

Tudo isto está contado, com as minúcias naturais a quem conheceu de perto os acontecimentos que narra, neste livro de MARIO FILHO, em que estão vivos, estuantes de vida, no acerto e no erro, nas suas debilidades e nas suas virtudes, Friedenreich, Manteiga, Leônidas, Domingos da Guia, o técnico Gentil Cardoso, Zizinho, Jair, Jaime de Almeida, Didi, Pelé e tantos outros, negros e mulatos de ontem e de hoje que deram o que podiam à glória e ao esplendor do futebol do Brasil.

Édison Carneiro*
Rio de Janeiro, 1964

Historiador e escritor.

Nota ao Leitor (1ª Edição)

O Negro no Futebol Brasileiro não me custou, evidentemente, apenas os cinco meses que levei para escrevê-lo. Desde 42, quando iniciei em *O Globo* uma coluna diária, a que dei o nome *Da Primeira Fila*, eu me preparava, sem o saber, é claro, para o trabalho que aqui está pronto, em volume. Foi o que me permitiu realizá-lo. Pude estudar, separadamente, várias épocas do futebol brasileiro, ou, melhor, do futebol carioca, cuja história não há de diferir, em essência, de nenhuma outra dos grandes centros esportivos do Brasil. Eis o que me valeu o conhecimento de fontes que, de outra forma, permaneceriam ignoradas. Cada *Primeira Fila*, revivendo um passado quase morto mesmo na memória dos que o viveram, me colocava diante de personagens de uma história que precisava ser escrita antes de perder-se, irremediavelmente. O futebol, hoje, enche páginas da imprensa mais austera, menos esportiva. Nem sempre, porém, foi assim. Basta percorrer as coleções dos jornais e das revistas de trinta, de quarenta anos atrás. O futebol só interessou às folhas depois de se tornar uma paixão do povo. Enquanto não encheu os campos, não dividiu a cidade em grupos, em verdadeiros *clans*, o futebol quase não existia para os jornais. Por isso a consulta de jornais até 10 pode servir, quando muito, para estatísticas de resultados de jogos. Somente depois de 10 é que o futebol, transformado em assunto jornalístico, permitiu que apaixonados do chamado esporte bretão, cada um com o seu clube, escrevessem crônicas, às vezes assinadas com iniciais.

Marcos de Mendonça teve a gentileza de emprestar-me o seu álbum, o mais completo repositório dos acontecimentos do futebol de 10 a 19. Com fotografias preciosas, com recortes de jornais, às vezes dez recortes de jornais diferentes sobre um mesmo jogo, o álbum de Marcos de Mendonça me serviu de muito, principalmente para acompanhar o que eu chamaria a história da importância do futebol. Importância que se sentia crescer com os recortes, com as fotografias. A estreia de Marcos de Mendonça, em 10, num jogo Haddock Lobo e Fluminense, um quarto de coluna. Em menos de três anos os jornais já davam uma página para um simples jogo. E, depois, o álbum me fornecia nomes, me apresentava a uma porção de gente que eu podia consultar. Essas conversas com os próprios personagens da história do futebol brasileiro é que iam enriquecer o meu ensaio. Personagens que viviam, que deviam se lembrar do que tinha acontecido naqueles tempos. Procurei-os, um por um, nenhum deles se negou a me prestar informações, pelo contrário, todos se prontificaram a colaborar comigo. Guilherme Pastor, que preparava um histórico do Bangu que viu nascer; Flávio Ramos, fundador do Botafogo; Emanuel Sodré, também fundador do Botafogo, que acompanhou de perto a vida do Carioca, o clube dos garotos do Largo dos Leões, os mesmos garotos que se tornaram os campeões de 10; Norman Hime, dos primeiros dias do Botafogo; Afonso de Castro, o arquivo do Fluminense; Alfredo Koeller, fundador do América; Luqs de Mendonça, fundador do Catete, do Haddock Lobo, companheiro de Belfort Duarte, um dos que mais trabalharam para a fusão do América e Haddock Lobo, que deu, ao América, o seu campo; Gastão Cruls, que pegou o tempo em que o futebol era o recreio obrigatório no Colégio São Vicente de Paulo; Gabriel de Carvalho, que levou um bofetão de Abelardo Delamare, bofetão que cindiu a Liga Metropolitana; Marcos de Mendonça, símbolo de uma época do futebol carioca; Alberto Borghert, do Rio, do Fluminense, líder do movimento que trouxe o Flamengo para o futebol; Joaquim Guimarães, torcedor de fitinha no chapéu do Fluminense, do Flamengo, que namorava numa varandinha de Voluntários da Pátria e enquanto namorava via o Botafogo treinar todas as tardes; Diocesano Ferreira Gomes, o *Dão* do *Correio da Manhã*, 'mosca', como se dizia, da garage do Flamengo; Mário Polo, do Fluminense de ontem e de hoje, um dos primeiros cronistas a receber ordenado de um jornal para escrever sobre futebol; Harry Welfare, o '*Yankee* na Corte do Rei Arthur', verdadeira missão de futebol inglês no Brasil; Pedro da Cunha, torcedor desde aquele tempo, que não perdia um jogo; Hugo Fracarolli, da Associação Atlética das Palmeiras de 15, clube que fazia questão de ser, em São Paulo, o que o Fluminense era no Rio: branco e fino; Paulo Canongia, o representante do Carioca que atrapalhava os jogadores dos outros clubes pequenos, os brancos pobres, os mulatos e os pretos, na hora de assinar a súmula; Orlando Bandeira Vilela, que ajudou a carregar areia para o aterro do campo do Andaraí, que viveu a vida da Praça Sete e que conheceu Monteiro de perto; José da Silva Filho, o 'Laúsa', cria do Andaraí; José Trocoli, cria do Bangu; Luís de Meneses, o *enfant-gaté* do Botafogo; Arnaldo Guinle, o patrono do Fluminense, uma espécie de Príncipe de Gales do esporte brasileiro; Max Gomes de Paiva, que ficou com o arquivo de Belfort Duarte; Agostinho Forte Filho, o 'Dadá' do Fluminense, jogador grã-fino que vivia fazendo molecagem em campo; Mário Reis, que se lembra de tudo que aconteceu no futebol carioca de 16 para cá, que é capaz de dar a escalação dos times, o juiz, o escore de cada jogo, sem consultar um jornal, só puxando pela memória; Paulo e João Coelho Neto, garotos quando, aos domingos, os jogadores do Fluminense se reuniam na casa de Coelho Neto; Ana Amélia, torcedora que repetia, até o dia da derrota, um vestido de uma vitória do América, primeiro, do Fluminense, depois; João Santos, o presidente do América que botou Manteiga em Campos Sales; Egas de Mendonça, casado com uma Borges, as Borges exigindo que os seus namorados, noivos e maridos saíssem de um América com um Manteiga no time; Jaime Barcelos, que dirigiu o time do América em 22, em 28; Osvaldo Melo, o 'Príncipe dos Passes', que não se envergonhou de jogar ao lado de Manteiga; Ademar Martins, o 'Japonês' do Flamengo, campeão de 20 e 21; Jaime Guedes, dos primeiros dias do Vasco em futebol; Álvaro Nascimento, cronista vascaíno; Antônio Campos, o presidente do Vasco que quase foi à falência por causa do Vasco; Claudionor Corrêa, o Balão, campeão de 23; Pascoal, campeão de 23 e 29; Horácio Werner, que levou Pascoal para o Rio de Janeiro, mudando-lhe o nome de Pascoal Cinelle para Pascoal Silva; Vicente Caruso, que foi para o Fluminense com Nilo Murtinho Braga e pôde conhecer, de perto, a vida de Álvaro Chaves em 24, ano do nascimento da AMEA, da Renascença do futebol branco; Reis Carneiro, um dos mais ativos membros da Comissão de Sindicância da AMEA; Oscar Costa, o presidente da Confederação Brasileira de Desportos que fez questão de mandar para Buenos Aires um escrete de *smocking*; Luís Vinhais, que conduziu o time do São Cristóvão à conquista do campeonato de 26; Castelo Branco, toda a vida diretor da Confederação; Antônio Avelar, tantas vezes presidente do América; Fábio Horta, que recebia bilhetes de Floriano, o 'Marechal da Vitória', escritos nas costas de uma imagem, pedindo dinheiro; José Pereira Peixoto, jogador do Vasco, que livrou Welfare de uma punhalada de Jaguaré; Togo Renan Soares, que foi o treinador do Bangu no tempo do Coronel Pedroso, quando Domingos começava a chamar a atenção; Sílvio Pacheco, que deu um soco em Leônidas em 32 e se recusou a jogar com Leônidas num escrete; Oscarino, o 'Pai-de-santo' da Copa Rio Branco de 32; Ivan Mariz, o único dos amadores do Fluminense que não hesitou em assinar seu contrato de jogador profissional de futebol; Bastos Padilha, o presidente do Flamengo que levou os maiores pretos do futebol brasileiro para a Gávea; Rivadávia Corrêa Meyer, antigo jogador do Botafogo, presidente da Amea no ano da cisão, hoje presidente da Confederação Brasileira de Desportos; Gustavo de Carvalho, o presidente do Flamengo que brigou com Leônidas; João Lira Filho, presidente do Conselho Nacional de Desportos, que quis fazer as pazes entre Gustavo de Carvalho e Leônidas; Roberto Pedrosa, que veio buscar Leônidas para o São Paulo; Domingos, Leônidas, Valdemar, que me contaram a sua vida; José Scassa, jornalista que foi, logo depois do campeonato do mundo, secretário de Leônidas; Leite de Castro, chefe do Departamento de Assistência Social da Federação Metropolitana; José de Almeida, chefe do Departamento Técnico do Fluminense, que me fez partilhar das riquezas do maior arquivo do esporte brasileiro; e não sei quantos mais dirigentes, jogadores, torcedores. Cada um deles me ajudando um pouco, mais do que os jornais, do que os livros de atas das entidades, de correspondência dos clubes, de súmulas dos jogos, de registro dos jogadores. Os documentos oficiais me mostraram que a história verdadeira se escreve de outro jeito. Quem manuseasse, como duas vezes, de 6 a 23, os livros da AMFA de 24 a 32, colocados à minha disposição pelo presidente da Confederação Brasileira de Desportos, Rivadávia Corrêa Meyer, além dos relatórios da própria Confederação, não descobriria, em parte alguma, nada da luta do negro, se não entrasse na intimidade dos fatos. As atas, a correspondência dos clubes não falam dos negros. As leis das entidades não tocam, nem de leve, em questões de raça. Limitando-se a levantar barreiras sociais, proibindo que trabalhadores braçais, empregados subalternos, contínuos, *garçons*, barbeiros, praças de pré e por aí afora jogassem futebol em clubes filiados. Eu fui, aos poucos, levantando o véu, ouvindo daqui, dali, reconstituindo a tradição oral, muito mais rica, muito mais viva do que a escrita dos documentos oficiais, graves, circunspectos, dos jornais que não dizem tudo. Hoje já dizem muita coisa, mas não diziam quase nada. A imprensa mais mexeriqueira, querendo entrar na vida do jogador para satisfazer a curiosidade do público cada vez maior do futebol é coisa de menos de vinte anos. E essa imprensa eu tinha à mão. A coleção completa da *Vida Esportiva*, uma revista que nasceu em 16 e morreu em 20; a da *Crítica*, de 28 a 30; a do *O Globo*; a do Jornal dos Sports; a do *O Globo Esportivo*. Eu preferia, porém, ouvir dirigentes, jogadores e torcedores. Ouvi centenas deles, de todas as épocas do futebol brasileiro. Quando podia ouvir do próprio não procurava outro. Reuni, assim, um material de tal ordem que surpreendeu alguém cuja opinião prezo muito. O material era tanto, e com tamanho requinte de detalhe, que ficava a dúvida. A dúvida de como eu conseguiria reuni-lo, catalogá-lo, usá-lo, numa narrativa corrente, sem um claro, uma interrupção. Eu não me teria valido da imaginação de romancista que ainda não publicou um romance? Não, eu não usei a imaginação. Nenhum historiador teria tido mais cuidado do que eu em selecionar os dados, em comprovar-lhe a veracidade por averiguações exaustivas. Às vezes uma simples dúvida me fazia inutilizar um capítulo, obrigando-me a novos trabalhos e pesquisas.

Uma vaidade eu tenho: a de apresentar uma obra que desafia contestação. Se eu tivesse exagerado, para não dizer deturpado os fatos, não faltariam desmentidos. Antes de sair em livro, *O Negro no Futebol Brasileiro* teve a mais ampla divulgação jornalística que se poderia desejar, pois foi publicado diariamente, durante cinco meses, no O *Globo*, o jornal de maior circulação da imprensa brasileira. E não apareceu uma refutação de quem quer que fosse, embora quase todos os personagens da história do futebol brasileiro estejam vivos, tenham lido as páginas reunidas neste volume. O que prova que o que está aqui é a verdade pura e simples.

Mario Filho
Rio de Janeiro, 1947

Prefácio à 1ª Edição

O NEGRO NO FUTEBOL BRASILEIRO

Aqui está um capítulo da história do futebol no Brasil que é também uma contribuição valiosa para a história da sociedade e da cultura brasileiras na sua transição da fase predominantemente rural para a predominantemente urbana. Além disso, as páginas mais sugestivas de Mario Filho nos põem diante do conflito entre estas duas forças imensas – a racionalidade e a irracionalidade – no comportamento ou na vida dos homens. No caso, homens do Brasil. Homens de uma sociedade híbrida, mestiça, cheia de raízes ameríndias e africanas e não apenas europeias.

Creio não dizer novidade nenhuma repetindo que por trás da instituição considerável que o futebol tornou-se em nosso país se condensam e se acumulam, há anos, velhas energias psíquicas e impulsos irracionais do homem brasileiro, em busca da sublimação. Essa sublimação estava outrora apenas na oportunidade para feitos heroicos ou ações admiráveis que o Exército, a Marinha e as Revoluções mais ou menos patrióticas abriam aos brasileiros brancos e, principalmente, mestiços ou de cor, mais transbordantes de energias animais ou de impulsos irracionais. Dessas energias e desses impulsos, alguns eram de sentido sadista, outros masoquista. Uns exibicionistas, outros narcisistas. O que, honestamente reconhecido – pois tais elementos se encontram à raiz de algumas das mais belas expressões de bravura, de heroísmo e de valor até hoje praticadas pelos homens de qualquer cor, condição ou cultura – não importa em desconhecer-se a grandeza ou a beleza desses feitos sob a forma das sublimações que atingiram.

Isto quando essas energias ou esses impulsos, em vez de assim se sublimarem ou de se satisfazerem com os esportes ou os quase-esportes rurais dos dias de festa, ou dos dias comuns, dominantes no Brasil patriarcal – as cavalhadas, as corridas atrás de bois, as caçadas, as pescas, as noites inteiras de samba ou de dança extenuante, as largas caminhadas pelos sertões, a caça aos índios ou aos negros fugidos, a fuga dos negros aos feitores ou à melancolia da rotina agrária dos engenhos e fazendas – não se degradaram moral ou socialmente em proezas como as do cangaço ou nos rabos-de-arraia da capoeiragem, célebres na história da sociedade brasileira. Espécies de esportes inteiramente irracionais.

O futebol teria numa sociedade como a brasileira, em grande parte formada de elementos primitivos em sua cultura, uma importância toda especial que só agora vai sendo estudada sob critério sociológico ou parassociológico. E era natural que tomasse aqui o caráter particularmente brasileiro que tomou. Pois tornou-se o meio de expressão, moral e socialmente aprovado pela nossa gente – pelo Governo, pela Igreja, pela Opinião Pública, pelo Belo Sexo, pela Imprensa – de energias psíquicas e de impulsos irracionais que sem o desenvolvimento do futebol – ou de algum equivalente de futebol – na verdadeira instituição nacional que é hoje, entre nós, teriam provavelmente assumido formas de expressão violentamente contrárias à moralidade dominante em nosso meio. O cangaceirismo teria provavelmente evoluído para um como gangsterismo urbano, com São Paulo degradada numa sub Chicago de Al Capones ítalo-brasileiros. A capoeiragem, livre de Sampaio Ferraz, teria provavelmente voltado a enfrentar a polícia das cidades sob a forma de conflitos mais sérios que os antigos entre valentes dos morros e guardas-civis das avenidas, agora asfaltadas. O samba teria se conservado tão particularmente primitivo, africano, irracional que suas modernas estilizações seriam desconhecidas, com prejuízo para a nossa cultura e para o seu vigor híbrido. A malandragem também teria se conservado inteiramente um mal ou uma inconveniência.

O desenvolvimento do futebol, não num esporte igual aos outros, mas numa verdadeira instituição brasileira, tornou possível a sublimação de vários daqueles elementos irracionais de nossa formação social e de cultura. A capoeiragem e o samba, por exemplo, estão presentes de tal forma no estilo brasileiro de jogar futebol que de um jogador um tanto álgido como Domingos, admirável em seu modo de jogar mas quase sem floreios – os floreios barrocos tão do gosto brasileiro – um crítico da argúcia de Mario Filho pode dizer que ele está para o nosso futebol como Machado de Assis para a nossa literatura, isto é, na situação de uma espécie de inglês desgarrado entre tropicais. Em moderna linguagem sociológica, na situação de um *apolíneo* entre *dionisíacos*. O que não quer dizer que deixe de haver alguma coisa de concentradamente brasileiro no jogo de Domingos como existe alguma coisa de concentradamente brasileiro na literatura de Machado. Apenas há num e noutro um domínio sobre si mesmos que só os clássicos – que são, por definição, apolíneos – possuem de modo absoluto ou quase absoluto, em contraste com os românticos mais livremente criadores. Mas vá alguém estudar a fundo o jogo de Domingos ou a literatura de Machado que encontrará decerto nas raízes de cada um, dando-lhes autenticidade brasileira, um pouco de samba, um pouco de molecagem baiana e até um pouco de capoeiragem pernambucana ou malandragem carioca. Com esses resíduos é que o futebol brasileiro afastou-se do bem ordenado original britânico para tornar-se a dança cheia de surpresas irracionais e de variações dionisíacas que é. A dança dançada baianamente por um Leônidas; e por um Domingos, com uma impassibilidade que talvez acuse sugestões ou influências ameríndias sobre sua personalidade ou sua formação. Mas de qualquer modo, dança.

Sublimando tanto do que é mais primitivo, mais jovem, mais elementar, em nossa cultura, era natural que o futebol, no Brasil, ao engrandecer-se em instituição nacional, engrandecesse também o negro, o descendente de negro, o mulato, o cafuzo, o mestiço. E entre os meios mais recentes – isto é, dos últimos vinte ou trinta anos – de ascensão social do negro ou do mulato ou do cafuzo no Brasil, nenhum excede, em importância, ao futebol.

Este aspecto do desenvolvimento do futebol no Brasil, fixa-o Mario Filho com uma penetração, uma objetividade, uma segurança, uma minúcia, um luxo de pormenores significativos, que tornam seu ensaio obra de importância para o estudo sociológico e psicológico da ascensão do negro e do mulato na sociedade brasileira. O cronista esportivo, já tão admirado pelo poder de evocação com que tem revivido não só jogos dramáticos – o dos brasileiros com os uruguaios, por exemplo – como os começos dos esportes no Rio de Janeiro, apresenta-se, neste seu novo trabalho, mais próximo do que nunca daquela sociologia dos esportes para a qual sou dos que desejariam ver Mario Filho se encaminhar cada vez mais, através de estudos mais demorados e mais profundos do assunto.

Escritor ágil e plástico, Mario Filho é também pesquisador inteligente e pachorrento para quem a história do futebol em nosso país parece já não ter mistério nenhum. Nem a história nem a atualidade. Daí, o interesse das páginas em que reuniu suas observações e seus estudos sobre o negro no futebol.

É este livro de Mario Filho um dos mais originais e mais sugestivos escritos ultimamente por brasileiro. Ultimamente ou, talvez, em qualquer época. Eu que já quase não me espanto com o vigor e a originalidade de talento de qualquer dos dois Rodrigues, filhos do velho Mario e irmãos de Roberto – o pintor admirável que um tiro de mulher matou tão jovem – li as páginas a que junto agora este prefácio inútil, com verdadeiro encanto, tantas foram as sugestões fortes e novas com que me surpreenderam.

Gilberto Freyre[*]
Recife, 1947

---

[*] Sociólogo e escritor.

Capítulo 1

RAÍZES DO SAUDOSISMO

1

Há quem ache que o futebol do passado é que era bom. De quando em quando a gente esbarra com um saudosista. Todos brancos, nenhum preto. Foi uma coisa que me intrigou a princípio. Por que o saudosista era sempre branco? O saudosista sempre branco, nunca preto, dava para desconfiar. E depois, a época de ouro, escolhida pelo saudosista, era uma época que se podia chamar de branca. Os jogadores claros, bem brancos, havia até louros nos times, ia-se ver: inglês ou alemão. Poucos morenos. Os mulatos e os pretos, uma raridade, um aqui, outro ali, perdiam-se, nem chamavam atenção.

Sabia-se quem era o preto, quem era o branco, o branco e o preto não se confundiam. O Bangu podia botar um preto no time embora fosse um clube de ingleses. Tão de ingleses que tinha o *The*, era o *The Bangu Athletic Club*. A Companhia Progresso Industrial do Brasil, uma fábrica de tecidos, brasileira, de capitais portugueses, mandara buscar mestres na Inglaterra. Os mestres ingleses fundaram o *The Bangu Athletic Club*.

Um deles, John Stark, mestre de estamparia, emprestou a casa em que morava, Rua Estevam, número 12, para a cerimônia de fundação do clube. Os fundadores do *The Bangu* foram nove: sete ingleses, um italiano, um brasileiro, branco. Quer dizer: *The Bangu Athletic Club* nasceu quase inglês.

É verdade que o diretor gerente da fábrica era brasileiro. Deu o nome à rua celebrizada pelo campo do Bangu, 'o *ground* da Rua Ferrer' ou 'o aprazível *field* da Rua Ferrer', como escreviam os cronistas da época.

João Ferrer estava ali para não deixar que o Bangu se tornasse exclusivamente um clube de ingleses. E mesmo se não estivesse ali, para fazer do Bangu um clube da fábrica, para os mestres e para os operários, os ingleses do Bangu não eram tantos que pudessem imitar o exemplo do *Paissandu Cricket Club* e do *Rio Cricket and Athletic Association*.

O Paissandu e o Rio Cricket, a mesma coisa. Só que um ficava no Rio e o outro em Niterói. No mais, clubes fechados para ingleses e filhos de ingleses. O Rio Cricket, então, nem se fala: muito mais fechado do que o Paissandu.

Um brasileiro ainda conseguiu jogar no Paissandu nos últimos dias de futebol do clube, bem entendido, em plena Grande Guerra, os ingleses e os filhos de ingleses indo embora para combater pela Inglaterra. Como Sidney Pullen.

A gente manda para Buenos Aires, num *scratch* brasileiro, um jogador do Paissandu: Sidney Pullen. Tinha nascido no Brasil, era brasileiro. Os argentinos não acreditaram que um brasileiro tivesse aquele nome bem inglês, aquela cara mais inglesa ainda. Foi preciso exibir certidão de idade, todos os documentos.

Pouco depois, quando as desconfianças argentinas ainda não tinham se apagado, Sidney Pullen partiu para a Inglaterra como soldado inglês.

Com os ingleses e os filhos de ingleses sendo convocados, alistando-se no exército britânico, o Paissandu não teve outro remédio, abriu uma exceção para Cândido Viana.

Cândido Viana jogava de beque há uma porção de tempo, no segundo time do Botafogo, mas era cronista esportivo, escrevia no *Jornal do Commercio*. Como cronista esportivo tinha entrada franca no Paissandu. O Paissandu precisava de um beque. Coincidência feliz: ele, Viana, era beque, estava às ordens do Paissandu.

O Paissandu teve assim, no time acaba-não-acaba, um jogador brasileiro que não era filho de inglês. O Rio Cricket nunca. A gente pode encontrar no Rio Cricket de 14, naturalmente no meio de ingleses, um alemão ou filho de alemão.

O alemão, porém, era branco como o inglês. E louro. Não se falava em guerra, os ingleses se davam bem com os alemães, quando se juntavam não se sentiam tão estrangeiros. O Paissandu e o Rio Cricket eram pedaços da Inglaterra transplantados para o Brasil. Nos domingos claros de sol a bandeira inglesa se esticava ao vento, bem no alto dos mastros, um na Rua Paissandu, outro em Icaraí.

As coleções dos jornais estão aí, basta procurar as escalações dos times do Paissandu e do Rio Cricket. Essas escalações deviam ser a tortura dos compositores e dos revisores. Também dos leitores, a maioria sem saber nada de inglês, tendo de soletrar os nomes dos onze jogadores do Paissandu, dos onze jogadores do Rio Cricket.

O Paissandu com um Cruickshank, C. T. Cruikshank, o primeiro e o segundo nomes reduzidos a iniciais, um M. Murray, um G. Pullen, um E. Pullen, um T. Treehand, um J. P. Hampshire, um L. Wood, um C. L. Robinson, um L. Yeats, um J. Mc Culloch.

O Rio Cricket não ficava atrás com o seu A. L. Sutfield, o seu E. A. Tootal, o seu G. Reither, o seu T. Moreno, o seu C. Calvert, o seu E. Kirby, o seu L. F. Garton, o seu F. Slade, o seu Conrado Mutzembecher, o seu F. Millar e o seu J. F. Monteith.

Os nomes saíam no jornal, quem não conhecia os jogadores ficava na dúvida se houvera ou não houvera qualquer erro de revisão. Se um dia os nomes saíam certos, noutro dia saíam errados. Os brasileiros acharam bonito, quiseram imitar os ingleses. Victor Etchegaray, aliás um nome nada brasileiro, aparecia nas escalações como V. Etchegaray. Clyto Portela, como C. Portela, Horácio da Costa Santos, como H. da Costa Santos, Félix Frias, como F. Frias.

Eram porém dois os Etchegaray, Victor e Emílio. Quando os dois jogavam estabelecia-se a confusão, só desfeita pela maneira brasileira: 'aí Victor! aí Emílio!'

O futebol importado, *made in England*, tinha de ser traduzido. E enquanto não se traduzisse e se abrasileirasse, quem gostasse dele precisava familiarizar-se com os nomes ingleses. De jogadores, de tudo. Em campo um jogador que se prezasse tinha de falar em inglês. Ou melhor: gritar em inglês.

O repertório do capitão do time, justamente quem gritava mais em campo, precisava ser vasto. Quando um jogador de seu time estava com a bola e um jogador do outro time corria para tomá-la, tinha de avisar: *'man on you'*. Quando o outro time atacava e ele precisava chamar os seus jogadores lá na frente, a senha era: *'come back forwards'*. E havia *'take you man'* e havia mais. Onze posições de jogadores num time: *goalkeeper, fullback-right, fullback-left, halfback-right, center-half, halfback-left, winger-right, inside-right, center-forward, inside-left, winger-left*.

O juiz era o *referee*, transformado em referi ou refe, o bandeirinha era o *linesman*, e por aí afora.

Mas os nomes dos jogadores do *Paissandu Cricket Club* e *Rio Cricket and Athletic Association* eram mais difíceis de guardar. Mudavam muito, principalmente os do Rio Cricket.

Ingleses que vinham para o telégrafo inglês, para a Leopoldina, e que passavam uns tempos aqui, e que depois iam embora para nunca mais voltar. Iam embora, eram substituídos por outros. E lá estava o Rio Cricket de portas abertas para eles. Saía um, entrava outro. Em campo, quase que não se notava a diferença, parecia que eles eram os mesmos.

O Bangu não podia contar com ingleses que chegavam da Inglaterra, todos eles com um lugar garantido no Paissandu ou no Rio Cricket. A colônia inglesa de Bangu, lá longe, isolada por assim dizer, era pequena. Quantos mestres tinha a Companhia Progresso Industrial do Brasil? Por isso o Bangu nunca foi um clube fechado no sentido do Paissandu ou do Rio Cricket, pelo menos em futebol.

No *cricket*, sim, os ingleses não quiseram saber de mistura. Brasileiro para entrar no time de *cricket*, nem branco.

Aliás, diga-se de passagem, os brasileiros nunca foram muito com o *cricket*. Jogo bom para inglês. Os jogadores se acolchoavam, quase que vestiam armaduras medievais, para empunhar o seu *bat*. Também a bola era de pau, coberta de couro, se batesse na perna de um jogador podia quebrar.

Começava de manhã, às nove horas, entrava pela tarde, às vezes ia até às cinco horas, se era inverno estava já escurecendo. E parava de meia em meia hora para os jogadores e torcedores beberem uísque. Um intervalo era maior do que os outros: para o lanche. O bar enchia-se, os ingleses bebiam, comiam sanduíches e riam e cantavam, batendo com os copos.

Antes de construir o campo eles tinham, por precaução bem inglesa, construído o bar. Depois que o bar ficou pronto é que os ingleses do Bangu pensaram no campo.

Havia um jardim na fábrica, um gramado amplo de grama inglesa, aquela grama que faria do campo do Bangu o mais verde, o mais macio dos campos cariocas. O jardim, as chamadas barras de gol de um lado e de outro, servia de campo enquanto não se plantasse a grama inglesa no terreno junto, separado da fábrica por um muro, e onde se fazia o depósito do lixo.

O lixo era adubo, e do melhor, a grama pegou logo, e alastrou-se, cobrindo de verde o *field* do Bangu. Em dias de *cricket* só se viam ingleses espalhados pelo gramado, pelo bar. Em dias de futebol a coisa mudava de figura.

Os operários ficavam para ver, muitos brancos, mulatos, pretos, com vontade de dar também o seu pontapé na bola. Bastava a bola ir fora, e ela ia fora de quando em quando, eles corriam atrás dela, como garotos atrás de um balão de São João. Depois a impressão deixaria de ser essa, de garotos atrás de um balão de São João, seria a de garotos atrás de uma bola mesmo. O gandula apareceria em todos os campos, em todas as ruas, onde se disputasse uma partida de futebol.

Mas em 1904, ano em que o *The Bangu Athletic Club* nascia, era mais comum ver-se garotos atrás de um balão, embora somente em junho, do que atrás de uma bola o ano todo. E os ingleses, para formar dois times, tinham de arranjar gente para tapar buracos. Tanto que, quando o *The* Bangu estreou em futebol, disputando um *match* de verdade, com o Rio Cricket, em Icaraí, dois brasileiros já figuravam no *eleven*, nome usado pelos cronistas mais eruditos. Mas esses brasileiros eram brancos.

Um, Luís Gaspar, *center-half,* de lá mesmo, tecelão da fábrica. O outro, Augusto Alvarenga, meia-esquerda, importado da cidade, um empregado do comércio, nada tendo que ver com a fábrica.

O Bangu tinha dois meses de vida: improvisara um time. Aquele time, com Luís Gaspar, com Augusto Alvarenga, não era o time do Bangu. O Bangu estava ainda em experiência, o seu time verdadeiro só surgiria um ano depois, com cinco ingleses, Frederick Jacques, John Stark, William Hellowell, William Procter e James Hartley; três italianos, César Bocchialini, Dante Delocco e Segundo Maffeo; dois portugueses, Francisco de Barros, o 'Chico Porteiro', guarda da fábrica, um jogador que em quase todo jogo batia com a cabeça na trave, só via a bola e não via mais nada, e Justino Fortes, grandalhão, do tamanho de William Hellowell; e um brasileiro, Francisco Carregal. Brasileiro com cinquenta por cento de sangue preto. O pai, branco, português, a mãe, preta, brasileira.

Francisco Carregal, talvez por ser brasileiro e mulato, o único brasileiro, o único mulato do time, caprichou na maneira de vestir. Era o mais bem vestido dos jogadores do Bangu. Um verdadeiro dândi em campo.

Há uma fotografia desse time do Bangu. Bem que a fotografia merecia ser guardada num álbum. Frederick Jacques, mestre gravador, o *goalkeeper*, está lá atrás, de pé, entre José Vilas-Boas, diretor de esportes, e João Ferrer, presidente de honra do Bangu. João Ferrer todo de branco, roupa branca, colarinho branco, confundindo-se com o peitilho branco e a gravata branca, parecia um enfermeiro. José Vilas-Boas de fraque cinza, fechadinho em cima.

Olha-se para a fotografia e só vê bigodes. Bigodes caídos, como o de Frederick Jacques, enrolados como o de José Vilas-Boas, torcidos como o de João Ferrer.

Somente três jogadores não usavam bigodes: o porteiro Justino Fortes, o inglês William Hellowell, de cara muito branca, sem sinal de buço, lisa e macia feito rosto de menino, e o brasileiro Francisco Carregal.

O bigode de César Bocchialini, bem italiano, um bigodinho atrevido, de pontas finas, para cima. O de Francisco de Barros, Chico Porteiro, nada tinha de atrevido. Pelo contrário: bigode austero, pesado como a responsabilidade de um pai de família cheio de filhos. Já o de John Stark lhe dava, ajudado pelo ar manso que ele tinha, uma cara de cachorro perdigueiro, boa e amiga. E havia, ainda, o bigode de Dante Delocco, bem aparado, como o de Segundo Maffeo. O de William Procter era preto, amorenava-lhe o rosto, o de James Hartley, louro, quase branco, fazia-o parecer mais velho. Também James Hartley já estava de cabelo ralo.

A camisa do Bangu não era, como agora, de malha, colante, com listras largas, vermelhas e brancas. Tinha as listras bem finas, quase juntas. E uma gola mais parecida com um colarinho mole. Pelo menos com um desses colarinhos de hoje, cujo desenho saiu das camisas esporte. O tecido um pouco sedoso e brilhante, como musselina.

Nem todas as camisas eram iguais. Umas tinham, bem no centro, de cima a baixo, barras do mesmo pano, de listras horizontais. Barras largas, da grossura de um punho, finas, da grossura de um dedo. Os ingleses não prestavam muita atenção a esses detalhes. Eram mais descuidados na maneira de vestir do que os italianos e os portugueses.

E muito mais descuidados do que o brasileiro Francisco Carregal. Talvez por orgulho de raça superior. Francisco Carregal aparece na fotografia em primeiro plano, de pernas cruzadas, segurando a bola. Desenhada na bola, a giz, uma data da fotografia do *match* e as iniciais do Bangu, sem o tê do *The*. Um bê, um a, um cê, em letras maiúsculas. E uns números, zero, cinco, traço, cinco, traço, quatorze. Primeiro o ano, 1905, depois o mês de maio, depois o dia, quatorze. As botinas travadas de Francisco Carregal, novinhas em folha. Se não novinhas, engraxadas de manhã para o jogo.

Chama atenção a diferença entre o apuro de Francisco Carregal, preocupado em não fazer feio, e o pouco se me dá de William Procter, que não ligava para essas coisas.

Francisco Carregal, um simples tecelão, comprou tudo de novo: as botinas travadas, as meias de lã, os calções. A camisa, quem dava era o clube. William Procter, o mestre eletricista, mandou travar umas botinas velhas, cortou com uma tesourada uma calça branca que não servia mais, nem comprou as meias de lã que custavam oito mil réis na Casa Clark. Enfiou o pé numa meia comum, que lhe ia somente até o meio da perna, e deixou-se fotografar de ligas pretas.

As ligas pretas chegam a ferir os olhos na perna branca de William Procter. Parece até que ele não acabara de se vestir, que viera correndo lá de dentro, para a pose fotográfica, sem calças, de cuecas. Principalmente porque está ao lado de Francisco Carregal, todo vestidinho, entre Francisco Carregal e James Hartley, que, além das meias de lã, botou, cobrindo as pernas, as caneleiras. Caneleira era coisa rara, não havia por aqui, só vindo da Inglaterra, como um verdadeiro requinte.

William Procter podia descuidar-se, Francisco Carregal, não. No meio de ingleses, de portugueses, de italianos, sentia-se mais mulato, queria parecer menos, quase branco. Passava perfeitamente. Pelo menos não escandalizava ninguém.

Se Manuel Maia, *goalkeeper* crioulo, filho de preto com preta, não foi apontado a dedo, o *center-forward* mulato Francisco Carregal nem chamou atenção. Que mal fazia um operário jogar futebol? Deixava de ser operário por isso?

No domingo dava seus pontapés na bola, corria em campo molhando a camisa, na segunda-feira cedinho, quando o portão da fábrica se abria, lá estava ele. Ia para os teares como os outros operários, trabalhava, só parava na hora do almoço, para voltar, depois, até às quatro horas. Nem tinha tempo de se lembrar do jogo da véspera.

E lembrar para quê? Na hora do trabalho, só do trabalho, na hora do jogo, só jogo. Afinal de contas, o Bangu era, apesar do *The*, um clube dos trabalhadores da Companhia Progresso Industrial do Brasil. Se não fosse a fábrica, como o clube arranjaria um campo? O campo só? E o resto? O resto era tudo.

O operário que jogava ao lado dos mestres, branco ou preto, não subia, não descia, ficava onde estava. Se quisesse subir tinha de trabalhar muito, de aprender muito, para passar de tecelão a mestre. Como Francisco Carregal acabaria passando à custa de trabalho, e não de futebol. O futebol era divertimento. Como todo divertimento custava dinheiro. Mais ou menos. Menos em Bangu do que na Rua Retiro de Guanabara, onde o Fluminense fizera o seu campo. Por isso não havia o perigo de que um Francisco Carregal, apesar de mulato limpo, ou um Manuel Maia, apesar de bom preto, respeitador, entrasse no Fluminense.

Para entrar no Fluminense o jogador tinha de viver a mesma vida de um Oscar Cox, de um Félix Frias, de um Horácio da Costa Santos, de um Waterman, de um Francis Walter, de um Etchegaray, todos homens feitos, chefes de firmas, empregados de categoria de grandes casas, filho de papai rico, educados na Europa, habituados a gastar. Era uma vida pesada. Quem não tivesse boa renda, boa mesada, bom ordenado, não aguentava o repuxo.

Para se ter uma ideia: cada jogador que foi a São Paulo, no princípio do século, disputar uma partida de futebol, teve que entrar com cento e trinta mil réis para despesas de viagem.

Bem que Oscar Cox, autor da ideia que ia preceder a fundação do Fluminense, tentou convencer a Central do Brasil. Foi lá, disse que se tratava de uma embaixada esportiva, a primeira que saía do Rio, rumo a São Paulo, e não arranjou nada, a Central do Brasil não fez o desconto de um real. Jogador de futebol era um passageiro como outro qualquer.

Resultado: todos os integrantes daquela equipe sem nome foram obrigados a meter a mão no bolso. Na volta fizeram as contas: cento e trinta mil réis a cota de cada um, dinheiro como quê, naquela época de libra quase ao par.

E em São Paulo, além da diária do hotel, ninguém pagou nada. Comprava-se um maço de cigarros, uma caixa de fósforos, já estava pago. Um paulista, às vezes não era paulista, era inglês, alemão, fizera um sinal: pago. Tudo pago.

Aquela hospitalidade, porém, tinha troco. Os cariocas foram a São Paulo, os paulistas vieram do Rio. E chegou, depressa, a vez dos cariocas fazerem o mesmo. Andando atrás dos paulistas para pagar as despesas. Acabada a temporada, felizmente sempre rápida, dois, três dias no máximo, senão não havia dinheiro que chegasse, somava-se tudo, fazia-se rateio, as despesas eram divididas.

E depois de um jogo tinha sempre uma comemoração. Geralmente no restaurante Café Cantante Guarda Velha, que era ali na Rua Senador Dantas. Os vencedores confraternizavam com os vencidos.

A ideia partia dos vencedores, os vencidos ainda tontos, sem cabeça para pensar em nada, muito menos em comemoração. Comemoração da derrota? Era feio recusar, os vencidos tinham de se mostrar à altura dos vencedores, comendo como eles, bebendo como eles, cantando como eles. E, principalmente, pagando como eles.

Na hora de pagar não havia vencidos nem vencedores, todos se confundiam como pagantes. E os vencidos podiam sentir, até, a vaidade bem esportiva, de ter contribuído para o maior brilho da festa dos vencedores. E sem amarrar a cara, nada de mostrar tristeza, a dor da derrota, e sem regatear dinheiro. O que os vencedores gastavam, os vencidos gastavam.

Não eram baratas as comemorações. Iam pela noite adentro, e como se bebia! A graça estava nisso, em se beber muito. Quanto mais se bebia, mais se cantava. Todos de pé, com uma pedra de chope na mão, cantando, balançando a cabeça, acompanhando o compasso, a voz grossa, quanto mais grossa, melhor. *'When more we drink together'*, rápido, *'more friends we be'*, devagar, as palavras se arrastando.

Foi essa canção inglesa, de fim de festa, um fim que não acabava mais, que os rapazes do Botafogo, quase meninos, ao lado dos homens feitos, balzaquianos, do Fluminense, traduziram para o português. *'When more we drink together'* ficou sendo 'onde mora o Pinto Guedes'. E *'for he is a jolly good-fellow'* passou 'a baliza é bola de ferro'.

Dava certo. Também todo mundo estava mais para lá do que para cá, não ouvindo direito, com a meia surdez das boas bebedeiras. Os ingleses nem reparavam na troca de palavras, e se reparassem ficavam por isso mesmo. Nem mesmo os *garçons*, indo e vindo, levando os copos vazios, trazendo os copos cheios, não percebiam nada.

A impressão que se tinha era que todos estavam cantando em inglês. Só os ingleses ou os alemães é que cantavam assim, de copo na mão.

Não era nada barato comemorar uma vitória. Aos vencedores e aos vencidos. Muito rapaz disfarçava, deixava de aparecer, até largava o clube. A mesada não chegava.

E os jogadores faziam economia, não gastavam dinheiro à-toa. Se tinham uma calça branca velha, não compravam calções. Cortavam as calças na altura dos joelhos ou um pouco abaixo, e pronto. A botina usada, com travas, servia de chuteira.[1]

Guardava-se o dinheiro para outras coisas, que apareceriam na certa. Quando Oscar Cox descobriu um terreno que ficava na Rua Guanabara e dava

---

[1] Conta Luís Carneiro de Mendonça que era comum, naquele tempo, jogador de primeiro time emprestar chuteira a jogador de segundo. Ele emprestou muita botina no Catete, no Haddock Lobo e no América. Só não emprestou no Fluminense.

para a Rua do Rozo, não discutiu. O Fluminense tinha uns trinta sócios, cada um pagando a módica mensalidade de cinco mil réis. Só o terreno ia comer cem mil réis dos cento e cinquenta da receita total.

Se faltasse dinheiro, porém, abria-se uma subscrição. Subscrição era o que nunca faltava: para isso, para aquilo, um barracão que precisa ser construído, o campo que precisa de cerca, camisas e bolas.

Não havia bola que chegasse. Cada uma, vinte e cinco mil réis.

O Fluminense, mesmo quando tinha apenas um campo sem grama, de terra batida, uma cerca de arame esticado entre estacas de pau tosco, um casebre de taipa, lá no fundo, onde os jogadores mudavam de roupa, um chuveiro improvisado ao ar livre, não precisava se preocupar com a cor, com a condição social de seus jogadores.

2

Para alguém entrar no Fluminense tinha de ser, sem sombra de dúvida, de boa família. Se não, ficava de fora, feito os moleques do Retiro da Guanabara, célebre reduto de malandros e desordeiros.

Os moleques debruçavam-se na cerca de arame para ver os treinos, se a bola ia fora podiam correr atrás dela, dar um chute. Mas nada de demora. Se demorassem não levariam as malas dos jogadores, acabado o treino, até o bonde que passava na Rua das Laranjeiras.

Alguns meninos do Colégio Alfredo Gomes, ali pertinho, iam tirar um selo da bola no campo do Fluminense. Esses, sim, podiam entrar no campo, levantar poeira, dando pontapés na bola pesada que quase não saía do lugar. Só tinham um inconveniente: eram meninos. De famílias direitas, boas para o Fluminense, mas meninos. Precisavam crescer ainda, apesar da família, da branquidade toda.

Não se tratava de só querer branco legítimo. Ninguém no Fluminense pensava em termos de cor, de raça. Se Joaquim Prado, *winger-left* do Paulistano, quer dizer, extrema-esquerda, preto, do ramo preto da família Prado, se transferisse para o Rio, seria recebido de braços abertos no Fluminense. Joaquim Prado era preto, mas era de família ilustre, rico, vivia nas melhores rodas.

Era uma espécie de cônsul carioca em São Paulo. Anunciava-se lá uma temporada de um clube daqui, Joaquim Prado, sem ninguém falar nada com ele, tomava as providências. Não esquecia um detalhe, pensava em tudo.

O trabalho do clube daqui era ir, chegar. Consignado a Joaquim Prado. Saltava-se do trem, a primeira visão de São Paulo, boa e amiga, braços estendidos para o abraço, Joaquim Prado. Lá fora, carros esperando. E quartos reservados no hotel. E almoços, e jantares, e passeios. Por isso, quem ia a São Paulo jogar um *match* de futebol, voltava encantado com Joaquim Prado, sem reparar até, que ele era preto.

E se reparasse era para gostar mais dele. Um verdadeiro *lord*. Vestia-se bem, admiravelmente bem. Nada de cores berrantes, nem mesmo o contraste do branco e preto, tão do agrado do homem de cor. O cinza, o preto, o azul-marinho. De noite, sempre de preto, de *smocking*. Só jantava, só ia a um teatro, assim, de *smocking*.

Mesmo quem não tivesse levado o *smocking* ficava à vontade junto de Joaquim Prado. Ele fazia tudo como se não estivesse fazendo nada. Também tinha nascido naquele meio, vivia nele. Era o meio do Paulistano. Do Paulistano em São Paulo, do Fluminense no Rio. Porque morava em São Paulo, Joaquim Prado jogava no Paulistano. Se morasse no Rio, jogaria no Fluminense. Escolheria o Fluminense naturalmente. Não só porque era um clube de gente fina, como ele, mas, também, porque era um clube de homens feitos, como ele. De responsabilidade. Joaquim Prado só ficaria bem no Fluminense.

A tendência natural das coisas, cada jogador procurava o seu meio, indo para onde estava a sua gente. E quando a sua gente não tinha clube, o jeito era fundar mais um.

O caso do Botafogo. Alunos do mesmo colégio, divididos em grupos, em clubes. Descobrindo afinidades com o Fluminense ou com um clube que ainda não existia. A diferença que começava a existir quando batia a sineta da saída, às quatro horas da tarde. Os Antunes, Almir, Alair e Aciole, os Borghert, Chico Loup, Gustavo de Carvalho, Eduardo Guerra e Raul Maranhão seguiam, Rua das Laranjeiras acima, dobravam a esquina da Rua Guanabara, a caminho do Fluminense.

Flávio Ramos e os Sodré, Emanuel e Mimi podiam fazer o mesmo. Receberam convites, mas não foram, como os outros, bater bola no campo do Fluminense. Foram a um jogo, no campo do Paissandu, com a melhor boa vontade deste mundo para gostar do futebol e do Fluminense. Não sentiram nada quando o time da camisa de quadrados brancos e cinzentos – o Fluminense ainda não era o tricolor – entrou em campo.

Os outros sim, Alberto Borghert, Gustavo de Carvalho, Chico Loup, pularam, gritaram, não se cansaram de bater palmas. Só pararam de bater palmas para apontar, com admiração profunda, os *players* do Fluminense. Aquele ali era o Víctor Etchegaray.

Sabiam de cor os nomes de todos os jogadores, mesmo os complicados, ingleses. Buchan, Salmond, Etchegaray não era inglês, era brasileiro como Oscar Cox.

Oscar Cox trouxera uma bola da Europa, aqui ninguém sabia nada a respeito do futebol. Tinha sido um custo, quatro anos para organizar um time. À procura de ingleses, todo o inglês tinha obrigação de saber alguma coisa de futebol, à procura de brasileiros que tivessem voltado da Europa, como ele. Ele não estudara na Inglaterra, estudara na Suíça.

Fora lá, em Lausane, no Colégio de La Ville, que ele aprendera futebol. Muito brasileiro estudava na Europa. Era só juntar onze brasileiros que tinham estudado na Europa, formava-se um time.

Pois Oscar Cox levou quatro anos, de 1897 a 1901, para formar um time, cinco anos para fundar um clube. O clube estava ali, era o Fluminense.

Fora difícil formar um time, fundar um clube, transplantar o futebol da Inglaterra para o Brasil. Formado o time, fundado o clube, o futebol estava pegando.

O Paissandu também tinha um time de futebol. E havia outro em Niterói.

Para Alberto Borghert, Gustavo de Carvalho e Chico Loup, bastava. Se o Fluminense fosse o único clube, bastava do mesmo jeito. O futebol era o Fluminense. Para Flávio Ramos e Emanuel Sodré não. O Fluminense era uma coisa, futebol outra. Compreenderam logo o futebol, não compreenderam o Fluminense.

Voltaram para casa com a cabeça cheia de futebol. Era fácil jogar, meter o pé numa bola, sair correndo atrás dela. A bola era tão grande que não havia jeito de errar. Tudo simples, simples demais. Quando a bola entrasse, gol, nova saída. Só o quíper podia segurar a bola com a mão.

E Flávio Ramos e Emanuel Sodré viram-se num campo, como o de Paissandu, correndo atrás de uma bola. Eles e outros. Os outros, porém, não tinham bigodes, eram rapazes como eles, todos de cara lisa, um buço aparecendo, os rapazes de Botafogo, do Largo dos Leões, comprava-se uma bola, e pronto.

Mas nada do Fluminense, nada de ir para o campo da Rua Guanabara bater bola. No Largo dos Leões havia um campo. Uma praça, larga, três filas de palmeiras. Servia perfeitamente como campo. As palmeiras não atrapalhavam, pelo contrário. Onde eles iriam encontrar barras de gol melhores do que as palmeiras imperiais do Largo dos Leões? Se o gol ficasse muito largo, arranjava-se um paralelepípedo.

O Botafogo nasceu ali, no Largo dos Leões, no campo das palmeiras. De tarde, depois das aulas, antes de escurecer, juntavam-se para um par ou ímpar, os rapazes de Botafogo.

Uns estudavam, como Flávio Ramos, como Emanuel Sodré, como Lauro Sodré, no Colégio Alfredo Gomes. Outros, como Álvaro Werneck, Mário Figueiredo e Basílio Viana, no Abílio. Otávio Werneck, Arthur César de Andrade, Vicente Licínio Cardoso e Jacques Raimundo, eram do Ginásio Nacional, o Pedro II. Gente do mesmo colégio se separava, gente de colégios diferentes se juntava.

O bairro unindo, separando, criando fronteiras. Alberto Borghert, Gustavo de Carvalho, Chico Loup ficariam em Laranjeiras, embora no Fluminense não houvesse lugar para eles. Ainda não, mais tarde sim. Fundariam um clube para esperar por esse dia em que pudessem entrar para o Fluminense, já homens.

O desejo de ser homem, tão forte em todo rapazinho, aproximava-os mais do Fluminense. O desejo de ser homem não era menos forte em Flávio Ramos, em Emanuel Sodré, com menos de vinte anos. Mas eles se tornariam homens no Botafogo, no seu clube.

Era o bairrismo tomando a forma de um clube, de uma bandeira, de um escudo. O escudo do Fluminense. O escudo do Botafogo, feito por um mulato: Basílio Viana.

Mas um mulato cheio de coisas. De roupa cintada, o colete fantasia enchendo-lhe o peito, sapato de bico fino, salto carrapeta. Falando o seu francês, gabando-se de ter estado no *Mackenzie College*. O *Mackenzie College* ficava em São Paulo, Basílio Viana nunca saíra do Rio.

Pelo menos era o que se dizia. Álvaro Werneck lembrava-se de sempre tê-lo visto no Colégio Abílio. Quando entrara para o Colégio Abílio já encontrara o Basílio Viana. O mesmo Basílio, *Mackenzie College* para cá, *Mackenzie College* para lá.

E, então, depois que se começou a falar em futebol, é que o nome do *Mackenzie College* não saiu mais da boca de Basílio Viana. Futebol se jogava no *Mackenzie College*. *Mackenzie College* era, para ele, nos tempos de rapaz, o que Paris seria mais tarde.

Iria a Paris não uma nem duas vezes, quando voltava parecia que nunca estivera noutro lugar. E trazia provas, malas e malas remendadas de rótulos de hotéis, nomes franceses, Paris, Paris, Paris, fotografias de vedetes da *Follies Bergère*, do *Moulin Rouge*, do *Casino*, dedicatórias ainda frescas de tinta para o *mon cher* Basílio Viana. Mulheres bonitas, brancas, louras legítimas.

O *Mackenzie College* não tinha rótulo, como os hotéis, para pregar nas malas, nem vedetes, para escrever dedicatórias carinhosas. Pouco importava, porém, que Basílio Viana não tivesse estado no *Mackenzie College*. Era da roda, do grupo, um deles.

E corria muito, tivera um clube, o Electro, de corridas a pé, um clube que acabara deixando, como única recordação, um talão de recibos. Para aproveitar o talão de recibos, o Botafogo chamou-se Electro durante um mês. Talvez Basílio Viana, corredor, servisse para extrema. A palavra extrema ainda não existia em futebol. A que se usava era *winger. Right* ou *left.*

Quando o Botafogo disputou, pela primeira vez, um *match*, ou por outra, um desafio, lá no campo do Velo Clube, um capinzal cortado rente, cercado de grades de ripa e arame, mas com barras de gol, tudo direitinho, Basílio Viana era um dos *players* da camisa branca. A camisa do Botafogo, branca, de malha, a do *Football Athletic Association*, vermelha, de pano.

Basílio Viana não destoava no meio dos jogadores do Botafogo e do *Athletic*. Outros tinham aproveitado calças velhas como calções, calças curtas que ainda chegavam, calças compridas cortadas pelo joelho. O calção de Basílio Viana era tão bom como o de Norman Hime. E Norman Hime vestia o calção dos tempos da Inglaterra, um verdadeiro calção de futebol. Tudo inglês: o calção, as chuteiras, as meias de lã, grossas, tudo mesmo, menos a camisa comprada na Casa Clark.

O barão de Werneck, que assistiu ao desafio de guarda-sol aberto, muito sério, muito grave, sem bater uma palma, ficou impressionado com o apuro de Norman Hime e Basílio Viana. Assim é que deviam entrar em campo os *players*. Apesar do que Basílio Viana não durou muito tempo no *team*. Apareceu um *winger* melhor, ele foi barrado.

O escudo do Botafogo porém, feito por ele, estava numa moldura, pregado na parede, como um quadro, bem à mostra de quem entrava na sede do clube, um puxado para empregados de uma casa em ruínas. Maior prova de consideração Basílio Viana não podia ter.

Mas assim mesmo ele tirou a camisa, já branca e preta, do Botafogo, vestiu a camisa ainda preta do América, e jogou contra o seu clube, contra o seu escudo.

Houve um único gol nesse jogo, e do América. Uma confusão, quando se viu, a bola estava no fundo das redes do Botafogo. Basílio Viana fez questão de assumir a paternidade do gol. Para poder, mais à vontade, largar o futebol.

Basílio Viana não era como o Pereira, um português de seus quarenta anos, sem mais ilusões da mocidade, que só queria jogar. É verdade que Raul de Albuquerque Maranhão, moço como Basílio Viana, e cheio de ilusões, também andou de clube em clube.

Jogava onde tivesse um lugar, no time, *de fullback,* para dar os seus chutes que subiam feito balões de São João. A bola ficava pequenina, todo mundo de pescoço esticado. Era um sucesso.

Ninguém gostava, porém, mais do chute que depois tomaria o seu nome, do que Raul de Albuquerque Maranhão. Para dar um chute 'à Maranhão' ele era capaz de ir ao fim do mundo.

Sabia da existência de um novo clube, aparecia por lá, para a sua exibiçãozinha. Dobrava a bainha das calças, deixava bem à mostra as botinas de elástico, que voavam, muitas vezes, atrás da bola. Aí, Raul de Albuquerque Maranhão ficava descalço. Descalço chutava ainda melhor, a bola ia mais alto.

Por causa desse chute Raul de Albuquerque Maranhão não tinha clube fixo. Podia ser o Bangu, com os seus ingleses, o crioulo Manuel Maia, de *goalkeeper,* atrás dele. Alto, louro, Raul de Albuquerque Maranhão confundia-se com os ingleses do Bangu. Ficava bem ao lado de quem fosse, ingleses do Bangu, brasileiros do Riachuelo e do Mangueira, brancos, mulatos e pretos se misturando. Raul de Albuquerque Maranhão como que sentia a necessidade de mudar de clube, de camisa. Para fazer a propaganda do seu chute.

João Pereira, o 'P'reira', queria era jogar na extrema-direita, bater os seus *corners.* Enquanto jogasse na extrema-direita, batesse os seus *corners,* não pensava em sair. Era capaz de ficar toda a vida em um clube, vestindo a mesma camisa. Fazia tudo para ficar.

Gostava até que o seu clube estivesse em dificuldade, precisando dele. O Pereira não se fazia de rogado. Metia a mão no bolso, o dinheiro dele era do clube. Tornou-se célebre a generosidade do Pereira. Quando ele entrava em campo, os poucos torcedores, espalhados pela cerca, gritavam 'aí P'reira!'. O Pereira enchia o peito, alisava o bigode, tratava de caprichar ainda mais nos *corners.*

Pobre Pereira! Bastava o clube se arrumar, não demorava muito, tiravam o Pereira da extrema-direita. Também ele não se queixava. Se não o queriam mais, ele ia embora. E saía à procura de outro clube onde houvesse, na extrema direita, um lugar para ele.

A princípio era fácil, O *Football Athletic Association* barrava o Pereira, o Riachuelo escalava-o no time. Naturalmente na extrema direita. Se até então tinha sido generoso, o Pereira tornava-se pródigo. E não adiantava, pelo contrário: com o dinheiro do Pereira o clube crescia, achava que não precisava mais dele.

E foi ficando menos fácil, cada vez menos fácil, difícil mesmo. O Pereira, também, percorrera todos os clubes. O jeito era ter um clube dele, só dele. O Pereira fundou clubes, não para ser o presidente, mas para ser o extrema direita. Se o Pereira jogava, 'P'reira!', todo mundo sabia: o clube era do Pereira, o Pereira estava sustentando o clube. Comprava a bola, fardava os jogadores, pagava a condução, as despesas do bar corriam por conta dele.

Quanto menor o clube, quanto mais preto tivesse no time, melhor para o Pereira. Ele se desiludira dos brancos. Branco só pobre, sem dinheiro para uma bola, para um par de chuteiras, agradecido como o preto, agradecido como ele, quando jogava na extrema direita e podia bater, descansando, os seus *corners*.

Pensando bem, até era bom. Assim se via melhor a diferença que havia, não entre brancos e pretos, entre clubes. Clubes de bairros, de subúrbios, da zona sul e da zona norte. Grandes e pequenos, cada um ficando no seu lugar, conservando as distâncias.

Sem tentar nem se aproximar. Às vezes um ao lado do outro, o Fluminense e o Guanabara. O Guanabara do morro, da favela, o Fluminense cá de baixo, do bairro chique. Quem morava na casa de lata ia para o Guanabara, quem morava no palacete ia para o Fluminense.

O pessoal do morro podia, no máximo, torcer pelo Fluminense. Brigar por ele como Chico Guanabara, Fluminense do lado de fora, um valentão de chapéu de aba cortada, do alto da cabeça, lenço no pescoço, navalha no cinto, tamanco saindo do pé. Ninguém falasse mal do Fluminense perto dele. Chico Guanabara ia logo tocando o braço, passando rasteira, puxando a navalha. Um capanga do Fluminense.

Como torcedor, como capanga, servia. Aliás, Chico Guanabara não pretendia ser outra coisa do Fluminense. Nunca lhe passara pela cabeça vestir a camisa das três cores. A camisa das três cores ficava bem em Edwin Cox, fino, elegante, que jogava de casquete. A camisa que ficava bem no Chico Guanabara era a do clube do morro.

Até como torcedor ele conhecia o seu lugar. Na geral, olhando de longe a arquibancada, cheia de moças, uma *corbeille* segundo a comparação de um cronista mundano.

A boa ordem social das casas de família. Cada um no seu lugar, até os parentes pobres. A geral de um lado, a arquibancada do outro, no centro o campo, os jogadores correndo. Correndo mais para quem estava na arquibancada do que para quem estava na geral.

Tal qual num baile, numa festinha, num arrasta-pé, os pares dançando. Gente dentro da sala, olhando, gente fora da sala, espreitando, gente fora de casa, na rua, o sereno, espiando.

A geral não era o sereno, era a cozinha, a copa, o quintal. Mais para dentro, quase para fora. O sereno era o morro, que se cobria de curiosos sem dez tostões para comprar uma geral, e que só viam pedaços de jogo. Metade do campo, um gol lá embaixo, no fundo, os jogadores pequeninos.

É verdade que havia torcedores que entravam pela geral, iam bater na arquibancada. Quase sempre estudante pobre. Tinha de apresentar, porém, uma senha, um cartão azul, verde, cor-de-rosa. Acabado o *half-time*, todo mundo ia para o bar. Quem saía da arquibancada recebia o tal cartão, para se distinguir de quem saía da geral, que não recebia cartão nenhum.

Mas o que diferenciava o homem da arquibancada do homem da geral não era o cartão. O porteiro olhava, via logo. Principalmente quando o homem da arquibancada tinha uma fitinha, com as cores do clube, em volta do chapéu de palha. Só os sócios, os torcedores graduados, gente de dentro, é que podiam enrolar a tal fitinha preta e branca, vermelha, branca e verde, no chapéu de palha. A fitinha vinha da Europa, era preciso mandar uma encomenda.

Muitos torcedores ficavam esperando por ela. Enquanto ela não chegava eles se sentiam quase humilhados diante dos outros, que já tinham a sua fitinha, que já podiam exibi-la, orgulhosamente, em volta do chapéu de palha.

Assim sobrava sempre senha. Para reparar uma injustiça social. Quem era da geral ficava na geral, quem era da arquibancada ficava na arquibancada. Todos satisfeitos. Não havia choques.

Pelo menos essa era a ilusão, embora já começasse a história do 'ganha mas não leva' lá em Bangu. O Bangu abria as portas para todo o mundo. A arquibancada e a geral se confundiam. E mesmo que não se confundissem, acabado o jogo desaparecia, inteiramente, a distância que separava quem tinha pago dois mil réis ou dez tostões para entrar.

A multidão invadia o campo, ameaçadora, espalhava-se pela arquibancada, cercava o barracão, onde os jogadores mudavam de roupa, tomava conta da estação, o trem parado, à espera dos torcedores da cidade, todos de colarinho e gravata, o chapéu de palha com a tal fitinha, preta e branca, vermelha, branca e verde.

Quando o Bangu vencia, muito bem, não havia nada, o trem podia voltar sem vidraças partidas. Quando o Bangu perdia, porém, a coisa mudava de figura. Os jogadores da cidade trancavam-se no barracão, o vestiário da época, não queriam sair, só com a polícia, os torcedores corriam para esconder-se no trem, deitando-se nos bancos compridos de madeira, enquanto as pedras fuzilavam, partindo vidros, quebrando cabeças.

Vinha a polícia, os jogadores saíam do barracão, bem guardados, os diretores do Bangu atrás deles, muito amáveis, pedindo desculpas. Numa confusão dessas era natural que ninguém se lembrasse da taça oferecida ao vencedor. Daí a expressão que pegou: 'ganha, mas não leva'. O clube da cidade podia ganhar o jogo. A taça, porém, ficava lá em cima.

No fundo, luta de classe, sem ninguém dar por isso, é claro. Todos levando a coisa mais para a rivalidade entre o clube do subúrbio e o clube da cidade. Rivalidade que se acentuava de um lado só, do lado do clube do subúrbio. O clube do subúrbio se afastando, ficando cada vez mais longe, querendo até se separar. Separar por quê? Porque se sentia outro clube, outra gente.

E o Bangu tinha os seus ingleses, mais brancos do que os brasileiros do Botafogo. Tinha os seus ingleses, mas tinha também os seus operários, os seus brancos pobres, os seus mulatos, os seus pretos.

O que distinguia o Bangu do Botafogo, do Fluminense, era o operário. O Bangu, clube de fábrica, botava operários no time em pé de igualdade com os mestres ingleses. O Botafogo e o Fluminense, não, nem brincando, só gente fina. Foi a primeira distinção que se fez, entre clube grande e pequeno, um, o clube dos grandes, o outro, o clube dos pequenos.

O Bangu sentiu isso antes de qualquer outro clube. E não se conformou logo. Teve suas revoltas, invadindo o campo depois do jogo, jogando pedras no trem, ficando com a taça. E também querendo jogar só com clube pequeno, de operário, de subúrbio. Um troféu, João Ferrer, chegou a ser instituído para esses jogos.

Surgiram clubes suburbanos. O Esperança, o Brasil, Bangus mirins, ajudados também pela fábrica. Ao lado deles o Bangu era grande. Quase parecia o Fluminense, com os seus ingleses e seus filhos de ingleses. Não se parecia inteiramente porque havia um, dois operários no meio dos mestres. Um mulato, um preto.

O Bangu se afastava, voltava depois. Também era cortejado principalmente pelo Fluminense. O Fluminense não ia lá em cima sem levar uma *corbeille*. Aparecia a *corbeille*, quase sempre de flores vermelhas e brancas, palmas davam a volta das gerais e arquibancadas.

A *corbeille* fazia o torcedor do Bangu se esquecer de que o Fluminense era um clube da cidade. O Fluminense podia até vencer o jogo, levar a sua taça.

O Botafogo não levava *corbeille*, passava mal. Uma vez, depois de uma vitória do Botafogo, lá em cima, Manuel Motorneiro, também chamado Manuel 'Juca Rocha', porque trabalhava para Juca Rocha, teve de puxar o revólver, ficar de revólver em punho, guardando o barracão. Os jogadores do Botafogo lá dentro, mudando de roupa, sem desconfiar que o barracão estava cercado, torcedores do Bangu com pedaços de pau na mão, com pedras, o 'ganha mas não leva'.

Manuel Motorneiro era o Chico Guanabara do Botafogo. Como Chico Guanabara, branco, mas branco pobre, com o direito apenas de torcer, de brigar pelo seu clube. Enquanto não veio a polícia, e a polícia sempre demorava a chegar, ele ficou, sem arredar o pé, apontando o revólver para a multidão. Se alguém desse um passo à frente estava morto. Manuel Motorneiro atirava mesmo. Levara o revólver para isso, para dar tiro, se fosse o caso. O Botafogo ia vencer, o Manuel Motorneiro não tinha a menor dúvida, se o Botafogo ia vencer ia haver coisa.

A polícia chegou, abriu-se a porta do barracão. Assustados, alguns bem pálidos, brancos como papel, saíram os jogadores do Botafogo, guardados pela polícia, pelo Manuel Motorneiro, ainda de revólver à mão, foram até o trem. Chegando no trem, trataram de se deitar por entre os bancos, encolhendo-se, tapando a cabeça com as mãos, porque das pedras não havia polícia nem revólver de Manuel Motorneiro que os livrasse. O sinal de partida do trem era, infalivelmente, a primeira pedra, a primeira vidraça partida.

Uma prova de que o futebol estava se tornando popular. Cobrava-se a entrada, todo o mundo podia ir ver o *match,* assistir ao *meeting,* para usar a linguagem dos jornais. Questão de dez tostões para a geral, de dois mil réis para a arquibancada. Mais gente, a princípio, na arquibancada. A geral quase vazia, um torcedor aqui, outro ali, unidos pela distância que os separava da arquibancada, toda florida.

Também a propaganda que se fazia era para a arquibancada. Nas folhas, com o seu registro social, 'o nosso *grand monde* estava presente', e lá vinham nomes de senhoritas, todas ornamentos da sociedade. Nas ruas, um homem metido numa enorme bola de papelão, as pernas e cabeça de fora. Na bola, em letras grandes, o anúncio do jogo. 'Hoje, no *ground* do Fluminense, grande *match de* futebol, Fluminense e Botafogo. Hoje, todos ao *ground* do Fluminense'. O homem metido na bola de papelão não subia o morro, não se metia em vilas, de casinhas juntas, em ruas de casas de porta e janela, em becos sem saída. Ia era para o Largo do Machado, escolhendo a melhor hora, a hora da missa chique na Matriz da Glória.

Acabava a missa, duas filas de rapazes na escada, de cima a baixo, esperando as moças. As moças vinham de chapéu, de vestidos claros, as saias cobrindo o tornozelo, deixando de fora só o sapato, a sombrinha aberta.

O homem, metido na bola de papelão, parado, a barriga imensa, anunciando o jogo de logo mais. Era hoje: Fluminense e Botafogo. Os rapazes faziam sinais discretos, as moças acenavam sinais mais discretos ainda. Tudo combinado. De tarde havia jogo, os amiguinhos, os namorados se encontrariam na arquibancada do Fluminense. Era essa gente que o Fluminense e o Botafogo queriam.

3

O futebol prolongava aquele momento delicioso de depois da missa. As moças, mais bonitas ainda. Tinham ido em casa, demorando-se diante do espelho, ajeitando o cabelo penteado para cima, encacheado.

Na arquibancada, sentadas, abrindo e fechando os leques, sérias, sorridentes, quietas, nervosas, como que ficavam em exposição. Os rapazes não se atrevendo a muita proximidade, na pista, junto da grade, de costas para o campo, enquanto o jogo não começava. Ou, então, andando de um lado para o outro, olhando disfarçadamente, grelando.

De qualquer maneira viam-se muito mais as moças, muito melhor do que numa saída de missa, a missa das nove na Igreja de São João Batista da Lagoa, a igreja das moças de Botafogo, a missa das dez na Matriz da Glória, a igreja das moças do Fluminense. Até do *field*. Os jogadores, quando entravam em campo, corriam logo para o lugar mais cheio de chapéus, chapéus enormes, pesados, mas que pareciam leves, muitas flores, frutas, plumas, as célebres *pleureuses*.

Essas flores, essas frutas, essas plumas é que davam à arquibancada um ar de jardim, de *corbeille*. Cores vivas, alegres. Os jogadores paravam diante do quadro, primavera, outono, levantavam, sacudiam os braços, *hip, hip, hurrah*. O *hip, hip, hurrah* era só para as moças, para a gente da arquibancada.

Os jogadores não iam depois repeti-lo diante da geral, onde se amontoavam os torcedores sem colarinho e gravata. Debandavam para um bate-bola, a bola os atraía, como as moças, não podiam ficar quietos.

O juiz, muito elegante, de paletó escuro, calça de flanela, o apito preso ao pescoço por uma fita fina, um cordão, feito uma medalha, daqui a pouco daria o sinal de saída. O trilar do apito confundia-se com os gritinhos das moças. Parecia que uma moça tinha dado um gritinho maior.

Os jogadores levavam, quase sempre, para o campo, uma lembrança de uma moça que estava na arquibancada. Via-se um jogador de carapuça, já se sabia, se desconfiava. Por isso os jogadores faziam tanta questão de se enfeitar. Com uma carapuça de tricô, com uma faixa de cetim. Jogador sem carapuça, sem faixa, era jogador sem namorada. Ou sem irmã. Porque as irmãs não queriam que os irmãos fizessem feio. Substituíam as namoradas. Mordendo os lencinhos rendados, dando gritinhos, batendo com os pés. Torciam pelos irmãos, pelos primos, pelos namorados.

A grade que separava o campo da arquibancada podia desaparecer, não fazia falta nenhuma. No intervalo, o campo e a arquibancada tornavam-se uma coisa só. Jogadores e torcedores no bar. Jogadores e torcedores nas arquibancadas. Os jogadores gostavam de aparecer um instante, suados, cansados, na arquibancada, para cumprimentar as moças. Não se demoravam muito, vinham e iam, as travas das chuteiras rangendo no cimento.

As moças ficavam mais nervosas, aí é que não paravam de abrir e fechar os leques. Belos leques, uns grandes, de babados de renda, outros pequenos, de madrepérola. E os pais e as mães perto, achando tudo aquilo muito certo, muito direito.

E tudo estava muito certo, muito direito. Os filhos no campo, as filhas nas arquibancadas. Pais, filhos, a família toda. Podia-se dizer: as famílias todas. O que havia ali, no campo, na arquibancada, havia nos bailes do Clube das Laranjeiras, mais do Fluminense e Paissandu, havia nas festas e festinhas da casa do barão de Werneck, da casa de dona Chiquitota, da casa dos Hime, mais do Botafogo.

Quem era do Botafogo, porém, também ia aos bailes do Clube das Laranjeiras. Convidado. O futebol, a rivalidade do bairro, a bandeira, o escudo, separavam o Fluminense do Botafogo. O baile unia. Principalmente o baile do Clube das

Laranjeiras, salão enorme, todo iluminado, a orquestra tocando valsas e polcas.

As festas, as festinhas da casa do Barão de Werneck, da casa de dona Chiquitota, da casa dos Hime, eram mais íntimas. Para o Botafogo.

O Botafogo não tinha sede, não tinha salão. Daí as festas, as festinhas caseiras.

Era sempre um dos jogadores. Otávio ou Álvaro Werneck, quando a festa era na grande casa da esquina de São Clemente com Dezenove de Fevereiro, o palacete do barão de Werneck, Flávio Ramos ou Norman Hime, quando a festa era no Largo dos Leões, as janelas abertas para a avenida de palmeiras reais, na casa de dona Chiquitota, ou na casa dos Hime. Na casa dos Hime muito poucas vezes.

O velho Edwin Hime amando o sossego, a casa quieta, de janelas fechadas, de vida para dentro. Assim mesmo abria, de longe em longe, uma exceção para contentar os filhos, jogadores do Botafogo. Os outros davam festas, eles também tinham de dar. Davam uma de ano em ano, quando não de dois em dois anos.

Não era porque se considerassem mais do que os outros. As Hime, Hilda e Lia, até tinham costurado com paciência, com carinho, a bandeira do Botafogo. Toda de seda, Basílio Viana fez o desenho, em ponto grande, do tamanho que ia ficar a bandeira, as Hime perderam manhãs e tardes.

O escudo, um escudo complicado, de letras finas, retorcidas, tomou mais tempo, pois precisava ser bordado. Ficou um trabalho como só mãos femininas podem fazer. Quando é o amor que as guia. As Hime amavam o Botafogo, com esse amor de torcedora que vai até à promessa.

Quantas vezes elas avisavam que tinham feito uma promessa para que o Botafogo vencesse? Faziam promessa na missa das nove, no domingo de jogo, a missa que não perdiam, chovesse ou fizesse sol, na Igreja de São João Batista da Lagoa.

Nesse dia os jogadores, entre eles Norman e Gilberto Hime, tinham de correr mais em campo, de molhar mais a camisa. Para que Hilda, Míriam e Lia Hime pudessem pagar a promessa. A bandeira costurada pelas Hime, as promessas que elas faziam e pagavam religiosamente desculpavam as festas de ano em ano, de dois em dois anos, uma vez na vida e outra na morte.

A casa de dona Chiquitota era a que se abria mais para as festinhas, saraus como se dizia. Bastava o Botafogo conseguir uma vitória. As Hime pagavam a promessa, acendiam velas, enfeitavam as imagens de santos, dona Chiquitota dava uma festa. De tarde, a vitória do Botafogo, de noite, a mesma noite, festa de dona Chiquitota.

Uma festa em família. Havia um piano na sala de visitas, era só tirar os móveis, deixar o piano só, que ficava onde estava, enfileirar as cadeiras austríacas de assento redondo, estofado, bem junto da parede, para as mães e para as avós, como ela, dona Chiquitota.

Salpicava-se o assoalho, já encerado à espera da noite da vitória, do sarau, de folhas de canela que pisadas, esmagadas pelos pés dos pares, derramariam um cheiro bom pela casa toda. E mandava-se chamar o Isaac, que sabia tocar valsas lentas, polcas saltitantes.

Quando não era o Isaac, era o Aurélio, pianista para isso mesmo, para as festinhas em casa de família. Cada um cobrava cinquenta mil réis para tocar a noite toda. O pianista corria por conta de quem dava a festa.

Havia também a dona Serafina, uma viúva que tocava piano muito bem. Dona Serafina mais da casa do barão de Werneck. O Isaac mais da casa de dona Chiquitota. Uma sala pequena, os pares se tocando, quem não estava dançando debruçava-se na janela, para respirar o chamado ar puro da noite e ver o sereno.

A casa do barão de Werneck, um palacete, o salão grande, por mais gente que estivesse dançando sempre havia lugar. Os pares, afastados, se sentiam menos à vontade, mais visitas. Na casa de dona Chiquitota, não. Tudo pertencia à mesma casa, à mesma família. E quem ia a uma festa ia à outra.

Apesar de tudo isso, quem era do remo olhava quem era do futebol por cima. Julgando-se superior, mais fino. O futebol não despertava o entusiasmo do remo. Em dia de regata, na Enseada de Botafogo, sempre à tarde, na hora do futebol, não havia jogo.

Nenhum clube, nem o Fluminense, nem o Botafogo, se atrevia a marcar um jogo para o mesmo dia, para a mesma hora. Talvez os torcedores sem colarinho e gravata fossem. Era quase certo, porém, que as arquibancadas ficassem vazias. Pelo menos de moças. Enquanto isso, a murada da Praia de Botafogo cheia, tudo enfeitado, na terra e no mar, as barcas da Cantareira, alugadas pelos clubes, quase afundando de tanta gente.

E havia corso na Avenida Beira-Mar. As vitórias, os *landolets,* os *doublephateon,* os *cabrioletes,* os *tilburis.* Só carro puxado a cavalo, os cavalos se assustando com os foguetes. Os foguetes subiam, assobiando lá longe das barcas paradas, balançando no meio da enseada.

E as moças ficavam em pé, um instante, segurando os chapéus enormes, de flores, de frutas, de plumas, para ver. Viam as barcas, bandeiras por todo canto, um formigueiro humano, em cima, embaixo, Julgavam ouvir o som da música. Cada barca com a sua banda, o seu salão de baile improvisado. Muita moça nas barcas, nos rebocadores, nas lanchas. Parecia uma festa veneziana.

Os clubes caprichando, cada um querendo fazer mais bonito. O que dava a regata, então, embandeirava tudo que era poste e árvore. Do barracão do Guanabara ao morro da Vitória. Uma regata tinha de ter mais foguetes do que a outra. Mais barcas, mais rebocadores, mais lanchas. E mais carros no corso.

O futebol não tinha nada disso. Também o cenário da regata era outro. A baía, o Pão de Açúcar, a praia de areia branca, a Avenida Beira-Mar cheia de árvores, como um bosque. Tudo junto. E as ioles pareciam voar no mar da cor do céu, levadas pelas asas dos remos, abrindo-se, fechando-se. E os remadores de músculos ao sol.

Diante daqueles músculos, daqueles corpos atléticos, Olavo Bilac se transportava para a Grécia. Inflamava-se, não se continha. Músculos assim tinham vencido a batalha de Salamina[2].

Já diante de um jogador de futebol, de chuteiras, de meias grossas de lã, de calções afinando no joelho, de camisas de mangas compridas, quase nada de fora, o poeta da *Via Láctea* ficava frio.

Os jornais falavam mais de remo. Dedicavam uma página inteira para o *rowing* em dia de regata. Nesse dia não havia lugar para o noticiário do futebol, sempre mais escasso, espremido, numa coluna. Nada de manchetes, de crônicas, de fotografias.

O fotógrafo da *Revista da Semana* ou da *Careta*, quando ia a um campo de futebol, era para bater um grupo de moças. De time, só encomendando, como uma fotografia de formatura.

Edwin Hime é que se incomodava, levando uma máquina para o campo. Os jogadores se arrumavam, muito sérios, sem se mexer. Dava trabalho bater uma fotografia. Edwin Hime escondido atrás de um pano preto, ajeitando a máquina. Só mesmo muito amor pelo Botafogo, pelo futebol. E pela arte fotográfica.

Chegava a chocar a ausência de fotógrafos nos *matches* de futebol. Principalmente quando se via tudo quanto era fotógrafo de jornal e de revista do Rio de Janeiro em qualquer regatazinha. No dia seguinte os jornais apareciam enfeitados com clichês das guarnições vencedoras, de aspectos da Enseada de Botafogo, assim de embarcações embandeiradas. E o Pão de Açúcar no fundo, um verdadeiro cartão-postal.

Como o futebol podia competir com o remo? Os clubes de remo não precisavam se preocupar com os *matches* de futebol. Os clubes de futebol, sim, é que precisavam se preocupar com as regatas. Tratando de saber, com antecedência, as datas das regatas. Para dar férias às suas torcidas, aos seus times.

Podia-se marcar uma regata para um dia de futebol, nunca um jogo de futebol para um dia de regata. Quem era do remo tinha, portanto, a sua razão para olhar de cima quem era do futebol.

Principalmente porque considerava o remo mais másculo. Ainda não nascera a expressão 'futebol é jogo p'ra homem'. Esporte para homem era o remo.

Bastava olhar para um remador, mesmo vestido, na rua. Vestido, na rua destacava-se ainda mais. Todo mundo raquítico, ele estourando de força: os ombros largos, a cintura fina, o paletó quase não se fechando, estufando no peito. Via-se logo que era remador.

---

[2] Data de 1990 a crônica *Salamina*, de Olavo Bilac, exaltando uma vitória de Vesper, um quatro com patrão do Botafogo de Regatas. O poeta diz num trecho: 'Justos céus! não será com as minhas polainas e com as flores da minha *boutonniére;* pobre espírito roído e torturado pelos desregramentos da imaginação; não será com este mirrado braço apenas habituado a manejar uma pena; não será com estes olhos, fatigados pela constante fixação do papel branco, e com estes míseros pulmões intoxicados pelo ar mal-são da Rua do Ouvidor; - ah! não será com tudo isto que o Brasil espantará o Xerxes moderno'. Bilac, então, grita: 'Ao mar, gente moça!' E termina: 'Meninos! foram músculos como esses que ganharam a batalha de Salamina!'

O jogador de futebol passava quase despercebido, um rapaz como outro qualquer. Se era do Fluminense, do Botafogo do Paissandu, de boa família, como um remador do Flamengo, do Guanabara, do Botafogo. Até andando mais em festas, mais no meio de moças, menos homem, porém.

Os remadores viviam a vida das repúblicas de estudantes. De uma garage, moça não se aproximava. Aparecia logo um remador quase nu, cabeludo, faunesco. Podia ser de boa família, mas não parecia. Gostando só de brincadeiras brutas. A força tripudiando sobre a fraqueza. Por isso o clube de remo quase não dava festas. Clube para homem. Fechado. O clube de futebol mais social, mais familiar.

O que não impedia que as moças gostassem tanto das regatas. Ficavam malucas quando explodia o tiro de largada. Quase não podiam segurar o binóculo, o binóculo do Lírico, das óperas, de tão nervosas.

Essa atração das moças pelas regatas, mais forte ainda do que pelos *matches* de futebol, talvez tenha sido um dos motivos por que tanto jogador empunhou o seu remo. Querendo ter seus músculos pulando à menor contração, e as costas largas, o peito cheio, encurtando o paletó na frente, e cintura fina, como os remadores. Para poder chegar numa camisaria e pedir um colarinho quarenta e quatro.

Apareceram guarnições de futebol. A iole a quatro do Botafogo, só de jogador de futebol: Lulu Rocha, Flávio Ramos, Álvaro Werneck e Mário Pereira da Cunha. Invicta em um ano, ganhando a prova Sul-América, de juniors, e a prova Jardim Botânico, de seniors. Batendo um record: 7'45".

Capricho de jogador de futebol. Em uma regata Lulu Rocha, *center-half* do Botafogo, venceu três páreos: o de canoa, o de iole a dois e o de iole a quatro. O que foi olhado, no Botafogo de futebol, como uma vitória do futebol.

É verdade que também muito remador se meteu num campo de futebol, para dar os seus chutes, os seus pontapés nas canelas dos outros. Mas de brincadeira, como uma farra. Jogador de futebol, porém, que se metesse a remar, tinha de levar a coisa a sério, senão nem saía de barco.

Era com desconfiança que o remador via entrar, numa garage, um jogador de futebol. O futebol tinha, para o remador, uma delicadeza de *ballet*. Jogadores correndo atrás de uma bola, levantando a perna, dando saltinhos.

Os estouros, dois pés chutando uma bola ao mesmo tempo, os trancos que atiravam um jogador longe, de pernas para o ar, os pontapés, as joelhadas, os célebres 'tostões', não os faziam mudar de opinião.

Nem as caras dos jogadores quando acabava o jogo, mais mortos do que vivos, quase botando a alma pela boca. Era porque corriam demais, pulavam demais. E correr, pular, parecia coisa de crianças.

Por isso as crianças gostavam tanto de futebol. As ruas se transformavam em campos de futebol. Nas ruas dos bairros chiques a bola era de pelica, de gomos coloridos, nas ruas de bairros pobres, a bola era de meia.

Uma meia velha, da irmã casada, da mãe, papel amassado e enrolado com cordão, até tomar a forma de uma bola. Certos garotos, principalmente os moleques, os pretinhos, filhos da cozinheira, sabiam fazer bolas de meia, redondinhas, que saltavam.

Boas bolas aquelas de meia, feitas pelos moleques. Podia se fazer com elas o que se quisesse. Até quebrar vidraças. Melhor do que as bolas de pelica dos meninos de boas famílias, muito leves, como balões de papel de seda, subindo com qualquer chutinho. As bolas de meia ficavam mais no chão. Quase presas ao pé, aperfeiçoando, nos moleques, o que se chamaria, mais tarde, o domínio da bola. Da 'esfera de couro' de certos cronistas que não queriam escrever, em letras de forma, essa palavra tão corriqueira: bola.

Isso também fazia quem era do remo, olhar mais por cima quem era do futebol. O futebol se vulgarizava, se alastrava como uma praga. Qualquer moleque, qualquer preto podia jogar futebol. No meio das ruas, nos terrenos baldios, onde se atirava lixo, nos capinzais. Bastava arranjar uma bola de meia, de borracha, de couro. E fabricar um gol, com duas maletas de colégio, dois paletós bem dobrados, dois paralelepípedos, dois pedaços de pau.

Em todo canto um time, um clube. Time de garotos, de moleques, clubes de operários, de gente fina. Mas muito clube, clube demais.

No remo não havia esse perigo. Meia dúzia de clubes, os clubes de Botafogo e do Flamengo, os clubes de Santa Luzia, os clubes do outro lado da baía, da Praia de Gragoatá, da Praia de Icaraí. E nada mais.

A popularidade do remo, maior do que a do futebol, não o atingia. Deixava-o puro, intacto. Mesmo porque o entusiasmo que ele despertava era diferente. Guardando o devido respeito do homem comum pelo remador. Terminada a regata, o torcedor não voltava para casa com vontade de entrar para um clube de remo.

O remo era para os privilegiados, para os seres superiores. Não para qualquer um, como o futebol. Mesmo durante o *match* o torcedor já estava dando os seus chutes. Um jogador chutava, lá dentro do campo, o torcedor, cá fora, chutava também. E quando não chutava controlando-se, intimamente imitava o que o jogador fazia. Achando que era capaz de fazer o mesmo.

Acabado o jogo, não havia casca de laranja, pedaço de pau, pedrinha no meio da rua, que não levasse um chute. Aí estava a razão da popularidade do futebol: a vocação de todo mundo para ele. Vocação que se revelava à primeira vista, como o amor. Às vezes tarde demais, o torcedor já entrando em anos, pai ou avô, contentando-se só em torcer pelos filhos, pelos netos, uma prova de que, se ele fosse moço, também daria para a história.

Os velhos tinham de se contentar só em ver, em jogar por dentro, com saudade dos tempos idos. Os moços, porém, cheios de vida, não podiam se contentar só em ver. Tinham de jogar entrando para um clube, fundando outro, de qualquer maneira, num campo de verdade, numa pelada, num recreio de colégio, no meio da rua, os moleques se confundindo com os meninos de família direita.

Como acabaria aquilo? Bastava olhar para o Bangu. Os ingleses ficando de fora, pouco a pouco. Mais operários no time, menos mestres. Preto barrando branco. Não seria o destino do futebol? O futebol se tornando brasileiro demais. Não brasileiro como o remo. O remo era brasileiro a seu jeito. Brasileiro, mas branco.

O Fluminense e o Botafogo não viam perigo nenhum nessa vulgarização do futebol. A arquibancada ficava de um lado, a geral do outro. Tudo separado. Não bastava saber jogar futebol para entrar num clube como o Fluminense e o Botafogo. Era preciso ser de boa família.

Os moleques que jogavam futebol nas ruas, nos terrenos baldios, não sonhavam em vestir a camisa do Fluminense ou do Botafogo. Sabiam para onde tinham de ir, sem errar o caminho.

Todos sabiam para onde tinham de ir. Os moleques para os clubes pequenos, os garotos de boa família para os clubes grandes. Para isso havia o Rio Futebol Clube, filhote do Fluminense, o Carioca Futebol Clube, filhote do Botafogo.

A camisa do Rio era tricolor, branca, roxa e preta. A camisa branca com um escudo branco, roxo e preto, com uma faixa e o casquete. A camisa do Carioca, branca, o escudo uma estrela azul. O casquete, ao contrário, azul com a estrela branca. Clubes de meninos, mas que pareciam de gente grande. Com a sua sede – a do Rio na casa dos Cox, a do Carioca na casa dos Sodré – com a sua bandeira.

Até com a sua diretoria. Oscar Cox, presidente do Fluminense, tomando conta do Rio, interessando-se pela sua vida. Rolando Delamare, já do primeiro time do Botafogo, fazendo a mesma coisa do Carioca.

Os garotos pagavam mensalidade, faziam subscrição para comprar bola. Os do Rio chegaram a ponto de encomendar camisas da Inglaterra. Quando Oscar Cox foi comprar as camisas do Fluminense, levou dinheiro dos garotos para comprar as camisas do Rio.

Oscar Cox voltou num navio da Mala Real, os garotos do Rio foram, incorporados, recebê-lo a bordo. Era um pretexto para não pagar direitos alfandegários. O Rio comia-lhes todo o dinheiro.

Até aluguel de campo, o campo do Fluminense, eles pagavam. Dez mil réis por mês. Podiam treinar às quartas-feiras, jogar nos domingos de manhã.

Cada um recebeu a sua camisa, a sua meia de lã grossa, o seu casquete, enfiando por dentro da roupa. Subiram a escada do navio magros, desceram gordos, barrigudos. Com um pouco de medo, vendo guardas da Alfândega por todo lado.

Os garotos do Carioca não puderam encomendar camisas na Inglaterra, ninguém do Botafogo com viagem marcada para a Europa. Mas se vestiam direitinho, como os garotos do Rio, e tinham um campo. O campo da Rua Conde de Irajá, um terreno baldio, junto à casa dos Sodrés, onde as lavadeiras coravam roupa.

Por isso o campo foi chamado de 'campo do sabão'. Escorregava como um assoalho bem encerado. Os jogadores tendo de correr com cuidado, para não levar um tombo. Tinha sido o segundo campo do Botafogo. Ainda ficara lá, como lembrança dos tempos do Botafogo, o mastro, onde, aos domingos, se hasteava a bandeira, toda de seda, preta e branca, bordada pelas Hime.

Os garotos não deixavam de hastear, aos domingos, a bandeira do Carioca, também de seda, azul e branca. A bandeira hasteada era sinal de jogo.

O velho Lauro Sodré aparecia na varanda. A casa dele tinha duas varandas dando para o campo. Eram as arquibancadas do Carioca. Não se incomodava com as vidraças partidas.

Em quase todo o treino, em quase todo jogo, uma vidraça partida. Tinha sido o Mimi, o Lauro, filhos dele, ou o Abelardo Delamare, o Paulo e Silva, o Mário Fontenele, o Antônio Dutra, um amigo dos filhos, de casa. O velho Lauro Sodré só tirava o corpo da frente, só baixava a cabeça, para que a bola não batesse nele.

As duas varandas ficavam sempre cheias de gente. Eram visitas que apareciam, outros pais, como ele, para ver os filhos, mocinhas como a Orminda, para ver os irmãos. O velho Lauro Sodré gostava de futebol, sentia-se mais moço debruçado na varanda, acompanhando com os olhos os garotos correndo atrás da bola, lutando pela vitória.

Só não gostava muito quando os garotos saíam de noite pelas ruas, levando um estandarte. Para anunciar o jogo de amanhã. Sempre na noite de sábado. Todos juntos, um carregando o estandarte do Carioca, como um estandarte de bloco carnavalesco. Não gostava, mas não ficava zangado.

Que mal podia haver nisso? Os garotos iam pelas ruas ali por perto, as ruas onde moravam os amiguinhos, as amiguinhas. Todo mundo que interessava ficava sabendo que ia haver um jogo no dia seguinte, no campo da Rua Conde de Irajá, o 'campo do sabão'.

Não era mais 'do sabão', pois os garotos tinham proibido que as lavadeiras estendessem mais roupa em cima do capinzal, já com ares de gramado, que eles capinavam, pelo menos uma vez por mês. As lavadeiras eram das casas conhecidas, justamente das casas dos jogadores do Carioca. Tiveram de corar roupa em outro lugar, para não estragar o campo.

E havia os colégios, cada qual com o seu time. O Latino Americano, da encosta do Leme, querendo ser mais do que os outros. Metendo-se a disputar um campeonato ao lado dos clubes de verdade, da Liga. Na segunda divisão, naturalmente.

O papel do colégio era outro: celeiros de jogadores para os clubes. Como o Colégio Militar, o Ginásio Nacional, o Alfredo Gomes, o Abílio, o Anglo-Brasileiro. O futebol quase obrigatório.

No Colégio São Vicente de Paulo, em Petrópolis, para onde ia, interno, muito garoto, muito rapaz do Rio, das melhores famílias, era obrigatório. O padre Manuel Gonzales se orgulhava de ter trazido o futebol para o Brasil.

Antes dele, Charles Miller, o inventor do *'charles'* já andava em Santos, chutando bolas de pneu número cinco. Mas quando chegou ao Rio, a caminho do Colégio São Vicente de Paulo, o padre Manuel Gonzales não encontrou nem bola. Era em 96. Somente um ano depois Oscar Cox voltaria da Suíça. O padre Manuel Gonzales teve de fabricar uma bola de couro cru, mal curtido, os pelos do boi sem querer sair de jeito nenhum. Foi essa bola que se tornou célebre, no Colégio de São Vicente de Paulo, com o nome de 'Peluda'.

A 'Peluda' resolveu todos os problemas da hora do recreio. Inclusive o mais sério: o dos grupinhos do pátio, o das conversas dos alunos, os padres fora da conversa, não ouvindo nada. Um padre se aproximava, acabava a conversa.

Jogando futebol ninguém podia conversar. Por isso, na hora do recreio, de tarde, depois das aulas, os alunos tinham de jogar futebol, formando times de trinta, quarenta jogadores, os padres no meio deles, de batinas arregaçadas, dando os seus pontapés, recebendo as suas caneladas.

Quem ficava de fora, arranjando desculpas para não jogar, acabava saindo do colégio, não aguentava. O caso do Gastão Cruls. Gastão Cruls não teve nem tempo para se acostumar. Entrou em abril, com outros colegas do Ginásio Fluminense, nas férias de junho não voltou mais.

Estranhou logo o futebol. Também estava de unha encravada, só pôde dar um chute. Deu um chute, saiu pulando num pé só. Os padres ficaram logo desconfiados, não acreditando muito naquela história de unha encravada. Achando que era o espírito do Ginásio que se manifestava.

Gastão Cruls fez o pai escrever um cartão. Pedindo aos padres que dispensassem o filho do futebol, pelo menos enquanto estivesse de unha encravada. A unha nada de se desencravar, as semanas se passando. Gastão Cruls fora do futebol dando mau exemplo. Os padres suportaram aquilo até que saiu no *Jornal do Brasil* um artigo contra o futebol no Colégio São Vicente. Para Gastão Cruls, coisa do pai de um aluno que tinha levado uma canelada mais forte. Para os padres, do Gastão Cruls.

Os padres iam desconfiar de quem mais? Todo mundo no São Vicente gostava de futebol, menos Gastão Cruls. Chegava a hora do recreio os outros saíam correndo pelo pátio, nem esperavam que os padres arregaçassem as batinas. E Gastão Cruls de fora, de fora, repetindo, todos os dias, a mesma desculpa da unha encravada. Depois do artigo no *Jornal do Brasil* os padres caíram em cima dele, não o deixaram em paz.

Se Gastão Cruls continuasse no colégio, reclamando sempre, não jogando futebol nunca, acabaria deitando por terra o trabalho de anos, iniciado pelo padre Manuel Gonzales. Com a 'Peluda'. Felizmente para Gastão Cruls as férias de junho estavam próximas. Senão ele teria de jogar futebol de unha encravada e tudo.

Os Gastão Cruls eram raros, verdadeiras exceções. Todos os anos, levas e mais levas de jogadores, vindos dos colégios, se encaminhavam para os clubes. Os clubes cada vez precisando menos de catar jogadores. Podendo formar os seus times[3]. Alguns se dando ao luxo de ter mais de dois times.

Passara o tempo de presidente de clube entrando em campo para tapar buraco. O caso do Zamite, do Haddock Lobo. Se o Zamite fosse como Félix Frias do Fluminense,

---

[3]Nos primeiros tempos a falta de jogadores era tal que a Liga permitia que os *players* dobrassem, jogando no mesmo dia no segundo e no primeiro time.

vá lá. Félix Frias, antes de ser presidente, jogara no primeiro time do Fluminense. O Zamite, não. Nunca tinha dado um chute. Também não era mais moço. Pois teve de jogar, senão o Haddock Lobo ia fazer feio, entregando os pontos ao Mangueira.

Naquele segundo time do Haddock Lobo, um segundo time de jogadores arranjados à última hora, quase todos como o Zamite, como o Mário Newton. O quíper nem sabia pegar na bola. Um empregadinho do comércio, Augusto Mendes, conhecido por Dudu. E mulato. Mas da roda do cinema Velo, um bom rapaz.

Luiz Carneiro de Mendonça ficou atrás das redes no campo de São Cristóvão, cantando o jogo. Avisando quando o Dudu tinha de sair do gol, dar um tapa, meter o pé na bola de qualquer maneira. Enquanto Luiz Carneiro de Mendonça pôde ficar atrás das redes, o escore se conservou no zero a zero. Mas Luiz Carneiro de Mendonça, faltando vinte minutos para acabar o jogo, teve de sair, para mudar de roupa. Quando voltou o jogo estava acabando, Mangueira seis, Haddock Lobo zero.

Aquele tempo passara, jogador era o que não faltava.

4

A vulgarização do futebol, todo mundo querendo dar o seu chute, jogar no time, não fizera nenhum mal. Nem mesmo aos clubes como o Fluminense e o Botafogo, da boa sociedade.

O Fluminense e o Botafogo cada vez ficavam mais finos, mais aristocráticos. As diferenças entre os clubes se acentuavam. Entre clubes, entre bairros. Os da zona sul ainda mais cheios de coisa que os da zona norte. As distâncias sociais, com todas as suas graduações, mantidas religiosamente. Do Fluminense, com o seu campo, a sua arquibancada com três torres, a sua sede, o seu rinque de patinação, transformado em salão de baile, em noites de festa ao clube sem nome, sem nada, só com os moleques jogando, nas ruas, nas peladas.

Um traço comum: a paixão pelo futebol. Era isso que assustava o clube de remo. De tal modo que foi uma luta convencer o Flamengo a entrar para o futebol. O Flamengo com sessenta sócios, se tanto, sem um campeonato de remo, impôs condições, fez tudo para não ser um clube de futebol. Nem mesmo recebendo de presente um time campeão, inteirinho, que tinha saído do Fluminense.

Dos campeões de 11, somente dois ficaram fiéis ao Fluminense: Osvaldo Gomes e Calvert. Os outros, Baena, Píndaro e Neri, Lawrence, Amarante e Galo, Baiano, Alberto Borghert e Gustavo de Carvalho, alguns do Rio, o clube de garotos, cria do Fluminense, dispostos a ir para o Flamengo. E levando sócios com eles, torcedores, gente de que o Flamengo precisava.

O Flamengo hesitou, acabou cedendo, mais para fazer uma experiência. Se o futebol não combinasse com o remo, nada feito.

E como podia não combinar, o time de futebol entrou em tempo com uma camisa bem diferente da camisa do remo. Duas camisas, quase dois clubes, vivendo juntos, um de remo, outro de futebol. A camisa de futebol horrorosa, de quadrados pretos e vermelhos, uma camisa que ganhou logo um apelido: 'papagaio de vintém'. Lembrava, mesmo, um 'papagaio de vintém', com os quadrados enormes, pedaços de um imenso tabuleiro de xadrez. Os jogadores sentindo-se mal com aquela camisa. Píndaro de Carvalho chegando a dizer que o Flamengo perdia por causa da camisa. Uma camisa daquelas, 'papagaio de vintém', só podia dar azar.

O Flamengo mudou a camisa. Mas, mesmo tendo de mudar a camisa, continuou com a mesma história: nada de misturar remo com futebol. A camisa de grossas listras horizontais, pretas e vermelhas, era do remo. A do futebol ficou sendo de listras horizontais, pretas e vermelhas, mas com um friso branco separando-as, distinguindo o remo do futebol. A nova camisa ganhou também um apelido: 'cobra coral'. Porque eram camisas de mangas compridas, e vestidas por cima do calção, chegando quase até o meio da coxa. Os jogadores magros ficavam mais finos. Os braços, então, pareciam cobras.

Os jogadores tiveram de aguentar o apelido, não podiam dizer que a camisa de 'cobra coral' dava azar. Com ela levantaram dois campeonatos, os primeiros campeonatos conquistados pelo Flamengo.

Mas veio a guerra, a Grande Guerra, submarinos alemães afundaram navios brasileiros, o povo foi para as ruas caçar alemão, para não ficar frenético, com vontade de ver sangue. Foi quando se descobriu uma semelhança entre a camisa de futebol do Flamengo e a bandeira alemã. A bandeira alemã, vermelha, preta e branca. Justamente as cores da camisa 'cobra coral'.

A listrinha branca, colocada entre o vermelho e o preto, para distinguir o remo do futebol, atrapalhara tudo. Por causa dela o Flamengo foi olhado com desconfiança. E o Flamengo tinha alemães, sócios alemães, que gostavam de sair de manhã cedo com um barco, que gostavam de remar. Botou-se para fora tudo quanto era sócio alemão. E tirou-se, da camisa do time de futebol, o friso branco que separava o vermelho do preto.

Também o remo e o futebol já se tinham misturado. O Flamengo não era mais dois clubes que viviam juntos, um de remo, outro de futebol, era um clube só. Com mais glórias até no futebol do que no remo. Só depois de levantar dois campeonatos de futebol é que o Flamengo levantou um campeonato de remo.

O futebol fizera-o mais forte em tudo, até no remo. Como o Fluminense, o Flamengo tinha o seu rinque de patinação. Aos domingos, depois dos jogos, dançava-se lá. As moças já podiam entrar no Flamengo sem susto.

Obra de futebol. Os jogadores querendo fazer do Flamengo um Fluminense. Tinham dançado no Fluminense, apertado nos braços muita moça bonita. Não podiam gostar do reco-reco, homem dançando com homem.

É verdade que os jogadores do Botafogo gostavam. Influência do remo. Jogador de futebol se metendo em garage, remando, ganhando páreos, fazendo tudo o que o remador fazia. Até dançando com homem num reco-reco.

O Botafogo não tinha um rinque de patinação como o Fluminense, um lugar para receber as moças. O que tinha, no campo de Voluntários da Pátria, era um barracão, parecido com uma garage. No barracão, só mesmo um reco-reco.

E reparava-se nisso, principalmente no Fluminense. O Fluminense se orgulhava de nunca ter descido ao reco-reco. Nem mesmo convidado, jogador do Fluminense ia a um reco-reco.

Quando ia alguém do Fluminense era o roupeiro, o José, um português. Para trocar o nome do Botafogo. O Esporte Clube de Botafogo para cá, o Esporte Clube de Botafogo para lá. Como quem saudava o Botafogo era o roupeiro do Fluminense, quem agradecia ao Fluminense era o roupeiro do Botafogo. O Joaquim começava, invariavelmente, corrigindo o José, um pouco zangado com a troca de nomes. O Botafogo Futebol Clube, que era o nome que ele tinha desde que nascera, e que ninguém lho tirava, agradecia, etc.

Estava bom para os jogadores do Botafogo, para os jogadores do Fluminense, não. O reco-reco do Flamengo foi, para eles, um verdadeiro choque. Alguns achando que não se acostumariam nunca num clube sem festas, pois o reco-reco não era festa nem nada. Um barril de chope da Brahma, um chorinho do Parque Fluminense.

E aquela pouca-vergonha de homem dançando com homem. As moças tinham toda razão em não passar pela calçada do Flamengo em noite de reco-reco.

Vinham de braço dado, umas três casas antes da garage viravam o rosto, muito dignas, e voltavam, apressando o passo, fugindo quase. E os jogadores tendo de suportar aquilo. Fingindo que gostavam.

Precisavam ter jeito, muito jeito mesmo. Para aproximar a garage do campo, fazer do Flamengo um clube de futebol. E aos poucos foram conseguindo alguma coisa. Tirando o reco-reco da garage Quem estava dentro da garage saía, ia para o meio da rua, organizava-se uma passeata. Carnavalesca. Como coisa do Carnaval, embora fora de hora, o Carnaval longe, só no ano que vem, o reco-reco passava.

Era um bloco. Um bloco de Carnaval as moças podiam ver sem se ruborizar, sem precisar virar o rosto, o 'seu' Esgadanha, muito conhecido, de uma revista do Largo do Rócio, na frente, abrindo o cortejo, de fraque e calça branca. E os outros atrás.

Atrás de tudo o chorinho, tocando sem parar. As calçadas ficavam cheias, gente corria para ver, as janelas se abriam. E todo mundo achava graça.

Os moleques se metiam no bloco, o Carnaval era deles, como o futebol, acompanhavam o reco-reco até o Largo do Machado. No Largo do Machado, bem em frente ao Lamas, o bloco fazia evoluções, o 'seu' Esgadanha se desmanchando todo em requebros.

Quem estava dentro do Lamas largava o prato de ovos mexidos com presunto, o taco de bilhar, se era do Flamengo entrava no reco-reco. E a noite de um domingo como todos os outros virava noite de Carnaval.

O Flamengo tinha vencido, se o outro era o Fluminense o escore ia para um espelho no Lamas, bem na entrada. Um remador ficava guardando o espelho, o escore pintado a alvaiade. E que ninguém se metesse a querer apagar os dois números separados por um xis. A garage estava ali para garantir o escore durante uma semana.

Assim o reco-reco, que era uma propaganda contra o Flamengo, virou uma propaganda a favor. O futebol aproximando o clube do povo, arranjando torcedores para ele. Gente que se metia no bloco do reco-reco, gente que ia ver o Flamengo treinar.

O Flamengo sem campo, não querendo pedir campo emprestado ao Fluminense, tendo de ir treinar no Russell.

Havia um gramado no Russell, o mesmo de hoje, onde os garotos formavam times, jogavam futebol. Arranjado pela Prefeitura para isso mesmo, para ver se os garotos deixavam de jogar no meio da rua. Garotos e marmanjos.

O Flamengo treinava lá, era pertinho. Os jogadores saíam, uniformizados, Praia do Flamengo abaixo, para a Glória, para o Russell. As travas das chuteiras rangendo na calçada, o barulho da bola batendo no chão, o time do Flamengo ia treinar, garotos de família, moleques, passavam a notícia de boca em boca. Quando os jogadores do Flamengo chegavam no Russell já encontravam gente esperando por eles.

Com um pouco o campo estava cheio. De gandulas. A bola ia fora, era uma correria. Dez, vinte garotos querendo pegar a bola primeiro.

Não parecia nada. Mas aqueles garotos da Praia do Russell, uns de boas famílias, calçados, vestidinhos com roupa de tarde, outros de famílias pobres, calças rasgadas atrás, pés no chão, foram ficando Flamengo. Aparecendo nos campos de futebol para torcer por ele. Nas arquibancadas, nas gerais, nos morros.

Aprenderam depressa os nomes de todos os jogadores. O *goalkeeper* era o Baena. A becança, Píndaro e Néri. Os 'alfos', como os moleques diziam, eram Lawrence, Amarante e Galo. E os *forwards* ou os 'fórvados', Baiano, Riemer, Borghert, Gustavinho e Arnaldo.

Não eram mais os remadores somente, com uns poucos sócios que tinham saído do Fluminense, que iam bater palmas pelo Flamengo. Já havia Flamengo com fitinha rubro-negra no chapéu de palha.

Foi uma das coisas que Joaquim Guimarães mais estranhou depois de deixar o Fluminense. Ter de usar uma fita preta no chapéu de palha. A fitinha com as cores do clube distinguia o torcedor graduado, com mais direito a torcer, dos outros, sem chapéu ou sem fitinha no chapéu. Daqui que chegasse da Inglaterra a fitinha com as cores do Flamengo, levou tempo[4].

O pessoal da garage não simpatizando muito com a ideia. Achando até que não ficava bem. Um remador de fitinha no chapéu. Os remadores custaram

---

[4]Joaquim Guimarães andou uns meses frequentando as corridas, meio desiludido do futebol. Muito saudosista, hoje, faz coisa parecida: vai para o Jóquei. (Nota do Editor - 3ª ed.: o Autor incluiu este texto na 2ª edição do livro, em 1964.)

a botar fitinha no chapéu de palha. Havia, porém, 'flamengos' que não remavam. Que suspiravam, como Joaquim Guimarães, pela fitinha no chapéu.

E as fitinhas rubro-negras vieram da Inglaterra, encomendadas, como as do Fluminense. Quando chegaram, quando apareceram nas arquibancadas, Joaquim Guimarães deixou, como por milagre, de ter saudades do Fluminense. Sentiu-se 'flamengo'.

Agora sim, podia ir a um jogo de futebol sem se sentir humilhado, igual aos outros, aos torcedores que ninguém sabia de onde vinham, de todas as partes, cada vez mais.

Em certos jogos quase não se podia andar na arquibancada. A arquibancada perdendo aquele ar de sala de visitas em reunião familiar. Mas nem por isso com menos moças. Pelo contrário: tudo quanto era moça de sociedade não perdendo um jogo. Vestindo o seu melhor vestido, botando o seu melhor chapéu, para assistir a um *match*.

Os cronistas mundanos podiam falar em parada de elegância referindo-se a um *meeting de* futebol. Fluminense e Botafogo, por exemplo. Mesmo quando, no mesmo dia, na mesma tarde, havia uma regata.

A regata não atrapalhava mais[5]. Muitas moças preferindo ver um *match* do que uma regata. Os clubes de futebol, por isso, não precisavam mais saber, com antecedência, quando ia haver uma regata. Para transferir um jogo.

Os clubes de remo, sim. Um bom *rnatch* de futebol estragava uma regata. Abriam-se claros na amurada da Praia de Botafogo. Nesse dia não havia corso. As barcas ainda ficavam no meio da enseada, embandeiradas, soltando foguetes. Mas não era a mesma coisa.

Só era a mesma coisa quando a tabela da Liga Metropolitana não marcava um bom jogo de futebol. Aí o remo podia ter a ilusão de que nada mudara. E para conservar essa ilusão, por mais um tempo, os clubes de remo deram para estudar a tabela do campeonato de futebol. Nada de jogar o remo contra o futebol. Senão, nem dia de regata e de jogo do Flamengo, os torcedores do Flamengo iriam para o campo do Fluminense, do Botafogo, não estariam nos rebocadores, nas barcas, na amurada da praia, para torcer pelo Flamengo.

Era inútil lutar contra o futebol, que tomara conta de tudo. Até dos jornais, antes tão sumíticos com o futebol. Já abriam páginas para os *matches*, chegavam a contar gente nas arquibancadas: cinco mil pessoas assistiram ao *meeting* de ontem.

Jogos de futebol, não de remo. E essa popularidade não tocara, nem de leve, nos clubes finos. Pelo contrário. Bastava ver jogadores de *smocking*, em banquetes no Jockey Club. Como daquela vez que o Palmeiras, de São Paulo, veio ao Rio. O Fluminense ofereceu um banquete. E no convite estava: traje a rigor. Pois não deixou de ir nem um jogador do Palmeiras, nem um do Fluminense. Todos irrepreensivelmente de *smocking*.

---

[5]*O País*, a 9 de julho de 1912, publicava: 'Muito embora o *turf* e o *rowing*, reuniu-se no *field* onde se realizou o *meeting* (o primeiro Fla-Flu) numerosa, seleta e expansiva assistência.'

Enquanto os *garçons* de calça preta, jaqueta branca, iam e vinham, pisando macio, trazendo, levando os pratos, a orquestra, um piano, dois violinos, um contrabaixo, tocava músicas escolhidas. Primeiro o Hino do Palmeiras, de Cantu. Depois o Hino do Fluminense, de Cardoso de Menezes Filho.

Durante o *hors d'oeuvre*, a *Promenade* de Engleman. Entre o *hors d'oeuvre* e o *consommé on tail*, uma valsa, *Amor de zíngaro*, de Franz Lear. A seguir, o que se chamava um tango característico: *Batuque*, de H. Mesquita. Vinha o *filet de sole frite. Sc. Tartar*. Ouvia-se um *one step: Humpeirok*, de Lestrange. E também um tango argentino: *La Seferina*, de Arriga. Chegava a vez da *mousse de foie gras en gellé*. E também do *Conde de Luxemburgo*, de Franz Lehar. O *poularde roti* ficava mais gostoso ao som de valsa: *Dreaming*, de Joyce. Os *garçons* serviam vinhos franceses, a orquestra tocava um *ragtime: Switchbak*, de Auracher. E a salada parecia pedir um tango, uma valsa. Tocava-se um tango, *Apolo*, de Bevilacqua, uma valsa, a *Princesa dos Dólares*, de Franz Lehar. O banquete aproximava-se do fim. *Poire Melba, Row, Row, Row*, um *one step*, bem alegre, mais alegre ainda um tango brasileiro: *Cacique*, de Nazareth. Café, licores, charutos, o *Vendedor de Pássaros*, de Zeller.

A orquestra parava. Era hora dos brindes. Um jogador levantava-se, taça de *champagne* na mão, fazia um ligeiro *speech*. Levantava-se um *hip, hip, hurrah!* coisa do Fluminense, um 'aleguá!', coisa do Palmeiras. E a orquestra, que parecia só aguardar esse momento dos *hips-hurrahs* e dos 'aleguás', encerrava o banquete com a *Marcha do Barão do Rio Branco*, de Francisco Braga.

E havia o cartão do *menu*, uma obra de arte tipográfica. A palavra *menu*, em baixo relevo, dentro de um escudo prateado. O escudo prateado, no alto, de lado, prendendo as duas fitinhas com as cores dos clubes, o preto e o branco do Palmeiras, o verde, branco e vermelho do Fluminense, chegava a lembrar um brasão de armas. Sobrava espaço bastante para que todos os convidados escrevessem, a lápis, os seus nomes, nos cartões do *menu*. Os cartões com os nomes dos cariocas ficavam com os paulistas, os cartões com os nomes dos paulistas, com os cariocas.

Quem ia a um desses banquetes fazia questão de guardar, no bolso, o seu cartão, todo autografado. Com o carinho de uma moça pelo seu *carnet* de baile.

O torcedor de fitinha no chapéu podia orgulhar-se dos jogadores que vestiam a camisa das três cores. Qualquer torcedor, mesmo sem fitinha, mesmo da geral. Talvez o pé-rapado sentisse até mais orgulho dos jogadores do Fluminense. O torcedor de fitinha não achando nada de extraordinário no *smocking*. O pé-rapado achando o *smocking* de uma importância capital. De um certo modo ele era Fluminense por isso mesmo, escolhera o clube mais fino para torcer por ele. Para brigar também por ele. A elegância de Marcos de Mendonça fascinando-o.

Marcos de Mendonça de camisa de *mousseline*, brilhando como seda, de faixa roxa, de chuteira toda amarrada. Cantava-se pelas ruas o Marcos de Mendonça, fitinha roxa. O futebol inspirando canções que todos os garotos sabiam de cor.

O refe apita.
A linha avança.
O Fluminense não dá confiança.

O torcedor, sem colarinho e gravata, branco, pobre, mulato, preto, preferindo o Fluminense, o Botafogo, o Flamengo, ao Bangu, ao Mangueira, ao Andaraí. Sendo mais do clube de gente fina do que do clube de operários.

O Fluminense, o Botafogo, o Flamengo, também tinham lugar para ele. Na geral. Da geral ele olhava a arquibancada. Uma beleza. Assim de moças, com os seus vestidos claros, os seus chapéus floridos.

Tudo como devia ser. Nada de mistura. Valia a pena ser Fluminense, Botafogo, Flamengo, clube de brancos. Se aparecia um mulato, num deles, mesmo disfarçado, o branco pobre, o mulato, o preto da geral eram os primeiros a reparar.

O caso de Carlos Alberto, do Fluminense. Tinha vindo do América, com os Mendonças, Marcos e Luís. Enquanto esteve no América, jogando no segundo time, quase ninguém reparou que ele era mulato. Também Carlos Alberto, no América, não quis passar por branco. No Fluminense foi para o primeiro time, ficou logo em exposição. Tinha de entrar em campo, correr para o lugar mais cheio de moças na arquibancada, parar um instante, levantar o braço, abrir a boca num *hip, hip, hurrah*.

Era o momento que Carlos Alberto mais temia. Preparava-se para ele, por isso mesmo, cuidadosamente, enchendo a cara de pó-de-arroz, ficando quase cinzento. Não podia enganar ninguém, chamava até mais atenção. O cabelo de escadinha ficava mais escadinha, emoldurando o rosto, cinzento de tanto pó-de-arroz.

Quando o Fluminense ia jogar com o América, a torcida de Campos Sales caía em cima de Carlos Alberto:

– 'Pó-de-arroz'! 'Pó-de-arroz'!

A torcida do Fluminense procurava esquecer-se de que Carlos Alberto era mulato. Um bom rapaz, muito fino.

O pai tinha alguma coisa arranjada, batendo fotografias de formaturas.

As turmas que se formavam, todos os anos, preferiam as fotografias de Carlos Alberto, pai. Assim o filho entrara nas boas rodas. Sabia cativar, com aquela macieza de mulato, aquela delicadeza quase de moça, não precisava encher o rosto de pó-de-arroz.

Era só ele entrar em campo, da geral partiam os gritos de 'Pó-de-arroz'. Carlos Alberto sem se dar por achado, como se não fosse com ele, como se fosse com o Fluminense.

E o 'Pó-de-arroz' acabou passando dele para o Fluminense. Uma vez Carlos Alberto não jogou. O time do Fluminense entrou em campo, os gritos de 'Pó-de-arroz' partiram da geral, do mesmo jeito.

O Fluminense era 'Pó-de-arroz', muito cheio de coisa, querendo ser mais do que os outros, mais chique, mais elegante, mais aristocrático. O 'Pó-de-arroz' pegou feito visgo.

Quando um rubro-negro queria ofender um tricolor, vinha logo com um 'Pó-de-arroz'. E o tricolor ficava sem poder responder. Tendo de bancar o superior, de ser 'Pó-de-arroz'. 'Pó-de-arroz' era coisa fina, cheirosa. O Fluminense não se envergonhava de ser fino, de cheirar bem. Tratando, porém, de ter mais cuidado, de não botar mais um mulato no time. Principalmente um mulato que quisesse passar por branco. Como Carlos Alberto, como Friedenreich.

Friedenreich, de olhos verdes, um leve tom de azeitona no rosto moreno, podia passar se não fosse o cabelo. O cabelo farto mas duro, rebelde. Friedenreich levava, pelo menos, meia hora amansando o cabelo.

Primeiro untava o cabelo de brilhantina. Depois, com o pente, puxava o cabelo para trás. O cabelo não cedendo ao pente, não se deitando na cabeça, querendo se levantar. Friedenreich tinha de puxar o pente com força, para trás, com a mão livre segurar o cabelo. Senão ele não ficava colado na cabeça, como uma carapuça.

O pente, a mão não bastavam. Era preciso amarrar a cabeça com uma toalha, fazer da toalha um turbante e enterrá-lo na cabeça. E ficar esperando que o cabelo assentasse.

Levava tempo. Embora principiasse quando estava jogando o segundo time, só terminava quase na hora da saída do jogo do primeiro time. O juiz impaciente, ameaçando começar a partida sem Friedenreich, e Friedenreich lá dentro, no vestiário, a toalha amarrada na cabeça, esperando, ainda desconfiado de que não chegara a hora de tirar o turbante.

Era sempre o último a entrar em campo. Quando aparecia, finalmente, a multidão batia palmas mais fortes para ele. Era sempre o jogador mais aplaudido. A vantagem de entrar por último.

5

Mais tarde muito jogador trataria de fazer o mesmo. Por outro motivo, naturalmente. Friedenreich bem que desejava entrar com os outros. Chamar menos atenção. No meio de outros talvez ninguém percebesse nada. Principalmente por causa do pai, o velho Friedenreich, um bom alemão, de barbicha rala.

O velho Friedenreich não perdia um *match* do filho. E fazia questão de dizer a todo mundo que era o pai. O pai do Arthur, o 'pezinho de ouro'. Daquele ali. De perna fina, coberta pelas meias de lã, pelos calções abaixo dos joelhos.

Quem estava junto do velho Friedenreich não demorava muito o olhar nas pernas finas do Arthur. Olhava as pernas, ia subindo, parava na cabeça. O cabelo do Arthur, bem preto, bem espichado, brilhava ao sol. Não parecia cabelo dele. Parecia mais cabelo postiço, colado na cabeça com goma arábica. Ele podia meter a cabeça na bola. A cabeleira não caía, ficava onde estava. Sem um fio de cabelo desmanchado. Não era cabelo postiço, era cabelo 'não nega'. Denunciando o mulato Friedenreich, como o pó-de-arroz denunciava o mulato Carlos Alberto.

Outros mulatos tinham jogado futebol. Mulatos e pretos. Tinham jogado, jogavam, mais do que antes. Antes ninguém se preocupava com a cor. A cor não importava. O que importava era o meio. Friedenreich não era do meio do Ipiranga? Carlos Alberto não era do meio do Fluminense?

O Fluminense nem prestava atenção na cor do Carlos Alberto, moreno carregado, no cabelo escadinha que ele tinha. Carlos Alberto, porém, entrando para o Fluminense, sentiu-se mais mulato. O único mulato num clube de brancos.

O América era um clube de brancos, mas não dava festas. Havia uma diferença entre um clube de zona sul e um clube da zona norte. Entre o Fluminense e o América. No América as famílias iam ver o jogo, reuniam-se uma vez por semana na arquibancada. No Fluminense viviam dentro do clube. Todos tinham de ser iguais. Até na cor, segundo Carlos Alberto.

Todos os domingos, depois do jogo, dança no rinque de patinação. Os jogadores dançando com as moças. As mesmas moças da missa das dez na Matriz da Glória. As mesmas moças da arquibancada. Para andar num clube assim, jogar num clube assim, só botando pó-de-arroz. Deixando de ser mulato.

Um mulato, um preto podia torcer pelo Fluminense. Havia lugar, na geral, para o mulato, o preto. E para o branco pobre. Mas o branco pobre, o mulato, o preto, que torciam pelo Fluminense, procuravam 'ser' Fluminense, distinguindo-se dos torcedores dos outros clubes, caprichando no modo de trajar, vestindo a roupa dos domingos.

Como Chico Guanabara que reservava, para o dia do jogo do Fluminense, o seu melhor lenço em volta do pescoço, a sua melhor camisa de malandro, o seu melhor par de tamancos. Como Ovídio Dionísio, o pretalhão que depois se tornaria célebre com o apelido de 'Johnson', que não ia ver o Fluminense jogar sem mandar engraxar a botina, sem mandar passar a ferro a calça branca. Para Chico Guanabara, para Ovídio Dionísio, jogo do Fluminense era festa, embora, muita vez, acabasse em briga, em sururu.

Bastava alguém mexer com um jogador do Fluminense, com o Fluminense. Chamar um Fluminense de 'Pó-de-arroz', por exemplo. Chico Guanabara, Ovídio Dionísio, que antes de irem para o campo tinham passado pelo barbeiro, que talvez tivessem botado, depois da barba, um pouco de pó-de-arroz no rosto, não perdiam a ocasião de mostrar que o Fluminense não era 'Pó-de-arroz'.

Chico Guanabara levava um pé atrás, dobrava o joelho, ia logo puxando a navalha. Ovídio Dionísio dava um tapa. Bastava, O torcedor do outro clube já estava de olho tapado, sem ver mais nada.

Se ninguém mexia com o Fluminense, eles ficavam quietos. Parecia até que não eram de briga. Chico Guanabara debruçado na grade, o chapéu de palha de aba bem cortada no alto da cabeça. Ovídio Dionísio de pé, atrás dos outros.

Ovídio Dionísio não queria atrapalhar a visão de ninguém. Mas não era só por isso que ele preferia um lugar atrás. Era para não desmanchar o vinco da calça. Muita gente junto da grade, se apertando, não havia vinco de calça, por mais bem passado, que aguentasse oitenta minutos assim. Ovídio Dionísio só se esquecia do vinco da calça, da roupa de domingo, quando vinha o sinal da arquibancada.

Alguém do Fluminense, pulando dentro do campo, quase sempre o Corrêa Dutra, o Coelho Neto, já se sabia: aquele jogo tinha de ser anulado.

E para anular um jogo era preciso que o sururu, dentro do campo, durasse cinco minutos[6].

Os Ovídios Dionísios pulavam também dentro do campo, para brigar ao lado dos brancos da arquibancada. Preto com preto, branco com branco, ou, por outra, gente da geral com gente da geral, gente da arquibancada com gente da arquibancada. Um preto podia brigar com um branco, se o branco fosse da geral. Em branco da arquibancada ele não tocava.

Parecia fácil aguentar cinco minutos brigando, os cinco minutos custavam a passar. Havia gente que não aguentava e tratava de voltar para os seus lugares. Havia gente que, sentindo a fraqueza chegar, só queria saber de uma coisa, se faltava muito para acabar os cinco minutos. Havia gente que ficava até o fim, por mais que demorassem os cinco minutos. Como Ovídio Dionísio, como Corrêa Dutra, como Coelho Neto.

O sururu levava o branco pobre, o mulato, o preto, para o campo. Não os levava, porém, para a arquibancada. A grade da arquibancada baixa, como a da geral, feita de madeira e arame, continuava separando, do mesmo jeito, quem era 'fluminense' de quem era 'do Fluminense'. Quem era 'fluminense' de fora, quem era 'do Fluminense' de dentro.

O Fluminense podia, por isso, fechar-se mais. Fechar-se mais significava embranquecer-se mais. Sem ofender o mulato, o preto. O mulato e o preto, pelo contrário, achando que o Fluminense tinha de ser mais branco. Sem Carlos Alberto.

A experiência de Carlos Alberto dera tantos aborrecimentos aos brancos da arquibancada do 'Fluminense' quanto aos mulatos e pretos da geral que torciam pelo 'Fluminense'. Por causa do 'Pó-de-arroz' brigaram tricolores de todas as cores, de todas as condições sociais.

O gozo de uma derrota incomodava muito menos do que aquele 'Pó-de-arroz' atirado no rosto de qualquer tricolor. Depois de uma derrota, quem era do Fluminense, de cabeça baixa, inchada, como se dizia, suportava tudo, menos o 'Pó-de-arroz'.

O gozo era outra coisa. Uma espécie de trote de Carnaval. Como o trote de Carnaval, entre conhecidos. Era preciso ter intimidade para gozar alguém.

Às vezes, os moleques ficavam esperando o time que perdia, lá fora, para gritar 'está de cabeça inchada' e sair correndo. Para amarrar latas velhas atrás dos automóveis de capota arriada, alugados para trazer e levar os jogadores.

Os jogadores vinham, tomavam os carros, quando os carros partiam, o barulho de latas velhas era uma espécie de gargalhada. A gargalhada dos moleques.

---

[6] Lei da Liga.

Contra o gozo dos moleques havia o recurso de sair atrás deles, de pular do carro. Não havia recurso nenhum era contra o gozo dos colegas, dos conhecidos, dos companheiros. Muita gente deixava de ir ao estudo, ao trabalho, trancando-se, ficando doente de repente, a cabeça inchada.

Quem torcia pelo time que tinha vencido andava catando os amigos que torciam pelo clube que tinha perdido. Paulo Lira chegou à perfeição de ir para a Galeria Cruzeiro fantasiado de 'vitória do Botafogo'. Um papelão enfiado no chapéu de palha com o escore do jogo em números bem grandes.

Ia para a Galeria Cruzeiro e ficava à espera dos bondes. Sabia em que bonde vinha fulano, em que bonde vinha sicrano. Escondia-se atrás de uma coluna para aparecer quando o amigo, do Fluminense, do Flamengo, descia do bonde, já meio desconfiado, olhando para os lados. Aí Paulo Lira, aos saltos, caía em cima dele, não o largava sem gozá-lo bastante, acompanhando-o até à Rua São José, para voltar depois, apressado, pois estava para chegar outro bonde, do Flamengo, do Catete, de Laranjeiras, das Águas Férreas.

Juntava gente para ver o gozo de Paulo Lira, que não fazia outra coisa nas tardes das segundas-feiras, quando o Botafogo vencia. Também, quando o Botafogo perdia, Paulo Lira não aparecia em canto algum. Os outros, torcedores do Fluminense, do Flamengo, é que andavam atrás dele.

Ninguém queria ser gozado. Daí a importância, cada vez maior, da vitória. Fazendo o clube depender do time, o time virando o clube. A vitória era a salvação. Só ela trazia a alegria, a alegria que tomava a forma do gozo, bem brasileiro, brasileiro como o futebol.

O futebol já não podia ser chamado de inglês. De inglês tinha apenas o nome, o nome que Paulo de Magalhães queria mudar para 'Pebol', que Alcides D'Arcanchy queria mudar para 'Balípodo'[7]. O nome continuou sendo futebol. Futebol soava como uma palavra brasileira, tão familiar se tornara a todos os ouvidos. Não precisava de tradução. Fora traduzido, todo mundo sabia o que era.

Era aquilo que tinha escandalizado o velho Cox. O velho Cox compreendendo o futebol de Oscar Cox, não compreendendo o futebol de Edwin Cox. Ambos filhos dele, brasileiros. Um, porém, jogando o futebol que ele sempre vira jogar, à inglesa. O outro jogando um futebol diferente, cheio de coisas, um drible para cá, outro drible para lá. Dribles demais.

Oscar Cox, pesado, lento, meticuloso. Edwin Cox, leve ligeiro, brilhante. E quem estava na arquibancada, gostando mais de Edwin do que de Oscar Cox. O velho Cox viu que não podia fazer nada. Exceto ir embora, não voltar mais para ver um *match* de futebol. E foi o que ele fez. Deixou o jogo no meio, parecia que tinha sido insultado.

---

[7]Alcides D'Arcanchy lutou durante quarenta anos pelo 'Balípodo'. Descobriu a palavra em 17.

E os que ficaram na arquibancada, batendo palmas para Edwin Cox. Para os torcedores brasileiros futebol devia ser jogado assim, como Edwin Cox jogava. Um futebol mais vistoso, mais bonito, mais brasileiro.

O velho Cox ficou sozinho, como o único exemplo do orgulho britânico ofendido. Os outros ingleses, os que jogavam futebol, trataram de se tornar brasileiros, fazendo letras, dando 'charles'.

O brasileiríssimo 'charles', inventado por um inglês. Sem querer, naturalmente. Charles Miller, que introduziu o futebol no Brasil, trazendo três bolas da Inglaterra, e formou times, fundou clubes e ligas, como inglês respeitava o futebol. O futebol que se jogava na Inglaterra, no original, sem 'charles'.

O 'charles', porém, salvou-o uma vez. Charles Miller falhou no golpe de vista, calculou mal a direção da bola, teve que encolher a perna, chutar de calcanhar. Um furo corrigido com o 'charles'. Nunca ninguém tinha visto uma jogada daquelas. Mas todo mundo gritou logo:

– Charles! Aí, Charles!

Era o nome de Charles Miller, o nome da jogada. Charles Miller gostou das palmas, procurou se lembrar do que tinha feito, repetiu. Para receber palmas, para não se esquecer. Era assim mesmo, o 'charles'. Uma receita infalível para palmas. Jogador que queria ser aplaudido não precisava fazer mais nada. Bastava um 'charles'.

Quem não gostava de palmas? O inglês esquecia-se, um momento, de que era inglês, para experimentar aquela coisa gostosa, o aplauso. Jogando para a arquibancada. O que sucedia com os outros.

Qualquer jogada nova fazia sucesso, até um chute. O chute 'à Maranhão'. Raul de Albuquerque Maranhão chutando para cima, fazendo o torcedor esticar o pescoço para ver a bola pequenininha. O chute 'barroso'. Não foi Magno Barroso que o inventou. Mas o nome pegou. Não havia outro, e Magno Barroso chutava assim, de lado.

Melhor um nome brasileiro do que um nome inglês. Por isso, o 'charles' perdeu o 'esse'. Era pedante pronunciar o 'esse'. 'Charle', mais brasileiro. Não tão brasileiro quanto o 'deixa'.

Coisa de brasileiro, querendo ser mais sabido do que os outros. Gritando 'deixa', o outro deixava, ele ficava com a bola que não era dele. Marcando um gol com a mão. Sem ninguém ver.

Ninguém era o *referee*, porque sempre havia quem visse. O quíper via, saía correndo atrás do *referee*, protestando, 'foi com a mão, foi com a mão'.

O *referee*, muitas vezes inglês, resolvia a questão pedindo uma palavra de honra. Não ao quíper, ao *forward*. O *forward* sabido dava a palavra de honra. E estava tudo acabado, bola ao centro.

É verdade que havia *foward* que na hora fraquejava. Confessando que tinha feito o gol com a mão. Como um inglês. O jogador inglês só confessava assim: o *referee* perguntando, apelando para a honra dele.

Mas metia a mão na bola, se não podia fazer um gol direito fazia errado, para ver se passava. O brasileiro mesmo, ou não confessava nunca ou confessava logo. Feito Mimi Sodré.

Mimi Sodré não metia a mão na bola, a bola é que batia na mão dele. Também ele parava instantaneamente, não dava mais um passo, fora *hands*.

E, às vezes, ele estava a três passos do gol, era só empurrar a bola, o *referee* não tinha visto nada, se a bola entrasse apontaria para o meio de campo. Mimi Sodré não queria saber disso. A bola batera na mão dele, fora *hands*, e *hands* não valia.

Os jogadores do Botafogo ainda assim querendo modificar Mimi Sodré. Mostrando o exemplo dos outros. Mimi Sodré nada tinha a ver com os outros. Nem mesmo com os ingleses: ele era brasileiro.

Brasileiro em tudo, até naquele gesto de menino pedindo ao professor para ir lá fora. Por isso o torcedor gostava tanto de Mimi Sodré, o 'Menino de Ouro' do Botafogo.

Do Botafogo só, não, do futebol brasileiro. Quando ele levantava o dedo, parecia que tinha feito um gol. As moças davam gritinhos de entusiasmo. A arquibancada quase vinha abaixo, todo mundo batendo com o pé.

Certas vezes aquele gesto tirava uma vitória do Botafogo. O gol feito, o *referee* apontando para o centro. Mimi Sodré vinha e estragava tudo, levantando o dedo. Ficava o gesto como o único consolo da derrota.

Não adiantava muito. Quem fosse do Botafogo tinha de suportar o gozo dos outros clubes. Do Fluminense, do Flamengo, do América. Do Fluminense e do Flamengo, ainda passava. O pior era o gozo do América, um clube da zona norte. Principalmente depois que Abelardo Delamare deu um bofetão em Gabriel de Carvalho. Os jogadores do América tiveram que sair de campo guardados pela polícia.

A tabela marcava um Botafogo e América, todo mundo ficava esperando outro bofetão, outro sururu. O América e o Botafogo fazendo questão de ganhar. Para gozar a derrota do outro, para não ser gozado.

O mesmo caso do Fluminense e Flamengo, quase uma questão de família. O primeiro time do Fluminense indo todo embora para o Flamengo, deixando o Fluminense quase sem jogador, com um segundo time. O segundo time deu no primeiro, foi um gozo.

O Valentim, que cuidava do *field* das Laranjeiras, sem perder o devido respeito, gozou Alberto Borghert. Sem dizer nada, olhando só para ele, como se perguntasse:

– Biste?

Clube pequeno não se metia nisso. Não gozava nem era gozado. O clube grande, muito mais forte, não dando nem confiança ao clube pequeno. Depois, outra gente. Não se encontrando senão em dia de jogo. E assim mesmo um na arquibancada, outro na geral.

Só quem era de um grande clube, do Fluminense, do Botafogo, do Flamengo, do América, é que podia dar-se ao luxo do gozo. Comprar um chapéu de palha três números maior para dar de presente a um amigo de cabeça inchada. Passar um telegrama. Sentidos pêsames, 'compreendo extensão tua dor', e coisas parecidas.

Está claro que o gozo tinha de acabar com aquele hábito, nada brasileiro, do jantar de comemoração a dois. O vencedor convidando o vencido, confraternizando no restaurante. Comendo, bebendo, cantando juntos.

A vitória e a derrota não uniam mais. Separavam. Jogando cada um para o seu canto, para o seu clube. Na alegria, na tristeza. Os jantares de comemoração continuavam. Para os vencedores somente. Os vencedores comiam, bebiam e cantavam sozinhos.

O gozo maior, mais requintado, era quando o jantar tinha sido encomendado pelo outro clube. O outro clube, certo da vitória, não querendo esperar que o jogo acabasse, encomendando o jantar antes. Como aconteceu com o Fluminense uma vez. A mesa do Restaurante Roma, na Rua da Assembleia, toda enfeitada, esperando por ele. Quem apareceu foi o América[8].

O castigo. A vitória só estava garantida quando o jogo acabava e a multidão invadia o campo para carregar os jogadores em triunfo. O Fluminense não quis mais saber de encomendar jantar com antecedência.

Podia-se fazer isso com o jantar. O restaurante sempre aberto, à espera de fregueses. O *menu* pronto. Não se podia fazer isso com a banda de clarins. Onde é que se ia arranjar uma banda de clarins num domingo depois do jogo? Só estando tudo combinado, sábado o mais tardar.

A banda de clarins ficava escondida. Para aparecer na hora da vitória. Se a vitória não vinha, pagava-se a banda, mandava-se a banda embora. Não logo. Ia alguém lá fora, ver se a rua estava vazia, se não havia mais ninguém.

Às vezes a banda era obrigada a esperar horas a fio, escondida, trancada. Quando o jogo tinha sido entre o Fluminense e o Flamengo. Um pertinho do outro, vizinhos. O Flamengo vencia, os seus torcedores não saíam da porta do Fluminense. O Fluminense vencia, a Rua Paissandu ficava cheia de tricolores. Para ver a banda sair, os músicos, de cabeça baixa, derrotados, os clarins bem embrulhados em jornais. Porque o Flamengo também tinha, sempre, uma banda de clarins à espera da vitória.

A vitória vinha, era o Carnaval. O Carnaval que a banda de clarins anunciava, aos quatro ventos, tocando a marcha da *Aída*. Um Carnaval sem máscaras, sem fantasias, sem serpentinas, sem bisnagas, sem lança-perfumes, mas com a sua banda de clarins, o seu corso de automóveis de capota arriada, os seus blocos no meio da rua, bandeiras do Flamengo, na vez do Flamengo, do Fluminense, na vez do Fluminense, servindo de estandartes.

---

[8]O Fluminense estava vencendo de três a zero, encomendou o jantar, acabou perdendo de cinco a três. Data do jogo e do jantar: 30 de outubro de 1915.

Era o Carnaval, a mesma alegria, o mesmo delírio. O Carnaval de um clube só. Um clube fazendo o seu Carnaval, saindo, o outro ficando em casa, de portas trancadas, como se estivesse de luto. De luto num dia de Carnaval.

Por isso todo mundo que ia para a arquibancada, para a geral, ficava de coração pequeno quando o jogo estava para começar. Tremendo por dentro. Havia gente que nem podia ver o jogo. Que, depois de ouvir o apito do *referee*, virava o rosto.

O jogo começava, a felicidade, a desgraça do torcedor estava nos pés dos jogadores. Dependendo de um clube, de uma defesa. Todo torcedor sentia essa dependência. Principalmente o torcedor do clube grande, do Fluminense, do Botafogo, do América, do Flamengo. O torcedor do clube pequeno já um pouco conformado. Quase acostumado com a derrota.

Quem tirava campeonatos, sempre, sempre, era o clube grande. O clube dos brancos. Os brancos jogavam melhor futebol do que os pretos, a prova estava ali. O futebol não se jogava só com os pés, jogava-se também com a cabeça.

Como é que um preto, que mal sabia assinar o nome, podia competir com um acadêmico de direito ou de medicina?

O resultado era o que se via, O Flamengo campeão com um time de acadêmicos de medicina. Nove acadêmicos de medicina: Píndaro de Carvalho, Emanuel Néri, Ângelo Pinheiro Machado, Miguel Coutinho, Raul Viera de Carvalho, Ricardo Riemer, Alberto Borghert, Gumercindo Othero, Arnaldo Machado Guimarães.

Somente dois jogadores do Flamengo de 14 não iam ser médicos: Baena, que estudava para advogado, e Galo, que não estudava para coisa nenhuma.

A família de Galo, porém, era boa. Se não fosse boa, ele não teria jogado no Fluminense, não estaria no Flamengo, no meio daqueles futuros doutores. E, assim mesmo, se notava a diferença. Galo fazendo molecagem em campo, segurando calção, puxando a camisa dos jogadores do outro time.

O futebol não alterava a ordem das coisas. Pelo contrário. Onde se podia encontrar melhor demonstração de que tudo era como devia ser? O branco superior ao preto. Os ídolos do futebol, todos brancos. Quando muito, morenos.

Preto só entrava no escrete uma vez na vida e outra na morte. E quando um branco que devia jogar estava fora, doente ou coisa que o valha. Então o preto podia jogar. Como Monteiro, do Andaraí, trocando de posição, tapando buraco.

Cada lugar no escrete tinha um dono: branco, de boa família. A superioridade de raça, da raça branca sobre a raça preta, a superioridade de classe, da classe alta sobre a classe média, da classe média sobre a classe baixa. A baixa lá em baixo, a alta lá em cima, vencendo, tirando campeonatos.

Bem fazia o torcedor da geral ficando com o seu clube grande, com o Fluminense, com o Botafogo, com o Flamengo, com o América. Branco pobre, mulato ou preto, ele torcia era pelo jogador branco do grande clube. Ia para a geral, para o seu lugar, só saía de seu lugar quando o jogo acabava, para carregar em triunfo um Marcos Mendonça, um Mimi Sodré, um Néri, um Belfort Duarte.

Não podia haver consagração maior do que essa: ser carregado em triunfo. Aparecer nos ombros dos brancos pobres, dos mulatos, dos pretos da geral.

O povo chegava até à grade da arquibancada. Parava. O jogador seguia o seu caminho, para cair nos braços da sua gente. A gente da fitinha no chapéu.

Um mulato, porém, Arthur Friedenreich, se tornaria o maior ídolo do futebol brasileiro. Não porque, como muita gente pensa, tivesse marcado o gol da vitória de 19. O gol foi menos dele do que de Neco.

Neco é que trouxe a bola do meio de campo, que a carregou até a linha de *corner*, que deu o passe para Friedenreich. Friedenreich só fez encostar o pé na bola. A bola entrou, mansamente. Era a vitória[9].

Neco ficou de lado, a multidão correu para Friedenreich, carregou-o em triunfo. Nenhum outro jogador brasileiro, antes dele, conheceu tamanha popularidade. As chuteiras de Friedenreich, ainda sujas de lama, expostas na vitrina da Casa Oscar Machado, com as joias do mais alto preço. E retratos dele nos jornais, nas paredes. A cabeça de Friedenreich, Friedenreich em corpo inteiro, o pé de Friedenreich. O pé de '*ôrro*', como dizia o velho Friedenreich, carregando nos erres.

A popularidade de Friedenreich se devia, talvez, mais ao fato de ele ser mulato, embora não quisesse ser mulato, do que de ele ter marcado o gol da vitória dos brasileiros. O povo descobrindo, de repente, que o futebol devia ser de todas as cores, futebol sem classes, tudo misturado, bem brasileiro[10].

O chute de Friedenreich abriu o caminho para a democratização do futebol brasileiro. Democratização que viria lentamente, mas que não pararia mais, a despeito de tudo. Da oposição do grande clube. O grande pretendendo ser mais branco do que nunca.

Principalmente o grande clube da zona sul. O Fluminense, o Flamengo, o Botafogo. Concessão, só a branco. O branco pobre já podendo vestir a camisa tricolor, rubro-negra, alvinegra.

Era pobre mas era branco.

O grande clube da zona norte já menos exigente. Fazendo mais questão do jogador. O caso do América, botando Manteiga no time, um preto, um marinheiro, só porque jogava futebol. Jogava bem, melhor do que muito branco. Um passe dele parecia feito com manteiga. Daí o apelido.

Manteiga no time era a vitória, era o campeonato. O resto, a cor, a condição social dele, não importava.

---

[9]E além disso Neco fez os dois gols que permitiram ao Brasil o desempate com o Uruguai no sul-americano de 19. O primeiro *match* Brasil e Uruguai foi a 25 e o segundo a 29 de maio.

[10]"Há no culto dos heróis um pouco de agrado de gato – o clássico agrado do gato ao homem: parecendo estar fazendo festa à perna do dono, o gato está mas é afagando voluptosamente o próprio pelo. Assim a massa negroide ou cabocla quando encontra um herói ou santo de cabelo de índio ou de barba encarapinhada regozija-se nele mais do que num herói louro: é um meio de afagar os próprios pelos nos do herói, nos do gênio ou santo' (Gilberto Freyre. *Sobrados e Mocambos*, pág. 367).

É verdade que houve luta, uma verdadeira cisão dentro do América. Torcedor do América se recusando a torcer por um Manteiga, jogador do América se recusando a jogar ao lado de um Manteiga. Preferindo sair do time, do clube. Emigrando para o Fluminense, baluarte da branquidade.

Muita gente do América foi para o Fluminense. Gente boa, que tinha sido América toda a vida. Os Curty, os Borges. Deixando de ser América para não depender de um Manteiga. No campo, na arquibancada. Jogando com um Manteiga, torcendo por um Manteiga.

O América com Manteiga não era mais América. A origem do saudosismo. O futebol com Manteiga não era mais futebol.

Surgiu, emergindo do passado, uma época de ouro do futebol. A época em que a arquibancada do Fluminense mais parecia um *bouquet* de flores. Não havia outra expressão: *bouquet de flores, como escreviam os cronistas. A época em que o futebol era coisa chique. Também os jogadores saíam das melhores famílias. Quase sempre estudantes, que mais tarde seriam médicos, advogados, engenheiros, oficiais do Exército, da Marinha.*

Não fazia mal depender dessa gente, a mesma gente da arquibancada. O torcedor de fitinha no chapéu de palha dependia de um branco, não de um branco qualquer, de um branco igual a ele. Mas que jogava melhor do que qualquer preto.

Capítulo II

O CAMPO E A PELADA

1

O jogador branco tinha de ser, durante bastante tempo, superior ao preto. Quando o preto começou a querer aprender a jogar, o branco já estava formado em futebol. O grande clube sendo uma espécie de universidade. Tudo quanto era professor de futebol ia para lá. Ingleses, brasileiros que tinham estudado na Europa, todos com o seu curso de futebol. Foram eles que trouxeram o futebol para o Brasil, que o passaram adiante, formando clubes. Quem começou antes levando vantagem acentuada. O caso Fluminense.

Quando se fez uma liga, com uns tantos clubes, o Fluminense, o Paissandu, o Rio Cricket, o *The* Bangu, o Botafogo, o América, o Riachuelo, o *Football Athletic Association*, o Latino-Americano, alguns só disputando jogos de segundo time, sem um time que merecesse ser chamado de primeiro, o campeonato foi conquistado pelo Fluminense. O que tinha começado antes.

Diante dos jogadores do Fluminense, os jogadores do Botafogo se sentiam meninos, quase de calças curtas. Não era só a idade, eles ainda de buço, nenhum de bigode, o bigode quase um traço de família nos jogadores do Fluminense, que os fazia se sentirem assim. Ou melhor: era a outra idade, a idade de futebol.

Os jogadores do Fluminense jogando há muito mais tempo, sabendo, portanto, muito mais. O conhecimento do futebol, porém, passava dos homens feitos do Fluminense para os rapazes do Botafogo. O time do Botafogo jogando com o Fluminense, levando surras a zero, mas aprendendo. Aprendendo tudo.

O jogador preto não podia aprender com professor. Só jogando no *The* Bangu, só sendo operário da Companhia Progresso Industrial do Brasil. E assim mesmo um ou outro. O *The* Bangu deixando preto entrar no time, não fazendo questão de cor, de raça, mas não exagerando.

Assim o preto, quando aprendia, era quase sozinho. As portas dos grandes clubes fechadas para ele. Das academias. A expressão academia, academia de futebol, significando o grande clube, onde se ensinava futebol de fato, nasceu na geral, não na arquibancada.

O branco pobre, o mulato, o preto, estabelecendo a diferença entre o grande e o pequeno clube. A academia e a escola pública. O campo cercado, com arquibancada e tudo, e a pelada, um campo sem grama, pelado. Quando não entre o *field,* como saía nos jornais, ou *ground,* e a rua. Um verde macio, de grama bem aparada, um tapete, o outro de barro, de pedra. Muito diferente. O branco dos *field,* dos grandes clubes, tendo ainda por cima um professor, o capitão do time gritando sem parar, em inglês. O preto das peladas, das ruas, não tendo ninguém.

A única coisa que o ajudava era a intuição. A certeza de uma vocação que o fazia fabricar uma bola de meia. Para jogar, para aprender. Procurando se lembrar do que tinha visto. Imitando, a memória servindo de espelho. Um espelho não muitas vezes fiel. Deturpando jogadas. A pegada 'à Marcos de Mendonça' por exemplo.

Marcos de Mendonça tinha uma jogada peculiar, só dele. Pegava a bola um pouco de lado, na frente, amortecendo-a. A bola, trazida pela mão direita, se encaixava na asa do braço esquerdo.

Naturalmente tudo isso se passava depressa, tão depressa que muita gente não via, achando que os moleques imitavam, direitinho, a pegada de Marcos de Mendonça. Uma jogada complicada, só com a asa de um braço. Além de complicada, a pegada de Marcos de Mendonça era debochativa. Ficaria bem num Dionísio, um mulato que jogava de quíper e que defendia bolas de cabeça. Não num Marcos de Mendonça.

Para Marcos de Mendonça o futebol era uma coisa muito séria, uma verdadeira ciência. Geometria pura. Os ângulos do gol que ele descobriu, por acaso, vendo Charles William batendo bola no campo do Fluminense.

Charles William tornara-se famoso por uma coisa que, talvez, nunca tivesse feito: um chute de lado a lado, de quíper a quíper, atravessando o campo, a bola só parando dentro do outro gol. Tendo dado ou não esse chute, de cento e dez jardas, Charles William impressionou Marcos de Mendonça, ainda no América, sem sonhar em ir para o Fluminense, com algumas pegadas fora do gol. Marcos de Mendonça reparando uma coisa: todas as vezes que Charles William saía do gol, o gol diminuía. O ângulo do gol. O segredo estava ali. O quíper podia, avançando, colocando-se mais para cá, mais para lá, reduzir o ângulo do gol. Fechar o ângulo do gol. O *forward* chutava, era em cima do quíper. Marcos fez a experiência em treinos, em jogos, completando os seus estudos de *goalkeeper*[11].

O último retoque fora dado por aquela coincidência feliz. De ele estar no campo do Fluminense no bate-bola de Charles William. Não tinha mais nada a aprender. Os conhecimentos dele eram a soma dos conhecimentos dos outros *keepers*, de Hugo, o grande quíper de São Paulo, considerado, no tempo, o maior do Brasil, a Otto Baena, o grande quíper do Rio. Pudera acompanhar toda a evolução do quíper no futebol brasileiro, que era o do Rio e o de São Paulo, Hugo Waterman, Coggins, Baby Alvarenga, Baena. Cada um trazendo uma contribuição nova para a espinhosa posição de *goalkeeper*.

Hugo não fazia pegada. A bola vinha, ele podia segurá-la, calmamente, preferia dar um soco. Fechava a mão, encolhia o braço, acertava a bola de cheio com um soco. A bola quase ia ao meio de campo.

Se a bola vinha baixa, Hugo metia o pé. Chutando como um *fullback*. Ou então saía com ela, driblando, toda a vida. Os socos, os chutes de beque, os dribles todos bem dados, na perfeição, consagraram Hugo como o maior *goalkeeper* brasileiro. Indiscutivelmente. Era um espetáculo vê-lo jogar.

---

[11]Marcos de Mendonça ainda tem o primeiro livro **(N.E. - 3ª ed.: texto escrito em 1947)**, é melhor dizer folheto, que se publicou sobre futebol. Um folheto que a Casa Clark distribuía pelos seus fregueses, com as regras de futebol traduzidas do inglês por Luís Fonseca, além de instruções aos jogadores de cada posição, ensinando como se devia jogar. Marcos de Mendonça anotou todo o folheto. Os moleques não podiam fazer isso. Não eram fregueses da Casa Clark e não sabiam ler.

Waterman já pegava, já se abaixava para defender a bola com a mão. Muito meticuloso, talvez meticuloso demais, chegando a ser frio. Não porque era inglês. Coggins, inglês como ele, tinha leveza, elegância. *'Souplesse'*, para usar um termo da crônica de então. Baby Alvarenga ainda melhor do que Coggins. Mais completo. O mais completo de todos, porém, era Otto Baena, apesar de não ter físico para *goalkeeper*. Dentro do gol, sete metros e trinta e dois por dois e quarenta e quatro, ficava uma coisinha de nada, quase desaparecia.

Marcos de Mendonça, sim, enchia o gol. Muito alto, de pernas e braços longos. E depois a estória do ângulo do gol, da ciência do futebol que ele aprofundaria. A um tal ponto que se julgou invulnerável.

Bola chutada como devia ser chutada não podendo entrar no gol de Marcos de Mendonça. Só entrando bola mal chutada. Pegando errado num pé, devendo ir para um canto e indo para o outro. Marcos de Mendonça preparado para o chute certo, sendo surpreendido pelo chute errado, fora de todos os cálculos.

Um jogador como Marcos de Mendonça, com essa preocupação do futebol científico, geometricamente certo, não podia ser o autor da pegada que passou à história com o nome dele.

Coisa de moleque. Sem maldade nenhuma, pelo contrário. O moleque quebrando a cabeça para reproduzir o que tinha visto Marcos de Mendonça fazer. Só se lembrando da bola encaixada na asa de um braço. Um braço só. E o outro?

Para o moleque o outro braço estava atrás. O moleque fez acrobacia para imitar Marcos de Mendonça, passou um braço para trás, torcendo o corpo, para alcançar, com a mão, a bola que já devia estar encaixada na asa do outro braço. Difícil como diabo. Mais difícil que o 'charles', que o bate-pronto.

Pois o moleque da rua, de pé no chão, fez isso. E bem, tão bem que pôde chamar a essa pegada de pegada 'à Marcos de Mendonça'. Pegada que passou a ser, no futebol das peladas, uma espécie de carteira de identidade de gol-quíper. Par ou ímpar, jogadores para cá, para lá, *'em que posição você joga'*, se era de quíper, tinha de mostrar que sabia fazer a pegada 'à Marcos de Mendonça'. Se soubesse, era quíper mesmo, estava com o lugar garantido.

Podia ficar entre os dois paralelepípedos, as duas trouxas de roupa, as duas latas vazias de Banha Rosa, os dois pedaços de pau que serviam de baliza. Se não soubesse, não era quíper coisa nenhuma.

A pegada 'à Marcos de Mendonça' era uma prova de habilidade do moleque. Da vocação que ele tinha para o futebol. Apenas faltava a escola. O campo. O campo do Fluminense aberto para os garotos do Rio, fechado para os moleques do Retiro da Guanabara.

Os moleques na cerca, de olho grande, esperando que uma bola fosse fora. Quase que só vendo treino. Em dia de jogo, dez tostões a geral, tinham de ficar no morro, lá em cima, os jogadores deste tamanho lá em baixo. Os mais atrevidos desciam, dispostos a tudo para entrar. A pedir esmola. A pular o muro.

O muro não era tão alto assim. Havia sempre um pretalhão na calçada, vendendo um empurrão para dentro do campo por quatrocentos réis. Quem quisesse fazer uma economia de seiscentos réis botava um pé no estribo das mãos juntas do pretalhão, em cadeirinha, e tomava o impulso para montar no muro.

O pretalhão, às vezes, ajudava um moleque sem cobrar nada. De graça. Para mostrar a um possível freguês como era fácil, com uma ajudazinha, pular o muro. E como não havia perigo nenhum. Pouca gente na Rua Guanabara. O bilheteiro escondido atrás de um buraco feito na parede. Não vendo coisa alguma. E mesmo se visse ficava por isso mesmo.

O pretalhão fazia isso todos os domingos de jogo, nunca fora preso. Também não abusava. Jogava para dentro do campo uns cinco fregueses, com dois mil réis no bolso ficava satisfeito.

Não era nada, não era nada, o tempo passava, a hora do jogo estava perto, não vinha mais ninguém, ele queria ver o seu futebol. Trepava no muro, pulava para dentro do campo.

Os moleques faziam escadinha. Um se curvava como se fosse brincar de carniça. Os outros subiam nas costas dele, esticavam os braços, agarravam-se em cima do muro.

Enquanto isso, os garotos do Rio na arquibancada. Sem perder um jogo. Cada jogador do Fluminense era um professor para eles. 'Não é assim, é assim'.

Eles podiam bater bola dentro do campo. A bola de pneu, que os moleques só chutavam quando ia fora, e assim mesmo um moleque ou outro, o mais ligeiro, o mais valente, à disposição deles. Toda quarta-feira os garotos do Rio treinavam no campo da Rua Guanabara. Vinham com as suas maletas, tal qual os jogadores do Fluminense, com as suas chuteiras, as suas meias de lã, as suas camisas.

Os moleques do Retiro da Guanabara, não podendo ter nada disso. Nem o campo, nem a bola, nem a chuteira, nem as meias, nem as camisas. Jogando na rua, de pé no chão, com bola de meia. Quando cresciam e entravam para um clube pequeno, de gente pobre, estranhavam a bola, a chuteira. A bola enorme, dura, cheia demais, pesada de tanta lama das peladas. Lama que se entranhava no couro, que não saía.

A bola dos campos novinha, com cheiro de couro, brilhando, parecia envernizada, uma bola para cada jogo. Bola usada só para treino. Uma bola assim se podia chutar sem susto. Sem destroncar o dedo grande do pé. Coisa que acontecia comumente nas peladas.

Também quase todos os jogadores de pé no chão, tendo largado as chuteiras num canto. Não se acostumando com elas. Boas para se andar na calçada. Pelo rangido das travas no cimento. Um rangido gostoso, que fazia o jogador das peladas gingar o corpo de tanta prosa.

A desvantagem do moleque era enorme. É verdade que a bola de meia, pequenina, saltando feito bola de borracha, ia fazer de muito moleque um virtuoso do futebol. Os moleques passando o dia inteiro com a bola de meia. Brincando com ela. Apostando quem demorava mais com ela nos pés. Sem deixar que ela caísse no chão.

Havia moleque que ficava toda a vida assim. Suspendendo a bola, passando a bola de um pé para o outro, cinquenta, cem, duzentas vezes. Amanheciam com a bola de meia, a rua era o campo, formavam times de par ou ímpar, jogavam até não poder mais. A manhã, a tarde, a noite, eram deles.

Não iam para o colégio, ficavam na rua. Fazendo inveja aos garotos de boa família que passavam a caminho do Alfredo Comes, do Abílio, do Ginásio Nacional. Garotos que paravam, com vontade de matar a aula, de jogar futebol também. Alguns não resistiam, emprestavam a maleta do colégio, com os livros, com a merenda, um pão, uma fatia bem grossa de goiabada, três bananas, para servir de baliza.

Nesses contatos entre o campo e a pelada os moleques de pé no chão impressionavam os garotos de boas famílias. Que levavam para o colégio a notícia de um pretinho que ia ser um grande jogador de futebol. Só vendo o domínio de bola que ele tinha.

O pretinho crescendo, porém, não ia para o campo, ia para a pelada, se arrebentar nos 'arranca-tocos'. Chamava-se também a pelada de 'arranca-toco'. O jogador metia o pé, com força, com toda a força, às vezes não pegava a bola, pegava um toco, um toco de verdade, com raiz e tudo.

O garoto de boa família, não. Crescia e tinha um lugar garantido no Fluminense, no Botafogo, no América. Um lugar à espera dele. Desde pequeno se acostumara com a chuteira, com a bola de pneu. Sem desprezar a bola de meia, a bola de borracha. A bola de tênis sendo melhor até que a bola de meia para o golpe de vista.

Marcos de Mendonça treinava com bola de tênis no quintal da casa de Santa Alexandrina. Luís e Fábio, os irmãos dele, atirando a bola de tênis com a mão, para Marcos de Mendonça defender. Ou, então, uma laranja seleta, do tamanho de uma bola de meia, com a vantagem de ser mais dura. De obrigar Marcos de Mendonça a ter todo cuidado para não amassá-la.

Quando uma laranja ficava amassada era porque a defesa não fora bem-feita. Uma defesa bem-feita não amassava a laranja, deixava a laranja como tinha vindo da quitanda. Luís e Fábio podiam atirar a laranja com toda a força. Marcos de Mendonça amortecia a laranja, trazendo-a para o peito, um pouco de lado. Na verdadeira pegada 'à Marcos de Mendonça'.

A bola de tênis era só para exercitar o golpe de vista. O golpe de vista de um quíper como Marcos de Mendonça, de um *center-forward* como Alberto Borghert. Alberto Borghert também gostava de treinar no quintal da casa dele. Sozinho. Chutando bola de tênis. A bola de tênis batia na parede, voltava, ele tinha de emendar o chute. Coisa que Abelardo Delamare aperfeiçoou com a bola de pneu.

Abelardo Delamare ia cedo para o campo do Botafogo, o campo de Voluntários da Pátria, chamando todos os moleques que encontrava no meio da rua. Os moleques já sabiam. Acompanhavam Abelardo Delamare, alegres, satisfeitos da vida, porque iam ganhar um tostão. E, mais do que isso, iam poder segurar uma bola de pneu número cinco, dar uns chutes.

Abelardo Delamare mudava de roupa, apanhava todas as bolas do Botafogo, as bolas dos treinos, já usadas, umas cinco ao todo, jogava-as para dentro do campo. Cada moleque tinha de apanhar uma bola, esperar o aviso de Abelardo Delamare que se colocava a quinze, a vinte passos do gol. E aí começava o treino. Os moleques atiravam as bolas, umas atrás das outras, às vezes duas ao mesmo tempo; para Abelardo Delamare chutar. Chutar de qualquer jeito, como ela viesse, para dentro do gol. Os moleques não podiam demorar. Uns do campo, perto de Abelardo Delamare, outros atrás do gol para apanhar as bolas, para devolvê-las logo. Abelardo Delamare chutando, de primeira, sempre de primeira, sem ajeitar a bola, sem esperar que a bola batesse no chão.

Só parava de chutar à noitinha, quando não se via mais a bola. Os moleques exaustos, botando a alma pela boca, ele cansado também, mas cada vez melhor no chute.

Os moleques tinham a sua recompensa: o tostão dado por Abelardo Delamare. Um tostão para cada um. Ou, então, uma carona em dia de jogo.

Havia ao lado do campo de Voluntários da Pátria, um capinzal. A Sapucaia de Botafogo. Todo o lixo de Botafogo era jogado lá. Saindo por uma porta aberta no muro para isso mesmo.

Quando a bandeira do Botafogo e a bandeira de outro clube qualquer apareciam no alto do mastro, os moleques desde cedo se amontoavam no capinzal, à espera que a porta do lixo se abrisse. Abria-se e fechava-se, depressa. Os moleques entravam, iam para trás do gol.

Durante a semana prestavam serviços a Abelardo Delamare atirando bolas para ele chutar. No domingo ajudavam o Botafogo. A grade, quase junto do gol, onde acabavam as redes. Quando o jogo estava difícil os moleques xingavam o quíper do outro time. Descompostura grossa.

Mesmo que não quisesse dar importância – quem ia dar importância a moleques? – o quíper do outro time tinha de escutar. Irritando-se, perdendo a calma, descontrolando-se. Acabava fazendo uma pixotada.

Culpa dos moleques. Dos moleques da arquibancada. Atrás do gol era arquibancada, geral é que não era. A geral do outro lado, defronte da arquibancada, separada da arquibancada pelo campo.

Atrás do gol ficava o barracão onde os jogadores dos dois times mudavam de roupa.

Muito torcedor de fitinha no chapéu gostava de assistir ao jogo atrás do gol. Para ver a bola entrando, suspendendo a rede. Para gritar gol antes da bola entrar. Para torcer mais à vontade. Como um moleque. Sem essa coisa de olhar para ver se tinha moça perto. O torcedor, com um palavrão na boca, tendo de engolir o palavrão.

O melhor era mesmo ficar junto dos moleques, dos moleques que não pagavam ingresso, que entravam pela porta do lixo. Olhava-se, a porta estava fechada, sempre fechada, e os moleques lá dentro, debruçados na grade.

Outros clubes faziam a mesma coisa. Deixavam os moleques entrar. Quando havia pouca gente, a geral vazia, o time sem claque.

Luís de Mendonça, no Haddock Lobo, no América, não botava os moleques logo para dentro. Indo ver, primeiro, se precisava ou se não precisava deles. Se precisava, voltava, carregava uns dez, uns vinte para trás do gol, para a geral.

Os moleques tinham de gritar até não acabar mais. Pelo Haddock Lobo, pelo América, por Luís de Mendonça, pelo jogador que cavara uma carona para eles.

Mesmo quando o campo estava cheio, e o Haddock Lobo e o América não precisavam de claque, os moleques podiam ver o jogo. Da barreira. A barreira do América melhor do que o morro do Fluminense. Mais perto, pegando todo o campo.

A barreira aproximava a pelada do campo. Permitindo a qualquer moleque filar uma aula de futebol, aprender por correspondência.

O moleque, porém, não tinha campo. Aquele campo ali, do Haddock Lobo, do América, fora dele, do Oriental. O Oriental cercara o campo de arame farpado, plantara de um lado e de outro as barras de gol. Quando uma bola ia fora era um perigo. O jogador, correndo atrás da bola, muitas vezes se esquecia do arame farpado, feria-se todo.

O Oriental jogava lá, treinava lá. O Haddock Lobo também. O Haddock Lobo com o olho em cima do campo. Foi o Oriental fechar, foi o Haddock Lobo ficar com o campo.

O doutor Sattamini, professor de Física da Faculdade de Medicina, dono do terreno, alugou o campo ao Haddock Lobo. O campo, que era de todos, ficou sendo de um só.

Levantaram um muro, fecharam o campo para os moleques. Os moleques entrando apenas para fazer o papel de gandulas e de caronas.

E depois, o jogador de boa família tinha muito mais tempo para treinar. Era, quase sempre, um estudante. Estudava e jogava futebol. Jogando até mais futebol do que estudando.

Por isso desapareciam rapidamente dos campos, os homens feitos, já com responsabilidade na vida. O futebol de bigode acabando. O bom jogador sem bigode, mal tendo buço, indo para o primeiro time com dezesseis anos.

O caso de Marcos de Mendonça. Típico. Marcos de Mendonça tendo o dia todo à disposição dele. Passando as manhãs com Luís, com Fábio, a aperfeiçoar pegadas.

Quem é que podia fazer isso? Só mesmo alguém como ele, com a idade dele, a vida dele. Não só tendo dinheiro para comprar bolas de pneu, bolas de borracha, bolas de tênis, laranjas seletas, tendo tempo e dinheiro. A boa vida.

Dando-se ao luxo até de ter sua bola de meia. Fazendo concorrência aos moleques. Escolhendo uma meia de seda, jornais limpinhos, para fabricar uma bola de meia melhor, que pulasse mais do que a dos moleques.

As preocupações de trabalho nem passando de longe pela cabeça dele. O velho Mendonça, pai à antiga, achando que o filho só devia trabalhar depois de formado. Antes, era quase uma desonra para a família.

Só se o filho se desencaminhasse, não quisesse estudar, não pretendesse ser nada na vida. Então, talvez o trabalho o consertasse. Agora, um filho que desde menino estava com a sua carreira traçada, que ia ser advogado, médico ou engenheiro, tinha era de estudar, de praticar o seu esporte.

Por isso mesmo os antigos jogadores, com seus vinte e cinco, os seus trinta anos, não aguentaram. Foram saindo, cedendo lugar aos moços, aos rapazinhos de dezesseis, aos moços de dezoito, de vinte anos.

Quando gostavam mesmo do futebol iam para o segundo time. Para matar saudades. Até serem enxotados por outros moços, outros rapazinhos. Os herdeiros do futebol. A geração do Rio e do Carioca.

Muita gente não querendo ver, ainda insistindo com os jogadores de bigode, com os homens feitos. Os mais velhos no primeiro time, os mais moços no segundo.

Como se adiantasse alguma coisa. Quando o segundo time do Botafogo jogava com o segundo time do Fluminense, todo mundo ia mais cedo para o campo de Voluntários da Pátria ou de Laranjeiras. Para ver o Carioca e o Rio já com outras camisas.

Os garotos do Carioca e do Rio tinham crescido, jogavam como gente grande. Também tinham treinado que não fora brincadeira.

Bastava olhar para a perna de Chico Loup. Para a perna esquerda, muito mais grossa do que a perna direita. A perna direita dele só servindo para andar, para subir no bonde, para dançar. E para aguentar o corpo quando ele chutava com a perna esquerda.

Só chutava de canhota. Fazia tudo de canhota, passava, chutava, driblava de canhota. Por isso a canhota engrossara.

Só mesmo rapazinhos, e estudantes ainda por cima, podiam treinar assim. Eles tinham ficado de fora, crescendo, para poder entrar nos seus clubes. A origem do Carioca. Mimi Sodré querendo ir para o Botafogo, Flávio Ramos, presidente do clube, apesar dos seus dezesseis anos, não deixando.

Quase houve uma crise. Emanuel Sodré achando que Flávio Ramos queria ser mais realista do que o rei. Afinal de contas o Botafogo fora fundado por gente quase como Mimi Sodré, a diferença entre Flávio Ramos e Mimi Sodré não era tão grande assim. Um ainda de calças curtas, o outro mal acabando de estrear calças compridas.

Flávio Ramos não cedeu. Por isso mesmo: o Botafogo precisava ser mais homem, como o Fluminense. Mimi Sodré e os outros garotos, que não puderam entrar no Botafogo, fundaram o Carioca. Não se esquecendo da desfeita dos grandes. Preparando-se para tomar a sua desforra. Tomando a sua desforra direitinho. O segundo time do Botafogo dando no primeiro.

Às quintas-feiras o campo de Voluntários da Pátria apanhava a sua enchentezinha. Muito torcedor de fitinha no chapéu, muito moleque, o moleque para torcer pelos jogadores do segundo time.

Os jogadores do primeiro time tendo de correr mais em campo, de molhar a camisa, de fazer tudo para não perder, e perdendo. Perdendo e não se conformando. Vindo com a desculpa de que tinha sido um treino, de que não tinha sido um jogo.

O segundo time do Botafogo barrando o primeiro. Levantando o campeonato. Ninguém podia mais se iludir. Era a vitória do estudante, do boa-vida. O trabalho não combinava com o futebol.

Mesmo jogadores como Waterman, um grande quíper, não aguentavam. Cedendo lugar a um Baena, que nem tinha físico para jogar no gol. Baixinho, magricela, perdendo-se nos sete metros e trinta e dois por dois e quarenta e quatro das balizas.

Não tinha físico para jogar no gol, mas barrou Waterman. Treinando com três, quatro bolas. O que Abelardo Delamare fazia para chutar de qualquer maneira, Baena fazia para defender de qualquer maneira.

Juntavam-se, dentro da área, Baiano, Arnaldo, Borghert, Gustavo de Carvalho, Chico Loup. E toca a chutar ao mesmo tempo. Mal defendia uma bola, Baena tinha de se atirar para defender outra.

Os *forwards* caprichando no chute. Chutando para os cantos quando Baena estava no meio do gol, chutando para o meio do gol quando Baena estava num canto.

Às vezes Baena pegava duas bolas ao mesmo tempo. Waterman, em plena forma, quíper do escrete carioca, nem tentou resistir. Gostava do futebol, como bom inglês, mas não tanto.

Mesmo se gostasse tanto do futebol, não lhe adiantava. Tinha de trabalhar, de cuidar da sua vida. Baena era acadêmico de direito, estava livre todas as manhãs, todas as tardes, às quatro horas o mais tardar.

Repetia-se o caso do Botafogo de 10. Sem tirar nem pôr. O Fluminense conquistando o campeonato de 11 com gente assim, que não trabalhava.

E ia ser a mesma coisa por muitos anos afora. Havendo apenas uma interrupção: a de 12. O Paissandu, campeão com o seu time de ingleses, todos os jogadores trabalhando, não podendo treinar como o Botafogo de 10, como o Fluminense de 11. Mas sabendo aproveitar uma ocasião única, que não se repetiria mais. O Botafogo ainda fora da Liga[12], o time do Fluminense no Flamengo, um clube de remo sem campo, se aventurando no futebol.

Tendo de treinar no Russell e no meio dos moleques. Um campo aberto, feito pelada. Toda a vantagem de ser estudante desaparecendo.

Para se ter uma ideia: até do Fluminense o Flamengo perdeu. Do segundo time do Fluminense, fazendo de primeiro, porque não havia outro. Tudo errado.

Em 13, porém, as coisas voltaram aos seus lugares. O campeonato foi do América. Marcos de Mendonça fazendo os seus preparatórios, não trabalhava. Luís de Mendonça, acadêmico de direito, também. Mendes, cadete, já com sua estrelinha, idem. Ojeda, na Escola de Agronomia, idem. Osmar e Aleluia, alunos da Escola de Guerra, idem, idem.

Só trabalhavam Lincoln, em comissões e consignações, com horário livre; Vitti, dono de uma fábrica de envelopes: Gabriel de Carvalho e Belfort Duarte, ambos da *Light*.

Para Belfort Duarte, porém, o América estava acima de tudo. Quem quisesse jogar tinha de treinar, aparecer em campo na hora marcada. Era o primeiro a chegar.

---

[12] O Botafogo saiu da Liga por causa de um bofetão que Abelardo Delamare deu em Gabriel de Carvalho no primeiro Botafogo e América de 11, disputado a 25 de julho. A Liga suspendeu Abelardo Delamare e o Botafogo ficou solidário com o seu jogador.

Só desculpava faltas de Marcos de Mendonça porque sabia que Marcos de Mendonça treinava em casa, com as suas bolas de tênis, com as suas laranjas seletas.

E assim mesmo, na quinta-feira, Marcos de Mendonça tinha de aparecer. Belfort Duarte dirigia o treino gritando por qualquer coisinha, um passe mal dado, um chute sem direção, queria botar um jogador para fora de campo. Ninguém facilitava com ele.

Também ele dava o exemplo se matando em campo. Nem parecia que trabalhava, que tinha vinte e oito anos. A não ser pelas cadeiras largas, cada vez mais largas, amatronadas. A razão por que os moleques o chamavam de 'Madama'.

Não adiantava Belfort Duarte vestir calções que eram quase saias. Aí é que parecia mesmo 'Madama'. E ainda por cima o jeitão que ele tinha de dona-de-casa. Mandando no clube, tomando conta tudo, não deixando passar nada.

Quem não estivesse satisfeito que fosse embora. Jogador levando carão em campo, na frente de todo mundo. Passando por uma vergonha, os outros chegando a virar o rosto para não ver. Achando que Belfort Duarte não devia gritar tanto, que devia ser menos 'Madama', menos dona-de-casa. Mas ficando de bico calado, protestando por dentro. Alguns com medo de levar carão também, tratando de obedecer mais depressa. Não a Belfort Duarte, ao América.

Era a mesma coisa. Um jogador encarnava a bandeira vermelha do América, a camisa de ganga, *bordeaux,* de sangue velho. A bandeira, a camisa de Belfort Duarte. Para o time, para a torcida. Só assim o América vencia, era campeão. Os onze jogadores ouvindo, obedecendo a Belfort Duarte. Querendo ser América como ele. Chegando ao exagero de Vitti. O treino acabava, quase à noitinha, os jogadores iam mudar de roupa, suados, cansados, Vitti, o dono da fábrica de envelopes, ficava sozinho, correndo pela linha de campo, dando voltas e mais voltas.

Belfort Duarte precisava, já vestido, antes de ir para casa, pertinho do América, aparecer no campo, chamar Vitti. Senão ele continuaria pela noite afora, treinando fôlego.

Quem trabalhava e queria jogar, continuar a jogar, lutando pela vitória do seu clube até o último minuto, como os estudantes, como os boas-vidas, sem 'dar o prego', sem enterrar o time, tinha de fazer isso ou coisa parecida. Para não ficar para trás.

Pelo menos num América, num Fluminense, num Botafogo, num Flamengo, os únicos clubes que podiam pensar em levantar campeonatos.

2

Do time do Botafogo, campeão de 10, só três jogadores trabalhavam: o *goalkeeper,* Coggin, um *fullback,* Edgard Pullen, um *halfback,* Lefreve. Coggin e Pullen, com seus vinte e quatro anos, os mais velhos de todos. Trabalhavam em firmas importadoras, inglesas. Coggin em 'Edward Aswart', Pullen em 'Davidson

& Pullen'. O futebol tendo, para eles, o seu lugar e o seu tempo, sem atrapalhar o trabalho. Primeiro o trabalho, depois o futebol.

Coisa já fora do tempo. Caindo em desuso, forçando muito jogador a trabalhar menos ou abandonar o futebol. Como Coggin, como Pullen. Lefreve, o outro que trabalhava, mais moço, mais livre. Corretor. Os bancos fechavam às três horas, depois das três horas ele podia ir, perfeitamente, para o campo de Voluntários da Pátria.

O resto, tudo estudante. Lulu Rocha, Emanuel Sodré e Lauro Sodré, acadêmicos de direito. Rolando Delamare e Décio Vicares, acadêmicos de medicina. Dinorah de Assis e Mimi Sodré, alunos da Escola Naval. Abelardo Delamare ainda no Abílio, terminando os preparatórios. Tinha dezessete anos como Mimi Sodré. Os caçulas do time. Dinorah de Assis com os seus dezoito, os outros com os vinte e um anos.

Quem estudava mais, treinava menos. O caso de Emanuel Sodré fazendo questão de tirar distinção em tudo quanto era cadeira. Não descuidando, porém, dos chutes a gol. Parecia que o horário da Escola de Direito tinha sido feito para jogador de futebol. Somente duas cadeiras por dia. Uma de duas às três, outra de três às quatro. Às vezes, só de duas às três.

Tinha-se tempo de sobra para ir do Ginásio Nacional, na Rua Larga, onde funcionava a Escola, até a Galeria Cruzeiro, para tomar o bonde que passava em Voluntários da Pátria, bem na porta do Botafogo.

E, depois, se podia treinar na Escola. Apostando corrida no pátio. Havia até uma prova, a prova Maurício de Lacerda, para os calouros.

Os calouros que ganhassem a prova recebiam logo o título de veteranos honorários. Não levavam trote. Emanuel Sodré e Flávio Ramos, acostumados a correr atrás de uma bola nos campos de futebol, não levaram trote. Ganhando a prova Maurício de Lacerda, sendo promovidos a veteranos honorários.

Se não jogassem futebol teriam de passear pelas ruas da cidade de roupa virada pelo avesso, segurando cartazes de 'calouro é burro'. A vantagem de jogar futebol. Unindo-se à vantagem de ser estudante.

Por mais que estudasse, Emanuel Sodré tinha mais tempo de treinar do que os que trabalhavam. E Emanuel Sodré era uma exceção. Os outros estudantes do Botafogo treinando todos os dias, a ponto de impressionar Joaquim Guimarães.

A casa dos Soares, com uma varandinha dando para o campo de Voluntários da Pátria. Joaquim Guimarães chegava cedo, à tardinha, de chapéu de palha com fitinha do Fluminense em volta. Subia, ia namorar na varandinha. Namorava com a Nair e via o treino do Botafogo.

Os moleques atirando bolas para Abelardo Delamare chutar. Lauro Sodré dando corridinhas pelo campo com a bola nos pés. Lulu Rocha e Rolando Delamare brincando de passe. Dinorah de Assis sem largar a bola. Aquela gente, para Joaquim Guimarães, não fazia mais nada, vivia jogando futebol. Se ele não passasse as tardes na varandinha da casa dos Soares, de frente para o campo do Botafogo, se fosse para o Fluminense veria a mesma coisa. Com a única diferença de que os jogadores que treinavam todos os dias no Fluminense eram do segundo time.

O Fluminense, conservador, ainda com o seu time de homens feitos, de responsabilidade. Um time que só treinava às quintas-feiras. Para perder o campeonato.

Clube que quisesse ganhar o campeonato tinha de imitar o Botafogo. Botar estudante no time, gente com tempo para treinar.

O Fluminense só foi campeão em 11 por causa disso.

É verdade que Abelardo Delamare deu um bofetão em Gabriel de Carvalho, a Liga suspendeu Abelardo Delamare por um ano, o Botafogo saiu da Liga, o Fluminense ficou sozinho. Com o seu time de estudantes, oito estudantes.

Como o Botafogo de 10, o Fluminense de 11 só tinha três jogadores que trabalhavam: Lawrence, Osvaldo Gomes e Calvert. Osvaldo Gomes podia ser considerado um estudante mais velho. Era professor. Quando as aulas acabavam para os alunos, acabavam também para ele. Não faltava a um treino. Ninguém faltava a um treino.

Todos os dias, individual de manhã cedo. Individual com bola. O jogador tinha de correr com a bola nos pés, não em linha reta, enganando sombras. Quanto mais ziguezagues, melhor. Depois o ataque fazia treino de passes de uma extrema à outra extrema sem parar a bola, de primeira.

Charles William ainda mandava os jogadores darem esticões, corridas curtinhas a toda velocidade. Terminava com uma volta pelo campo. O treino era de manhã cedo, para que os que trabalhavam não faltassem.

Os estudantes achavam pouco. Apareciam de tarde, para um bate-bola. Não todos: os 'securas', como se dizia. Por mais cedo que chegassem, já encontravam Galo.

Galo não podia ver uma bola, fosse onde fosse. Muitas vezes, a caminho do Fluminense, encontrava meninos jogando futebol no meio da rua. Perguntava logo se tinha um lugar para ele, dobrava a bainha da calça e saía atrás da bola, feito um garoto, feito um moleque.

Os outros clubes nem sonhavam com uma coisa dessas. Boa demais para eles, pequenos, com times de jogadores que trabalhavam. Principalmente os clubes de fábricas, o Bangu, o Andaraí, o Carioca. Apesar das facilidades que a fábrica já estava dando aos operários do time.

Operário que jogasse bem futebol, que garantisse um lugar no primeiro time, ia logo para a sala do pano. Trabalho mais leve. O operário-jogador, no dia do treino, recebia um *ticket*. Para apresentar no portão, para poder sair sem perder hora de trabalho.

O campo era um prolongamento da sala do pano, quem entrava na sala do pano só via jogador do primeiro time dobrando fazenda. Devagar, para não se cansar. Reservando as suas energias para o treino. Dois treinos por semana em Bangu: um às terças, outro às quintas. Começava às três e meia, mais cedo do que na cidade.

A noite chegava depressa em Bangu, o céu cheio de fumaça da fábrica. Os operários da sala do pano tinham mesmo de largar o trabalho às três horas. O campo pertinho, junto da fábrica.

Era só andar uns cinquenta metros, se tanto, mudar de roupa, a bola já estava esperando por eles no gramado muito verde, o orgulho de Bangu. Não havia campo assim lá na cidade. Todo de grama inglesa.

Os operários da sala do pano sempre esperavam um pouco. Pelos outros, pelos que não trabalhavam. A fábrica, o clube, não podiam exigir nada destes, dos estudantes de Bangu. Por isso mesmo tratavam de arranjar mais operários que jogassem futebol, mais jogadores para a sala do pano.

Não era difícil. Os garotos que jogavam no largo da igreja sabiam que, quando crescessem, se fossem bons jogadores de futebol, teriam lugares garantidos na fábrica.

Um bom pretexto para não fazerem outra coisa, para passarem o dia todo atrás de uma bola de meia, de uma bola de borracha, de uma bola de pneu, verdadeira, quase sempre roubada. Roubada não era bem o termo. Muito comum uma bola cair no meio da rua durante um treino, um jogo do Bangu. Bastava um jogador chutar mais alto, a bola passava por cima do muro, para a rua, para a estação.

Um garoto saía correndo com ela debaixo do braço, a bola aparecia. Para aparecer, dias depois, no largo da igreja.

Quando o jogo era com bola de pneu, os garotos caprichavam mais. Podiam ter a ilusão de um jogo de verdade, embora todos tivessem de pé no chão, e não houvesse *referee* de apito na boca, nem barras de gol.

Mas era domingo, na hora da missa, a caminho da igreja muita gente parava para ver um pouco o jogo dos garotos.

Quem não gostava muito de futebol no largo da igreja era o Padre Frota Pessoa. Enquanto os garotos jogaram atrás da igreja ele não disse nada. O futebol parecia inocente brincadeira de crianças.

O padre podia dizer a sua missa, não havia perigo da bola entrar na igreja, pererecando, assustando a todo mundo que reza, que ouvia missa. A igreja, atrás, era só parede. Uma parede alta, até lá em cima. A bola batia na parede e voltava.

Mas construíram uma casa atrás da igreja, os garotos ficaram sem poder jogar, a não ser no largo. Em dia de semana ainda passava. Aos domingos, porém, era um desrespeito. O padre tendo de parar de dizer missa porque uma bola entrara na igreja.

O padre parava de dizer missa, ia para a porta da igreja amaldiçoar os demônios dos garotos que não respeitavam nem a casa de Deus.

Não bastava a maldição do padre Frota Pessoa. Era preciso mandar chamar o Alfredo China. Ouvindo o grito de 'lá vem o Alfredo China' os garotos debandavam.

Alfredo China, um mulato de olhos apertados, era o guarda da fábrica. Aparecia de vara, metia a vara em tudo quanto era moleque que ia encontrando. Sem indagar quem estava jogando futebol, quem não estava. A principiar pelo filho, o Chico China.

Chico China jogava o seu futebol no largo da igreja, vivia no meio dos garotos que apoquentavam a vida do padre Frota Pessoa. Os outros podiam escapar da vara de Alfredo China, Chico China não escapava nunca. Fugia, metia-se no mato, ia até a ponte da Pedra tomar banho nu, com os outros garotos, às vezes ia mais longe, na Usina, que tinha um valão, sempre cheio da água que sobrava, uma verdadeira piscina.

Chico China demorava-se na ponte da Pedra, na Usina, chegava uma hora em que tinha de voltar para casa. Em casa o pai estava esperando por ele, de vara na mão. Com Alfredo China ninguém brincava.

Ainda hoje, em Bangu, quem quiser acabar com um jogo de futebol no meio da rua – o largo da igreja todo ajardinado, não servindo mais para campo – basta gritar 'lá vem o Alfredo China'. Mais do que bicho-papão, que nunca existiu. Alfredo China existiu, muito garoto em Bangu apanhou dele, ficando com a marca de uma varada para o resto da vida.

Apesar das maldições do padre Frota Pessoa, apesar de Alfredo China, apesar de tudo, o futebol continuou, pelos anos afora, no largo da igreja de Bangu. O padre só largando a missa quando a bola pulava dentro da igreja, Alfredo China só aparecendo depois que os garotos já tinham jogado bastante.

Não porque estivesse se modificando. Porque queria que os garotos se acostumassem com a ausência dele, achando que ele não vinha, ele chegando de repente, sem avisar. Mesmo se não pegasse os garotos pegava a bola. E, pegando a bola, Alfredo China se vingava em cima dela. Puxando a navalha, cortando-a em pedacinhos. Qualquer que fosse a bola. De meia, de borracha, de pneu. Gostava mais de passar a navalha numa bola de pneu. Uma tira de câmara de ar pulando parecia que era sangue que espirrava.

Não havia bola que chegasse. Alfredo China despedaçando umas, o padre Frota Pessoa dando o sumiço noutras. Bola que entrava na igreja não voltava mais. O padre ficava com ela, escondendo-a não se sabia aonde.

Também as bolas que caíam no meio da rua, pulando por cima do muro do Bangu, continuavam a desaparecer, mais do que antes. Chegando a preocupar o Bangu, que mandou levantar uma cerca de arame atrás de gol, que botou gente lá fora para apanhar bola.

E quanto mais bolas desaparecessem, melhor para o Bangu. As bolas não voltariam mais, em troca, porém, viriam mais jogadores para o time, mais operários para a fábrica. Operários que antes de mostrar que sabiam trabalhar mostravam que sabiam jogar futebol. Candidatando-se logo a um lugarzinho na sala do pano.

Só assim o Bangu podia passar sem jogador de fora, contar com gente sua, de casa, da fábrica. Gente que aprendia a jogar futebol para isso mesmo. Para defender o Bangu, para ficar na fábrica.

Não gente como Heráclito, um marinheiro preto, que jogava no gol. Não era da fábrica, não era de Bangu. Para treinar tinha de fazer a viagem de trem, uma hora de trem. Chegava sempre atrasado.

Bom quíper, não resta dúvida. Quando não estava bêbado. Acabado o treino, Heráclito deixava-se ficar lá por cima, num botequim. Bebia os seus dois dedos de cachaça, tomava gosto, não queria mais sair do botequim, só saía carregado.

Às vezes dava para valente, derrubava mesas, às vezes ficava sentimental, passava os dois braços em volta do pescoço de quem vinha buscá-lo, punha-se a chorar. Então ia embora para casa feito um menino obediente.

Nos sábados o Bangu mandava percorrer os botequins, à procura dele. Ninguém encontrava Heráclito. Tinha ido para casa, talvez já estivesse na cama. Deitava-se mais cedo quando ia haver jogo no dia seguinte.

A questão era não ver bebida na frente dele. Aí tudo ia bem, ele até se esquecia. Se, porém, botasse os olhos numa garrafa de cachaça, perdia a cabeça. Mesmo na hora de entrar em campo.

Era preciso um cuidado danado. Principalmente porque todo mundo sabia da estória, porque o que não faltava era gente para dar uma garrafa de cachaça a Heráclito. Gente dos outros clubes, dos clubes que iam jogar com o Bangu.

Bastava fazer chegar às mãos do Heráclito uma garrafa de boa caninha e estava tudo garantido, Heráclito arranjava um jeito de beber, toda bola que fosse para o gol entrava.

Foi assim que o Flamengo se cansou de fazer gols contra o Bangu. Heráclito esvaziou uma garrafa de cachaça na horinha de entrar em campo. O pessoal do Bangu só percebeu depois que não havia mais remédio[13].

E Heráclito tinha assinado a súmula direito. Demorando um pouco é verdade, mas sempre demorava, caprichando na letra. A cachaça ainda estava fazendo o seu efeito.

O que chamou a atenção de Guilherme Pastor foi a maneira de andar de Heráclito. Heráclito empertigado, duro, andando devagar, cheio dessa dignidade que só uma grande bebedeira pode dar. Guilherme Pastor já um pouco desconfiado.

O Heráclito não podia estar bêbado. Como? Amanhecera sem uma gota de álcool no estômago, não bebera, tinha feito até a prova do hálito, abrindo a boca, soprando no nariz de Guilherme Pastor. Nem a mais vaga reminiscência de cachaça.

Heráclito chegou no gol, aí começou a balançar feito um pêndulo. A última dúvida de Guilherme Pastor foi-se embora. Heráclito estava bêbado, ia engolir todas as bolas.

Guilherme Pastor mandou buscar, a toda pressa, um vidro de amônia. O jogo começou, nada do vidro de amônia chegar, a primeira que foi em gol entrou. Heráclito quis defendê-la com um tapa, apertou os olhos, deu o tapa no ar, perdeu o equilíbrio, caiu. Custou a se levantar. Para levantar-se teve que se agarrar à baliza.

E ficou abraçado na baliza um bocado de tempo.

Só depois do segundo gol, reprodução do primeiro, é que o vidro de amônia chegou. Guilherme Pastor foi para trás do gol, aproveitando toda bola fora para fazer Heráclito cheirar o vidro de amônia.

Heráclito cheirava com força, não podia demorar, tinha de ir para o meio do gol. E as bolas entrando. Heráclito melhorzinho, mas ainda bêbado, ainda vendo dobrado, duas bolas em vez de uma. Querendo sempre pegar a outra bola, a bola que não existia.

O pessoal da arquibancada, que já achava que futebol era de branco, acabou de se convencer. Ali estava a prova, no Heráclito. Botava-se um preto no time e era aquilo.

---

[13] O jogo foi lá em cima, no dia 30 de junho de 1912, primeiro ano do Flamengo em futebol.

Pobre Heráclito! Muito jogador branco, antes dele, tinha entrado bêbado em campo. Bêbado de chorar. O caso de Charles Hill. Como Heráclito do Bangu. Mas branco, branquíssimo, de raça superior.

Antes de entrar em campo ia, religiosamente, para o bar. Não só ele: todos os ingleses do Bangu. Se o jogo era contra o Paissandu, então os ingleses lá de cima e os ingleses cá de baixo perdiam a noção do tempo.

Os torcedores tinham de ficar esperando, o campo vazio, os jogadores bebendo. Feito daquela vez. Até o *referee* Andrew Procter, esquecido do jogo. Só quando vieram perguntar se o jogo começava não é que ele, muito grave, majestoso mesmo, se encaminhou para o campo, os jogadores atrás.

Nenhum parecia bêbado. Andrew Procter atirou uma moeda no ar, o Paissandu escolheu o gol da sombra, o jogo começou. Com um pouco Charles Hill pegou a bola, foi embora, dando dribles em cima de dribles, de repente se viu sozinho na frente de Cruickshank, o *keeper* do Paissandu.

Sem quê, nem para quê, Andrew Procter apitou *off-side,* na horinha do gol. Charles Hill ficou feito menino pequeno. Bateu com o pé, sentou-se em cima da bola, cobrindo o rosto com as mãos, sacudindo os ombros.

Andrew Procter veio de lá, chegando perto de Charles Hill não aguentou. Deu para chorar também. Charles Hill sentado em cima da bola, Andrew Procter de pé, o apito na boca, os dois chorando sem parar.

E os jogadores do Paissandu e os jogadores do Bangu dando palmadinhas nas costas, uns dos outros. O jogo ficou parado mais de meia hora[14]. Coisa de inglês.

Ninguém disse nada, todo mundo achou graça. É verdade que tinha sido noutro tempo. No tempo em que os jogadores ficavam bebendo, pelo menos até quinze minutos antes do jogo. Voltando para o bar acabado o *half-time*.

Nada de cachaça. O branco bebia *bock-ale,* bem geladinha, uísque do bom, preto bebia cachaça. A diferença. A diferença entre Charles Hill e Heráclito. Um, branco, mestre de fábrica, o outro, preto, marinheiro.

A grande culpa de Heráclito era ser preto. O Bangu sabia disso, podia aproveitar a ocasião para branquear um pouco o time, mas preferiu deixar Heráclito no gol. Por mais algum tempo, até que aparecesse um outro quíper, preto ou branco, feito lá em cima.

Melhor branco.

Era sempre bom, mesmo para um clube de fábrica, ter mais brancos do que pretos no time. Os pretos muito visados, quase não podendo fazer nada em campo. Tendo de jogar um futebol muito limpo, muito decente, respeitando os brancos.

Quando o preto metia o pé num branco era sururu na certa. Todo mundo achando que o preto devia ser posto para fora de campo. A torcida dos clubes de brancos, muito maior. O Bangu vinha jogar com um Fluminense, com um Botafogo, com um Flamengo, ou com um América, não trazia quase ninguém: o time, meia dúzia de torcedores.

---

[14] Em 8 de junho de 1906.

Os torcedores do Bangu perdiam-se na geral, na arquibancada, nem abriam a boca. Os pretos que se portassem muito direitinho, senão apanhavam. Até de outros pretos, os pretos da geral, que torciam pelo grande clube, que vinham logo ofendendo com um 'negro sujo'.

Por isso muito jogador preto virava dama em campo. Só tirando a bola do pé de branco com uma delicadeza que só vendo. Ou então deixando o branco passar.

As coisas mudavam, é fato, lá em cima, jogo em Bangu. Aí o Bangu lamentava não ter mais pretos no time. Os pretos metendo o pé, tomando a bola do branco na força bruta. Podia ser do Fluminense, do Botafogo, do América, do Flamengo. Quem mandava lá em cima era o Bangu.

Por mais gente que o clube levasse com ele, para garantir o time, não adiantava. Lá em cima havia sempre mais gente do Bangu. Gente que ia para a geral, para a arquibancada, disposta a tudo. Invertiam-se os papéis: o time de branco é que não podia fazer nada.

Chegava a vez do Bangu descer. E, aí, quanto menos preto ele tivesse no time, melhor. Preto, só bom. E da fábrica. Um operário querendo ir para a sala do pano.

Naturalmente que não era qualquer um que ia para a sala do pano. Muito jogador ficava mesmo nos teares, só largando o trabalho depois do apito, às quatro horas. Tendo de correr para pegar o trem.

A sala de pano era um prêmio. Para jogadores assim como Antenor Corrêa, como Luís Antônio. Começavam nos teares pegando no pesado, alguns iam até para a sala das tintas, trabalhar de avental e tamancos holandeses cobrindo todo o pé. De quando em quando a tinta espirrava, se pegasse no pé queimava. Era tinta misturada com drogas. Um perigo.

Também os teares cheios, nenhuma vaga. E a fábrica não queria facilitar. Não bastava jogar futebol para ter um lugar garantido na fábrica, era preciso trabalhar.

Nos teares os mestres não distinguiam um operário comum de um jogador de futebol. Tudo a mesma coisa. A distinção era feita na sala do pano. Depois de trabalhar muito, e, principalmente, de jogar muito, o operário-jogador ganhava o prêmio da sala do pano.

E podia ainda melhorar se continuasse a merecer a confiança da fábrica, do Bangu. Havia o escritório, o trabalho mais suave do que na sala do pano. E o ordenado maior.

A fábrica, o Bangu, ficavam tomando nota. Do trabalho, do jogo. Quando o jogador vinha do largo da igreja, era mesmo lá de cima, quase sempre dava um bom operário, um bom jogador. Não queria sair do Bangu e muito menos da fábrica.

Treinara muito futebol para isso mesmo. Porque tinha uma ambição na vida: vestir a camisa do Bangu, trabalhar na fábrica. Merecer um lugar na sala do pano, passar o dia dobrando fazenda. E, quem sabe, talvez chegasse até o escritório. Já tinha acontecido, podia acontecer outra vez.

Por exemplo: qualquer um era capaz de adivinhar que Antenor Corrêa, aquele mulato claro, quase louro, que Luís Antônio, aquele preto de cabelo esticado, acabariam no escritório. Já estavam na sala do pano.

Os dois tinham aprendido a jogar futebol na rua, atrás da igreja. Enquanto outros iam para a escola, eles ficavam atrás da igreja, batendo bola. Sem apoquentar o padre Frota Pessoa. Chutando, quando muito, uma bola na parede da igreja.

Lá dentro o padre nem escutava. E eles crescendo, cada vez jogando mais futebol, passando pelo Esperança, pelo Brasil, esperando o dia em que tivessem tamanho e jogo para entrar na fábrica, no time do Bangu.

Tudo saiu como eles tinham sonhado. Antenor Corrêa, do Esperança para o Bangu, Luís Antônio, do Brasil para o Bangu. E para a fábrica. Dentro da fábrica não pareciam jogadores de futebol. Trabalhavam como qualquer operário. Saíam às quatro horas, iam para o campo treinar.

Muitas vezes o campo vazio, só eles treinando. Era de chamar a atenção. Principalmente Luís Antônio. Nunca sabia em que posição ia jogar, de um lado para o outro e sempre a mesma coisa. O Bangu precisava dele de alfe, de beque, ele não dizia nada. Jogava correndo em campo, molhando a camisa.

Era mais que um jogador. Era o clube. Uma vez o Bangu estava perdendo de seis a zero para o Flamengo. Faltava um minuto para acabar o jogo, houve um *corner* contra o Flamengo. Luís Antônio veio correndo lá de trás, chamando todo o time do Bangu para a porta do gol do Flamengo.

Não havia tempo a perder, era a última oportunidade. Quem bateu o *corner* foi ele, um *corner* perfeito, que deu em gol. Luís Antônio quase enlouqueceu de alegria, pulando feito uma criança, gritando Bangu. Só porque o Bangu não tinha perdido de zero, fizera o seu gol de honra.

Luís Antônio não era um caso único. Havia preto tão bom quanto ele, com aquele amor, aquela dedicação pelo clube. O Andaraí tinha um: Monteiro. Um mulato alto, pálido, de uma palidez de impressionar. Monteiro até fazia mais do que Luís Antônio. Também o Andaraí não era o Bangu. O Bangu, clube *da* fábrica, o Andaraí, clube *de* fábrica[15].

Parece pequena essa diferença de uma letra, entre um 'de' e um 'da'. O Bangu era um prolongamento da Companhia Progresso Industrial do Brasil. A fábrica se disfarçando em clube. Até na escola. A escola pública Jacinto Alcides, o nome do professor, em baixo da sede do Bangu. A sede dada pela fábrica, com o seu salão de baile, com o seu palco no fundo. Um teatrinho de amadores. Também da fábrica, também do clube. O campo pegado ao jardim da fábrica. Não se sabia onde acabava a fábrica, onde começava o clube.

A Fábrica Cruzeiro, da América Fabril, não querendo se confundir com o clube. Ajudava, interessava-se pela vida dele, mas preferindo não ser a fábrica,

---

[15] Foi o Andaraí que tomou o lugar do Rio Cricket na primeira divisão da Liga Metropolitana em 16. O Rio Cricket, em 15, tirou o último lugar do campeonato, disputou a eliminatória com o Andaraí e perdeu. Também acabou logo com o futebol. Não tinha graça inglês apanhar de preto.

tomando a forma de um Afonso Bebiano, de um comendador Alfredo Coelho da Rocha. Não era a fábrica que dava o campo. Era o velho Coelho da Rocha, a pedido de Afonso Bebiano. A fábrica nada tinha a ver com isso, embora fosse dos Bebianos, dos Coelhos da Rocha, dos Mendes Campos.

O contrato do aluguel do campo, uns cem mil réis por mês, que o Andaraí nunca pagou, não foi entre o clube e a fábrica, foi entre o clube e o velho Coelho da Rocha. O terreno na Rua Barão de São Francisco Filho, um brejo. Tendo de ser aterrado. A fábrica deu o aterro, quem era do Andaraí empurrou seu carrinho-de-mão cheio de terra. Desde o presidente até o torcedor da geral. O Andaraí inteirinho, para cima e para baixo, transformando o brejo num campo de futebol.

Quando parecia que o Andaraí estava com o campo, a grama já plantada, o brejo reapareceu, aqui e ali, abrindo buracos. E outro aterro. Os carrinhos-de-mão indo e vindo de novo, todo mundo trabalhando outra vez, de graça, pelo Andaraí. Até que o campo ficou pronto. Com as cores do clube: o gramado verde, a cerca pintada de branco. Como os gols, de um lado e de outro. A fábrica mandou murar o campo, levantar a arquibancada. E abriu uma conta-corrente para o Andaraí.

Depois botou um fiscal dentro do clube: Edmundo Grangê. Uma espécie de tesoureiro perpétuo do Andaraí. O presidente era escolhido à vontade. De preferência um mestre, para arranjar empregos para os bons jogadores, nos teares, na sala do pano. O tesoureiro tinha de ser Edmundo Grangê. Melhor para a fábrica, melhor para o clube.

Edmundo Grangê muito sério, muito meticuloso, com alma de contador, fazendo questão de tudo em ordem. Tudo era a conta do Andaraí com a fábrica. O dinheiro das mensalidades, o dinheiro dos jogos, passando pela mão dele. Se sobrasse um tostão, o tostão tinha de ir para a fábrica.

É verdade que nunca sobrava. Edmundo Grangê, porém, sempre dava um jeito: pagando à fábrica hoje para tomar emprestado amanhã. Às vezes a mesma coisa, às vezes um pouco mais.

No resto o Andaraí podia viver a sua vida. A fábrica não deixando de estar perto. Gostando, naturalmente, de ter um clube, uma espécie de parque de diversões para os seus operários. Mas sem aquele cuidado paternal da Companhia Progresso Industrial do Brasil pelo Bangu.

Bangu lá longe, isolado, uma cidadezinha do interior dentro da capital da República. Vivendo em torno da fábrica, do clube. O clube precisando da fábrica, a fábrica precisando do clube.

Andaraí, não. Perto da cidade, metendo-se por outros bairros, confundindo-se com eles. O caso da Praça Sete. Era Andaraí ou Vila Isabel?

Nada do isolamento do Bangu. Assim a fábrica não sentiu nunca aquela necessidade de clube. Necessidade levada para Bangu pelos mestres ingleses. O que explica, também, a diferença entre o Bangu e o Andaraí. Diferença de formação. A Companhia Progresso Industrial do Brasil, uma fábrica transportada da Inglaterra para o Brasil. Com o seu time de *cricket*, com o seu time de futebol. A fábrica Cruzeiro feita aos poucos, aos pedaços. Os mestres ingleses vindo depois, querendo também o seu *cricket*, o seu futebol. Mas tendo outros clubes para onde ir. Clubes mais ingleses, menos brasileiros.

Os mestres que se ligaram ao Andaraí, todos brasileiros. Alguns se sacrificando, como Diógenes de Andrade Nunes. O botequim da Praça Sete tinha ordem dele para fornecer média, com pão e manteiga, a tudo quanto era jogador do Andaraí.

Diógenes de Andrade Nunes responsabilizava-se pela média. Mais alguma coisa só quando ele estava presente. Era rara a noite em que não ia para a Praça Sete. Sentava-se num banco, debaixo de uma árvore, os jogadores em volta. Brancos, mulatos, pretos. Brancos como Otto Bandusch, como Vilela, como Badu, como De Maria, como Gilabert. Mulatos como Americano, passando por morenão, de cabelo grosso esticado à força de óleo, de brilhantina, como Monteiro, o Perequeté, como Anacleto, como Valdemar. Pretos como Betinho, como Francisquinho.

Só Chiquinho, preto também, não ia para a Praça Sete, não ia para o botequim. Acabado o treino, o jogo, vestia-se, escondido, nada de ficar nu na frente dos outros, dava um 'até amanhã' e desaparecia. Um esquisito. Não queria saber de noitadas.

Os outros, sim, é que não passavam sem a praça, sem o botequim. Até o Monteiro. O Monteiro era o Andaraí, tinha de ser também a praça, o botequim. Só que não bebia, não fumava.

Quando, depois de horas na praça, quase meia-noite, Diógenes de Andrade Nunes cansado já de ouvir potoca de jogador, transferia a assembleia geral de Andaraí para o botequim, Monteiro ficava na média com pão e manteiga. Os outros tomavam a sua cervejinha, enchiam o botequim de fumaça de cigarro.

Também bastava o Monteiro abrir a boca. Quem estava bebendo ou fumando parava de beber ou de fumar. Para ouvir o Monteiro. Inclusive Diógenes de Andrade Nunes, que respeitava Monteiro como se fosse um jogador, como se não fosse o presidente do clube[16].

O Andaraí de noite era aquilo. O bate-papo na praça, a média, o pão com manteiga, a cervejinha no botequim. Muita conversa, pouca comida. Depois cada um tomava o seu caminho. Uns para casa, outros para o clube.

Às vezes mesmo os que tinham casa, uma cama com colchão, preferiam ir dormir no clube. O clube sem dormitório. O bar servindo de dormitório, com dois bancos, com o chão de cimento, frio, até no verão. Os que chegavam primeiro deitavam-se nos bancos, os outros dormiam no chão.

No verão passava, até era fresco, o ar da noite entrando pelo bar. No inverno, porém, o frio apertando, os jogadores iam buscar barreira para fazer colchões, travesseiros. Cobriam-se com jornais velhos. O botequim fornecia jornais, os jogadores disputando o *Jornal do Commercio,* as folhas maiores, o papel mais grosso.

---

[16] O que Monteiro tinha era uma grande força moral, segundo Orlando Bandeira Vilela, do Andaraí daquele tempo. O melhor exemplo vinha sempre de Monteiro. Por isso os brancos do Andaraí o respeitavam tanto.

O bar não era fechado. Por baixo do balcão o vento entrava, às vezes assobiando de tanta força. Não havia jornal que ficasse quieto em cima dos jogadores. Voavam levados pelo vento, batendo nas prateleiras. Os jogadores encolhendo-se mais, vestidos como tinham vindo do botequim, alguns com botas de meias de lã, com *sweaters* de camisas do clube, verdes e brancas.

Apesar de tudo não passavam sem aquilo. Alguns por necessidade, porque não tinham casa, outros porque gostavam. Todos gostavam de acordar bem cedinho, tomar um café de queimar o beiço em caneca de lata. Com pão quente, saído do forno.

A carroça do padeiro passava na porta do Andaraí. Passava também a carroça do leite. O leiteiro, de quando em quando, levava umas três garrafas de leite para os jogadores. De graça. Quase sempre numa segunda-feira, depois de uma vitória do Andaraí.

Os jogadores passavam bem depois de uma vitória. Diógenes de Andrade Nunes, mais generoso, mandava reforçar a boia. Nada de botequim: casa de pasto.

A noitada podia acabar, como sempre, no botequim. Quando não havia um convite da Kananga do Japão. Então todos, menos o Chiquinho, que não ficava nem para o jantar na casa de pasto, iam para o arrasta-pé.

A orquestra, avisada, parava subitamente, os pares também avisados se desprendiam, para bater palmas, no justo momento em que aparecesse no salão o primeiro jogador do Andaraí. Monteiro nunca era o primeiro, deixava-se ficar para trás empurrando os outros. Nem por isso recebia menos palmas.

As damas da Kananga, mulatinhas de fita na cabeça, pretas de bocas pintadas, rodeavam o Monteiro, o herói da tarde. Cada jogador escolhia o seu par, a orquestra não parava mais de tocar.

Diógenes de Andrade Nunes, lá no bar, diante de umas garrafas de cerveja, espiando o baile, esperando que o baile acabasse. Ficava com os jogadores até o fim, prolongando, o mais que podia, a alegria da vitória.

Da Kananga levava, muitas vezes, os jogadores para o mercado, já de manhãzinha. Monteiro não dormia. Voltava para o Andaraí na hora da fábrica. Diógenes de Andrade pedindo para ele faltar, a fábrica não apontaria a falta. Aí é que Monteiro ia mesmo, não aceitava nada da fábrica, de ninguém.

Se tomava as médias com pão e manteiga, sem pagar, era porque tinha sido convidado, como os outros, por Diógenes de Andrade Nunes. Diógenes de Andrade Nunes presente, avisando que já estava pago. Senão Monteiro fazia questão de pagar. Queria até pagar o recibo do clube.

Edmundo Grangê tinha de dizer que não encontrara o recibo, que ia mandar outro. De pedir que Monteiro esperasse uns dias. Às vezes ficava com tanta vergonha, vendo Monteiro com o dinheiro do recibo na mão, que recebia o dinheiro.

Depois se arrependia, como se tivesse feito uma coisa ruim. Então Monteiro ainda achava pouco o que fazia? Trabalhava na fábrica, não queria proteção, só saía depois do apito. A fábrica, perto do clube, um pouco mais das quatro horas o Monteiro aparecia. Também apressara o passo, como se fosse pegar um trem.

Antes dele chegar o treino não começava. Monteiro mudava de roupa, formava os dois times, fazia sinal, o juiz podia apitar dando a saída. Se era o último a chegar de tarde, era o primeiro a acordar de manhã. Para poder correr em volta do campo, bater um pouco de bola.

Vilela, por exemplo, não tinha de ir para a fábrica. Não fazia nada, como Gilabert, como Americano. E Monteiro não queria ficar atrás deles. Só acordando muito mais cedo. Quando ia para a fábrica deixava os outros no campo. Vilela com a mania de músculos na perna. Anacleto com a mania de correr.

A última coisa que Monteiro via, ao sair, era Vilela de cócoras nas pontas dos pés, era Anacleto correndo, apostando corrida sozinho. E lá se ia Monteiro para a fábrica, cada vez mais magro, cada vez mais pálido.

Só quem tinha visto quando ele começara a jogar é que notava a diferença. Aquela vida estava acabando com Monteiro. Monteiro estava indo embora.

Para João Gomes de Assunção, um preto gordo, enorme, que parecia um mestre-sala de clube de dança, culpa da média com pão e manteiga. Jogadores passando à média com pão e manteiga, só comendo melhor depois de uma vitória, uma vez por semana, emagrecendo como Monteiro.

João Gomes de Assunção, ao tomar conta do Andaraí, transformou a casa dele em pensão dos jogadores. Quanto mais jogadores visse em torno da mesa farta, mais João Gomes de Assunção ficava satisfeito. Os jogadores comendo do bom e do melhor. Precisavam passar bem, engordar para, no domingo, molhar a camisa, correr do primeiro ao último minuto, sem 'dar o prego'.

Por isso João Gomes de Assunção convidava os jogadores para almoçar, para jantar na casa dele. Quase todos apareciam, iam entrando sem bater. O portão aberto, a porta da sala de jantar escancarada, a mesa posta.

O tempo da fartura chegara. Para os outros, para Monteiro, não. Monteiro foi um domingo, foi outro, depois parou de ir. Gostava do João Comes de Assunção, um mão aberta, ficou com pena dele. Continuando assim, a banquetear os jogadores do Andaraí, João Comes de Assunção acabaria sem níquel, na miséria. E Monteiro não queria contribuir para a ruína de João Gomes de Assunção.

Os outros que fossem, que não saíssem da casa de João Comes de Assunção. Monteiro esperava por eles na Praça Sete para o bate-papo, para a média com pão e manteiga no botequim. Porque, apesar dos almoços, dos jantares de João Gomes de Assunção, a média com pão e manteiga não acabava.

Diógenes de Andrade Nunes, não mais o presidente do clube, aparecia menos, mas aparecia. Quando não aparecia, ali estavam os *chauffeurs* da Praça Sete, todos do Andaraí, pagando a média para os jogadores, emprestando cinco, dez mil réis a um, a outro. De noite, na hora do botequim, largavam os carros nos pontos, iam para junto dos jogadores.

O que os jogadores quisessem eles davam. Os carros de capota arriada para as passeatas, para os corsos pelo *boulevard* Vinte e Oito de Setembro, passando mais de uma vez pela sede do Vila Isabel. Tudo de graça.

Não cobravam nada, nem para ir arrancar um jogador lá em Bangu[17]. O caso do Bráulio. O Bangu prevenido, disposto a receber a caravana do Andaraí à bala.

Os *chauffeurs* se armaram. Só foram, nos carros, os valentes do Andaraí, com os seus revólveres, as suas navalhas. Também voltaram com o Bráulio, um crioulo que jogava de *center-half* no Bangu, que no Andaraí não jogou coisa nenhuma.

Acontecia muito isso. Trazia-se um preto dos subúrbios, o preto chegava, desaprendia até de andar em campo. Mesmo no Andaraí.

O Andaraí tinha os seus mulatos, os seus pretos, mas era metido a coisa. Entrava em campo de *blazer* verde, debruado de branco, o Monteiro com um gorro de *chauffeur* na cabeça, todos os jogadores bem vestidos, o Andaraí não querendo fazer feio.

Um jogador não acostumado com essas coisas ficava acanhado. Muitos voltavam para os subúrbios, para as peladas, nunca mais queriam saber de mudar de clube. E todo o trabalho dos *chauffeurs* da Praça Sete ficava perdido, não adiantando de nada.

Também eles não se queixavam. Pelo contrário: davam a vida para raptar um jogador de outro clube, mesmo em Bangu, o fim do mundo. Mais de uma hora para ir pisando, mais de uma hora para voltar.

O botequim aberto, de luzes acesas, os jogadores em volta das mesas, esperando, bebendo cerveja. Monteiro olhando para o relógio, preocupado, sem beber, sem comer nada. A praça silenciosa, de longe em longe um bonde do Jardim Zoológico, um apito do guarda-noturno.

De repente Monteiro se levantava, ia para a porta. Lá vinham os carros de praça, os *chauffeurs* dando tiros como quem solta foguetes, para avisar que tudo correra bem. Descia de um carro um Bráulio assustado, mais morto do que vivo. Tinha de beber, todos tinham de beber, menos o Monteiro.

Os *chauffeurs* sem coragem de oferecer nada ao Monteiro. E bem que tinham vontade. Não de oferecer dois dedos de cachaça, pois sabiam que ele não bebia, mas uma gemada bem forte. Se Monteiro não tomasse cuidado não ia durar muito.

Vivendo assim, jogando como jogava, não podia ser de outro jeito. Onde ele arranjava forças para fazer o que fazia em campo? Não parava, de um lado para outro, 'se matando', como diziam na geral, na arquibancada.

O torcedor tinha a sua razão para empregar o verbo 'se matar' quando se referia a certos jogadores. A jogadores como Monteiro que davam tudo pela vitória de seu clube. Mesmo quando não havia a mais leve esperança de vitória.

O Andaraí perdendo longe, Monteiro fazendo mais força, molhando mais a camisa.

Tinha de acabar como acabou, tuberculoso. E jogando até o fim, até a véspera de morrer. Enquanto se aguentou em pé não deixou de ir ao clube. Foi aparecendo menos na praça, no botequim, não dormiu mais no bar, em cima do banco ou em cima do cimento, num colchão de mato, uns jornais velhos servindo de cobertor.

---

[17]Para se ter uma ideia do fanatismo dos *chauffeurs* da Praça Sete pelo Andaraí: um deles, o Melquíades, quando estava para morrer, pediu que o enterro dele passasse duas vezes bem em frente ao campo do Andaraí. O que foi feito.

As irmãs dele tinham uma casinha de porta e janela perto do clube. Monteiro passou a viver com as irmãs, a tomar remédios, a se tratar. O trabalho da sala de pano não era pesado, mas ele tinha de treinar na quinta-feira, jogar no domingo.

E depois o dinheiro dele mal chegava para os remédios. Muitas vezes, sem um tostão para o bonde, ia para casa a pé, devagar, para não se cansar. Chegava em casa, metia-se no pijama, deitava-se, ficava repousando de luz apagada, para dormir.

Não dormia bem. Estava pegando no sono, a tosse vinha, sacudia-se de um lado para o outro. Daqui que o sono voltasse de novo tinha tempo. E os dias e as noites se passavam assim, de casa para a fábrica, da fábrica para o clube, um instantinho, do clube para casa, para a cama.

Até que chegava o domingo. Monteiro aparecia no Andaraí, vestia-se de jogador de futebol, entrava em campo. Quando acabava o *half-time* caía em cima de um banco do vestiário, parecia que ia morrer ali mesmo.

Todo mundo pedindo que ele fosse para casa, para se tratar direito. Como é que ele podia se tratar direito no meio do campeonato, o Andaraí com um jogo atrás do outro?

O Andaraí precisava dele. Quando ele deixava de jogar o time perdia, não era o mesmo sentindo a falta dele. Os jogadores corriam em campo sem entusiasmo. Estavam habituados a ouvir a voz de Monteiro durante o jogo, animando-os.

Ele tinha de jogar, nem que fosse de quíper. Tinha jogado no gol outras vezes. No gol só, não, em todas as posições, de arqueiro à extrema esquerda.

Para ele, doente, cada vez mais fraco, o gol é que estava bem. Ia para debaixo dos três paus, de gorro de *chauffeur* na cabeça, o Andaraí começava a perder, ele não aguentava. Chamava outro para o gol, tomava um lugar no ataque.

Se o jogo era contra o Vila Isabel, então, nem se fala. A rivalidade entre a Praça Sete e o *boulevard* Vinte e Oito de Setembro. O domingo se aproximando, Andaraí e Vila, Monteiro não ia poder jogar, só se quisesse morrer.

O doutor Rocha Braga passava todos os dias pela casa dele, levando remédios. Entregava os remédios a uma das irmãs de Monteiro, Monteiro não devia saber nada, senão era capaz de não aceitar. O doutor Rocha Braga se encontrava, de noite, na Praça Sete, no botequim, com os outros jogadores, dava notícias de Monteiro. Não havia mais esperanças, Monteiro ia morrer qualquer um daqueles dias. Talvez não durasse até o domingo do jogo com o Vila.

Chegava o domingo, Monteiro se levantava, arrastando-se quase até o campo. O campo do Andaraí ali pertinho, ninguém espera pelo Monteiro, o Monteiro aparecia, uma sombra do que fora.

Os jogadores estavam sempre mudando de roupa quando Monteiro entrava no vestiário. Nenhum tinha coragem de lhe dizer nada, ficava era de pé, olhando para ele, para o peito nu de Monteiro, pele em cima de osso, as costelas todas aparecendo.

Quem podia dizer alguma coisa era o doutor Rocha Braga. Não como presidente do clube, um presidente do clube não era nada ao lado de Monteiro, como médico.

Foi como médico que o doutor Rocha Braga quis proibir Monteiro de jogar. Monteiro ouvia o doutor Rocha Braga, continuava a se vestir de jogador de futebol. E o doutor Rocha Braga perdendo a energia, já sem saber o que fazer. Proibir não adiantava, nada adiantava.

O doutor Rocha Braga calava a boca, tratava de ajudar Monteiro a calçar as chuteiras. Monteiro ia morrer, aquela era a última vontade de Monteiro, ninguém do Andaraí tinha o direito de recusar a última vontade de um Monteiro.

E Monteiro jogou assim um *match* contra o Vila. O doutor Rocha Braga na grade, chorando, muito jogador do Andaraí chorando, também, dentro do campo, enquanto corria atrás de uma bola. Quem não sabia que era a despedida do Monteiro?

E Monteiro durando, nada de morrer. O doutor Rocha Braga não ficava mais na grade chorando, nenhum jogador do Andaraí chorava mais dentro de campo. Monteiro jogava contra o Vila, passava quinze dias na cama, o outro jogo com o Vila era logo a seguir.

E lá voltava Monteiro para a cama, descansava quinze dias, mais vinte dias, escolhendo o jogo, era só se sentir um pouquinho melhor. Depois do Vila, o América.

Não estava melhor, estava pior, já nem podia assinar o nome direito. Pegava na caneta, a caneta pesava e a mão tremia. O nome de Monteiro, José Monteiro, que aparece nas três últimas súmulas que ele assinou, é como o rabisco de um moribundo, as letras dançando.

Quando acabou jogo com o América ele foi carregado para o vestiário, botando sangue pela boca. Não se levantou mais da cama[18].

Não seria o único jogador do Andaraí a morrer tuberculoso. Muitos acabaram assim, mais pretos, mais mulatos do que brancos.

Os brancos quase sempre se arranjavam. Tinham família, podiam ir para casa. Otto Bandusch, Vilela, De Maria, Gilabert. Se dormiam muitas vezes no clube era como farra. E essas farras custaram caro a alguns brancos. A Tim, a Badu.

Os pretos, os mulatos que viviam no clube, viviam por necessidade. Até Betinho, com família, mas a família morava no subúrbio, longe, e era pobre. Resultado: foi enfraquecendo.

Era aquela vida, na praça, no botequim, jogador passando a média com pão e manteiga, dormindo quase ao relento, no bar do clube. A boia só melhorando no tempo de João Gomes de Assunção, tempo que durou pouco, como tudo que é bom, João Gomes de Assunção ficando sem nada. Ou, então, quando o Andaraí vencia.

É verdade que as casas pegadas ao campo do Andaraí tinham os seus galinheiros. Muita galinha dava um jeito, pulava o muro, ia ciscar o gramado verde do Andaraí. Os jogadores que passavam a manhã no clube, sem saber o que almoçar, torciam o pescoço de uma, de duas galinhas, depois levavam as galinhas, já depenadas, para a casa de pasto do 'seu' Antônio, pertinho, na esquina da Praça Sete.

---

[18]O último jogo de Monteiro foi a 6 de outubro de 1918.

O 'seu' Antônio, um português, gostava do Andaraí. Por isso não cobrava nada para mandar preparar as galinhas. Dando, ainda por cima, o molho, o arroz, o feijão. De vez em quando, para não acostumar.

Aliás, nem sempre havia galinhas. As galinhas cada vez mais presas dentro do galinheiro, só ficando soltas quando tinham uma fita verde amarrada no pé. Galinha com fita verde era sagrada para os jogadores do Andaraí. Porque pertenciam ao galinheiro de Madame Grangê.

Madame Grangê não fez queixa. Apenas mandou dizer aos jogadores que toda galinha com fita verde amarrada no pé, era dela.

As galinhas com fita verde no pé se multiplicaram. Os jogadores desconfiando que muitas daquelas galinhas não eram de Madame Grangê. Mas como distinguir as que eram das que não eram?

Jogadores assim não podiam competir com os boas-vidas do Flamengo, do Fluminense, do América, do Botafogo. Podiam, no máximo, atrapalhar a vida de um grande clube, tirando-lhe um, dois pontos.

Por isso muito grande clube procurava o Andaraí na véspera de certos jogos. Para o Andaraí ganhar para ele. Como na véspera daquele Andaraí e Fluminense.

O pessoal do Flamengo apareceu na Praça Sete, foi para o botequim, sentou-se junto dos jogadores do Andaraí prometendo mundos e fundos. O Flamengo precisava da vitória do Andaraí. Muito mais do que o Andaraí. Se o Andaraí vencesse, o Flamengo seria o campeão. Portanto os jogadores do Andaraí tinham de correr mais em campo, de ensopar a camisa. Não se arrependeriam. O Flamengo daria a cada um deles isso e mais aquilo.

Os jogadores do Andaraí prometeram ganhar o jogo para o Flamengo, no dia perderam de longe. Otto Bandusch, engolindo gol do meio de campo. Também, quando acabou o jogo, a torcida do Flamengo, que tinha ido para o campo do Andaraí, quis dar em Otto Bandusch.

Otto Bandusch levou uns cachações, uns bofetões, teve de correr, o pessoal do Andaraí quieto, na geral, na arquibancada.

E Otto Bandusch era branco, branquíssimo. Avalie se fosse preto. Se fosse preto o pessoal do Flamengo não ficaria só nos cachações, nos bofetões[19].

Era esse o papel que o grande clube queria que os clubes pequenos desempenhassem. De capanga. Cada clube grande escolhia o seu clube pequeno, fazia amizade com ele. Para que o clube pequeno, no momento preciso, não se esquecesse dele.

Fora disso, nada. Os pretos dos clubes pequenos podiam jogar bem. Como Luís Antônio, como Monteiro, como Epaminondas, como Chiquinho. Não entravam no escrete. Só de longe em longe, em caso de necessidade, na falta de outro.

---

[19] A prova é que até Monteiro foi acusado de estar vendido nesse jogo Andaraí e Fluminense de 30 de outubro de 1917. Um preto jogava mal, 'estava vendido'.

Os melhores jogadores tinham de ser brancos, de boas famílias. Quando, um dia, a Liga Metropolitana, sem outros jogadores para mandar a São Paulo, teve que organizar um escrete com poucos brancos e muitos mulatos e pretos, todo mundo chamou esse escrete de 'sem família'.

Também o jogo foi num dia de Natal[20]. Os grandes jogadores, os jogadores dos grandes clubes, brancos de boas famílias, se recusaram a jogar num dia de Natal, a passar o Natal longe do Rio. Tinham família.

O jeito foi apanhar os outros jogadores, os jogadores do São Cristóvão, do Andaraí, do Mangueira, do Vila Isabel.

O Botafogo e o América só deram, cada um, um jogador. O Botafogo, Pollice. Branco, não resta dúvida, mas sem família aqui. Até se falava mal dele. O América, o Lindinho, chamado o 'Borboleta'. Tinha família, boa família, mas era assim, andava de um clube para outro, como uma borboleta de flor em flor.

Os outros, quase todos mulatos e pretos. Monteiro, Bebeto, Vila, Anacleto, Valdemar. O escrete 'sem família' foi para São Paulo, jogou o *match* em disputa do bronze Hebe, sofreu a maior derrota jamais sofrida por um escrete carioca: nove a um.

O único consolo da torcida do Rio sendo que aquele escrete não era o verdadeiro. O verdadeiro tinha família.

3

E talvez estivesse aí, nessa desculpa para uma derrota, a explicação de tudo. Da superioridade dos jogadores dos grandes clubes, jogadores que tinham família. Família querendo dizer casa, comida, boa casa, boa comida.

A vantagem de ter casa, de comer bem, e não a vantagem de saber ler e escrever, que muita gente considerava a mais importante. Os melhores jogadores, realmente, eram estudantes. Quando não eram estudantes eram empregados no comércio, encaminhados na vida, todos sabendo ler e escrever.

Na hora de assinar a súmula via-se logo a diferença. Os acadêmicos de medicina do Flamengo, escrevendo o nome depressa, os operários do Carioca levando toda a vida para garatujar o nome. Alguns suando frio, tremendo, achando que nunca seriam capazes de assinar o nome na frente de todo o mundo.

E tinham assinado o nome mais de mil vezes, de sexta para domingo, cobrindo as letras. Cada clube pequeno arranjava um professor. Só para isso, para ensinar jogador de futebol a assinar o nome.

---

[20] 25 de dezembro de 1916.

Descobria-se um jogador numa pelada, num clube de subúrbio, saber jogar futebol ele sabia, não sabia era ler e escrever. No Andaraí, o Anacleto, mulato, mas mulato com as suas letras, tomava conta do jogador, trancava-se com ele. O que o jogador tinha a fazer era simples: decorar o nome com a mão. Acostumar a mão a escrevê-lo, cobrindo letras.

Anacleto cobria o nome do jogador primeiro a lápis. Cobrir a lápis sendo mais fácil do que a tinta. O jogador só pegava em caneta quando aprendia a desenhar o nome a lápis, da primeira à última letra.

Era uma coisa, porém, desenhar o nome numa sala, quase sozinho, o Anacleto olhando para o outro lado para não atrapalhar, e outra, completamente diferente, assinar a súmula. Gente em volta, de olho em cima, atrapalhando.

Trancado numa sala o jogador podia errar uma porção de vezes, até acertar. Não tinha importância errar. Errava e ficava por isso mesmo. Se ele, porém, errasse na súmula, estava tudo perdido. O clube perdia os pontos, a Liga era capaz de chamá-lo para um examezinho. De bê-á-bá. Dando uma cartilha para ele ler.

Havia jogador que não aprendia a assinar o nome de jeito nenhum. Parecia que tinha aprendido, na hora esquecia, o clube precisava arranjar outro para entrar em campo.

Havia jogador que para aprender tinha de trocar de nome. O caso de Pascoal. Nunca foi Silva, sempre foi Cinelli. Horácio Werner, do Rio de Janeiro, viu Pascoal jogando na Saúde, no campo do Municipal. O Municipal era o clube de Antônio 'Ferro-Velho'. Um clube do Cais do Porto. Arranjava jogadores nas peladas da Saúde, às vezes bons jogadores, como Pascoal.

Pascoal não fazia outra coisa. Passava o dia com uma bola nos pés, chegava a juntar gente para vê-lo brincando com a bola. Parava a bola no pé, suspendia-a, a bola presa, como se estivesse amarrada no pé dele. Depois ele ficava mexendo com o pé, para baixo e para cima, a bola subia e baixava, não caía no chão. Só caía no chão quando ele se cansava. Se não se cansasse ficaria até de noite assim, brincando de não deixar a bola cair no chão.

Horácio Werner não quis saber de mais nada. Agarrou Pascoal, levou-o para o Rio de Janeiro, encheu uma papeleta de inscrição, depois deu a papeleta para ele assinar. Aqui. Pascoal avisou que não sabia escrever. Horácio Werner teve de usar o processo de Anacleto, no Andaraí, de Paulo Canongia, no Carioca. Assinou o nome de Pascoal simplificando a letra, nada de apurar muito a caligrafia, senão dava na vista, e mandou Pascoal cobrir o nome mil vezes. Não houve jeito.

O sobrenome de Pascoal, o sobrenome de um italiano peixeiro da Saúde, o seu Cinelli, tinha letras dobradas. O jeito foi dar a Pascoal um sobrenome mais modesto, mais comum, com poucas letras, nenhuma letra dobrada para não atrapalhar. Horácio Werner não encontrou nada melhor do que Silva. Pascoal Silva.

Pascoal ficou sendo Pascoal Silva daquele momento em diante[21]. Com o

---

[21] Como Pascoal Silva jogou no Rio de Janeiro, no Vasco, no escrete carioca, no escrete brasileiro. Quando montou uma tinturaria, porém, voltou a ser Cinelli. Comercialmente. Ainda hoje (N.E. - 3ª ed.: texto escrito em 1947) Pascoal Silva tem a sua tinturaria, a 'Tinturaria Globo'. A firma é 'Pascoal Cinelli & Cia'.

nome verdadeiro não passaria de um jogador da Saúde. Para se ver a importância de saber assinar o nome.

Importância que se exagerou pelo culto ao estudante. Havia, naturalmente, uma razão para esse culto. O Flamengo levantou dois campeonatos seguidos, o de 14 e o de 15, com um time quase de acadêmicos de medicina.

Os outros grandes clubes, o Fluminense, o América, o Botafogo, tinham estudantes, mas não assim, nessa proporção esmagadora. Nove acadêmicos de medicina e um acadêmico de direito num time. Quanto mais estudantes, melhor.

O que parecia provar que só estudante é que devia jogar. Quem deixava de ser estudante pensava logo em abandonar o futebol. O caso de Borghert. Formou-se em fins de 14, para jogar em 15 foi um custo, não era mais estudante.

A família dele, que nunca dissera nada, começou a falar. Considerando um escândalo que um médico andasse correndo atrás de uma bola. Como se ainda não fosse médico. Isso estava bom para outros, que ainda não tinham terminado o curso, para os que estudavam ainda, para os que não faziam nada, só estudavam e jogavam futebol. Alberto Borghert teve que mudar o nome. Porque o velho Borghert, às segundas-feiras, lia atentamente a página de esportes dos jornais. Para ver se o filho médico ainda se dava ao desfrute de jogar futebol. Havia sempre um nome que o enganava nas primeiras letras: Borges ou Borja. Os cronistas de futebol tinham atendido ao apelo de Borghert. Não escreviam mais, na escalação do time do Flamengo, nem Alberto, nem Borghert. Os leitores que tinham ido ao jogo talvez nem notassem o nome trocado. E se notassem botariam a culpa em cima da revisão. O Borges ou o Borja só saíam para um leitor: o velho Borghert.

Assim Alberto Borghert pode jogar todo o ano de 15, tornar-se campeão outra vez, prolongando o bom tempo de estudante, tão ligado ao futebol. Mas já querendo ser médico. Tomando o pulso dos jogadores antes e depois dos treinos e dos jogos. Para ver uma coisa.

Os jogadores deixando, de brincadeira, não acreditando muito naquilo, apesar de estarem estudando também para doutor. Alberto Borghert acabou desistindo, para não passar por pedante.

O estudo da medicina não ajudou os jogadores do Flamengo em nada. A Faculdade teve, apenas, a virtude de estabelecer entre eles, o companheirismo tão indispensável a um time de futebol. Quase todos estudando juntos. A Faculdade não interrompia a vida em comum do clube. Pelo contrário: a Faculdade transformava-se em prolongamento do clube. Ou o clube da Faculdade. Nenhum jogador do Flamengo passava um dia sem encontrar os outros. Ou no clube, ou na Faculdade, ou no Lamas. No clube de manhã, de tarde. De manhã para um passeio de barco, para um banho de mar. O banho de mar sendo mais um pretexto para uma corridinha, da garage ao Hotel Central. Às vezes mais longe. Ida e volta. Ninguém reparava. Os jogadores do Flamengo pareciam banhistas, iguais a tantos outros, vestidos da mesma maneira, os calções justos batendo no joelho. Corriam de manhã cedo para não correr de tarde, no Russell, em volta do campo.

Tinham vergonha de fazer isso num campo descoberto, que não era deles. A vergonha só desapareceu quando o Flamengo, já em 15, teve o seu campo da Rua Paissandu. Aí tudo o que eles fizessem lá dentro estava certo. E ninguém tinha nada com isso.

O campo do Russell, em 14, em princípios de 15, só para o bate-bola. Bate-bola quase todos os dias. Depois das aulas os jogadores iam para o clube, do clube ao Russell era um salto.

Os moleques, já acostumados com eles, não atrapalhavam mais. Esvaziavam o campo, ficavam espiando, para aprender. Brincadeira de ataque contra defesa, assim o tempo passava sem ninguém sentir.

Às quartas-feiras, de tarde, o time do Flamengo não aparecia no Russell. Ia para Campos Sales treinar com o América. A barreira ficava cheia de gente, parecia dia de jogo.

O Flamengo perdia sempre. Para não pôr à prova a boa vontade do América, tão gentil, tão camarada do Flamengo. Nenhum clube, a não ser o América, se lembrara do Flamengo, todos sabendo que o Flamengo não tinha campo para treinar.

Treinando no Russell, um campinho de nada, bom para menino jogar, o Flamengo perdera dois campeonatos. Por isso o time do Flamengo fazia questão de não ganhar do América nos treinos. E, também, para deixar o América na doce ilusão de que ia ser o campeão de 14.

De noite, o encontro era no Lamas. Para um joguinho de bilhar, para um bate-papo, para o célebre presunto com ovos. Às vezes, para variar, média com pão e manteiga. A mesma média com pão e manteiga dos jogadores do Andaraí no botequim da Praça Sete. Com a diferença de que os jogadores do Andaraí quase que só passavam a média. Os do Flamengo, não, longe disso. Quando iam para o Lamas já tinham almoçado, jantado, estavam todos bem alimentados. Se comiam presunto com ovos no Lamas, ou tomavam média, era para não ficar sem comer nada num lugar em que se comia. Era para comer mais.

A verdade é que não podiam viver separados, fosse onde fosse. No clube, na Faculdade, no Lamas. Havia, ainda, outro ponto de reunião: a pensão de Píndaro e Amarante, uma pensão familiar da Rua Corrêa Dutra. As noitadas na pensão de Píndaro e Amarante - chamada assim porque eles moravam lá - eram em ocasiões especiais. Muitas vezes em vésperas do jogo. Os jogadores ouvindo música, num ambiente agradável, como se estivessem em casa.

Antônio Fonseca ia para o piano. Ângelo Pinheiro Machado dedilhava o violão. Os jogadores distraíam-se, cercados de moças, cada uma querendo namorar com um deles. No dia seguinte elas estariam na arquibancada, mordendo lencinhos de renda, soltando gritinhos, torcendo pela vitória do Flamengo.

O Flamengo vencia quase sempre. O que, para as moças da pensão de Píndaro e Amarante, era a consequência lógica das coisas. Com um time daqueles, nove estudantes de medicina, um estudante de direito e mais o Galo, qualquer clube tinha de vencer, de levantar campeonatos.

Os jogadores do Flamengo, porém, sabiam qual era a verdadeira razão das suas vitórias. Um pouco pelo que as moças pensavam. Porque eram rapazes de sociedade, estudantes. Mas não porque estudassem, porque fossem doutores. Era porque, sendo rapazes de sociedade, estudantes, tinham tudo, casa, comida, roupa lavada e engomada.

E tempo. Tempo para estudar, para jogar futebol, para viver aquela vida. Todos juntos, como se pertencessem à mesma família, como se fossem irmãos.

O clube fazendo papel de segunda casa. O 'é do Flamengo', 'é do América', 'é do Fluminense', servindo como um traço comum de parentesco. Os jogadores, irmãos, os sócios, os primos, os torcedores, parentes afastados, mas parentes. Pelo menos se sentindo assim.

Nos dias comuns o clube reunia os parentes mais chegados, os irmãos, os primos. Nos dias de jogo, a família toda. Parentes ricos, bem de vida, na arquibancada, parentes pobres na geral. Até na barreira.

Aí estava o segredo da força dos clubes. Por isso os clubes, com ambições de campeonato, queriam ser mais do que a segunda casa dos jogadores. Queriam ser a verdadeira casa, a verdadeira família. Mesmo quando não eram, como o Flamengo, o prolongamento de uma Faculdade, o ponto de reunião de colegas.

O caso do América em 16. Um acadêmico de medicina, Ferreira; um linotipista do *Correio da Manhã,* Paulino; um aluno da Escola de Guerra, De Paiva; três engenheiros agrônomos, os únicos colegas do time formados juntos em Pinheiros, Ademar, Oscar e Ojeda; um industrial, Vitti; um funcionário dos Telégrafos, Paula Ramos; um funcionário da *Light,* Gabriel de Carvalho; um empregado da Galeria Gomes, comissário de café, Álvaro; e um faz nada, rapaz rico, Haroldo. Só mesmo um clube podia fazer dessa gente uma família.

De tarde, de noite, eles se reuniam no *hall* do América, por baixo da arquibancada. A mesma arquibancada construída em 11, tábuas mal coladas, abrindo frestas, por onde se podia ver as pernas das moças em dia de jogo. Muitos jogadores ficavam de pescoço esticado antes de ir para o vestiário. À procura de uma perna de moça mais bem-feita, escolhendo pernas de moça.

O *hall* tinha cadeiras de vime. Os jogadores sentavam-se, puxando as cadeiras mais para perto de Paula Ramos, o capitão do time. Paula Ramos, quase sempre, tinha uma carta de Belfort Duarte. Belfort Duarte, em Rezende, não se esquecia, um dia, do América. Escrevendo cartas de pai para filhos. Os jogadores do América, pelo menos, ouviam a leitura das cartas de Belfort Duarte com a atenção de quem ouve um conselho paterno.

Belfort Duarte não dava mais gritos, não podia mais expulsar jogadores de campo. Deixara de ser 'Madama', a dona de casa quase histérica de tanto trabalho, para cá, para lá. Virando um pai de filhos já homens, com cuidados de irmão mais velho.

De quando em quando descia de Rezende, em dia de treino, em dia de jogo. Em dia de jogo ficava quieto quarenta minutos, esperando o intervalo para dar um pulo no vestiário. Dizer se tinha gostado, se não tinha. Do que tinha gostado, do que não tinha. Em dia de treino entrava em campo, parava o treino. O Ademar não devia ir para cima do adversário assim, jogando tudo numa cartada. Se tomasse a bola, muito bem. E se não tomasse? Ademar fazia sim com a cabeça uma porção de vezes. Todos faziam sim com a cabeça. O que Belfort dizia era sagrado para eles. Por isso, todas as tardes, chegando no América, perguntavam se havia carta de Belfort Duarte. Quando não havia carta nova, Paula Ramos lia, outra vez, a última carta, sempre guardada no bolso, conservada como uma relíquia.

O respeito por Belfort, o amor pelo América, era o traço de união entre eles. O que os fazia andar juntos, arranjar pretexto para andar ainda mais juntos. Criando hábitos, como o jantar depois dos treinos, no 'Filhos do Céu', um restaurante da Praça da Bandeira.

Às quartas-feiras, Henrique Santos, o 'Gargalhada' passava, antes do treino, pelo restaurante 'Filhos do Céu', mandava juntar as mesas. Quem pagava o jantar era ele, não com o dinheiro dele, com o dinheiro do clube. Os jogadores, cansados do treino, precisavam comer bem. Não que não comessem bem em casa. Mas juntos, num jantar, conversando, bebendo uma cervejinha, comiam ainda melhor.

Havia sempre um caldo de legumes, um bife a cavalo, com dois ovos e batatas fritas. Na sobremesa marmelada com queijo, laranjas, peras, maçãs. Ou o doce de coco do 'Filhos do Céu', afamado nas redondezas. O jantar demorava, os jogadores só se levantando lá para as dez horas da noite. Bem alimentados, bem descansados.

O clube tomando conta dos jogadores, não querendo que eles, depois de um treino puxado, depois de um jogo mais puxado ainda, de ensopar a camisa, ficassem soltos, fizessem extravagâncias, caíssem na farra.

Gabriel de Carvalho, que quase não comia no 'Filhos do Céu', ia jantar com João Santos, a casa de João Santos pertinho do América, em Campos Sales também. A mesma coisa. O América preferia, porém, que todos fossem para o 'Filhos do Céu'.

Não se separando, ficando juntos nesses momentos em que deixavam de ser tudo o que eram, estudantes, empregados no comércio, engenheiros, industriais, para serem apenas jogadores do América. Vitti não querendo parar de dar voltas pelo campo. Ojeda batendo pênaltis, de bico, acertando com o bico da chuteira bem no meio da bola. A bola saía escrevendo no chão. Entrava sempre no gol, levantando a rede.

As leituras das cartas de Belfort Duarte, as tardes, as noites no *hall*, os jantares depois dos treinos, dos jogos, aproximavam mais os jogadores do América uns dos outros, dando uma fisionomia ao time, familiar.

Uma fotografia de um time assim, parecia fotografia de álbum de família, a família toda numa pose, não faltando ninguém, cada um no seu lugar.

Era o Flamengo de 14 e 15,o América de 16, o Fluminense de 17, 18 e 19.

Marcos Vidal e Chico Neto, Laís, Osvaldo e Fortes, Mano, Zezé, Welfare, Machado e Bacchi. Nomes, caras que todo mundo guardava. A memória não falhando nunca.

Também eram os nomes que apareciam nos jornais, sempre os mesmos, as caras que apareciam nas chapas do time, sempre as mesmas. O clichê do time de um jogo, servindo para o outro jogo. Ninguém notando a diferença, a não ser pelo fundo, às vezes a torre do Palácio Guanabara, às vezes a barreira do América com babados de gente, às vezes as palmeiras da Rua Paissandu. O time formado da mesma maneira, a defesa de pé, atrás, o ataque ajoelhado, na frente.

O Fluminense, então, para ser campeão três anos seguidos, foi mais do que a segunda casa dos jogadores. Os jogadores viviam lá. O Fluminense preparou um dormitório com camas para todos eles.

Quando entrou em obras para a construção do estádio, alugou uma casa na Rua Guanabara, bem pertinho, também para todos eles. Com a sua sala de visitas, a sua sala de jantar, os seus quartos. Uma casa boa, que chegava perfeitamente, com a vantagem de ser o Fluminense.

De manhã cedinho, no dormitório do Fluminense, na casa da Rua Guanabara, os jogadores acordavam, iam para o campo, para fazer uma coisa que os jogadores dos outros clubes nunca tinham feito: individual.

O Fluminense contratara *Mr.* Taylor para isso, para preparar fisicamente os jogadores. Arnaldo Guinle, presidente do clube, rico, milionário muitas vezes, dava o exemplo. Acordava à mesma hora dos jogadores, tomava o seu *Cunningham*, todo branco, de molas macias, o assento de trás amplo, como um sofá acolchoado, chegando no Fluminense esperava que o *chauffeur*, de libré, enluvado, abrisse a porta do carro. Saltava, metia-se no meio dos jogadores. Fazendo o que eles faziam. Ginástica sueca, corridas a pé, passeios até lá em cima do morro, cada um, Arnaldo Guinle inclusive, carregando o seu saco de areia.

Depois do individual, depois do bate-bola, depois dos treinos de conjunto, antes dos jogos, os jogadores deitavam-se em mesas apropriadas para a massagem. Porque o Fluminense também tinha o que nenhum outro clube tinha: massagista.

O Petersen amaciava os músculos dos jogadores, acabando com os caroços das pernas, tão comuns em quem jogava futebol e não tomava massagem.

Só Marcos de Mendonça não aparecia, de manhã, no campo do Fluminense, para o individual. Fazia a sua ginástica em casa, tinha o seu massagista particular.

Os outros só saíam do Fluminense para as aulas, para o trabalho. Alguns não estudando, não trabalhando. Como Fortes, o 'Dadá'. Agostinho Fortes, pai, arranjava um emprego para o filho, o 'Dadá' não se acostumava com a vida de banco, a vida do Fluminense era melhor. E o pai, torcedor do Fluminense, admirando cada vez mais o filho como jogador de futebol, não tinha outro remédio, deixava, não se incomodando muito com isso. Aumentando, pelo contrário, a mesada do 'Dadá'. Como Machado, que recebia presentes do tio Bandeira cada vez que fazia um gol. O tio Bandeira prometendo vinte mil réis por gol. Como Zezé Guimarães, 'almofadinha'. A roupa bem cintada, o colarinho mole, alto, afogando o pescoço, a gravata borboleta, os punhos da camisa saindo pelas mangas, sempre um pouco curtas, do paletó. As calças afinando, apertando nos tornozelos, só podendo ser vestidas antes que ele estivesse de sapatos, os sapatos de bico fino, parecendo lanchas.

Zezé Guimarães não trabalhando, não fazendo nada, caçoando até dos outros que trabalhavam. Quando Welfare, depois do treino, depois da gemada, se preparava para sair, a caminho do emprego, Zezé Guimarães não deixava de gritar um 'já vais, escravo?'

E Welfare não era o único que trabalhava. Havia Mano, mais moço do que Zezé, funcionário do Tribunal de Contas. Tendo de pensar na vida. E Osvaldo Gomes, professor. Sempre fora professor, sempre jogara futebol. E Laís, ajudante de corretor. E Chico Neto, formado em farmácia, escrevente juramentado do Cartório Noêmio Xavier da Silveira. Trezentos e cinquenta mil réis de ordenado, outros trezentos e cinquenta mil réis de custas. Fazia os seus setecentos mil réis, bastante dinheiro naquele tempo. Ainda mais para quem morava no clube. E Vidal, o 'Barão', que podia levar a boa vida de Zezé Guimarães, com um lugar na Caixa Econômica. Para fazer alguma coisa além do futebol. E Marcos de Mendonça, dois empregos, um na Usina Queirós, outro na Companhia Locativa e Construtora. Tinha entrado para a Escola Politécnica, estava noivo de Ana Amélia, ia casar, ser pai. Tudo nesses anos do tricampeonato. Desde 16 vinha adiando o momento de abandonar o futebol. Deixando o tempo passar mais um pouco, para ganhar um campeonato, mais outro.

O futebol ainda não lhe dera tudo que podia dar: o título de tricampeão carioca, o título de campeão sul-americano, as medalhas que faltavam para a pulseira de Ana Amélia. E depois, o futebol não lhe atrapalhava a vida. Continuava a ser o Marcos de Mendonça, o fitinha roxa, com regalias especiais. A de ficar em casa de manhã, a de não ter de obedecer a *Mr.* Taylor.

Só aparecia no Fluminense às quintas e domingos, nos dias de treino e de jogo. Não ia ao Lamas para uma tacada de cem pontos, muito menos para provar os célebres ovos mexidos com presunto. Não ia à missa das onze na Matriz da Glória. Coisa que até Welfare fazia. Não para ouvir missa, não para ver as moças, para estar junto dos outros, de Vidal e Chico Neto, de Laís e Fortes, de Mano e Zezé, de Machado e Bacchi.

Os jogadores do Fluminense misturados com os jogadores do Flamengo, formando alas nas escadarias da Matriz da Glória, formando grupos no Lamas. A mesma gente.

Às vezes, em dia de Fla-Flu, eles iam juntos, de braço dado, Rua das Laranjeiras acima, soltando *hip-hurrahs* sem quê nem para quê. As janelas se abriam, se fechavam depressa, a hora do jogo estava se aproximando. Podia-se ver, de longe em longe, apanhado de surpresa, quase arrastado, o professor Osvaldo Gomes. Marcos de Mendonça nunca.

Nem mesmo na casa de Coelho Neto, onde se reuniam os jogadores do Fluminense nos domingos, depois de um jogo, até nas noites de saraus literários,

Marcos de Mendonça ficava perto dos outros. Quase todos se juntavam na sala de jantar, Marcos de Mendonça ia para a sala de visitas. Dona Gabi sentava-se ao piano, às vezes cantava, Ana Amélia sempre recitava versos[22]. Marcos de Mendonça encostado na janela, olhando para Ana Amélia. Poucos jogadores na sala de visitas. Osvaldo Gomes, Vidal, o 'Barão', Chico Neto. Chico Neto com sua cabeleira de poeta, nem parecia um jogador de futebol. Com Vidal, com Chico Neto, Marcos de Mendonça conversava. Na sala de visitas de Coelho Neto, no escritório de Arnaldo Guinle. Sobre futebol, só no escritório de Arnaldo Guinle. Marcos de Mendonça afundava-se numa poltrona de couro, cruzava a perna, sentia-se em casa, no Fluminense, como ele entendia o Fluminense. Nada de Lamas, nada de escadarias da Matriz da Glória, a casa de Coelho Neto, o escritório de Arnaldo Guinle.

Ou no máximo, em ocasiões especiais, o salão do primeiro andar do Sul América. O Fluminense ganhava um jogo, Arnaldo Guinle mandava preparar um bom jantar no Sul América. Marcos comparecia, cantava com os outros. Todos cantavam, segurando os copos, marcando o compasso com a cabeça.

O que não faltava era canção do Fluminense. Umas com letra de Ana Amélia, outras com letra de Luís de Mendonça. O Fluminense, 'ó Fluminense, a glória te pertence'. Ana Amélia. 'Somos todos Fluminense, e jogamos com amor, a camisa tricolor só se veste por amor'. Luís de Mendonça. Mais de Luís de Mendonça do que de Ana Amélia.

> *Cantemos sempre vitória,*
> *que não há de ser em vão,*
> *pois no Rio de Janeiro*
> *nosso time é campeão,*
> *e os jogadores aqui estão.*

Estavam, sim, todos, sem faltar um só, Marcos de Mendonça cantando mais alto, puxando pelos outros.

---

[22] O futebol era, para Ana Amélia, o que o remo era para Olavo Bilac. Assistindo a um *match* ela se sentia transportada para a Grécia. Principalmente na hora de uma defesa de Marcos de Mendonça. Há um soneto de Ana Amélia: *O Salto*, o salto de um goleiro, de Marcos de Mendonça, é claro. Diz assim:

> Ao ver-te hoje saltar para um torneio atlético,
> Sereno, forte, audaz como um vulto da Ilíada
> Todo meu ser vibrou num ímpeto frenético
> Como diante de um grego, herói de uma Olimpíada.
> Estremeci fitando esse teu porte estético
> Como diante de Apoio estremecera a dríada.
> Era um conjunto de arte esplendoroso e poético,
> Enredo e inspiração para uma heliconíada.
> No cenário sem par de um pálido crepúsculo
> Tu te enlaçaste no ar, vibrando em cada músculo
> Por entre aclamações da mossa entusiástica,
> Como um Deus a baixar do Olimpo, airoso, lépido.
> Tocaste o solo, enfim, glorioso, ardente, intrépido,
> Belo na perfeição da grega e antiga plástica.

O Fluminense venceu,
vencer ele não podia,
algum santo fez milagre,
qual foi o santo do dia?

São Benedito, São Jorge,
São José e São João,
que me importa a mim o santo?
Fluminense é campeão.

Cantar assim, depois de uma vitória, depois de um jantar, Marcos de Mendonça considerava próprio. Um bom costume inglês.

Bastava olhar para Welfare, já um pouco bebido, balançando a cabeça: parecia que estava na Inglaterra. Tudo tinha a sua hora, o seu lugar. Até a cambalhota de Vidal toda vez que o Fluminense marcava um gol. Marcos de Mendonça não seria capaz de fazer uma coisa dessas na frente de todo mundo. Mas sentia o que os outros sentiam quando Vidal dava uma cambalhota: mais vontade de vencer. Sem escândalo, sem deixar de ser o que era. Era Marcos de Mendonça em todos os momentos.

E apesar disso, ele para um lado, o resto do time para outro, não destoava. Pelo contrário. Não se podia recitar o time do Fluminense sem começar por Marcos.

Recitava-se o time do Fluminense como um soneto, tarará, tarará, tarará. Decassílabos perfeitos. *Ouvir Estrelas,* de Bilac. O soneto do Fluminense, trabalhando na forma e no fundo. Depois de pronto, com Marcos, Vidal e Chico Neto, Laís, Osvaldo e Fortes, Mano, Zezé, Welfare, Machado e Bacchi.

Não se podia tocar numa sílaba sem estragar tudo. O ouvido percebia logo a diferença, na desafinação de um pé quebrado. O que acontecia quando se tentava recitar outro time qualquer, que não levantava campeonatos. Cada um com o seu pé quebrado, o nome de um jogador que não devia estar no time.

No Fluminense, não. Marcos, Vidal e Chico Neto, o chamado 'trio de ouro'. Marcos de um jeito, Vidal de outro, Chico Neto de outro, para dar certo. Assim é que eles se entendiam, compreendendo-se.

O caso de Welfare e Fortes. Welfare, bem inglês, ensinando molecagem a Fortes, bem brasileiro. Os dois juntos, conversando, parecia que Fortes nunca seria capaz de entender Welfare direito. Como ia entender se Welfare não falava português, se Fortes não falava inglês?

Mas Fortes entendia, ia para o campo, pisava no pé do jogador do outro time, sem ninguém ver, fazia tudo o que era proibido sem ninguém ver. O jogador do outro time achando graça. Fortes, branco, rapaz de sociedade, *enfant gaté*, como diziam os cronistas, podia fazer o que bem entendesse em campo, ninguém dizia nada. Fosse outro fazer o mesmo para ver uma coisa.

Por isso Welfare ensinava mais a ele do que aos outros. O *Mister* sabia de coisas que aqui ninguém sonhava em saber. Uma espécie de *Um yankee na Corte do Rei Artur.* Era como se o Fluminense estivesse usando uma arma proibida. Os outros clubes de espada, o Fluminense de revólver, de metralhadora.

Um jogador assim, como Welfare, não podia ser amador, coisa que disse um inglês do Corinthians, quando Welfare estreou no Rio de Janeiro. Num *corner* contra o Corinthians, o inglês Snell, preparou-se para o salto, não pulou, quem pulou foi Welfare, depois de pisar o pé dele, para marcar o gol.

Snell foi protestar, não contra o *foul*, contra a presença de um profissional no time brasileiro. Só quando lhe explicaram que se tratava de Harry Welfare, que Harry Welfare tinha acabado de chegar da Inglaterra, onde jogara pelo *Liverpool* como amador, é que Snell se acalmou.

Quem lhe pisara o pé não fora um amador qualquer, fora um jogador do *Liverpool,* da primeira divisão da Liga Inglesa. Estava certo. Para Snell, não para os jogadores dos outros clubes.

Em véspera de jogo com o Fluminense os jogadores dos outros clubes não tiravam Welfare da cabeça. Era preciso não deixar o inglês fazer gol. Só havia um jeito: meter o pé, acertar Welfare bem no joelho.

Receita que Píndaro aproveitaria, ao pé da letra, quando se visse na frente de Gradim. Um preto no escrete uruguaio. Dez brancos e um preto, um preto que jogava mais futebol do que muito branco.

Píndaro de Carvalho não podia ficar num palavrão, como Rivadávia Corrêa Meyer, chamando Gradim de uma coisa feia. Também Rivadávia Corrêa Meyer não estava jogando contra Gradim, estava treinando. E treinando a pedido, para tapar um buraco.

Os uruguaios telefonaram do campo do Fluminense para o campo do Botafogo, precisavam de três jogadores para formar dois times, os três mais à mão eram Rivadávia Corrêa Meyer, Celso de Sousa e Décio Vicares, do Botafogo de 10, gordo, enorme, que não jogava futebol há muito tempo. Rivadávia Corrêa Meyer mal teve o gostinho de tocar na bola. Levou uma cotovelada, Gradim ficou com a bola. A vingança dele foi chamar Gradim de 'negro fedorento'.

Se Gradim escutou, fingiu que não tinha escutado, como todo negro que jogava futebol. Negro não podia se ofender, brigar em campo. Senão apanhava, saltava gente da geral, da arquibancada, de bengala levantada, para dar nele.

Não adiantava, portanto, xingar Gradim, muito menos num jogo decisivo do campeonato sul-americano. A única coisa que adiantava era meter o pé. Quando Gradim pegava uma bola o coração de tudo quanto era torcedor brasileiro ficava pequeno. Parecia que Gradim estava com o diabo no corpo. Dois chutes dele, dois gols uruguaios contra os brasileiros.

Tinha chovido, o campo molhado, Marcos de Mendonça não se atirou no chão. Para não sujar a camisa, foi o que andaram dizendo. Também Gradim não fez mais nada. Píndaro de Carvalho, já doutor, de anel no dedo, metendo o pé, com muito mais vontade do que metia o pé em Welfare. Welfare branco, branquíssimo, Gradim preto, pretíssimo.

Num preto até dava gosto meter o pé. Todo mundo gostava, batia palmas, gritava 'aí, Píndaro!', Gradim que saísse da frente dele, que fosse para o meio de campo, que ficasse bem longe. Foi o que Gradim fez.

Píndaro de Carvalho era brasileiro, estava na sua terra, podia meter o pé à vontade. E o negro Gradim desapareceu da área, não marcou mais um gol, quando se via com uma bola nos pés só pensava em uma coisa: desfazer-se dela rápido, o mais depressa possível, talvez Píndaro estivesse por perto.

Mas tinha marcado dois gols, era um grande jogador, um preto podia ser um grande jogador, como Gradim. Foi uma praga de Gradins pelo Brasil afora. Todo preto que jogava um pouco de futebol virava um Gradim.

4

Até então nenhum grande clube pensava no preto para ganhar campeonato. Todo mundo convencido de que o branco jogava muito mais que o preto. A prova estava ali: só time de branco era campeão: Fluminense, Flamengo, América, Botafogo.

Não se tinha visto ainda Gradim, tinha-se visto Welfare. Um jogador quase caído do céu para o Fluminense, sabendo mais futebol do que os outros. Só podia ser branco.

Andou-se à cata de Welfares. O América mandando buscar os Bertoni em São Paulo, o Bertolão e o Bertolinho. Não eram ingleses, eram uruguaios, mas jogavam futebol de verdade.

Belfort Duarte arranjou bons empregos para eles na Salitrera do Chile. Os Bertoni não ficaram satisfeitos, queriam mais. Sabiam que o América precisava deles, abusavam. Nas vésperas dos jogos importantes vinham com uma conversa comprida, um bom negócio à espera deles em São Paulo, eles sem poder ir, tendo de jogar, perdendo dinheiro. Belfort Duarte acabou compreendendo, botou os Bertoni para fora do América. Não serviam.

O Botafogo sem levantar um campeonato desde 10, vendo o Fluminense, o Flamengo, o América ficar com os títulos. Tratou de ter os seus Welfare também, importando Monte e Beregaray. Monte, bonitão, fazendo sucesso com as moças, não saindo dos cassinos.

Ia gente ao Assírio só para vê-lo dançar um tango argentino. Dançava, conquistava moças, arranjava encrencas com mulheres, jogava futebol, não tinha tempo para fazer mais nada. Só aparecia na fábrica de Joaquim Delamare para receber o dinheiro do ordenado. Joaquim Delamare certo de que o Botafogo estava fazendo o mesmo que o Fluminense. Welfare deixara o Anglo-Brasileiro, fora para Walter & Cia. Quem ia a Walter & Cia., porém, nas horas de trabalho encontrava Welfare.

Fosse alguém à fábrica de Joaquim Delamare para ver se encontrava Monte.

Monte fazia ponto na Colombo, no Assírio, no Botafogo. E ainda assim o Botafogo continuou sem levantar campeonato. Coisa para o Flamengo, para o América, para o Fluminense.

Mais para o Fluminense, que tinha Welfare, que tinha tudo. Os jogadores do Fluminense dormindo no clube. Nos sábados saíam do Lamas mais cedo, para não facilitar. Se o Welfare ficasse lá fora era capaz de beber até cair.

Por isso, por causa de Welfare, também por causa dos outros, o Fluminense marcava a hora do jogador ir para a cama, os jogadores iam na hora marcada. Quando acordavam tinham café-com-leite, pão bem quentinho. Com direito a um prato de presunto com ovos, a um copo de gemada. Quanto mais alimentados estivessem os jogadores, melhor para o Fluminense.

Só muito bem alimentados os jogadores podiam aguentar o treino puxado de *Mr.* Taylor. Comiam muito durante a semana, em dia de jogo comiam menos. E mais cedo, antes da missa das onze. Alguns ficavam nos ovos mexidos.

Depois da missa deitavam-se para a massagem, o vestiário que era só cânfora. O chá vinha quase na hora da entrada dos times em campo. Outra coisa de Welfare. Antes dele os jogadores bebiam café antes do jogo. O café excitava, o chá acalmava, o jogador precisava estar com os nervos calmos.

Às vezes o chá não bastava, Laís tomava o chá batendo com o queixo, a mão tremendo. Só depois de cinco minutos de jogo é que deixava de tremer. Todos os jogadores do Fluminense deixaram o café pelo chá, menos Osvaldo Gomes. O professor Osvaldo Gomes exigia a sua xícara de café. Dez xícaras de chá, uma xícara de café. Osvaldo Gomes fazendo questão de ser diferente.

O Fluminense pensava em tudo, até na xícara de café para Osvaldo Gomes. Qual era o clube que podia fazer o mesmo? Nem os grandes, quanto mais os pequenos.

Havia uma coisa, porém, em que ninguém tinha pensado: a importância cada vez maior do futebol[23]. Mesmo quem estava de fora sentia isso. O caso do doutor Mário Rachê. Durante anos, como chefe, a princípio, depois como sócio, ele procurou convencer Marcos de Mendonça a abandonar o futebol. Quando imaginava um diretor da Usina Queiroz, da Companhia Locativa e Construtora jogando futebol, o doutor Mário Rachê se escandalizava.

Um dia, porém, ele foi ver um *match*, escolhido a dedo, justamente o desempate Brasil e Uruguai de 19. Quando Friedenreich marcou o gol da vitória, o doutor Mário Rachê se abraçou, chorando, a um inglês velho, que nunca vira mais magro ou mais gordo.

---

[23] O futebol se tornara tão importante que Gilberto Amado escrevia artigos metendo o pau no Prefeito por causa de uma derrota maior do escrete carioca. O Prefeito, coitado, nada tinha com a história. Mas para Gilberto Amado, um governador da cidade que ficava indiferente vendo o escrete carioca levar surra do paulista, não era prefeito, não era nada.

E o mais extraordinário é que continuou abraçado ao inglês velho, é que continuou chorando, sem nenhuma vergonha de chorar, de pular, como todo mundo. O povo dentro do campo, Marcos de Mendonça carregado em triunfo. E depois, nas ruas, no trem que ele tomou, em todas as estações, daqui até Esperança.

Não havia rádio, o trem é que levava a notícia da vitória, o doutor Mário Rachê, da janelinha, gritando, o Brasil era campeão. Fez-se luz para ele: se ele jogasse futebol como Marcos de Mendonça não abandonaria nunca o futebol, diretor de usina, de companhia, fosse o que fosse.

O que fazia o doutor Mário Rachê pensar assim era o que assustava Marcos de Mendonça. O futebol estava ficando importante demais.

Desde Abelardo Delamare dando o bofetão em Gabriel de Carvalho. Desde Belfort Duarte gritando com tudo quanto era jogador do América, querendo até dar pancada. Por isso Marcos treinava em casa, longe dos Belfort Duarte. Mas examinava o joelho todos os dias. Sabia que estava em forma por duas coisas: o joelho descarnado, a pegada silenciosa, a bola morrendo nas mãos dele sem fazer barulho.

Mas ele não era cego. O tempo do futebol divertimento para o jogador passara. O jogador não ia para o campo se divertir, quem ia para o campo se divertir era o torcedor. E às vezes.

Se o time perdia, o torcedor ficava de 'cabeça inchada'. Para não ficar de 'cabeça inchada' exigia mais do jogador, o jogador que se matasse em campo. E cada vez ia ser pior.

Marcos de Mendonça só estava à espera de um 19, ele tricampeão carioca, campeão sul-americano, a pulseira de Ana Amélia era cheia de medalhas, não faltava mais nenhuma para largar o futebol. Era o fim da carreira dele, o fim de uma época, a época do reinado do branco no futebol.

A popularidade de Friedenreich sendo uma advertência. O que interessava era o gol da vitória, a bola lá dentro, no fundo das redes. Metida por um branco, um mulato, um preto, pouco importa.

Um mulato podia ser um Friedenreich, um preto podia ser um Gradim. Quem quisesse um bom jogador não precisava ir longe. Em todo canto havia uma pelada. O Brasil com muito mais mulato, com muito mais preto do que o Uruguai. Com muito mais Friedenreich, com muito mais Gradins portanto.

De quando em quando chegava alguém num grande clube com a novidade de que tinha visto um Gradim. Uns clubes iam ver, outros não iam. Querendo ganhar campeonatos, mas com brancos. Nada de Gradins. E os torcedores fazendo pressão, 'é um Gradim, parece o Gradirn, joga como um Gradim'. O caso de Manteiga.

Jaime Barcelos, diretor de futebol do América, frequentador de peladas. O América não jogava, Jaime Barcelos ia para a Saúde, para o Cais do Porto. Quase sempre em companhia de Fidelsino Leitão, um dos donos da Casa Leitão. Se o jogador servisse, estava empregado na Casa Leitão.

E não precisava trabalhar muito, podia trabalhar pouco, quase nada, contanto que jogasse bem. O que Fidelsino Leitão queria era que ele jogasse bem, que o América vencesse.

O campo do Mauá, clube de marinheiros, ficava no Cais do Porto. Manteiga jogava lá, parecia um Friedenreich, um Gradim. Mais Gradim do que Friedenreich, embora fosse mulato. Um mulato de feições de preto, o nariz chato, a boca de beiços grossos. Mas com a delicadeza, a macieza de um mulato. Servia, o América não podia encontrar coisa melhor.

Jaime Barcelos e Fidelsino Leitão passaram a acompanhar o Mauá, o escrete da Marinha, aproveitando toda ocasião para conversar com Manteiga, tentando-o com o América, com um emprego na Casa Leitão.

Tudo em segredo, ninguém em Campos Sales sabendo de nada. Quando se soubesse muita gente não ia gostar. Um preto no América. O escrete uruguaio tinha um preto, o América não era melhor do que o escrete uruguaio.

Mas a Liga Metropolitana não deixava praça de pré jogar em nenhum clube[24]. Manteiga era marinheiro, praça de pré, para jogar no América tinha de pedir baixa. Mas, se Manteiga quisesse, Fidelsino Leitão dava um jeito. A Casa Leitão tinha grandes negócios com a Marinha.

Se não bastasse a Casa Leitão, a Mayrink Veiga também faria a sua forcinha, Lafaiete Gomes Ribeiro estava lá, com a melhor boa vontade, para ajudar o América quando o América precisasse. Manteiga foi cedendo, se desse baixa, se o doutor Leitão arranjasse o emprego para ele, ia jogar no América.

Jaime Barcelos apressando Fidelsino Leitão, principalmente depois que a Marinha ganhou longe do Andaraí, Manteiga a maior figura do campo, uma porção de clubes com olho em cima dele. Clubes pequenos, que não podiam competir com o América. Os outros grandes clubes, superiores, ainda com a mania do branco.

Com Manteiga no time, Jaime Barcelos era capaz de jurar que o América ia ser campeão. Fidelsino Leitão mexeu com os seus pauzinhos, um dia o marinheiro Antônio Muniz deu baixa. Não era mais marinheiro, podia jogar pelo América.

Estava na hora do campeonato começar. Manteiga apareceu em Campos Sales para treinar, entrou no vestiário, Ivo Borges foi logo saindo. Com um Manteiga ele não jogava.

Os outros Borges, os Curtis, saíram atrás dele, até Paulo Viana, morenão, de cabelo bem ondeado, de fazer inveja a moça. Com a Manteiga no time talvez se reparasse mais no cabelo dele. Por isso mesmo é que Paulo Viana saiu mais depressa, não queria confusões com ele.

E lá estava Miranda, um jogador do Modesto de Quintino, mulato também. Bem que os Borges e os Curtis tinham falado. E Miranda era mais uma razão: bastava um mulato. Se o América continuasse assim, onde ia parar?

---

[24]Nem praça de pré, nem *garçon*, nem barbeiro. Quem recebesse gorjeta, quem tivesse emprego subalterno, era cortado. Até *chauffeur*.

Os Borges e os Curtis só queriam que o América compreendesse isso. Senão o América, Manteiga. Como Americano. Americano fora do Andaraí para o Botafogo, acabara compreendendo. E podia passar por moreno, o cabelo esticado, grosso mas esticado. Quase um caboclo.

E ninguém o deixara de cumprimentar em General Severiano. Pelo contrário: Paulo Cunha, conhecido como a 'mãe de Osni', adotara Americano também. Andando com ele, para baixo e para cima, na sua *Fiat* vermelha, a mesma *Fiat* que o trouxera da Praça Sete para General Severiano.

Os valentes do Andaraí dispostos a tudo, esperando os valentes do Botafogo que vinham buscar Americano. Primeiro apareceu a *Fiat* vermelha, Paulo Cunha saltou, não estava sozinho, levara a polícia com ele. Era inútil puxar navalha, revólver, querer brigar. Americano foi para o Botafogo na *Fiat* vermelha de Paulo Cunha.

Assim mesmo fracassou em General Severiano. Tinha de sentir-se deslocado, o lugar dele era o Andaraí, a Praça Sete, para onde voltou, arrependido. O que Manteiga precisava fazer o quanto antes: voltar para o Mauá, para o campo do Cais do Porto. A camisa do América era para os Borges, para os Curtis, não era para Manteiga.

Ia ser. Nada adiantou: os Borges e os Curtis não cumprimentando Manteiga, os outros cumprimentando. Os Borges e os Curtis saindo do América, os outros ficando. Houve um momento em que parecia que ninguém ia ficar. Os boatos mais alarmantes corriam em Campos Sales. Um abaixo-assinado de trezentos sócios: ou eles ou Manteiga. Todos os jogadores do primeiro e do segundo time estavam com os Borges, com os Curtis: ou eles ou Manteiga.

Coisas inventadas para assustar João Santos, o presidente do América. João Santos tirou tudo a limpo num instante. A casa dele pertinho do clube, ali mesmo, em Campos Sales. Foi só atravessar a rua. Perez estava na calçada do América, os outros lá dentro, no *hall*, sentados nas cadeiras de vime, conversando. Primeiro Perez, depois Barata. E Avelar, e Chiquinho, e Ribas e Osvaldinho. Vinte e quatro jogadores responderam que jogariam com Manteiga[25].

No fim de contas somente nove sócios do América, todos jogadores, uns do primeiro, outros do segundo, outros do terceiro time, pediram demissão. Cinco Borges, três Curtis e Paulo Viana.

Djalma Côrtes, que namorava uma Borges, não pediu demissão. Afastou-se uns tempos do América, esperando que Manteiga saísse, para voltar. Como Egas de Mendonça, noivo de uma Borges, como Matías Costa, casado com uma Borges. As Borges apoiando os irmãos, exigindo dos namorados, dos noivos, dos maridos, uma atitude contra Manteiga.

Bem que Manteiga compreendia. Não dizia nada, mas ficava para seu canto, no seu lugar. Entrava no vestiário, mudava de roupa depressa, só se sentia bem dentro do campo.

---

[25]Manteiga estreou a 17 abril de 21, no primeiro jogo do América no campeonato, justamente contra o Fluminense, para onde tinham ido os Borges e os Curtis.

Os outros jogadores brincavam com ele, Perez chegava a lhe dar palmadinhas na barriga. Podiam tomar intimidade com ele, ele não tomava intimidade com ninguém. Tratando todo mundo de senhor, tirando logo o chapéu quando alguém se aproximava para falar com ele. Acabava o treino, o jogo, Manteiga arranjava um jeito de sair, quase sem ninguém notar.

Jaime Barcelos é que saía atrás dele. Ia haver um jantar no 'Filhos do Céu', ele não podia deixar de comparecer. Manteiga prometia, não faltava. Ficava fazendo hora pela Praça da Bandeira, vendo cartazes de cinema. Os outros deviam estar ainda no *hall,* batendo papo.

Lugar onde Manteiga nunca entrou: no *hall* do América. Passava por lá, de longe, nem tinha coragem de olhar. Talvez alguém o visse, se alguém o visse ele tinha de entrar, inventar uma desculpa para não entrar.

Devia ser bom sentar-se numa daquelas cadeiras de vime, bater um papozinho. Bom para os outros, não para ele. E ele, em campo, molhara a camisa pelo América, para mostrar que o América vencia um pouco por causa dele. O jogo acabava, os torcedores da geral entravam em campo, carregavam Manteiga em triunfo. Era o momento da glória de Manteiga. Todo mundo gritando 'América' e 'Manteiga'. Até as moças da arquibancada.

Quando trocava de roupa, porém, perdia aquela segurança. Era outro de paletó, de chapéu de palha. Durante anos e anos só vestira a farda de marinheiro, o uniforme de jogador de futebol. À paisana sentia-se mal, como se a roupa não fosse dele. Ficava logo com vontade de fugir, desaparecer.

E ninguém no América querendo que ele fugisse, desaparecesse, João Santos chegando a convidá-lo para um *cocktail* na casa dele. Fazendo questão que ele fosse, não aceitando desculpas, para mostrar que o considerava tão digno quanto os outros.

Uma coisa que os Borges e os Curtis sempre tinham imaginado como o maior dos absurdos: Manteiga num *cocktail* da casa de João Santos. Uma reunião elegante, com moças. O único jeito, para os Borges e os Curtis, sendo, depois da ida de Manteiga para o América, acabar com os *cocktails*. Senão, Manteiga tinha de ir também. Se os outros jogadores iam, por que Manteiga não iria?

João Santos aproveitou a primeira oportunidade, ofereceu um *cocktail*. E lá se foi Manteiga, de branco, com o terno dos domingos, para a casa de João Santos, toda iluminada. Até parecia que ia haver baile, as janelas abertas, enfeitadas de moças. Um sereno de torcedores do América, gente da barreira, na calçada, espiando.

Manteiga teria preferido ficar na calçada, de longe. A casa de João Santos era para os outros jogadores, não para ele. Via-se que os outros jogadores tinham estado lá muitas vezes. Não pareciam visitas, todos à vontade. E Manteiga sem levantar os olhos mansos, de cordeiro, do desenho do tapete. Chegava a dar pena o acanhamento dele, escondendo-se, com medo de encontrar um Borges, um Curti, alguém como um Borges, um Curti.

Com os *cocktails* da casa de João Santos ele não se habituaria nunca. Podia habituar-se com os jantares naquele restaurante da Praça da Bandeira, o Filhos do Céu, depois dos treinos, depois dos jogos. As mesas juntas, os jogadores do América em volta, nenhuma moça, outra coisa.

E depois ele se sentava sempre ao lado de Miranda. Os dois, mulatos e muito parecidos. Como Manteiga, Miranda não queria saber do *hall* do América, da casa de João Santos. Depois do treino, do jogo, Miranda vestia-se depressa, ia embora. Manteiga não saía mais sozinho, tinha um bom companheiro. Com Miranda ele se entendia: os dois falavam a mesma língua.

A verdade é que Manteiga se sentia um intruso dentro do América. Não adiantava João Santos chamá-lo para os *cocktails* na casa dele, Perez dar-lhe palmadinhas na barriga. O América não era para ele, era para os Borges, para os Curtis.

E parecia que ele tinha vencido. O América, com ele lá na frente, o Fluminense, com os Borges, com os Curtis, lá atrás, o último colocado. Quase que o América foi campeão. O estádio do Fluminense cheio para o desempate América e Flamengo. Talvez os Borges e os Curtis estivessem na arquibancada, talvez não estivessem, para não ver a vitória de Manteiga.

Nunca Manteiga jogou com mais vontade de vencer. Quando o jogo acabou a torcida do América não entrou em campo para carregar Manteiga em triunfo. Quem entrou em campo foi a torcida do Flamengo para carregar Nonô em triunfo.

Mas Manteiga podia ter a satisfação de ver o Fluminense, refúgio dos Borges e dos Curtis, disputando a eliminatória com o Vila Isabel. Até Marcos de Mendonça teve de voltar às pressas, para salvar o Fluminense. Não era mais o time de 19, apesar de Marcos, de Laís, de Fortes, de Welfare, de Machado.

Mas o Fluminense ficou na primeira divisão, e depois do jogo houve o jantar da vitória. Um jantar modesto, no Santo Antônio, uma casa de pasto, nos fundos de uma venda, lá no Largo do Machado. Um jantar barato, pago pelos jogadores, o Fluminense nada tendo a ver com a comemoração. Nem o Fluminense, nem Marcos de Mendonça. Ainda assim os jogadores cantaram. Não eram as canções de 19, de Ana Amélia e Luís de Mendonça, eram as canções de 20, de Gerdal Boscoli.

> *O Fluminense tem três times,*
> *que colosso,*
> *três canjinhas de osso,*
> *bem difícil de roer.*
> *Primeiro time, o suquinho de garapa,*
> *campeonato não escapa,*
> *rapa até de cangerê.*
> *Segundo time, um escrete brasileiro,*
> *atemoriza o mundo inteiro.*

Até Paulo Viana cantava batendo com o copo de cerveja na mesa, esquecido de Manteiga. Mas a diferença era grande. Entre o Sul América, um restaurante fino, com um salão de banquete, e o Santo Antônio, uma casa de pasto, nos fundos de uma venda. A diferença entre 19 e 21.

Embora um time de brancos tivesse levantado o campeonato, como antes, como sempre. Os brancos de cima, ainda de cima, para mostrar que o América podia passar sem mulatos e pretos.

Não havia só mulatos e pretos nas peladas, nos clubes pequenos. O Flamengo fora buscar dois jogadores no Palmeiras, Nonô e Orlando. Sem 'escurecer' o time, conservando-o branco. O América, não: arranjara um mulato, não se contentara com um, arranjara outro.

Com Nonô e Orlando o Flamengo era campeão, com Miranda e Manteiga o América perdera. Ninguém sentia mais isso do que o Manteiga. O América ainda se iludia, achando que Manteiga acabaria se acostumando.

Durante os dias que o América passou em Salvador, logo depois do campeonato, Manteiga parecia outro. Perdendo o acanhamento, não fugindo mais de ninguém. Para Mário Newton uma prova de que o hábito era tudo. Boa coisa para o América, para Manteiga, aquela temporada na Bahia. Mário Newton não negava nada a Manteiga. Manteiga precisava saber que o América queria bem a ele. Como não havia de querer bem a um jogador que lhe dava vitórias?

Nem de longe Mário Newton desconfiava que Manteiga se preparava para ficar na Bahia. Os clubes da Bahia em cima dele, ele fazendo comparações, lembrando-se do *hall* do América, da casa de João Santos. Tudo estranho para ele. Ele tendo de andar quase fugido, só aparecendo na hora do treino, na hora do jogo.

Na Bahia estava em casa. Também era sua terra, por onde ele passava só via gente amiga. Nem a sombra de um Borges, nem a sombra de um Curti. Quando o América arrumou as malas, a temporada da Bahia tinha acabado, Manteiga pediu a Mário Newton para ficar mais uns dias. Não tivera quase tempo de ver a mãe, preso no hotel, de um lado para o outro. Mário Newton deixou, o América veio sem Manteiga.

5

E nunca mais Manteiga apareceria pelo América. Os Borges e os Curtis tinham vencido. Podiam voltar para Campos Sales.

O presidente do América não era mais João Santos, era Raul Reis. Manteiga queria ficar na Bahia? Pois o América não o mandaria buscar. Raul Reis gostando até que as coisas corressem assim.

Não que tivesse nada contra mulatos e pretos. Manteiga fora embora, Miranda ficara. Mais só, sem Manteiga. Em certos dias não podia fugir, tinha de dormir no clube. O América colocara vinte camas no corredor, transformado em dormitório.

A vantagem que o Fluminense levara em 17, 18 e 19, o Flamengo em 20 e 21, os jogadores dormindo no clube, acordando para o individual, tomando café-com-leite antes de ir para o campo, comendo um bom bife, dois ovos estrelados, depois do treino. *Mr.* Taylor no Fluminense, Platero no Flamengo. O América sem um *Mr.* Taylor, sem um Platero, mas com um Jaime Barcelos, com um Henrique Santos, o 'Gargalhada', com um doutor Mota Rezende, o 'Morceguinho', cada um dando sua ideia.

Jaime Barcelos a das cadeiras. As cadeiras do *hall* do América iam para o campo, não todas, umas dez, os jogadores tinham de passar por elas com a bola nos pés. Se a bola batesse numa cadeira o jogador perdia. Havia um concurso em todo o treino. Quase sempre quem ganhava o concurso era Osvaldinho. Só gostava de treinar com a bola, era um custo fazê-lo entrar na aula de ginástica. O doutor Pimenta de Melo abrindo e fechando os braços, torcendo o busto com as pernas abertas, acocorando-se, levantando-se. Os jogadores sem tirar os olhos de cima dele, o que ele fazia todos tinham de fazer. Osvaldinho repetia os gestos do doutor Pimenta de Melo, uma, duas vezes, parava, cacetado.

Onde já se vira uma coisa daquelas? Futebol se jogava com a bola nos pés. Brincadeira de bola era com ele. Podia ficar o dia todo no campo, mesmo sem ninguém, ele sozinho batendo *corners*, calculando o chute. Agora bem no meio do gol, agora mais para lá, agora mais para cá, atirava a bola onde queria. Os gandulas de boca aberta, 'vai bater na trave', batia, 'vai entrar no canto', entrava.

Para Osvaldinho o individual só tinha duas coisas boas: o concurso das cadeiras e a carniça. Os jogadores pulando carniça, como meninos de colégio. Quem pulava a carniça se curvava logo, para que outro saltasse por cima dele. Boa carniça para saltar era o Chiquinho, deste tamanhinho.

Chiquinho quase não se curvava, baixando só a cabeça. Na hora saía do lugar, para dar uma queda no jogador que já armara o salto, que já calculara onde tinha de apoiar as mãos. E todos riam com as molecagens de Chiquinho, e o tempo passava mais depressa.

O individual acabava sempre às nove horas. Depois do individual, o pequeno almoço. Os jogadores podiam escolher, na véspera, o *menu* do pequeno almoço, variando de comida, preferindo, às vezes, um chocolate com torradas.

Havia sempre um sócio que fornecia comida. Raul Reis, João Santos, Lafaiete Gomes Ribeiro, Artur Leitão, o que não faltava era sócio endinheirado, com vontade de alimentar bem o time do América. Até o Florentino, dono do Café Afonso Pena.

Muitas vezes os jogadores estavam comendo o pequeno almoço de um Raul Reis, ou de um João Santos, quando chegava um *garçon* do Café Afonso Pena, que o Florentino tinha mandado. O Florentino caprichando nos bifes a cavalo, nos ovos mexidos com presunto. Os jogadores gostavam, comiam tudo, depois de um treino puxado o que não faltava era fome. Miranda chegava a se esquecer que era mulato. Tinha rido como os outros com as brincadeiras de Chiquinho, tinha comido como os outros.

Esquecia-se para se lembrar depois. Quando saía para o trabalho, quando passava pelo *hall* do América. Continuava a não aparecer por lá, nem mesmo nos dias em que tinha de dormir no clube. Os outros iam para o *hall*, ficavam conversando até a hora de dormir. Miranda, não.

A hora de dormir era às dez, antes das dez ninguém o via. Às dez, porém, já estava no dormitório, trocando de roupa. Metia-se num pijama, deitava-se, tratava logo de fechar os olhos. Continuava a ser o Miranda. Mais Miranda do que antes porque se via só, o Manteiga na Bahia.

Quando o Manteiga jogava no América, Miranda não usava gorro. Passou a usar gorro, a esconder o cabelo ruim. Não por causa dele, por causa do América. De gorro ele podia passar um pouco mais moreno do que os outros, com a sua racinha, mas sem chamar muito a atenção. Não queria chamar atenção, por isso botava o gorro na cabeça.

O futebol voltara a ser tão branco como em 19. Os melhores brancos tinham voltado para que não sucedesse mais o que sucedera em 21. Para não deixar que os mulatos e os pretos tomassem os seus lugares.

Olhava-se para o time do Fluminense: quase o de 19. Marcos, Vidal e Mota Maia, Lais, Bordalo e Fortes, Mano, Zezé, Welfare, Machado e Bacchi. Para competir com o Fluminense, tricampeão, com o Flamengo, bicampeão, só mesmo um time de brancos. Miranda acabou saindo do time, deixando de jogar. O América levantou o campeonato de 22 com um time de brancos.

Pouco importava que Miranda tivesse jogado todo um turno. O time do returno é que conquistou o titulo de campeão, que ficou nas fotografias, como o 'campeão do Centenário'. Ribas, Perez e Barata, Gonçalo, Osvaldo e Matoso, Justo, Gilberto, Chico, Simas e Brilhante. Um quadro grande, para ficar pregado no *hall*, sem Miranda, sem Manteiga.

Mais uma prova de que futebol era jogo de branco. Nenhum clube com um mulato, com um preto no time, tinha sido campeão de 6 a 22. Só o escrete brasileiro, com Friedenreich. Friedenreich, porém, tinha pai alemão, não queria ser mulato. Nem mesmo quando se separou o branco do preto, quando se quis ver quem jogava mais, o branco ou o preto. Formava-se um escrete de brancos, um escrete de pretos e mulatos, Friedenreich não era escalado em nenhum dos dois.

Uma homenagem que se prestava ao autor do gol da vitória do Brasil em 19. Nem branco nem mulato, sem cor, acima dessas coisas.

É verdade que se reconhecia que o mulato e o preto jogavam tanto que o branco. Havia grandes jogadores de cor, mais, muito mais do que antes. Era só ir a uma pelada, ver um jogo de clube pequeno. E um preto podia jogar no escrete brasileiro, como Gradim tinha jogado no escrete uruguaio. O Tatu, campeão sul-americano de 22, não era branco. Bem escuro, o cabelo grosso, anelado.

Mas os clubes finos nem pensavam neles. Pelo menos o Fluminense, o Flamengo, o Botafogo. Se o América pensou foi porque estava perdendo a paciência, os anos se passando, 17, 18, 19, 20, ele nada de ser campeão outra vez. E quando acaba foi campeão em 22, como em 16, como em 13, só com brancos.

O mulato e o preto eram, assim, aos olhos dos clubes finos, uma espécie de arma proibida. Não um revólver, uma navalha. Se nenhum grande clube puxasse a navalha, os outros podiam continuar lutando de florete.

Um clube da segunda divisão, porém, subiu para a primeira divisão. Chamava-se Clube de Regatas Vasco da Gama, e trouxe com ele, mulatos e pretos. Nelson Conceição, que tinha saído do Engenho de Dentro, mulato; Ceci, do Vila Isabel, quase preto; Nicolino, do Andaraí, preto. Os outros, brancos, alguns mal sabendo assinar o nome. O Vasco, clube da colônia, seguia a boa tradição portuguesa da mistura.

Tinha as suas coisas no remo, no futebol nunca teve, foi logo misturando. Também quando o Lusitânia se fundiu com ele, para entrar na Liga Metropolitana, já levou dois mulatos, os irmãos Tavares.

E o Lusitânia era mais português do que o Vasco. No Vasco entrava brasileiro, no Lusitânia não, só português. Influência da vinda de um escrete de Lisboa ao Rio. Surgiram logo três clubes da colônia: o Lusitânia Esporte Clube, o Centro Português de Desportos, o Lusitano Futebol Clube.

O Lusitânia adotou a camisa do escrete de Lisboa, uma camisa de casimira preta, no escudo a esfera familiar e as armas de Portugal. A camisa do Vasco seria de *louisine* preta e fustão branco, com a Cruz de Malta como escudo, para ser vestida por portugueses e brasileiros, brancos e pretos. Os irmãos Tavares, o Antônio Marreteiro, o Faria, o Alfredo Godoi, o Benedito Palhares, o Esquerdinha, mulatos e pretos que o Vasco andou apanhando nas peladas, nos clubes pequenos, já feitos.

O Vasco não fazia pretos: para o preto entrar no Vasco tinha de ser já bom jogador. Entre um branco e um preto, os dois jogando a mesma coisa, o Vasco ficava com o branco. O preto era para a necessidade, para ajudar o Vasco a vencer.

Por isso ele foi buscar Nelson Conceição, o *'Chauffeur'*, no Engenho de Dentro, o Nicolino no Andaraí, o Ceci no Vila Isabel, o Bolão no Bangu. O Bolão não era da sala do pano, pegava no pesado, trabalhando na sala das tintas, de avental, de tamancos altos como botinas, cobrindo todo pé. Qualquer descuido, uma queimadura. No Vasco ele podia subir. O que não faltava era português querendo ajudar jogador do Vasco.

Do Bangu também veio Leitão, branco que tinha aprendido a jogar futebol no largo da igreja. Muita gente, lá em cima, ainda se lembrava dele garoto. O pai tinha um carro de boi, o Leitão ia na frente, com uma vara. Bastava o pai se descuidar um pouco: ele saltava do carro, ia correndo bater bola com os outros moleques.

Mingote, quase louro, viera do Pereira Passos, um clube da Saúde. Pascoal, branco, do Rio de Janeiro. Era o mesmo Pascoal que só aprendera a assinar o nome quando Horácio Werner lhe arranjara um Silva, muito mais fácil do que o sobrenome italiano que ele tinha.

Antônio Campos pagou-lhe um professor de bê-á-bá, não queria encrenca, a Liga cada vez fazendo mais exigências, achando que jogador de futebol tinha de saber ler e escrever. Torteroli, do Benfica, branco como Lindinho, o 'Borboleta', do Botafogo, como Negrito, do Lapa. O Vasco só tinha um jogador feito em casa: Artur. Por isso mesmo branco.

Ninguém ligou importância à ida do Vasco para a primeira divisão. Que é que podia fazer um clube da segunda divisão contra um América, campeão do Centenário, contra um Flamengo, bicampeão, contra um Fluminense, tricampeão?

O Vasco que botasse quantos mulatos, quantos pretos quisesse no time. Tudo continuaria como dantes, os brancos levantando os campeonatos, os mulatos e os pretos nos seus lugares, nos clubes pequenos.

O Vasco não era outra coisa. Um clube com um campinho na Rua Morais e Silva, que não servia nem para os jogos da primeira divisão.

E o Fluminense já com outro estádio, o América construindo o seu estadinho, o Flamengo com o seu campo na Rua Paissandu, a sombra das palmeiras se deitando na grama, o Botafogo com o seu campo de General Severiano. Eles tinham tudo, o Vasco nada, só o campinho da Rua Morais e Silva quase abandonado, um dormitório.

Os jogadores, quando acordavam, tomavam o seu café-com-leite, saíam para o individual. Um individual que nenhum jogador do América, Flamengo, Fluminense e Botafogo, tinha feito em toda a sua vida. Com Platero, de charuto na boca, dando o exemplo, eles trotavam do campo da Rua Morais e Silva até a Praça Sete. Ida e volta. Depois campo, bate-bola, horas e horas.

Às vezes, de noite, se a noite era de lua, podia-se ver os jogadores do Vasco no campo, treinando. Não faziam outra coisa. O sistema de Platero era esse: bola, bola e mais bola. Com uma exceção para Nelson Conceição. Nelson Conceição podia brincar de pular, de pés juntos, para cima e para baixo de uma cadeira. Bom exercício para o quíper.

Também, quando o Vasco entrava em campo, o máximo que o outro time aguentava era um tempo. O Vasco não se incomodava de perder o primeiro *half-time*. Quanto mais o outro time corresse, molhasse a camisa, melhor para ele.

No segundo *half-time* os jogadores do outro time estavam que nem podiam se sustentar em pé. E os jogadores do Vasco pareciam que nem tinham começado a jogar.

Quanto mais o Vasco vencia, mais os campos se enchiam. Até o estádio do Fluminense ficou pequeno. Gente que nunca tinha assistido a uma partida de futebol deu para comprar a sua arquibancada. Tudo português, o português se julgando obrigado a ir para onde o Vasco ia.

Enquanto o Vasco estivera na segunda divisão não havia nada disso. Só os da velha guarda é que o acompanhavam. O Sinhá, sempre de charuto na boca, sempre de roupa branca, gaguejando os gritos de gol. José Ribeiro de Paiva, que chamava o Vasco de barbadinho, 'aí barbadinho'. O almirante Vasco da Gama, descobridor do caminho das Índias, tinha a sua barba, José Ribeiro de Paiva dava a sua liçãozinha de história. Narciso Bastos, o inventor do apito de gol. Apitava antes do *referee*, um apito diferente para cada penalidade. Havia o apito de *foul*, de *hands*, de *out-side*, de *corner*, de *penalty*. O de gol, o mais caprichado de todos, era um gorjeio de rouxinol. E Pascoal Pontes, que rogava pragas. E Vitorino Rezende da Silva que deixava de falar com todo mundo, pelo menos três dias, toda vez que o Vasco perdia. E o Paradanta, que brigava em jogo pelo Vasco. E o Antônio Campos, que acabava sempre chorando, o Vasco perdesse ou ganhasse.

Ninguém mais distinguia a velha guarda na arquibancada. Estava lá, mas se perdia no meio da multidão de portugueses, uma multidão que engrossava de domingo para domingo, português por todo canto. O Vasco vencendo, não perdendo um jogo.

A princípio era até engraçado. Ninguém prevenido, de repente um torcedor do Fluminense, do Flamengo, do América, do Botafogo, afalsetava a voz para um 'entra, Basco, que o meu marido é sócio'. Muita gente ria, como se a piada pagasse a derrota. Não pagava. Quem tinha achado graça saía de 'cabeça inchada'.

E, depois, os automóveis de praça, parecia que só havia *chauffeur* português, vinham tocando buzina por aí afora, anunciando mais uma vitória do Vasco. Também anunciava mais uma vitória do Vasco a cara de festa das cervejarias: a Capela do Largo da Lapa, a Cervejaria Vitória da Praça Onze. Somente quem era do Vasco tinha o direito de rir, de bater com as pedras de chope nas mesas de ferro.

Os outros clubes achando que aquilo precisava acabar. Tornou-se quase uma questão nacional derrotar o Vasco. O jacobinismo no futebol, lançando o brasileiro contra o português.

O português levava a culpa. Pouco importava que o time do Vasco, com os seus brancos, seus mulatos e seus pretos, fosse brasileiríssimo. Os jogadores de Morais e Silva perdiam a nacionalidade, viravam portugueses. Para que ninguém pudesse dizer que os grandes clubes estavam contra os pequenos, contra os pretos. Estavam contra o português, que tinha alterado a ordem natural das coisas.

Os pobres das peladas e dos clubes pequenos, brancos, mulatos e pretos, dando nos times dos grandes clubes, só de brancos, de gente fina, de sociedade. Por causa do português. Se não fosse o português, como é que aqueles jogadores, que nunca tinham feito coisa alguma, podiam fazer alguma coisa?

Muitos sem saber ler nem escrever, mal assinando o nome, sem emprego, sem nada. O português é que lhes dava tudo: casa, comida, roupa lavada e engomada. Eles comiam do bom e do melhor. Café com leite de manhã cedo, ovos com presunto, gemada, depois do individual, almoçavam e jantavam no 'Filhos do Céu'.

E não faziam as extravagâncias dos jogadores do Flamengo e do Fluminense, até tarde no Lamas, jogando bilhar, fumando sem parar, só dormindo mais cedo no sábado, quando havia jogo no domingo.

Os jogadores do Vasco ficavam em Morais e Silva, como alunos de colégio interno. Tinha hora de saída, todos juntos, Platero, de charuto na boca, não os perdia de vista. O português achando que todo cuidado era pouco.

A tranquilidade dele dependia de Nelson Conceição, do Nicolino, do Bolão, do Ceci. Nem era bom pensar em uma derrota do Vasco. Se o Vasco perdesse o português ia passar mal, nem ia poder andar no meio da rua. Por isso mesmo, além da casa, comida, roupa lavada e engomada, o português dava dinheiro aos jogadores de Morais e Silva[26]. Chamava-se esse dinheiro de 'bicho' porque, às vezes, era um cachorro, cinco mil réis, outras um coelho, dez mil réis, outras um peru, vinte mil réis, um galo, cinquenta, uma vaca, cem. Não parava aí. Havia vacas de uma, de duas pernas, de acordo com o jogo.

Contra o América, campeão do Centenário, contra o Flamengo, bicampeão, contra o Fluminense, tricampeão, uma vaca de uma perna era pouco, só mesmo de duas pernas. O português não encontrava um jogador do Vasco sem meter a mão no bolso. 'Toma lá, ó Nelson Conceição, para que não me engulas nenhum gol. Toma lá, ó Bolão, é justo que leves o teu, pois já me deste muito dinheiro a ganhar'.

O português tinha ganho dinheiro à custa do time do Vasco apostando com o torcedor do Flamengo, do Fluminense, do América, do Botafogo. É verdade que havia bastante tempo que ninguém apostava contra o Vasco.

Apostar contra o Vasco era perder dinheiro na certa, o que não impedia, pelo contrário, que os vascaínos do Mercado, torcedores pintados de novo, debochassem dos outros clubes, desafiando todo mundo a coçar o bolso, para tirar, lá de dentro, um maço de pelegas, onde se encontrava, inteirinha, a fauna do Tesouro Nacional.

Era só esticar uma cédula dobrada ao comprido, e toca a aparecer portugueses por todo lado, dando gol de vantagem. O gol de vantagem servia de isca. Muito torcedor de grande clube caía por causa de um golzinho de vantagem.

Tornava-se, porém, cada vez mais difícil encontrar alguém bastante disposto a apostar contra o Vasco. E, de repente, tudo mudou. Deu para aparecer gente no mercado para deitar dinheiro, e sem vantagem, pau a pau. Os portugueses retorciam os bigodes, 'quem avisa amigo é, eu não quero o teu dinheiro, ó rapaz'. 'Mas eu quero o teu dinheiro, ó Manuel'. 'Vá lá, vá lá, depois não te arrependas, não me venhas cá chorar mágoas'.

Era a semana do Vasco e Flamengo, transformado em um autêntico Portugal e Brasil. Todos os dias os jornais atiçavam o Flamengo, como se o Flamengo precisasse ser atiçado.

Se alguém do Vasco passasse, de manhã cedo, no dia de jogo, pela garage do Flamengo, haveria de notar um movimento estranho. As bancas dos jornaleiros tinham recebido encomendas grandes do *Jornal do Brasil*, tudo para o Flamengo. Lá dentro, no fundo do barracão, os remadores embrulhavam pás de remo em papel de jornal.

---

[26]Antes do Vasco já havia 'bicho'. Joaquim Guimarães, em 15, quando foi encarregado, com Flávio Ramos, de organizar um escrete carioca, imaginou o regime das gratificações aos jogadores para pagar o automóvel. Os jogadores que não apareciam, estudantes, de boas famílias, deram para aparecer. E o que é mais: o escrete carioca derrotou pela primeira vez, o escrete paulista. O nome de 'bicho' é que data de 23.

Daí a utilidade do *Jornal do Brasil*, a mais volumosa folha da época. A garage toda trabalhando: Quadros, Haroldo Borges Leitão, César Luterbacker, Arnaldo Costa, Plácido Barbosa, Carlos Cruz, Everardo Cruz, Guilherme Gayer, Manuel Alvernaz, Paulo Nogueira, o 'Anália', o 'Mosca', o 'Onça', o 'Chocolate', o 'Espanador da Lua', o 'Pé no Fundo', o 'Morcego', prontos para tomar conta dos lugares estratégicos do estádio do Fluminense, cada um com a sua pá de remo enrolada num *Jornal do Brasil*.

Antes de começar a partida dos segundos times, a polícia mandou fechar os portões do Fluminense. Não cabia mais uma agulha na geral, na arquibancada, na pista. A arquibancada crescera, descendo para a pista, a pista ia até a beira do campo cercado de grades de ferro. Mesmo assim, atrás dos gols, havia uma multidão arrumadinha, torcedores deitados, sentados, de cócoras, um não querendo atrapalhar a visão do outro.

Nunca, em tempo algum, nem mesmo no sul-americano de 19, um jogo de futebol despertara tanto interesse. Mais de cinco mil forasteiros vieram dos Estados, quase todos com o escudo do Vasco na lapela. Iam ver o tal futebol pela primeira vez. 'Olha lá o Nelson Conceição, ó rapaz'. 'Olha lá o Torteroli. Entra Basco!' O que bastava para que o torcedor do Flamengo desse logo um empurrão no torcedor do Vasco, querendo brigar.

Os remadores segurando as pás de remo, ainda se contendo, a ordem era só meter pá de remo na cabeça de português depois que jogo começasse.

O time do Vasco formou em fileira cerrada, todos de pé, olhando para os fotógrafos. O único que não olhava para os fotógrafos era Nelson Conceição, com a bola abraçada ao peito, bem juntinho da Cruz de Malta. O Flamengo posou como o escrete brasileiro de 19, muita gente dizendo que bastava ver como os times batiam fotografias para que se percebesse, logo e logo, a diferença que havia entre eles, entre o Vasco e o Flamengo, entre um time de brancos, mulatos e pretos, tudo misturado, e um time só de brancos, de gente fina, de boa família.

E era o time da mistura que estava na frente do campeonato, sem uma derrota. Tinha de perder, pelo menos uma vez, de qualquer maneira. O Flamengo não se preparara durante a semana para outra coisa. Treinando todo o dia, dormindo cedo, pondo a garage em pé de guerra.

Também quando o jogo começou o Flamengo tomou conta do campo, da arquibancada, da geral, de tudo. Flamengo um a zero, pás de remo embrulhadas em *Jornal do Brasil* batendo nas cabeças dos vascaínos, Flamengo dois a zero, e novamente as pás de remo subindo e descendo. Quem era do Vasco não tinha direito de abrir a boca.

Quando acabou o *half-time* muita gente ficou namorando o placar, Flamengo dois, Vasco zero. Gente do Flamengo, do Fluminense, do Botafogo, do América.

O Flamengo deixara de ser um clube, um time, era todos os clubes, todos os times, o futebol brasileiro, branquinho, de boa família. Tudo entrava nos eixos novamente. Os melhores jogadores continuavam a ser os brancos, a prova estava naqueles dois a zero, os pretos nem tinham dado para a saída.

E o pessoal do Flamengo começou a cantar o 'vamos saudar o gigante do mar, o *Mina Gerá*'. Não havia só um gigante do mar, o Flamengo também era um gigante do mar, 'ó Flamengo que me faz chorar'.

O pessoal do Vasco quieto, esperando a virada. O primeiro milho era dos pintos, o Flamengo esperasse para ver uma coisa. Às vezes o Vasco estava apanhando de três a zero, virava, ia ganhar o jogo de quatro, de cinco a três.

Para isso é que Platero levava os jogadores, todos os dias, de Morais e Silva até a Praça Sete, ida e volta. O time do Flamengo se matara em campo para marcar aqueles dois gols, o time do Vasco deixando, não se incomondando, contando com a virada. A virada nunca tinha faltado, não ia faltar desta vez.

Parecia que não ia faltar, foi começar o segundo tempo, gol do Vasco. E os vascaínos sem poder gritar gol. Um gritozinho, uma pá de remo na cabeça. Só se gritava Flamengo, o Flamengo acabou marcando mais um gol.

E o Vasco ainda lutando. Flamengo três a um, Flamengo três a dois, quase houve um empate. A bola entrou, saiu, Carlito Rocha, o *referee*, ficou hesitando, entrou, não entrou, o jogo continuou.

Aí os vascaínos da geral, da arquibancada, não quiseram saber de mais nada, de pá de remo na cabeça, fosse o que fosse. Sururus explodiam, aqui e ali, como pipocas. Soldados corriam de sabre desembainhado, de um lado para outro, a cavalaria invadiu o campo. Não adiantava brigar, o Flamengo tinha de vencer, custasse o que custasse.

Depois do jogo dava pena olhar para o campo do Fluminense. O povo tinha quebrado as grades de ferro, a cavalaria tinha esburacado o gramado todo. O Fluminense fez uma conta minuciosa de tudo, tanto para o conserto das grades, tanto para o conserto do campo, o que somava a quantia de dez contos de réis. O Vasco teve de pagar os dez contos de réis, senão nunca mais jogaria no estádio do Fluminense.

Não havia rádio e, apesar de não haver rádio, toda a cidade soube, quase no mesmo instante, que o Vasco tinha perdido[27]. Os automóveis voltaram das Laranjeiras, silenciosos, sem tocar buzina nem nada, a passo do enterro, levando os torcedores do Vasco.

Os torcedores do Flamengo foram a pé para o campo de Paissandu, pertinho, quase defronte do Fluminense, para a garage, mais longe, lá na praia. A garage ficou logo cheia de gente. E toca a arranjar carro de capota arriada, e toca a comprar fogos, desde a estrelinha até o morteiro.

Cada torcedor do Flamengo trazia algumas coisa. 'Chico Ciência', baixo, muito magro, de cara redonda, ganhou as glórias do dia aparecendo com o maior tamanco do mundo, de dois metros e meio, que estava em exposição permanente numa tamancaria da Rua do Catete. Ficou assentado que o tamanco iria no carro da frente, uma espécie de carro-chefe de préstito carnavalesco.

Foi um segundo Carnaval. Mais de cem automóveis desfilaram pela cidade, seguindo o itinerário da Praia do Flamengo, Glória, Largo da Lapa, para jogar bom-

---
[27]Uma data que muito 'flamengo' guarda até hoje: 8 de julho de 23.

bas na Capela, Avenida Mem de Sá, Rua Evaristo da Veiga, Avenida Rio Branco, Rua Larga, Praça da República, Rua Visconde de Itaúna, Praça Onze, para jogar bombas na Cervejaria Vitória, onde os vascaínos gostavam de festejar triunfos.

A Cervejaria Vitória teve de fechar às pressas. As cabeças de negro, os morteiros, batiam nas portas de aço, ricocheteando. Também quem estava jogando os foguetes era Plácido Barbosa, a maior pontaria de pedra do Rio de Janeiro, capaz de fazer qualquer orador de praça pública engolir um ovo, atirado da distância de dez metros.

O cortejo continuou, durante toda a noite, o Flamengo festejou a vitória. E quando se ia desfazer o cortejo, alta madrugada, pendurou-se o tamanco de dois metros e meio na porta da sede do Vasco, em Santa Luzia. Achou-se pouco. Comprou-se uma enorme coroa funerária no Mercado das Flores. A coroa ficou ao lado do tamanco. E, como se isso não bastasse, enfeitou-se a estátua de Pedro Álvares Cabral de tamancos e résteas de cebolas.

O Vasco, naturalmente, não ficou de braços cruzados. Tanto que, na terça-feira, a sede do Flamengo apareceu pichada, de cima para baixo. Coisa de torcedores exaltados. Qual era o clube que não tinha torcedores exaltados?

O Vasco ia devolver as gentilezas do Flamengo com flores. Comprou uma gigantesca *corbeille*, que mal cabia num carro de capota arriada, levou-a para o Flamengo. Era um interminável cortejo de automóveis, vascaínos nos estribos segurando fogos de bengala, agitando flâmulas e bandeiras com a Cruz de Malta.

Os remadores do Flamengo trancaram a garage, do primeiro andar recebendo a comitiva do Vasco a pedradas. Quando não havia mais pedras, os remadores foram para o telhado do colégio de freiras, ali pegado, ficaram jogando telhas lá para baixo, até que os vascaínos foram embora.

E durante muitos dias casas comerciais de portugueses penduraram um cartaz atrás do balcão, que dizia assim: 'É proibido falar em futebol'.

Falar em futebol era falar na derrota do Vasco. Veio outra semana, o Vasco continuou a vencer, não perdeu mais até o fim do campeonato. A vitória do Flamengo tinha dado a ilusão de que tudo ia voltar a ser o que era dantes, os times de brancos levantando campeonatos, os times de pretos perdendo sempre.

A ilusão durou pouco, os clubes finos, de sociedade, como se dizia, estavam diante de um fato consumado. Não se ganhava campeonato só com times de brancos. Um time de brancos, mulatos e pretos era o campeão da cidade. Contra esse time, os times de brancos não tinham podido fazer nada.

Desaparecera a vantagem de ser de boa família, de ser estudante, de ser branco. O rapaz de boa família, o estudante, o branco, tinha de competir, em igualdade de condições, com o pé-rapado, quase analfabeto, o mulato e o preto, para ver quem jogava melhor.

Era uma verdadeira revolução que se operava no futebol brasileiro. Restava saber qual seria a reação dos grandes clubes.

Capítulo III

A REVOLTA DO PRETO

1

A reação dos grandes clubes foi tremenda. Tinha começado naquele Vasco e Flamengo, das pás de remo, dos tamancos, das résteas de cebola, das cabeças de negro, dos morteiros.

Ia continuar no campeonato brasileiro, um escrete carioca quase que só de brancos. Do Vasco, Nelson Conceição, do São Cristóvão, Nesi, ambos mulatos. O resto branco, e branco escolhido, do Fluminense, do Flamengo, do Botafogo, do América. Um branco do Sport Clube Brasil, Nilo Murtinho Braga, com um pé no Fluminense.

Até mesmo os brancos do Vasco foram postos de lado. O caso de Pascoal, considerado o maior extrema-direita da cidade. Entre Pascoal, ex-peixeiro, mal sabendo assinar o nome, e Zezé Guimarães, moço de sociedade, está claro que se preferiu Zezé Guimaraes. O Vasco, campeão, dava um jogador para o escrete, Nelson Conceição; o Botafogo, último colocado, dava dois, Alemão e Palamone.

Para o escrete, os melhores jogadores continuavam a ser os brancos, de boa família. Apenas os brancos, de boa família, não passavam o dia todo com a bola nos pés, tinham outras coisas a fazer. Uns trabalhavam, outros estudavam. Havia, naturalmente, os que não estudavam nem trabalhavam. Eram os filhos de papai rico, podiam dar-se ao luxo de não fazer nada.

Os brancos, os mulatos e os pretos do Vasco, vindos das peladas, dos clubes pequenos, é que não podiam dar-se a esse luxo. A vantagem tinha de ser de Zezé Guimarães, não de Pascoal Silva.

O que acontecera em 23 precisava não se repetir mais. Era que explicava a Amea. Em 24 nascia a Amea, uma liga de grandes clubes, sem o Vasco[28]. Não nasceu antes porque o Botafogo tirara o último lugar, tinha de disputar a eliminatória. Senão podiam dizer que se fundara a Amea para o Botafogo não disputar a eliminatória. Depois da eliminatória fundava-se a Amea, nunca mais um grande clube passaria pelo que o Fluminense passara, pelo que o Botafogo ia passar.

O Botafogo achando que não era preciso, ele não ia ficar de jeito nenhum na Liga Metropolitana. Acabou jogando, vencendo, houve depois um jantar no Sul América, o restaurante das comemorações do Fluminense. Os outros clubes compareceram ao jantar do Botafogo, parecia que o Vasco não tinha sido campeão, que o campeão tinha sido um deles, um dos grandes.

Não era uma nova época que surgia, era a velha época que voltava, o bom tempo do branco superior ao preto.

O bom tempo do amadorismo. O amadorismo, o esporte pelo esporte, era para quem estava de cima. Enquanto houvesse amadorismo os brancos seriam superiores aos pretos, os ricos aos pobres.

---

[28]Data da fundação: 1 de março de 1924.

Um pobre, um preto que quisesse competir com os brancos, com os ricos, tinha de acabar como Monteiro. Se muito branco, bem alimentado, com todo o conforto de casa, de clube, não aguentava, avalie um mulato, um preto, tendo de trabalhar, de pegar no pesado, e jogar futebol ainda por cima.

Os grandes clubes não precisavam de mais nada para fazer tudo voltar a ser o que era dantes: bastava o amadorismo puro, coisa para os bem de vida. Quem não estudasse, quem não trabalhasse, não podia jogar. Quem não explicasse, direitinho, como arranjava dinheiro para viver, não podia jogar.

E mesmo explicando direitinho como arranjava dinheiro para viver, só podia jogar se tivesse um emprego decente. Empregados subalternos estavam riscados. Tinha graça que os moços de boa família fossem para o campo levar pontapés de soldados, de marinheiros, de estivadores. Estivadores jogando, era por isso que o futebol ia para trás.

Abria-se uma exceção para o operário. O operário podia jogar, assim se tapava a boca de muita gente. Não havia castas na Amea. O Bangu era pequeno, e por ser pequeno, o clube dos operários, o clube de fábrica, foi o escolhido para que não pairasse dúvida a respeito.

Os grandes estavam também com os pequenos, os pobres, os desprotegidos, os mulatos e pretos. O Fluminense trouxe o Bangu pela mão para a Amea, calando todos os protestos. Ninguém tinha o direito de dizer mais nada: ali estava o Bangu junto dos grandes com os mesmos direitos.

E os mulatos e os pretos podiam jogar, como tinham jogado sempre, no meio dos brancos. Trabalhavam, eram operários, só saíam da fábrica mais cedo às quintas-feiras, não levavam o dia todo batendo bola, feito os jogadores do Vasco.

O Bangu nunca tinha sido campeão, e o Vasco tinha sido campeão logo de entrada. O Bangu, ao lado dos grandes, continuaria a ser o mesmo Bangu, da fábrica, dos operários, sem levantar um campeonato. O Vasco, não. O Vasco crescera demais num ano. Daqui a pouco teria o seu campo, o seu estádio, aí ninguém poderia mais com ele.

Mas ainda não tinha o campo, só tinha um time, não era grande. Quem não tinha campo, e campo bom, com as suas medidas internacionais, com as suas arquibancadas, de cimento, como as do Fluminense, do América, de madeira como as do Flamengo, Botafogo e Bangu, não podia pertencer ao grupo dos chamados fundadores da Amea, os donos do futebol. Cada um com cinco votos, além de tantos votos quantos esportes praticasse.

O Fluminense, por exemplo, praticando quase todos os esportes com mais votos do que uma divisão inteira de clubes pequenos. Oito clubes, oito votos. O Fluminense, cinco votos de fundador, um voto de atletismo, um voto de basquete, um voto de vôlei, um voto de tênis, um voto de tiro, dez votos. E assim, com pequenas diferenças, os outros fundadores.

Os fundadores eram cinco, os demais simples filiados. De nada valia, para o Vasco, o campeonato de 23, pelo contrário. A única coisa que o Vasco tinha, além da torcida, a maior torcida que já se vira em campos cariocas, era um time. Os grandes queriam que o Vasco fosse para a Amea com sua torcida, com o português de escudo da Cruz de Malta ao peito, toda a colônia, não queriam que o Vasco levasse o seu time. Para isso havia uma Comissão de Sindicância. Reis Carneiro, do Fluminense, Diocesano Ferreira Gomes, o 'Dão', do Flamengo, e Armando de Paula Freitas, do América, iriam ver se os jogadores do Vasco, os Nelson Conceição, os Mingote, os Bolão, os Pascoal e os Torteroli trabalhavam ou não trabalhavam. Como viviam, se podiam viver com o que ganhavam.

Se não trabalhassem seriam cortados. Se trabalhassem e ganhassem pouco, uma quantia que não bastasse para a vida que eles levavam, seriam cortados. E se trabalhassem, e se ganhassem bastante, ainda teriam de passar pela prova terrível do bê-á-bá.

Acabara-se o tempo de o jogador só precisar saber assinar o nome na súmula. Se não soubesse escrever e ler corretamente, e na presença de alguém assim como o presidente da Liga, estava cortado.

Muito jogador que sabia assinar o nome se perturbava. O caso de Leitão. Quando era do Bangu, a Liga não se incomodou com ele. Bastou ele ir para o Vasco, teve de assinar a papeleta de inscrição na frente de Célio de Barros, então presidente da Liga Metropolitana. Célio de Barros não tirando os olhos de cima de Leitão, Leitão suando frio, parecia que não ia acabar nunca de encher a papeleta. E sabia assinar o nome, sabia rabiscar as suas coisinhas.

Todas as noites o Custódio Moura, um sócio do Vasco, aparecia em Morais e Silva, para a aula de caligrafia. O mais importante era a caligrafia. O Custódio Moura, pelo menos, não se preocupava com outra coisa. Se o jogador assinava o nome, estava tudo arranjado. Em outros tempos bastava isso.

Um pouco antes de começar o jogo, o juiz chamava os jogadores, um por um, o jogador assinava a súmula e pronto. Mas a Liga foi exigindo mais. A papeleta de inscrição tornou-se quase um exame de primeiras letras. Uma porção de perguntas. Nome por extenso, filiação, nacionalidade, naturalidade, dia em que nasceu, onde trabalha, onde estuda etc., etc.

O Vasco achou pouco a aula noturna do Custódio Moura: matriculou o Leitão, o Pascoal, o Torteroli e o Mingote numa escola que ficava num sobrado da Rua da Quitanda. Os jogadores aprendendo a ler pelo método João de Deus, decorando os versos da cartilha.

> *Andava um dia, em pequenino*
> *Nos arredores de Nazaré,*
> *Em companhia de São José*
> *O Deus Menino*
> *O Bom Jesus*
> *Eis senão quando*
> *Vê num silvado*

Andar piando
Arrepiado
Um rouxinol
Que uma serpente
De olhar de luz
Resplandescente
Como a do sol
E penetrante
Como diamante
Tinha atraído
Tinha encantado
Jesus doído
Do desgraçado
Sai do caminho
Corre apressado
Quebra o encanto.

Recitando era mais fácil aprender. Leitão nem olhava para a cartilha na hora da lição. Tarará, tarará, tarará, os versos todos na ponta da língua. Pois assim mesmo, dando duas aulas por dia, uma de manhã, outra de noite, quase não passou na prova da papeleta de inscrição.

Célio de Barros, a pedido de Antônio Campos, deixou de olhar para Leitão. Mas quando acabou de encher a papeleta, o Leitão confessou a Antônio Campos que preferia jogar três *halves-times*, sem intervalo nem nada, a passar por uma tortura daquelas.

Durante 23 inteirinho o Vasco não se descuidou das aulas de bê-á-bá, para os jogadores. Naturalmente alguns deles eram dispensados, não precisavam disso: o Lindinho, filho de boa família, que tinha sido do América, do Botafogo, o Negrito, o Artur, o Ceci, o 'Cozinheiro', o Nelson Conceição, que não parecia, mas sabia ler e escrever corretamente.

O Bolão lia mal, soletrando, escrevia mal. Foi melhorando aos poucos, como Pascoal. Pascoal era um dos que mais se destacavam em caligrafia. Arranjou uma letra bem redonda, bem legível, de menino, caprichando no 'pê', no 'esse', para ele as mais importantes letras do alfabeto.

O Vasco, em 24, podia estar quase tranquilo a respeito da prova da papeleta de inscrição. Pelo menos, em Morais e Silva, os jogadores, todas as noites, passavam por ela. O que lá não faltava era papeleta de inscrição igualzinha às da Liga.

Também não era difícil, para o Vasco, empregar os seus jogadores. Qualquer vascaíno, dono de uma casa comercial, grande ou pequena, até gostaria de ter um jogador do Vasco trabalhando com ele.

O Vasco, porém, sentindo-se do tamanho de um Fluminense, de um Flamengo, de um América, e de um Botafogo, não podia ficar abaixo de um Bangu, como um Andaraí, um Carioca, um Vila Isabel. Os outros com cinco votos, ele com um. O campeão da cidade com um voto de pequeno clube, sem direito a coisa alguma. Era melhor, então, ficar com os pequenos logo de uma vez, com os clubes de pretos.

A distinção que se estabeleceu entre a Amea e a Liga Metropolitana foi esta: uma, liga de clubes de brancos, a outra, liga de clubes de brancos, mulatos e pretos, tudo misturado.

A separação se fez naturalmente. O Andaraí poderia ter ido para a Amea, preferiu ficar na Metropolitana, com o Vasco. O Sport Clube Brasil nem discutiu: não tinha preto no time, o seu lugar era na Amea. É verdade que o São Cristóvão, com Nesi, Baianinho, saiu da Metropolitana, foi para a Amea, ser pequeno, com um voto. Mas o São Cristóvão ainda ia discutir o seu direito a mais quatro votos. Tinha o seu campo, as suas arquibancadas, se a questão era de campo, de arquibancadas, o São Cristóvão podia ser grande como o Bangu, para não falar dos outros.

A Comissão de Sindicância da Amea foi, apesar de tudo, para cima do São Cristóvão. Um clube que tinha pretos ficava sob suspeita. O Bangu era um caso à parte. Todo jogador do Bangu escrevia na papeleta de inscrição, ao lado do lugar onde trabalha: Companhia Progresso Industrial do Brasil. Não adiantava tomar o trem, perder três horas de ida e volta. O jogador podia trabalhar na sala do pano, mas trabalhava.

O Baianinho, porém, preto, tinha escrito ao lado do lugar onde trabalha: Fábrica Esberard, uma fábrica de vidro em São Cristóvão. Reis Carneiro, Diocesano Ferreira Gomes e Armando de Paula Freitas apareceram na Fábrica Esberard, fizeram questão de ver o Baianinho trabalhando. Chegaram, saíram logo. Baianinho trabalhava como soprador, fazia um calor tal na sala dos sopradores que Reis Carneiro, Diocesano Ferreira Gomes e Armando de Paula Freitas trataram logo de ir embora, convencidos.

Baianinho não era o único preto do São Cristóvão. Havia o Nesi, que dizia trabalhar no Simões, uma casa de ervas medicinais da Ponte dos Marinheiros. Nesi não foi encontrado, o Simões avisou que ele tinha saído a serviço. A Comissão de Sindicância não acreditava nessa história de sair a serviço, Nesi não podia jogar.

Era preciso, também, fazer uma sindicância de alguns brancos. Senão dava na vista, parecia que a Amea estava mesmo contra os pretos. A Comissão descobriu que o 'Manobra', Osvaldo Gomes de Castro, não trabalhava, nem ele nem o irmão dele, o Valdemar Afonso de Castro. O 'Manobra', jogador do primeiro time, o Valdemar, jogador do segundo time, foram cortados.

Amadeu Macedo, presidente do São Cristóvão, protestou, perguntou se a Amea não acreditava na palavra dele. Então ele assinava a papeleta de inscrição, dava a sua palavra de como o que o jogador tinha escrito era a expressão da verdade, e vinha uma Comissão de Sindicância e dizia que ele tinha mentido ou coisa que o valha?

O São Cristóvão exigia nova sindicância para Nesi, para os outros não era preciso. O 'Manobra' e o Valdemar não trabalhavam, o pai deles era dono de uma casa de bilhares no Largo da Cancela, sustentava os filhos, como fazia muito pai de jogador do Fluminense, do Flamengo, do América e do Botafogo.

A Amea teve de pedir desculpas ao São Cristóvão. Nem mandou fazer nova sindicância: bastava-lhe a palavra de Amadeu Macedo. Para que discutir a situação de um jogador? E depois tudo ia tão bem!

Voltara, realmente, o bom tempo, quase não se via pretos nos times da Amea. O Fluminense, o Flamengo, o América, o Botafogo, o Bangu e o São Cristóvão, o Helênico, o Sport Clube Brasil, só o Bangu e o São Cristóvão com alguns mulatos e alguns pretos.

O Helênico queria ser o Fluminense do subúrbio, não admitia preto no time, como o Sport Clube Brasil. A prova que 19 tinha voltado era o Fluminense. O Fluminense ganhando jogo em cima de jogo, caminhando para a conquista do campeonato.

Haroldo, Petit e Léo, Nascimento, Floriano e Fortes, Zezé, Lagarto, Nilo, Coelho e Moura Costa. Podia-se recitar o time do Fluminense de 24 como se recitara o de 19, para se ver que tudo estava certo. Certo o time do Fluminense, certa a Amea.

Era outra coisa jogar assim, branco com branco. Agora dava gosto preparar-se para os jogos. Os jogadores do Fluminense até treinavam mais. Quase todos dormiam no clube. Somente Léo e Coelho, da Escola de Guerra, e Nascimento, que não se acostumavam com o dormitório do Fluminense, muito barulhento, os jogadores brincando de atirar travesseiros uns nos outros, é que não tinham essa obrigação.

A hora de dormir era às onze. Fora às dez, os jogadores achando cedo demais, às dez horas é que o Lamas estava ficando bom. Assim mesmo havia quem chegasse mais tarde, o portão já fechado, o vigia com ordem de atirar se visse alguém pulando o muro.

Quase sempre Fortes pulava o muro. Uma madrugada o vigia pensou que era um ladrão, deu um tiro. Fortes levantou os braços gritando 'sou eu!' Felizmente o vigia atirara para cima, só para assustar.

Depois disso Fortes, antes de trepar no muro, ficava na calçada assobiando. Enquanto não recebesse a resposta de outro assobio, não se arriscava. A ordem que o vigia tinha era de atirar mesmo, fosse em quem fosse, até num jogador como o Fortes. Se não queria ou não podia chegar na hora, o Fortes que dormisse em casa, feito o Nascimento.

Nascimento dormia em casa e morava na Tijuca. Mesmo assim, quando os outros jogadores acordavam, ele já tinha pulado a sua corda, acabado de dar as suas voltas no campo. Se fosse esperar pelos outros chegaria tarde na Sucrerie Brasil, onde trabalhava.

Quase sempre Moura Costa fazia companhia a Nascimento. Também tinha de entrar cedo no trabalho. Não tão cedo como Nascimento, mas se não treinasse com ele acabaria treinando sozinho.

Era difícil tirar o Haroldo, o Fortes, o Floriano, o Petit, o Zezé, o Lagarto, o Nilo, da cama, todos com tempo de sobra. Além disso, Moura Costa não tinha queixa de Nascimento. Os outros pintavam com ele, vestindo-se de fantasmas para meter-lhe medo.

Se havia uma coisa de que Moura Costa tinha medo era de fantasmas. E os fantasmas deram para aparecer no dormitório do Fluminense, lençóis brancos andando, Moura Costa de olhos fechados, de ouvidos tapados, não querendo ver nem ouvir.

Uma vez tinha chegado a desmaiar. Estava escuro, era tarde, ele não quis acender a luz, para não acordar ninguém. Esbarrou em Welfare, pensou que fosse um fantasma, caiu para trás sem sentidos. Para que isso não sucedesse outra vez, Moura Costa ia mais cedo para o clube, tudo aceso, nenhum fantasma, dormia antes que apagassem a luz, acordava com os passarinhos.

Os outros só se levantavam quando Charles William aparecia para tirá-los da cama. Do dormitório iam para o campo, enquanto Charles William mandava preparar o pequeno almoço, leite, café, torradas de Petrópolis, ovos com presunto, até *filet mignon* para quem quisesse.

Primeiro, ginástica francesa, os jogadores abrindo e fechando os braços, respirando fundo. Eles estavam ainda começando, Nascimento e Moura Costa apareciam, já vestidos, de saída para o trabalho. Zezé Guimarães caçoava deles. Não perdera o hábito de chamar todo jogador que trabalhava de escravo. Felizmente ninguém do Vasco estava perto para escutá-lo.

Não havia ninguém do Vasco por perto, Zezé Guimarães podia caçoar de Nascimento, de Moura Costa, de Welfare. Welfare não jogava mais.

O Fluminense tinha ido à Bahia, fora considerado hóspede oficial. Todos os dias os jornais da Boa Terra publicavam o *menu* dos jogadores. O que não impediu que 'Popó', um gigante preto, de pernas tortas, desse um pontapé bem no joelho de Welfare. O *Mister* deixara de jogar, mas continuava dormindo no Fluminense, levando a mesma vida dos que jogavam.

Gostava dessa vida, o Lamas, a escada da Matriz da Glória, o dormitório, com as suas batalhas de travesseiros, com os seus fantasmas. Os fantasmas não arrastavam os lençóis pelos corredores do Fluminense somente para assustar Moura Costa. Às vezes nem se incomodavam com Moura Costa, iam para o bar, como depois daquela festa de São João.

O Fluminense armara uma fogueira, os jogadores ficaram soltando foguetes pela noite afora. Depois chegou a hora de dormir, ninguém estava com sono. Fortes se vestiu de fantasma na frente de Moura Costa, assim Moura Costa não tinha medo. Uns três fantasmas foram para o bar, voltaram carregando garrafas de vermute, de *gin*, de uísque.

Welfare ficou com uma garrafa de uísque só para ele. Outros fantasmas trouxeram copos, e garrafas de soda, e garrafas de água mineral. Bebeu-se até quase de manhã cedo. Se não fosse Welfare, as garrafas vazias e os copos ficariam no dormitório, quando Charles William aparecesse para tirar os jogadores da cama, descobriria tudo. Welfare bebera mais do que qualquer outro, mas era inglês, não perdia nunca a visão das coisas.

Era preciso colocar de novo as garrafas vazias e os copos nas prateleiras do bar. O Eugênio custaria até a perceber que não havia mais uma gota de vermute, de *gin* ou uísque nas garrafas. Tudo arrumado direitinho, cada garrafa no seu lugar.

O Eugênio não fez queixa ao Fluminense, chamou o Fortes para um canto, apresentou a conta: quase oitocentos mil réis. Tantas garrafas de soda, tantas de água mineral, tantas de vermute, tantas de *gin*, tantas de uísque. Devia ser aquilo mesmo, o Eugênio era um bom homem, não queria explorar ninguém.

Fortes promoveu uma vaquinha entre os jogadores, os que tinham bebido, naturalmente, ainda arranjou uma boa gorjeta para o Eugênio. O Eugênio se portara como um cavalheiro, não era à-toa que tomava conta do bar do Fluminense. O Fluminense sabia quem escolhia, até para tomar conta do bar.

Nunca os jogadores do Fluminense tinham passado tão bem. O diretor de futebol era Ramiro Pedrosa, milionário, um mão aberta. Andava inventando coisas para agradar os jogadores: almoços, jantares, passeios, presentes.

Nilo Murtinho Braga, o artilheiro do campeonato, Floriano Peixoto Corrêa, o 'Marechal da Vitória', recebiam presentes todas as semanas. Floriano Peixoto Corrêa, então, chegava a explorar Ramiro Pedrosa. Às vezes estava na cidade, era dia de treino, telefonava para ele pedindo desculpas. Não ia chegar a tempo para treinar. Ramiro Pedrosa perguntava onde ele estava, ele respondia que estava em Petrópolis. Pois tomasse um táxi, viesse correndo.

Floriano Peixoto Corrêa demorava-se um pouco na cidade, calculando o tempo que levaria um táxi de Petrópolis ao Rio, depressa, naturalmente. Quando ele saltava do carro, o porteiro do Fluminense já estava na calçada, com uma cédula de quinhentos mil réis. Não era preciso tanto, Floriano Peixoto Corrêa metia trezentos mil réis no bolso, devolvia duzentos a Ramiro Pedrosa. 'O troco, 'seu' Ramiro'.

Ramiro Pedrosa nem olhava para o troco, dava era pressa ao 'Marechal da Vitória'. O treino já tinha começado, Floriano Peixoto Corrêa precisava trocar de roupa. Depois do treino Ramiro Pedrosa levava os jogadores para a Toscana, quase sempre estava com um monte de entradas de teatro no bolso, do São José, do São Pedro, do Trianon, do República, do Lírico, ou do Municipal.

Quando havia temporada lírica, Ramiro Pedrosa fazia questão que os jogadores do Fluminense vestissem o seu *smocking*. Moura Costa, de muito boa família, mas pobre, não tinha *smocking*. Disfarçava, dava uma desculpa, precisava ver a noiva, não ia.

Ramiro Pedrosa acabou descobrindo tudo quando o Fluminense se preparava para ir a São Paulo. A primeira coisa que os jogadores do Fluminense arrumavam na mala era o seu *smocking*, o *smocking* sendo tão importante quanto a chuteira, o calção, a camisa. O Fluminense se encarregava de levar o material esportivo, os jogadores só precisavam se preocupar com as roupas de passeio e de festa. Moura Costa arrumou na maleta um pijama, duas camisas, três cuecas e três pares de meias. Nada de *smocking*.

Ramiro Pedrosa não perdeu tempo, levou Moura Costa a um bom alfaiate. O alfaiate tinha de arranjar um *smocking* imediatamente para o Moura Costa, custasse o que custasse, Ramiro Pedrosa não discutia preço. E Moura Costa pôde aparecer de *smocking no* banquete do Paulistano ao Fluminense.

Todos os jogadores do Fluminense, os que tinham jogado e os que não tinham jogado, de *smocking*. É verdade que os do Paulistano não ficaram atrás. Os jogadores do Fluminense, porém, não vestiam o seu *smocking* só em noite de festa. Estavam hospedados no Esplanada, quando desciam para o jantar chamavam a atenção dos hóspedes, e os hóspedes estavam acostumados a essas coisas. Vinte rapazes, bem apessoados, sempre juntos, de *smocking*.

E se não bastasse isso para chamar a atenção, havia a mesa preparada como para um banquete, toda enfeitada de flores. Tornava-se obrigatória a pergunta de quem eram aqueles rapazes, tão simpáticos, tão elegantes, tão finos, que se banqueteavam todas as noites. O espanto crescia quando se sabia que aqueles rapazes eram jogadores de futebol. A popularidade do futebol dava, a muita gente, a impressão de que o tempo do jogador de *smocking* ia longe, longe, passara definitivamente. Os jornais já estampavam clichês de jogadores que nunca tinham vestido um *smocking* na vida deles, gente de classe baixa, mal sabendo ler e escrever, com um nome só, às vezes até sem nome, apenas com um apelido.

E quando acaba o Fluminense não mudara, a prova estava ali. Restava saber se aqueles rapazes tão simpáticos, tão elegantes, tão finos, jogavam futebol como os outros, os de um nome só, os que tinham virado um apelido.

Jogavam, sim, tanto ou mais, O time do Fluminense foi o campeão carioca, o escrete da Amea foi o campeão brasileiro, O Fluminense deu cinco jogadores para o escrete: Haroldo, Fortes, Zezé, Lagarto e Nilo. O Flamengo deu quatro: Penaforte, Seabra, Nonô e Moderato. O Sport Clube Brasil, um: Hebraico. O São Cristóvão, um: Nesi. Somando tudo: dez brancos e um mulato.

2

E se o escrete fosse só de branco ficaria ainda melhor. No lugar de Nesi, Nascimento. Não fazia mal, porém, um mulato no escrete, pelo contrário. Servia até para mostrar que a Amea não era tão contra o preto como parecia.

A demonstração estava dada. Fora preciso surgir a Amea, acabando com aquela história de clube pequeno igual a clube grande, de preto igual a branco, para um escrete carioca levantar um campeonato brasileiro.

Os jogadores de boa família tinham estímulo de novo. Podiam levar a vida que levavam sem perigo de competir, em inferioridade de condições, com os brancos pobres, os mulatos e os pretos. A Amea estava ali para não deixar que os brancos pobres, os mulatos e os pretos passassem o dia todo no campo, batendo bola.

Por isso era até bom que o Vasco fosse para a Amea. A Amea precisava de um clube de colônia, tanto precisava que deixou o Sírio entrar. Mas o turco não gostava de futebol como o português. Se o Vasco fosse para a Amea não haveria campo que chegasse, todos os campos arrebentando de gente.

E o Vasco não levantaria o campeonato. Como ia levantar o campeonato se os seus jogadores tinham de trabalhar, de pegar no pesado? E depois havia a Comissão de Sindicância para não deixar o Vasco em paz. De quando em quando, sem avisar, a horas impróprias, a Comissão de Sindicância aparecia em Morais e Silva, para ver se algum jogador do Vasco estava por lá.

Com o Vasco na Amea, a Comissão de Sindicância trabalharia todos os dias, indo a Morais e Silva, nas casas comerciais, onde o Vasco dizia que os seus jogadores trabalhavam. Ninguém acreditava que os jogadores do Vasco trabalhassem. A Comissão de Sindicância, então, tinha a certeza de que os jogadores do Vasco figuravam na lista dos empregados das casas comerciais de português só para constar.

Talvez até muito português, dono de casa comercial, achasse que não era preciso, que bastava dizer quando fossem perguntar. O Bolão? 'Trabalha aqui, sim, senhor. É muito bom empregado, com licença da palavra'.

A Comissão de Sindicância tinha um truque. Não perguntava pelo jogador, perguntava pelo empregado. Trabalha aqui o senhor Nelson Conceição? Nelson Conceição trabalhava, por coincidência estava no balcão da Casa Portela.

Também Nelson Conceição era conhecido por Nelson Conceição. O Espanhol, porém, tinha o nome de Francisco Gonçalves. Na casa de couros de 'seu' Gomes Portela, a Comissão de Sindicância indagou por Francisco Gonçalves. Francisco Gonçalves não trabalhava lá.

O Espanhol, realmente, não trabalhava em parte alguma. O Vasco arranjando-lhe emprego atrás de emprego, até provar que ele tinha uma ocupação. Mas Bolão trabalhava na Companhia Fábrica de Botões e Artefatos de Metal. Era da expedição, do encaixotamento.

Se a Comissão de Sindicância fosse até à sala da expedição encontraria o Bolão trabalhando sem parar. Bolão queria se fazer na vida, sabia que o futebol ia acabar para ele, mais cedo ou mais tarde, pensava no futuro. A Comissão de Sindicância não perguntou pelo Bolão, perguntou por Claudionor Corrêa. Claudionor Corrêa? Devia haver engano, nenhum empregado da Companhia Fábrica de Botões e Artefatos de Metal tinha esse nome. Todos ali conheciam o Claudionor Corrêa como Bolão. Bolão para cá, Bolão para lá.

Às vezes bastava um sobrenome para confundir um patrão de jogador do Vasco. Por exemplo: o Silva de Pascoal. Se a Comissão de Sindicância perguntasse por Pascoal, o 'seu' Figueiredo, dono da Casa Verde, da Rua Senador Euzébio, não hesitaria um momento. Mas Pascoal Silva? Quem era Pascoal Silva?

E todos os domingos o 'seu' Figueiredo, de uma arquibancada, gritava por Pascoal. 'Aí Pascoal, entra Pascoal'. Se isso sucedia com Pascoal, avalie com Negrito. 'O senhor Alípio Martins trabalha aqui? Não, senhor'.

Era bom consultar a relação dos empregados. Talvez houvesse um Alípio Martins. 'Não havia nenhum Alípio Martins, não, senhor'. Tinha graça que o patrão não soubesse o nome de seus empregados. 'Ah! Então o Negrito não trabalha mesmo aqui? O Negrito? O Negrito é meu empregado, um empregado de mão cheia, ah, se todos fossem como o Negrito'.

Ceci, a mesma coisa. Chamava-se Silvio Moreira, o patrão dele nem sabia disso. Tinha empregado o Ceci, aquele pretinho que jogava na meia-esquerda do Vasco. A Comissão de Sindicância nem discutiu: cortou Ceci, como cortara o Espanhol, o Bolão, o Pascoal, o Negrito, como ia cortar o Artur, o Russinho, o Brilhante, o Mingote.

O Mingote, segundo a Comissão de Sindicância, fora expulso do Exército. Clóvis Dunshee de Abranches, advogado do Vasco, provou que Mingote não fora expulso do Exército, fora excluído por ter sido sorteado fora do prazo.

A acusação contra Brilhante era: contínuo da Escola de Guerra. Empregado subalterno não podia jogar. Pouco importava que Brilhante tivesse vindo do Bangu. No Bangu passava, no Vasco, não. E acontecia que Brilhante deixara de ser contínuo, trabalhava na *Singer*.

O Vasco, também, foi logo ameaçando de sair da Amea. Se a Amea não queria que ele tivesse time, era melhor dizer de uma vez. Resultado: outra sindicância, e feita por outra gente. Nada de Reis Carneiro, de Diocesano Ferreira Gomes, de Armando de Paula Freitas.

Samuel de Oliveira fez a sindicância à maneira dele, só indo ver quando era perto. Quando era um pouco mais longe, ele telefonava. Começava descompondo o português dono da casa comercial. 'Não me diga que fulano trabalha aí'. 'Trabalha sim, senhor'. 'Então está bem'.

Estava bem, o jogador podia jogar. O Artur, o Negrito, o Russinho, o Brilhante, o Ceci. Ficaram de fora o Bolão, o Pascoal, o Espanhol. E outra sindicância. A Amea não encarregou mais Samuel de Oliveira de verificar se o Bolão, o Pascoal e o Espanhol trabalhavam ou não, encarregou Irineu Chaves. E finalmente se descobriu que o Bolão era um bom empregado da Companhia Fábrica de Botões e Artefatos de Metal[29].

O 'seu' Figueiredo, da Casa Verde, deu um atestado: o Pascoal Silva trabalhava com ele. O mais difícil de todos foi o Espanhol. Espanhol não queria trabalhar. Tinha ido para o Vasco jogar futebol. Daqui que se convencesse que precisava, pelo menos, fingir que trabalhava, levou tempo.

---

[29] Quem lhe arranjou o emprego foi Adriano Rodrigues dos Santos, um diretor de futebol diferente dos outros porque vivia preocupado com o futuro dos jogadores. 'O futebol dura pouco' era a frase preferida de Adriano Rodrigues dos Santos. Claudionor Corrêa que em 24 era encaixotador, hoje (N.E. - 3ª ed.: texto escrito para a 1ª edição, 1947) é interessado na Cia. Fábrica de Botões e Artefatos de Metal.

Mas o Vasco estava com o seu time. Não ia, porém, levantar o campeonato. Em 23 os jogadores passavam o dia inteiro em Morais e Silva, batendo bola, em 25 não podiam mais fazer isso. Mesmo os jogadores sem trabalho, que figuravam na relação dos empregados de uma casa comercial, tinham de disfarçar. Se apareceressem em Morais e Silva na hora do trabalho, a Amea era capaz de cortá-los outra vez.

Por isso ficavam vagabundeando nos cafés, nos botequins, no chamado serviço de rua. O máximo que eles podiam fazer era treinar como os jogadores do Fluminense, do Flamengo, do Botafogo e do América: individual de manhã cedo, conjunto no meio da semana.

E, depois, havia a história do campo, o Vasco tendo de jogar no estádio do Fluminense. O Nelson Conceição vinha na frente, era o primeiro a receber uma vaia.

Ninguém mais gritava o 'entra Basco que o meu marido é sócio'. Quem não era Vasco enfiava um dedo na boca e toma assobio. Como se não bastasse, ficava gente atrás do gol passando descompostura em Nelson Conceição.

Com o Vasco a torcida dos outros clubes não tinha contemplação. É verdade que o homem da geral, da arquibancada, estava mudando. Quando jogo demorava a começar, um engraçadinho vinha com um 'está na hora, bota o bacalhau pra fora', como se um campo de futebol fosse um circo.

Atirava-se a culpa em cima do Vasco. Antes do Vasco, a torcida era toda respeito. A prova estava em 24, o Vasco fora da Amea. Um jogador enterrando o time, a torcida pedindo a Deus que ele saísse de campo, não querendo, porém, ofendê-lo de jeito nenhum. Havia uma maneira delicada de avisar o clube que o jogador precisava ser substituído, para evitar a derrota, de pedir ao jogador que cedesse o lugar ao outro. Era o 'olha o telefone'.

O telefone estava chamando o jogador, coisa urgente, o jogador ia atender ao telefone, tinha de ser substituído. Nada de insultos, de 'fundo', de 'lepra', de 'chupa-sangue', de 'enterra time'.

Com o Vasco na Amea, porém, o torcedor não podia dar-se a esse luxo de amabilidades. Se um jogador estava jogando mal tinha de sair, e logo, o mais depressa possível, senão o Vasco acabava ganhando o jogo.

Os jogadores começaram a ouvir gritos, descomposturas, o torcedor se justificava dizendo que pagara a entrada. Pagara e tinha o direito de fazer o que bem entendesse, principalmente com um Nelson Conceição, um mulato com cara de macaco, metido a quíper argentino, com um boné na cabeça. Boné era para branco.

Nelson Conceição ia defender uma bola, seu *isso*, seu *aquilo*, às vezes perdia a calma, a bola entrava. Com a torcida do Fluminense atrás do gol, azucrinando-lhe os ouvidos, que é que ele podia fazer?

Os sócios do Fluminense mais dispostos largavam as cadeiras da bancada social, preferiam ficar debaixo do sol, na arquibancada, atrás do gol de Nelson Conceição. Assim tinham mais liberdade de descompor o preto. Acabado o *half-time*, mudavam de gol.

Quando Nelson Conceição voltava, achando que estava livre deles, eles o desiludiam logo. O estádio era do Fluminense, o sócio do Fluminense podia mudar de lugar, assistir ao jogo de um lado no primeiro *half-time* e do outro no segundo.

O Vasco fez queixa, o Fluminense respondeu que não podia tomar nenhuma providência contra sócios que iam para a arquibancada, se é que iam. E lá teve o Vasco de mudar de campo.

Deixou de jogar no Fluminense, foi jogar no Flamengo. A situação não melhorou, piorou muito. O torcedor do Flamengo tinha ainda mais raiva do Vasco que o do Fluminense. O torcedor, o jogador, tudo. O jogador, então, achava até que se sujava jogando contra o time do Vasco.

Jogar contra o time do Vasco só em campeonato, e assim mesmo porque não havia outro remédio. A Liga Metropolitana tivera uma prova disso. Sonhara, logo depois do campeonato de 23, com um Vasco e Flamengo. Precisava de dinheiro, nenhum jogo podia dar mais do que um Vasco e Flamengo. Pelo Flamengo não havia dúvida, mas os jogadores, como o Seabra, o Dino, o Candiota, o Junqueira e o Moderado à frente, se recusaram a jogar, não se fez o Jogo.

E foi nas mãos da torcida do Flamengo que o Vasco caiu. A arquibancada de Paissandu era dos sócios do Flamengo; dos torcedores que pagavam três mil réis. Os sócios, os torcedores do Flamengo, gostavam de assistir aos jogos, principalmente os jogos do Vasco, atrás do gol. O gol quase colado à grade, Nelson Conceição ouvindo desaforos durante oitenta minutos.

E os torcedores do Flamengo, os mesmos que tinham levado para o estádio do Fluminense, em 23, pás de remo embrulhadas em *Jornal do Brasil*, não se contentavam com isso. Atiravam pedrinhas nas costas de Nelson Conceição. Quando a pedrinha batia nas costas de Nelson Conceição na hora em que ele ia fazer uma defesa, era quase gol certo.

O Vasco mudou de campo outra vez, foi parar em Barão de São Francisco Filho. No Andaraí, Nelson Conceição deixou de se queixar. Estava mais ou menos em casa. O Andaraí, clube pequeno, não queria perder o aluguel do campo que o ajudava a viver. Assim, em dia de jogo do Vasco, quem mandava no campo do Andaraí era o português. Somente torcedor de escudo da Cruz de Malta no peito é que podia ir para trás do gol de Nelson Conceição.

O Vasco, porém, perdera pontos em Álvaro Chaves, em Paissandu, já não podia pensar em ser campeão. O Flamengo levantaria o campeonato, sem um mulato, sem um preto no time, mais uma prova para os clubes finos, de que eles é que estavam certos, só querendo jogador branco.

A vida do jogador do Flamengo era igual à do jogador do Fluminense. Em certos momentos, no Lamas, na escada da Matriz da Glória, na Rua das Laranjeiras, de braço dado, cantando juntos, dando *hurrahs* juntos, tornava-se difícil distinguir um do outro.

O Fluminense tinha dormitório, tinha restaurante, dava mais conforto ao jogador. O Flamengo com escrúpulos, custando a se convencer, parecendo até sovina. O Furtado, que tomava conta do bar, tinha ordem de fornecer aos jogadores, depois do treino, uma soda, uma água mineral. Uma garrafa, no máximo, pois a despesa de cada jogador não podia passar de mil e quinhentos réis.

Mesmo os jogadores com dinheiro no bolso, que trabalhavam, como Hélcio, Mamede, Dino, Vadinho, e Nonô, se revoltavam, obrigando o Furtado a fiar mais de mil e quinhentos, a fiar sete, oito, nove mil réis. O Furtado tinha de abrir uma garrafa de vermute, outra de uísque, os jogadores bebiam, depois mandavam botar tudo na conta do clube.

O clube pagava, está claro, acostumando-se a gastar mais, convencendo-se de que assim é que estava certo. O Flamengo queria levantar o campeonato, os jogadores molhavam a camisa em campo, não recebiam nada por isso, tinham de ser bem tratados.

E o Furtado recebeu ordens de preparar bifes a cavalo para os jogadores. Os jogadores acabavam o individual, iam para o bar, primeiro comiam o bife com dois ovos estrelados, depois tomavam a sua média.

O doutor Faustino Esposel, presidente do Flamengo, médico professor da Faculdade de Medicina, chegara à conclusão de que pão com mel era muito mais alimento do que pão com manteiga. Antes de ir para o Flamengo ele passava na cidade, comprava uma, duas garrafas de mel, aparecia no bar do clube com a garrafa ou as garrafas debaixo do braço.

E quem preparava o pão com mel era ele. Ninguém melhor do que ele para fazer isso. O pão francês já estava cortado pelo Furtado, o doutor Faustino Esposel só precisava besuntar as duas fatias com o mel que escorria, grosso, lentamente, da garrafa.

Os jogadores, enquanto esperavam, comiam o bife a cavalo. Às vezes não se contentavam com um bife só, pediam outro. O Furtado gritava 'mais um bife a cavalo', satisfeito da vida. Agora, sim, o bar dava resultado, os jogadores podiam gastar à vontade.

Dona Odete, senhora do doutor Faustino Esposel, ainda fazia mais do que o marido. O marido besuntava as fatias de pão com mel, dona Odete preparava, em casa, com cuidados especiais, um bom prato de fios de ovos. Naturalmente que não todos os dias, os fios de ovos sendo uma espécie de sobremesa da vitória.

Quando o Flamengo jogava em Paissandu, dona Odete levava um embrulho de fios de ovos para o campo. O embrulho era colocado na sala da secretaria e da tesouraria, cheia de cadeiras de palhinhas. Acabava o jogo, os jogadores iam trocar de roupa, apareciam para os fios de ovos.

Já encontravam dona Odete enchendo os pratinhos de sobremesa, um para cada jogador. Os jogadores ficavam sentados, esperando. Uns, tão envergonhados, que nem tinham coragem de tomar o prato das mãos de dona Odete. Era pior, dona Odete fazia o jogador abrir a boca, como se ele fosse um menino pequeno, dava-lhe de comer de colher.

Os jogadores mais desembaraçados ajudavam dona Odete, iam apanhar o seu prato em cima da mesa, comiam de pé, devagar, saboreando os fios de ovos. 'Deliciosos, dona Odete, ninguém sabe fazer fios de ovos melhor do que a senhora, dona Odete'. Dona Odete sorria, encantada.

Quem estava na sala aprendia a conhecer melhor o Flamengo. O Flamengo só podia ser assim, como era. Avalie se o Flamengo tivesse um Nelson Conceição no time. Dona Odete dando comida de colher na boca de Nelson Conceição, o fim do mundo.

Se um Nelson Conceição vestisse a camisa do Flamengo, adeus fios de ovos, adeus dona Odete. Dona Odete não prepararia mais o prato de fios de ovos, talvez não aparecesse mais pelo campo do Flamengo. Se aparecesse, ficaria na arquibancada, de longe, quando o jogo acabasse iria embora, sem falar com os jogadores.

Os jogadores, também, seriam outros, iguais a Nelson Conceição. Se aqueles nem queriam jogar contra o Nelson Conceição, muito menos ao lado dele, ombro a ombro, molhando a mesma camisa.

Por isso, em futebol, o Flamengo não fazia concessões. Podia ter um preto em outro esporte, até no remo. O caso de Zé Augusto. Um preto campeão de atletismo, campeão de remo, jogador de basquete, jogador de *water-polo*, praticando um pouco de cada esporte, só não se metendo a jogar futebol.

Zé Augusto tinha ido para o Flamengo ainda garoto. Era garoto, garoto não fazia mal que fosse preto. Mas o garoto cresceu, aí o Flamengo reparou na cor dele. Não tinha nada contra ele, pena que ele não fosse branco.

Poucos brancos davam tantas vitórias ao Flamengo como Zé Augusto. Era preto, mas já estava dentro do clube, o Flamengo devia ter pensado antes na cor dele. Ainda assim houve quem não gostasse, vendo em Zé Augusto um sinal da mudança dos tempos.

Um professor da Escola Politécnica tinha querido entrar para o Flamengo, não entrara porque era preto. E não ia vestir a camisa do clube, ia só pagar recibo para ter o direito de frequentar o clube. Talvez nem frequentasse o clube, contentando-se em ser sócio.

Zé Augusto nunca apareceu no rinque de patinação de Paissandu em noite de festa. Sabia que se aparecesse muita gente ia falar. O rinque de patinação era mais do futebol. Estava ali, junto do campo, quase sempre depois de um jogo mandava-se buscar uma orquestra, havia um arrasta-pé pela noite afora.

Como não se metia a jogar futebol, Zé Augusto não se metia a dançar. Ele só ficara no Flamengo porque não jogava futebol, não dançava, isto é, não chamava muita atenção. Quase ninguém ia ver uma competição de atletismo, por mais importante que fosse. Uma meia dúzia de curiosos perdidos nas arquibancadas.

Quando Zé Augusto ganhava uma prova ouvia-se uma palma aqui, outra mais adiante. E os jornais só publicavam um clichê de atleta em ocasiões especiais. O nome de Zé Augusto aparecia como outro nome qualquer, sem cor, sem nada. Zé Augusto era do Flamengo, devia ser branco.

O Flamengo podia ter um preto no atletismo, no basquete, no *water-polo*, no remo. Assistia-se a uma regata de longe, do pavilhão da Praia de Botafogo, da amurada da Avenida Beira-Mar, de uma barca. Não se via direito o remador, via-se o barco, os remos. Os remadores, numa regata, viravam um barco, uns remos.

Num *match* de futebol, via-se o jogador em *close-up*. Batalha, Pena e Hélcio, Mamede, Seabra e Dino, Newton, Candiota, Nonô, Vadinho e Moderato. O Flamengo não podia ter nenhum preto em futebol. Em futebol precisava ser branco, tão branco como o Fluminense. Não era de admirar, portanto, que quando gente do Flamengo e do Fluminense se juntava para formar um escrete carioca, o escrete saísse todo branco, do quíper ao extrema-esquerda.

Foi o escrete que passou para a história do futebol carioca com o nome de Fla-Flu. Esta expressão não tinha sido usada antes. Ninguém percebera ainda que a primeira sílaba do Flamengo e Fluminense podiam unir-se como a legenda de um jogo, todo mundo preferindo pronunciar o nome do Flamengo e do Fluminense por extenso. Hoje, em Laranjeiras ou em Paissandu, Flamengo e Fluminense.

O escrete de seis jogadores do Flamengo e cinco do Fluminense sugeria a abreviação, o Fla-Flu. Os jornais não chamavam o escrete de outra coisa, para ver se Joaquim Guimarães, do Flamengo, e Chico Neto, do Fluminense, botavam na seleção jogadores do Vasco, do Botafogo, do América.

O Flamengo ia ser o campeão de 25, o Fluminense fora o campeão de 24, mas os outros clubes também tinham bons jogadores. Nada adiantou: Joaquim Guimarães e Chico Neto, encarregados de organizar o escrete carioca, tinham carta branca, podiam escalar quem bem entendessem. Escalaram os brancos do Flamengo e do Fluminense, com esses brancos levantaram o campeonato brasileiro, consagrando o Fla-Flu.

A imprensa calou a boca, Joaquim Guimarães e Chico Neto estavam com a razão. E tanto estavam com a razão que a CBD não botou um preto no escrete brasileiro para o sul-americano de Buenos Aires[30]. O único, assim, era Friedenreich, o mulato que queria ser branco. Desde 19 que Friedenreich adquiria direitos especiais: uma glória do futebol brasileiro podia jogar, tinha um lugar reservado no escrete, apesar de mulato.

A CBD não desconhecia o valor dos Nelson Conceição. Se Nelson Conceição fosse para Buenos Aires os brasileiros seriam chamados de '*macaquitos*', como dois anos antes, em Montevidéu. Também o escrete brasileiro levara para Montevidéu mulatos e pretos demais.

O escrete uruguaio tinha o seu preto, conservando uma boa tradição. Ficava até bonito um preto só, uma gota de café numa xícara de leite. O escrete brasileiro, não, cinco mulatos e pretos, seis brancos, e alguns brancos que nem sabiam que havia um talher de peixe. Por isso não tiravam os olhos de cima de Fortes. Podiam

---

[30]Oscar Costa, presidente da CBD, fez questão fechada de um escrete branco. Não acreditava muito na vitória dos brasileiros. E, para ele, era melhor perder com brancos.

ter escolhido outro, Zezé Guimarães ou Nilo Murtinho Braga, que também não deixavam de vestir o seu *smocking* na hora do jantar.

Era o que chamava a atenção dos passageiros daquele navio da Mala Real: uma mesa em tê, em volta da mesa, tudo misturado, brancos, mulatos e pretos. Os mulatos e os pretos esperando que os brancos se sentassem.

Nelson Conceição, Soda, Nesi, Pascoal, Torteroli e Amaro só se sentavam à mesa depois que Fortes puxava a sua cadeira. Tudo o que Fortes fazia eles faziam. Não logo, não todos ao mesmo tempo, um de cada vez, para não dar na vista. Disfarçavam um pouco, seguravam a colher, o garfo, a faca que estava na mão de Fortes, começavam a comer. Não queriam fazer feio, tinham vergonha de perguntar, de mostrar que não sabiam, preferiam olhar para Fortes.

Olhando para Fortes, acostumado com aquela vida, que parecia que dormia de *smocking*, eles não errariam uma só vez. Não passava pela cabeça de nenhum deles que Fortes, embora o mais moleque de todos os jogadores em campo, fosse capaz de uma molecagem num salão de jantar de um navio de luxo.

Pois Fortes fez uma molecagem com eles. Esperou que acabasse o jantar, que chegasse a lavanda. A lavanda veio, Fortes fingiu que ia bebê-la. Num instante não havia uma gota d'água com limão nas lavandas de Nelson Conceição, de Soda, de Nesi, de Pascoal, de Torteroli, de Amaro.

Durante dias e noites não se falou noutra coisa. E mesmo depois, acabado o sul-americano, os jogadores de volta, ainda se falava nisso, para mostrar a diferença que havia entre um jogador do Fluminense e um jogador do Vasco, entre um branco e um preto. Uma boa propaganda para a Amea, que surgia. A CBD tomou nota. Realmente era uma inconveniência mandar pretos em embaixadas brasileiras de futebol. Se o campeonato sul-americano fosse aqui, ainda se podia admitir um Nelson Conceição num escrete. Num campeonato fora, porém, só em último caso, não havendo nenhum branco para o lugar dele.

E havia branco, o que não faltava era branco que jogasse bem futebol. A CBD resolveu, por isso mesmo, dar uma demonstração. Só mandou para Buenos Aires jogador branco, abrindo a exceção, que sempre se abria, para Friedenreich. E todo jogador teve a sua ajuda de custo, uma boa ajuda de custo para comprar o seu *smocking*. A CBD fazia questão fechada do *smocking*.

Os jogadores brasileiros tinham de aparecer de noite, no navio da Mala Real, no hotel de Buenos Aires, de *smocking*. Assim a torcida de Buenos Aires, que gostava de chamar os brasileiros de *'macaquitos'*, não podia nem abrir a boca. Não veria um preto, só veria um mulato, e bem disfarçado, Friedenreich, de olhos verdes, tão à vontade dentro do seu *smocking* como Agostinho Fortes Filho.

3

O *smocking* não trouxe nenhuma vantagem, embora Renato Pacheco, todas as noites, ao ocupar o lugar de honra na mesa dos brasileiros, olhasse em volta, cheio de orgulho. Dava gosto ver os jogadores, sem exceção de um só, de traje a rigor.

Renato Pacheco estava acostumado a ver jogadores de *smocking* no Fluminense, no Paulistano, nos clubes de sociedade. Os argentinos, porém, não estavam acostumados, e Renato Pacheco, para apreciar melhor o espetáculo de um escrete de *smocking,* imaginava-se um argentino. Quando é que os argentinos poderiam mandar para o estrangeiro uma embaixada parecida?

Os jogadores argentinos eram brancos, mas alguém fosse indagar de onde eles tinham vindo. Não se encontraria entre eles um Fortes, um Osvaldo, um Nilo. Graças a Deus o Brasil ainda tinha gente fina, de boa família, jogando futebol. Enquanto durava o jantar, Renato Pacheco não experimentava nenhuma dúvida de que assim é que estava certo. Bem fizera Oscar Costa em exigir um escrete de brancos, de jogadores de *smocking*.

Depois do jantar a certeza de Renato Pacheco não era tanta, quase ia embora. Talvez fosse melhor menos *smocking*. Um Nelson Conceição não sairia do hotel, passaria o dia trancado no quarto, de pijama, só tiraria o pijama para o almoço e para o jantar. Os jogadores de *smocking* não tinham ido a Buenos Aires só para jogar futebol, tinham ido jogar e se divertir. Por isso quase que não paravam no hotel.

De manhã, de tarde, Renato Pacheco não se incomodava. De noite a coisa era diferente, mas os jogadores não tiravam o *smocking* depois do jantar. Quando Renato Pacheco e Joaquim Guimarães iam ver se os jogadores estavam recolhidos, encontravam as camas feitas e vazias. Os jogadores passavam o resto da noite no Tabaris, só voltavam de madrugada.

Assim não se podia pensar em ganhar um sul-americano. Os brasileiros perderam longe dos argentinos no primeiro jogo, ia haver um segundo, os jogadores foram proibidos de sair do hotel. Acabado o jantar, Renato Pacheco e Joaquim Guimarães subiam com eles, deixavam cada um no seu quarto, e depois, tranquilos, desciam, ficavam um pouco no *hall,* até o sono chegar.

Fortes, Floriano, Nilo e Friedenreich sempre arranjavam um jeito de dar uma fugida. Esperavam que todos estivessem dormindo, levantavam-se da cama, vestiam de novo o seu *smocking,* muitas vezes só calçavam os sapatos no elevador, para não fazer barulho, não acordar ninguém.

Renato Pacheco e Joaquim Guimarães sem desconfiar de nada, achando que os jogadores seriam incapazes de uma coisa daquelas. Foi preciso que Carlos Nascimento, na véspera do último jogo com a Argentina, fizesse uma denúncia.

Carlos Nascimento era um dos poucos que não ficavam contando as horas para uma noitada no Tabaris. Em Buenos Aires levava quase a mesma vida do Rio.

No Rio dormia em casa, amanhecia no clube, para o treino, em Buenos Aires dormia no hotel, acordava mais cedo do que os outros, fazia a sua ginástica dentro do quarto.

Naturalmente Nascimento compreendia Fortes, pois conhecia Fortes, do Fluminense. Se Fortes, Floriano, Friedenreich e Nilo não resolvessem passar a noite de Natal no Tabaris, Carlos Nascimento não diria nada[31]. A véspera de um jogo para ele era sagrada.

Por isso ele foi falar com Renato Pacheco e com Joaquim Guimarães. Não tinha a certeza, mas era bom que Renato Pacheco e Joaquim Guimarães ficassem tomando conta da porta do elevador. Talvez alguns jogadores tivessem feito um programa para aquela noite, mesmo sendo a véspera do jogo.

Renato Pacheco e Joaquim Guimarães, prevenidos, levaram os jogadores para cima, deixando cada um no seu quarto, como sempre, depois desceram, como sempre. Ao invés, porém, de demorar um pouco no *hall*, ficaram esperando. Lá para as tantas o elevador desceu, quando a porta se abriu Fortes, Floriano, Friedenreich e Nilo deram de cara com Renato Pacheco e Joaquim Guimarães. Subiram pelo mesmo elevador, tiraram a roupa de novo, meteram-se na cama.

Floriano e Friedenreich não apareceram com os outros no dia seguinte para o café, Renato Pacheco e Joaquim Guimarães foram ver o que era, encontraram Floriano e Friedenreich de cama, se queixando. Não iam poder jogar, estavam gripados. Tinham enrolado um lenço molhado em álcool no pescoço. Floriano não parava de tossir. E a hora do jogo se aproximando, Renato Pacheco e Joaquim Guimarães sem saber o que fazer.

Corriam os boatos mais desencontrados: Floriano e Friedenreich estavam gripados, Floriano e Friedenreich não estavam gripados, queriam dinheiro para jogar. Renato Pacheco acabou se convencendo que a questão era de dinheiro, tanto para Floriano, tanto para Friedenreich.

Quando se convenceu disso, ele quis passar um telegrama para Oscar Costa, presidente da CBD, quis eliminar Friedenreich e Floriano da embaixada, distribuir logo uma nota oficial. Nunca mais eles jogariam futebol, ficariam com a carreira cortada. Acabou, porém, dando o dinheiro. Num instante Floriano e Friedenreich ficaram bons.

O escore chegou a estar de dois a zero a favor do Brasil, Friedenreich ia fazer o terceiro gol quando recebeu um pontapé pelas costas. Friedenreich nem se lembrou que bastava empurrar a bola para garantir a vitória do Brasil, largou a bola para brigar.

A multidão invadiu o campo do Barracas aos gritos de *'macaquitos'*, meteu o pau nos jogadores brasileiros.

Por causa disso houve passeatas na Avenida Rio Branco contra a Argentina, o Itamarati chegou à conclusão de que o futebol não aproximava os povos, pelo contrário, o melhor era o Brasil não disputar mais nenhum campeonato sul-americano.

---

[31] O jogo decisivo Argentina e Brasil foi disputado a 25 de dezembro de 25.

E ninguém falou nas noitadas do Tabaris, na gripe de Floriano e Friedenreich. O mal tinha sido ir a Buenos Aires, jogar num campo como o do Barracas. Manuel Gonçalves, o cronista da embaixada brasileira ao sul-americano, quis dar uma ideia do campo do Barracas. Aqui se chamava o campo do São Cristóvão de 'galinheiro', pois o campo do Barracas era pior.

O São Cristóvão não gostou, era um dos humilhados e ofendidos do futebol brasileiro. E estava se preparando para levantar o campeonato carioca de 26, com um time de brancos, mulatos e pretos.

O Vasco levantara o campeonato de 23 com um time assim, o São Cristóvão podia fazer o mesmo. Bastava levar mais a sério o campeonato do que os outros, só pensar nisso. Há bastante tempo o São Cristóvão sonhava com um campeonato. Um clube para ser grande tinha de ser campeão, pelo menos uma vez.

Naturalmente um campeonato custava dinheiro. Luís Vinhaes, que tomava conta do time com Gilberto de Almeida Rêgo, foi logo pedindo a construção de um dormitório, a compra de um caminhão. Construiu-se o dormitório debaixo da arquibancada de Figueira de Melo, comprou-se um chassis de caminhão *Ford*, mandou-se fazer uma *carrosserie* de ônibus numa oficina da Rua Bento Lisboa.

Álvaro Novais, o presidente do São Cristóvão, era um mão aberta. Tinha um sítio, uma criação de galinhas, todas as semanas mandava para o São Cristóvão dez, vinte dúzias de ovos para os jogadores. Os jogadores precisavam comer bem e não havia nada melhor para fortalecer do que uma boa gemada.

Os ovos serviam para as gemadas, para os mingaus, serviam também como presentes para os jogadores. Baianinho e Vicente, de família grande, podiam levar para casa uma ou duas dúzias de ovos.

O São Cristóvão não queria que as famílias de seus jogadores passassem mal. Por isso dava cento e cinquenta mil réis a Baianinho, cem mil a Vicente. O dinheiro não era para eles, de quando em quando o São Cristóvão ia indagar se a velha do Baianinho, se a velha do Vicente tinham recebido o dinheiro.

Não por desconfiança, o São Cristóvão queria era ver se chegava. Chegava, pois Vicente trabalhava nos Estaleiros Caneca, Baianinho na Fábrica de Vidros Esberard.

O trabalho de Baianinho era mais pesado, oito horas soprando vidro. E Baianinho morava no morro da Caixa d'Água, lá em cima. Tinha de descer, de subir o morro todos os dias. Quando subia, levava sempre um embrulho de tijolos. Estava construindo uma casa, para a velha, para os irmãos, e construindo assim, aos pouquinhos, cinco tijolos um dia, cinco tijolos outro dia. Uma obra para anos. Toda vez que via Baianinho com o embrulho de tijolos debaixo do braço, Luís Vinhaes chegava a se comover. Bom preto, aquele. Não era propriamente um preto, era mais um mulato escuro, de cabelo em escadinha, como Nesi. Nesi tinha ido embora, para o Vasco. Nesi fora embora, ficara Baianinho. De um Baianinho o São Cristóvão se orgulhava.

Não era o único mulato no time, havia outros, o Zé Luís, o Jaburu. O Jaburu de erisipela. Jogava assim mesmo, de erisipela, uma erisipela que não se curava nunca. Antes de cada jogo, Jaburu estendia a perna nua num banco do vestiário, pegava uma aliança de ouro e passava-a por cima das veias inchadas, enquanto mexia com os lábios, rezando. Depois de rezar, de benzer a perna, ele calçava as meias de lã, as chuteiras, ia para o campo molhar a camisa pelo São Cristóvão.

Com jogadores como Baianinho e Jaburu, não era milagre o São Cristóvão ganhar um campeonato. O dormitório pronto, só faltava pintar o ônibus. Ia ficar bonito, todo pintado de cinza, com as cortinas brancas nas janelinhas. Não custara quase nada, seria pago pela economia da despesa dos táxis. Quando não tinha o ônibus o São Cristóvão vivia atrás dos *chauffeurs* de praça. Táxis para os jogadores do segundo time, táxis para os jogadores do primeiro time. E era preciso combinar com os *chauffeurs*, dar gorjetas, os *chauffeurs* não podiam ficar esperando a vida toda, até que o jogo acabasse.

No ônibus cabia os jogadores do segundo e do primeiro time, todos juntos, Luís Vinhaes e Gilberto de Almeida Rêgo sabiam guiar, a despesa ia ser quase só de gasolina.

Além disso impressionava bem o São Cristóvão ter um ônibus. O ônibus passava, quem estava na rua olhava, ficava sabendo que o ônibus era do São Cristóvão.

O ônibus dava uma certa importância ao clube, um clube com um ônibus não podia ser um clube pequeno. E o ônibus não ia servir apenas para levar os jogadores para os campos uma vez por semana. Ia servir para levar os jogadores todos os dias para a Praia de Copacabana.

Luís Vinhaes guardara o segredo, não disse a ninguém que o individual do São Cristóvão seria na Praia de Copacabana, os jogadores de chuteiras, meias de lã, calções e tudo, como se fossem entrar em campo.

Newton Campelo, então cadete, emprestara a sua bicicleta a Luís Vinhaes que morava em Andaraí, e não queria gastar gasolina nem pneu do São Cristóvão para ir buscar os jogadores em Figueira de Melo.

Acordava às quatro e meia da manhã, ainda escuro, pedalava da Praça Sete à Figueira de Melo. Encontrava o ônibus na porta, esperando, os jogadores ainda estavam dormindo. Acordavam com a chegada de Vinhaes, vestiam-se, entravam no ônibus, sem perguntar para onde iam.

Luís Vinhaes, também, não abria a boca. Segurava o volante, tomava o caminho do Leme. No primeiro dia os jogadores não esconderam a surpresa. Pensavam que o treino ia ser num campo maior do que o de Figueira de Melo, e quando acaba viram surgir as areias brancas de Copacabana, o mar. Luís Vinhaes saltou do ônibus, todos saltaram, menos Gilberto de Almeida Rêgo, que tinha de levar o ônibus para o Posto Seis.

Só aí Vinhaes explicou como seria o individual. Os jogadores teriam de correr pela beira da praia, bem junto das ondas, do Forte do Vigia ao Forte de Copacabana. E nada de tirar as chuteiras, e nada de tirar as meias. E para provar que qualquer um podia correr de chuteiras, de Forte do Vigia ao Forte de Copacabana, Luís Vinhaes deu o exemplo, saiu correndo na frente, fazendo questão de meter as chuteiras dentro d'água.

Com um pouco, as chuteiras pesavam quilos, ensopadas, cheias de areia. Não fazia mal, quanto mais pesadas melhor, era o que Vinhaes queria. A Praia de Copacabana estendia-se diante de Luís Vinhaes e dos jogadores do São Cristóvão, parecia que não ia acabar nunca. Os jogadores não precisavam correr muito depressa, o bom passo era o do trote. As chuteiras mergulhavam dentro d'água, enterravam-se na areia, e Luís Vinhaes na frente, botando a alma pela boca.

Chegaram, por fim, ao Posto Seis, mais mortos do que vivos, uns se atiraram no chão, outros ficaram de pé, balançando a cabeça, para respirar. Vinhaes mandou que cada um tirasse as suas chuteiras, as meias de lã, para um mergulho só, rápido. Os jogadores caíram dentro d'água, saíram logo, ainda tiveram forças para correr até o ônibus.

As cortinas já estavam arriadas, eles podiam trocar de roupa com o ônibus de volta para Figueira de Melo, Gilberto de Almeida Rêgo no volante. Sentados nos bancos do ônibus, estirando as pernas, os pés livres das chuteiras pesadas, metidos em camisas e calções enxutos e frescos, os jogadores nem se lembravam de que tinham corrido do Forte do Vigia ao Forte de Copacabana.

Todos os dias a mesma coisa. Os jogadores foram se acostumando, uma manhã Luís Vinhaes chegando na frente no Posto Seis não parou, voltou, correndo, acompanhado pelos jogadores, para o Forte do Vigia.

Os jogadores dos outros clubes treinando uma meia-horazinha de individual no campo, de sapatos de tênis, abrindo e fechando os braços, dobrando e esticando as pernas. Luís Vinhaes queria ver quando os jogadores dos outros clubes entrassem em campo para enfrentar os jogadores do São Cristóvão.

Era fácil fazer uma ideia. O São Cristóvão treinava conjunto, Paulino, Póvoa, Zé Luís, Julinho, Henrique, Alberto, Manobra, Jaburu, Vicente, Baianinho e Teófilo chegavam a pensar que estavam descalços, nem sentiam o peso das chuteiras. As chuteiras só pesavam na Praia de Copacabana, molhadas, cheias de areia. No campo ficavam leves, pareciam sapatos de verniz, de sola fininha. Luís Vinhaes e Gilberto de Almeida Rêgo podiam prolongar o treino à vontade.

Quando o treino acabava, os jogadores até se queixavam, não tinham treinado nada. Treinando assim, os jogadores precisavam comer bem, muito bem mesmo. Voltando de Copacabana para Figueira de Melo já encontravam a baiana, a Balbina, preparando o mingau.

A Balbina morava na Rua Francisco Eugênio, pertinho do São Cristóvão. De manhã cedo ia para Figueira de Melo, acendia o fogo, ficava mexendo na panela do mingau. Saía um mingau gostoso, grosso, de muito leite, muita farinha de trigo, muito ovo. A Balbina não cobrava nada pelo serviço. Era torcedora do São Cristóvão, em dia de jogo entrava de graça. Tratava os jogadores como meninos, como filhos dela. Vendo-os correr em campo não se continha, arregaçava as mangas de renda, bem curtas por sinal, mostrava os braços pretos e roliços de doceira, e gritava pelos meninos, 'aí, meus meninos'.

Lá pelas 11 horas de todos os dias de jogo, os jogadores comiam o mingau da Balbina. Para ela, as vitórias do São Cristóvão eram um pouco pelo mingau. Nos outros anos, o São Cristóvão não fizera nada nos campeonatos, a Balbina ligava uma coisa à outra. Desde que ela começava a preparar o mingau para os jogadores, o São Cristóvão dera para vencer jogo atrás de jogo, ia ser o campeão.

Mas mesmo assim, com dormitório, o ônibus, Copacabana e jogadores de chuteira, correndo pela beira da praia, do Forte do Vigia até o Forte de Copacabana, com as dúzias de ovos do sítio de Álvaro Novais, com o mingau da Balbina, Luís Vinhaes e Gilberto de Almeida Rêgo não deixavam de passar pela Igreja de Santa Terezinha, na Rua Mariz e Barros, para rezar pela vitória do São Cristóvão.

Não por uma vitória, pela vitória, pelo campeonato. Só assim o São Cristóvão seria grande. Pouco importava que ele fosse fundador da Amea, como o Vasco.

O Vasco tinha levantado um campeonato, o *'Basco é uma putência'* tomara o lugar do *'entra Basco que o meu marido é sócio'*. Até na piada se respeitava o Vasco. O São Cristóvão era tratado como um clube de subúrbio. E o campo do São Cristóvão ali pertinho, em Figueira de Melo, mais perto da cidade que o campo do América, em Campos Sales. Chamava-se o campo do América de 'estadinho', chamava-se o campo de São Cristóvão de 'galinheiro'.

Quando um Fluminense, um Flamengo, um Botafogo e mesmo um Vasco tinha de ir a Figueira de Melo, preparava-se como se fosse jogar em Bangu, talvez com mais cuidado ainda. O torcedor lá de cima esperava que o torcedor da cidade tomasse o trem para atirar a primeira pedra. Havia o recurso de deitar-se no vagão, de cobrir a cabeça com as mãos, era mais o susto do que outra coisa. Quem entrava em Figueira de Melo tinha de sair pelo corredor, os torcedores do São Cristóvão de um lado e de outro, brandindo bengalas e pedaços de pau.

Os que passavam nem podiam se defender. Se aparecia um valente, apanhava mais, os torcedores do São Cristóvão estavam de bengalas e pedaços de pau para isso mesmo.

Muita gente ficava no campo, não querendo ir embora.

Acabado o jogo, se o São Cristóvão tinha vencido, o campo de Figueira de Melo virava praça pública. Só faltava um coreto, uma banda de música. O resto era igualzinho, até namorados de braço dado.

Era fácil passar por torcedor do São Cristóvão depois de uma vitória, depois de uma derrota, não. O torcedor do São Cristóvão, de 'cabeça inchada', exigia provas, um escudo, uma flâmula, um grito de 'viva o São Cristóvão'. O falso torcedor do São Cristóvão tinha de correr. Era melhor pular o muro, fugir pelo rio Joana, de água suja, rala, quase só lama, a passar pelo corredor de saída.

Pelo corredor de saída ninguém escapava, pulando o muro, fugindo pelo rio Joana, havia quem escapasse. Essas coisas só sucediam em campo de clube pequeno, de clube com mulatos e pretos no time. Abria-se uma exceção para o Vasco. O Vasco escolhia a dedo os seus mulatos e pretos. Nelson Conceição e Bolão, campeões cariocas. Nesi, campeão brasileiro, Tatu, campeão sul-americano. Não fazia mal ter mulatos e pretos assim, compreendia-se. O Vasco podia dar-se ao luxo de botar mulatos e pretos no time, sem o perigo de passar por clube pequeno.

O luxo do grande clube. Um grande clube embranquecia mulatos e pretos. Jogando, torcendo pelo Vasco, os mulatos e os pretos ficavam à vontade, como se fossem brancos. Os mulatos e os pretos do São Cristóvão sentiam-se mais mulatos e mais pretos. Faziam questão de ser mulatos e pretos, orgulhavam-se disso, embora se ofendessem por qualquer coisinha. Ofendiam-se por qualquer coisinha para não perder a ocasião de meter o braço num branco.

Os brancos dos outros clubes recebiam cachações na geral, na arquibancada, no corredor da saída, corriam até o risco de levar uma navalhada. Naturalmente o torcedor do São Cristóvão não puxava a navalha para qualquer branco. Tinha de se um branco de categoria, um cartola, como se dizia. O caso de Paulo Azeredo.

Havia um torcedor do São Cristóvão, mulato, conhecido por 'Perneta'. Não tinha uma perna, andava de muleta. Na hora de um sururu via-se uma muleta por cima de uma porção de cabeças, gente correndo por todos os lados, já se sabia: o 'Perneta' estava brigando, a navalha enfiada no cinto como um pente, para um branco que valesse uma cadeia.

Paulo Azeredo, presidente do Botafogo, que só ia ver jogo de futebol de jaquetão preto, colete branco e calça à fantasia, bem que valia uma cadeia. O 'Perneta' puxou a navalha, foi para cima dele, pulando numa perna só.

Felizmente para Paulo Azeredo, Luís Vinhaes estava perto, meteu-se no meio. O 'Perneta' ainda pediu 'pelo amor de Deus, me deixa abrir a barriga desse branco', Luís Vinhaes não deixou. Para o 'Perneta', Paulo Azeredo era mais do que um branco, era *o* branco. O branco que olhava o São Cristóvão de cima porque o São Cristóvão tinha mulatos e pretos no time. A grande culpa do São Cristóvão.

Ia ser o campeão de 26, estava na frente do campeonato, não deu um jogador para escrete. O escrete só com jogadores do Flamengo, do Fluminense e do Vasco. Amado, Penaforte e Mélcio, Nascimento, Floriano e Nesi, Pascoal, Lagarto, Nonô, Russinho e Moderato. Os brancos, os mulatos e os pretos do São Cristóvão de fora.

Cinco brancos do Flamengo, três brancos do Fluminense, dois brancos e um mulato do Vasco: resultado: a Amea perdeu o campeonato brasileiro, o Flamengo, o clube que tinha dado mais jogadores para o escrete, apanhou de cinco para o São Cristóvão.

Foi o jogo que decidiu o campeonato. Parecia mais um jogo entre o São Cristóvão e o Vasco do que entre o Flamengo e o São Cristóvão. O Flamengo sem aspirações ao título, o Vasco esperando uma derrota do São Cristóvão para ser campeão outra vez. Por isso o campo de Paissandu ficou arrebentando de gente de escudo do Vasco.

Não adiantou o português torcer pelo Flamengo, esquecendo-se, por um dia, das pás de remo, das cabeças de negro, das bombas, dos tamancos, das résteas de cebola, da coroa funerária, de tudo o que o Flamengo tinha feito com o Vasco. O São Cristóvão pôde soltar o maior balão que já se vira no Rio de Janeiro[32].

Era um balão de dez metros de altura por cinco de largura, feito de papel grosso de embrulho, com uma bucha que precisava de duas pessoas para carregar. Depois do jogo quem era do São Cristóvão foi para Figueira de Melo. O campo ficou transformado em um arraial em noite de São João, a bucha do balão era uma verdadeira fogueira.

Gente trepada em escadas para segurar o balão, o balão preso por um bambu enterrado no campo, uma multidão em volta, de pescoço esticado. De quando em quando alguém perguntava aos berros: 'ao São Cristóvão nada?' E todo mundo respondia: 'tudo! Então como é, como é, como é? São Cristóvão! São Cristóvão! São Cristóvão!'.

E o balão já se enchendo de fumaça, já querendo subir. Era preciso segurar o bambu, o balão ainda não estava bem cheio. Seguraram o bambu, puxaram o bambu para baixo, com força. O bambu não descia, subia com o balão. Largaram o bambu e lá se foi o bambu balançando pendurado no balão.

Era o balão do São Cristóvão, era o São Cristóvão. O São Cristóvão sentia-se como aquele balão. Estava bem alto, ia ficar lá em cima. Bastava ver a romaria dos grandes clubes a Figueira de Melo. Meca do futebol durante a noite da vitória.

O primeiro a chegar num cortejo de automóveis foi o Botafogo. Os grandes clubes prestaram homenagem ao São Cristóvão. O São Cristóvão tinha um campeonato, tornara-se grande, igual a qualquer um deles. Os mulatos e os pretos do São Cristóvão podiam fazer as pazes com os outros clubes.

Atrás do Botafogo veio o Flamengo, depois o América, depois o Fluminense. O Vasco não apareceu. Também estava de 'cabeça inchada', achando que o Flamengo tinha deixado o São Cristóvão ser campeão.

Como é que o Flamengo, com cinco jogadores de escrete, podia perder longe do São Cristóvão? Só mesmo não fazendo força, entregando o jogo, sem procurar ao menos disfarçar. Se fosse a Figueira de Melo, o Vasco ficaria de cara amarrada, estragaria a alegria dos outros. Era melhor ficar de longe, ver o balão do São Cristóvão lá no alto, tocado pelo vento.

O balão caiu no gasômetro da *Light,* a cidade ficou em pânico, avalie se o gasômetro explodisse. Enquanto os bombeiros trabalhavam para tirar o balão do gasômetro da *Light,* Figueira de Melo continuava em festa. Da rua, se escutava o barulho das rolhas que saltavam das garrafas de *champagne.*

O detalhe era importante. Em 23 não tinha havido romaria dos grandes clubes a Morais e Silva. A romaria a Figueira de Melo significava, sobretudo, a aceitação da realidade. Ninguém podia mais iludir-se, o São Cristóvão campeão, o Vasco vice-campeão. A vantagem de misturar brancos, mulatos e pretos, de não olhar para a cor dos jogadores, de estar livre de preconceitos de branquidade.

---

[32]Noite de 21 de novembro de 26.

O América libertou-se logo, botando Aprígio e Mineiro no time. Estabeleceu-se, mais nitidamente, a distinção entre os clubes da zona sul e da zona norte. Os clubes da zona sul, o Flamengo, o Fluminense, o Botafogo e o Brasil, só com brancos, os clubes da zona norte, o Vasco, o América, o São Cristóvão, o Bangu, o Andaraí e o Vila, cada vez com mais mulatos e pretos.

O Vila com seis: Jobel, Dutra, Alô, Mário Pinho, Baianinho e Bianco; o Andaraí com seis: Herotides, Americano, Betuel, Sobral, Telê e Cid; o Bangu com seis: Zé Maria, Fausto, Plínio, Ladislau, Barcelos e Antenor; o São Cristóvão com cinco: Baltazar, Zé Luís, Tinduca, Jaburu e Baianinho; o Vasco com quatro: Nelson Conceição, Nesi, Bolão e Tatu; o América com dois: Aprígio e Mineiro.

Desaparecera o limite, que até os clubes pequenos respeitavam, para o número de mulatos e pretos no time. A única coisa que importava era o jogador. Se fosse bom, podia ser mulato, ser preto, os clubes da zona norte abriam os braços para ele.

O América só não queria que os mulatos e pretos se metessem a brancos, frequentassem a sede. Em campo tinham os mesmos direitos dos brancos, fora do campo era diferente. O América não dizia isso a nenhum deles. Quando havia uma festa em Campos Sales, Bem-te-Vi se encarregava de levar o Mineiro para longe.

O Aprígio não precisava, sabia qual era o seu lugar. O Mineiro, porém, embora respeitador, assustava o América. Vestia-se sempre ao rigor da moda, tinha finuras de cavalheiro, delicadezas de dama. Um dia podia esquecer-se que era preto, aparecer numa *soirée* dançante do América, querer tirar uma moça para dançar.

Por isso o Bem-te-Vi não deixava de convidar o Mineiro para um cinema, para um teatro, sessão de dez à meia-noite, depois da fita da revista, sentava-se com ele num café, ficava batendo papo até quase de manhã. Todo mundo no América convencido de que Mineiro não desconfiava de nada.

Como podia desconfiar? Todas as tardes ia para o *hall*, puxava a sua cadeira de vime, cruzava a perna, num à vontade de Joel, de Osvaldinho. Ali no *hall* não havia diferença entre o branco e o preto.

O *hall* era um prolongamento do campo, nenhuma moça aparecia por lá. Mas a presença do Aprígio e Mineiro no *hall* era um sinal de mudança dos tempos. Miranda e Manteiga, anos atrás, nunca se tinham atrevido a entrar no *hall* *do* América.

4

Há de parecer estranho que, justamente nesse ano de 27, marco da vitória do negro no futebol, um time de brancos, só de brancos, levantasse o campeonato.

O Flamengo foi o campeão da força de vontade. Não tinha time para competir com o Vasco, o América e o São Cristóvão, tinha a camisa. Onze cabos de vassoura, com a camisa do Flamengo, vermelha e preta, ganhariam o campeonato da mesma forma - era o que se dizia em Paissandu. O Flamengo reconhecia a superioridade dos outros times, dos times de brancos, mulatos e pretos. Contra essa superioridade lutava com a camisa, com o coração.

Os outros tinham jogadores, jogador por jogador deviam ser campeões, o Flamengo tinha a camisa, o coração. Depois do jogo, a camisa do Flamengo estava tão ensopada que o vermelho se confundia com o preto, os jogadores que nem podiam respirar.

Dona Odete, a senhora do doutor Faustino Esposel, ainda preparava o prato de fios d'ovos para os jogadores. Como nunca, os jogadores do Flamengo precisavam do bife a cavalo, feito na hora, no bar, o Furtado gritando lá para dentro, 'mais um bife a cavalo para um', dos fios d'ovos preparados em casa por dona Odete.

Hermínio, que se atirava de cabeça nos pés dos jogadores dos outros times, preferindo que chutassem a cabeça dele a que chutassem a bola para o gol do Flamengo, ficava cheio de dedos toda vez que dona Odete se aproximava com o prato de fios d'ovos. Dona Odete tinha de dar-lhe a comida na boca, de colher.

Nem todos os jogadores do Flamengo eram como Hermínio. Havia um Amado, um Hélcio, um Seabra, de longe em longe, um Vadinho, um Chagas, um Moderato. Quando se perguntava qual era o time do Flamengo, respondia-se Amado e Hélcio, Moderato e Vadinho. Amado e Hélcio lá atrás, para não deixar passar nenhuma bola, Moderato e Vadinho lá na frente, um para centrar a bola, o outro para marcar o gol da vitória. Os outros tapavam os buracos do time, molhando a camisa, botando a alma pela boca.

O campeonato da força de vontade, como os jornais não se cansavam de repetir. O Vasco ficava atacando dois tempos, tomava conta do campo, quando acabava Flamengo vencia de três a zero.

Era o que fazia o Flamengo orgulhar-se mais de 27. Penaforte saíra de Paissandu, fora para Campos Sales, todo mundo achando que o América ia ser o campeão. Se não o América, o Vasco ou o São Cristóvão, o Flamengo é que não podia ser, e foi.

Talvez essa insistência do Flamengo em negar tudo aos jogadores, em dar todo o valor à camisa, fosse uma consequência da ida de Penaforte para o América. Se o Flamengo quisesse, Penaforte teria ficado em Paissandu. Bastava dar-lhe de presente uma mobília de quarto.

Penaforte ia casar, não tinha mobília de quarto. O que o Flamengo não deu, o América deu logo, sem regatear, um jogador como Penaforte valia mais do que uma mobília de quarto. O América mobiliou a casa de Penaforte, Penaforte trocou Paissandu por Campos Sales.

Era o mesmo Penaforte, pequenino, que passava meia-hora enrolando na perna fina tiras de gaze e de papel de jornal. A perna de Penaforte engrossava tanto que ele tinha de fazer força para calçar as meias de lã.

Ninguém do Flamengo perdoava Penaforte. Penaforte não fazia falta - Hermínio no lugar dele, com a camisa rubro-negra, bem entendido, era a mesma coisa - mas saíra do Flamengo. Por isso, quando Penaforte entrava em campo, o torcedor do Flamengo enfiava o dedo na boca, vaia nele.

Muita gente em Paissandu só esperava que o Flamengo fosse campeão para vingar-se de Penaforte. Nem de encomenda: a conquista do campeonato coincidiu com uma vitória do Flamengo sobre o América e Sílvio Pessoa organizou o enterro de Penaforte[33].

O carro com o caixão ia na frente, Sílvio Pessoa de revólver no cinto ao lado do *chauffeur*. O cortejo saiu do Rio Branco, tomou a Avenida, dobrou a Rua Larga, seguiu pela Praça da República, Mangue, Praça da Bandeira, Rua Mariz e Barros até Campos Sales.

Um torcedor do América, Armando de Paula Freitas, ficou no meio da rua, para impedir a passagem do enterro de Penaforte. Abriu os braços, o carro com o caixão parou para não passar por cima dele. Sílvio Pessoa puxou o revólver, Armando de Paula Freitas descobriu o peito, Sílvio Pessoa podia atirar.

Sílvio Pessoa guardou o revólver, avisou que ia mandar o carro passar por cima de Armando de Paula Freitas. Um, dois, três, Armando de Paula Freitas não saiu da frente, o *chauffeur* ligou o motor, o carro deu um arranco, atirou Armando de Paula Freitas no chão, passou por cima, não passou.

Armando de Paula Freitas, sangue por todo lado, agarrou-se ao pára-choque, o carro arrastou-o até a Rua Gonçalves Crespo. O América era como o Flamengo: tinha gente disposta a morrer por ele.

E acabou-se a história da camisa. O América também tivera as mesmas ilusões do Flamengo a respeito da camisa. Tanto que, quando se tratou em Campos Sales, de trocar a camisa de ganga pela camisa de malha, o América dividiu-se em 'fofos' e 'colantes'.

Os 'colantes' estavam com a camisa de malha, os 'fofos' com a camisa de ganga. A camisa de ganga, larga, aberta no peito, que se enchia de ar, enfunando-se como velas ao vento, era bonita, não havia dúvida. Mas a camisa de malha era também bonita, talvez mais bonita ainda, de um vermelho vivo, de sangue. Não se enfunava ao vento, ficava colada ao corpo, uma vantagem, a maior vantagem.

---

[33] 18 de setembro de 1927.

Com a camisa de ganga o jogador se resfriava à-toa. Estava suado, mesmo ensopada a camisa de ganga se despregava da pele, o vento entrando e saindo, fazendo correntes de ar. O jeito era botar por baixo uma camisa de meia.

Uns botavam, outros não botavam, o certo é que muito jogador do América tinha morrido tuberculoso.

Para não ir mais longe: Lincoln, campeão de 13, Álvaro Cardoso, o 'Baronesa do Sossego', campeão de 16, Nelson Cardoso, o 'Goiaba', que não chegou a ser campeão, Miranda, campeão de 22.

Não fora à-toa que o Fluminense e o Flamengo tinham adotado a camisa de malha. O Fluminense andara mudando de camisa. Tivera duas de lã, uma branca e cinza, a outra tricolor, depois conservara as três cores da camisa de malha. Era o que o América ia fazer: conservar a cor, o escudo da sua camisa. Quase não se notaria a mudança. E mesmo que se notasse, pouco importava. Dos quadrados vermelhos e pretos da camisa 'papagaio de vintém', o Flamengo passara para as listras horizontais, vermelhas, brancas e pretas, de 'cobra coral', até suprimir a listra branca, suspeita, da bandeira alemã, para ficar na camisa rubro-negra.

Quem se lembrava, porém, de 13, de 16 e de 22, não se conformava. Preferindo até que morressem outros Lincoln, outros Álvaro Cardoso, outros Nelson Cardoso, outros Miranda, a que o América mudasse de camisa. É que se ligava uma coisa à outra, a camisa à vitória. A camisa de ganga era a camisa da vitória, a camisa de Belfort Duarte.

A luta dos 'fofos' e 'colantes' prolongou-se, os 'fofos' tinham os sócios, os torcedores, os 'colantes' tinham os diretores, os cartolas. Os diretores, os cartolas, deram um golpe, compraram camisas de malha, o time do América apareceu em campo de camisa colante.

E parecia que o Flamengo estava com a razão, embora tivesse levantado campeonatos trocando de camisa. Com a 'cobra coral' fora campeão de 14 e 15, com a rubro-negra conquistara os títulos de 20 e 21, de 25 e 27. A camisa rubro-negra dera mais glórias ao Flamengo do que a 'cobra coral'.

E, depois, o Flamengo não podia acreditar no jogador, Penaforte indo para Campos Sales por causa de uma mobília, tinha de acreditar na camisa. O América, sem poder acreditar na camisa nova, ainda com cheiro de armarinho, voltava-se para o jogador.

Um Penaforte, branco, mulato ou preto, para os 'colantes' do América, não para os 'fofos', idealistas que tiveram de curvar-se à realidade, valia mais do que a camisa. Para ser campeão, um clube precisava de ir buscar Penaforte, fosse onde fosse.

Quem jogava era o jogador, não era a camisa. Sem o jogador a camisa não passava de um pedaço de pano. Depois de tirar Penaforte do Flamengo, o América tirou Floriano do Fluminense.

Ninguém em Álvaro Chaves pensou em fazer o enterro de Floriano. Se o Fluminense fosse o campeão de 28, como o Flamengo fora o de 27, talvez um Sílvio Pessoa tricolor comprasse um caixão, alugasse uns carros, saísse pela cidade para enterrar Floriano. O campeão não foi o Fluminense, foi o América, o que significava, para o Flamengo e para o Fluminense, que Penaforte e Floriano não estavam mortos, estavam vivos.

A vitória do jogador sobre a camisa, sobre o clube. Floriano, o 'Marechal da Vitória' em Álvaro Chaves era o 'Marechal da Vitória' em Campos Sales. A camisa mudara, ele não, mais uma prova de que a camisa não jogava.

O que se chamava de camisa era outra coisa, era o amor ao clube, fazendo o torcedor brigar na geral, na arquibancada, o jogador se matar dentro de campo. Havia um nome para esses jogadores que davam tudo pelo clube: 'prata da casa'. Geralmente tinham nascido, crescido, se coberto de glória no clube. Não faltava jogadores assim no América, que amavam a bandeira rubra, a camisa cor de sangue. Joel, Hidegardo, Gilberto, Osvaldinho.

O torcedor estava na geral, na arquibancada, para não deixar que os outros, os Penaforte, os Hermógenes, os Floriano, os Válter, os Sobral, os Mineiro, os Miro, fossem diferentes. Todos tinham de correr em campo, de molhar a camisa.

Se o torcedor abria exceção para alguém, era para Osvaldinho, o 'Divina Dama', não para Floriano, o 'Marechal da Vitória'. Floriano não podia parar, de um lado para outro, uma máquina.

Quando os times se formavam, prontos para começar o jogo, ninguém gritava mais 'está na hora', 'bota o bacalhau pra fora', todos gritavam 'chegou a hora da onça beber água'. Quem não estivesse disposto a lutar, a morrer, que fosse embora.

Depois da vitória, também, o jogador podia pedir o que quisesse. Às vezes, antes. Para pedir antes, só sendo um Floriano. Floriano, no dia do jogo, amanhecia de turbante de gaze enrolado na cabeça. Sabia que se entrasse em campo bom ou doente, tinha de se matar, de dar tudo pela vitória do América. Quase sempre para receber uma ninharia, o dinheiro dobrado do jantar.

Vinte mil réis, para jogador do primeiro time, dez mil réis para jogador do segundo. O América vencia, quarenta e vinte. Floriano não era jogador de quarenta mil réis. Mais esperto do que os outros, adoecia, e lá se ia Lafaiete Gomes Ribeiro, como um médico, para curá-lo de uma vez, com uma nota de cem, de duzentos, até de quinhentos mil réis, de acordo com o valor do jogo.

O jogador tornara-se tão importante que a torcida não acreditava em vitória sem ele. O 'Marechal da Vitória' tinha de jogar sempre. Como o América podia vencer sem o 'Marechal da Vitória'? Floriano aparecia de cabeça amarrada, metia a cabeça na bola, o turbante ficava preto, na frente, de terra, de lama, não ficava vermelho de sangue: Quer dizer: Floriano estava bem, não estava de cabeça quebrada.

Lafaiete Gomes Ribeiro achava graça, não se ofendia. Não podia se ofender, tinha de achar graça. Só quem não era de um clube é que podia se ofender. Como Washington Luís.

Washington Luís, Presidente da República, pensando que mandava num campo de futebol. Estava lá em cima, na tribuna de honra, de casaca e cartola, os jogadores cariocas e paulistas cá em baixo, no campo, atrás de uma bola. Belo espetáculo, digno de ser visto. O estádio do Vasco, o maior da América do Sul, cheio, arrebentando de gente, não chegando para um *match* de futebol Rio-São Paulo. Washington Luís encantado, nunca tinha recebido tantas palmas na vida dele.

Cinquenta mil pessoas, comprimidas nas arquibancadas, nas gerais, de pé, batendo palmas para o Presidente da República. Era gostoso receber uma ovação daquela, nada preparado, tudo espontâneo. Washington Luís descobria, ao mesmo tempo, a força e a beleza do esporte. Subitamente o jogo pára, não continua, o juiz tinha marcado um pênalti contra os paulistas, os paulistas iam abandonar o campo. Washington Luís fica sério, dá uma ordem a um oficial de gabinete. É a ordem para o jogo continuar, uma ordem do Presidente da República.

E lá desce o oficial de gabinete, a notícia se espalha, Washington Luís tinha mandado acabar com aquilo, o jogo ia recomeçar. O oficial de gabinete entra em campo debaixo de palmas, vai até Amílcar e Feitiço. E de cara amarrada dá o recado: o Presidente da República ordenava o reinício do jogo. A resposta de Feitiço, mulato disfarçado, que nem era capitão do escrete paulista, foi que o doutor Washington Luís mandava lá em cima - lá em cima sendo a tribuna de honra - cá em baixo - cá em baixo sendo o campo - quem mandava era ele.

E para mostrar que mandava mesmo, que não era conversa, fez um sinal, os jogadores paulistas saíram atrás dele. Washington Luís, Presidente da República, não teve outro remédio, senão ir embora, ofendidíssimo[34].

E ficou por isso mesmo, não acontecendo nada a Feitiço, pelo contrário. É verdade que a CBD quis fazer alguma coisa. Tudo o que a CBD fez, porém, só serviu para mostrar, a nu, a tremenda força de um jogador de futebol. Antes de Washington Luís chegar lá embaixo, todos os jogadores do escrete paulista, de Tuffy, o quíper, a Evangelista, o extrema-esquerda, estavam suspensos, ameaçados de eliminação. Uma hora depois não eram mais todos, eram somente oito. Um dia depois cinco, um mês depois, nenhum.

A CBD não podia brigar com a Apea, com os clubes paulistas, com São Paulo. Porque ninguém tivesse ilusões a respeito: São Paulo estava com os Tuffy e com os Feitiço.

Bastara o Santos eliminá-los para que a verdade saltasse aos olhos de todo mundo. Quem passava de tarde, pelo Triângulo, não deixava de ver gente em volta de Tuffy, atrás de Feitiço. Tuffy, sem chapéu e sem gravata, de paletó fechado e camisa esporte, um lenço de cores berrantes em volta do pescoço, ficava parado, quieto, feito uma estátua. Era o hábito do goleiro, oitenta minutos debaixo dos três paus. Feitiço, atacante, acostumado a correr em campo de um lado para outro, atravessa a Rua Direita, ia bater na Avenida Quinze, com um pouco estava na Rua São Bento. Nem por isso despertava menos atenção. 'O Feitiço, olha o Feitiço, aquele ali', dedos esticavam-se apontando-o à admiração pública.

---

[34] 13 de novembro de 27. Por causa disso o Brasil não foi às Olimpíadas de 28. Washington Luís negou a subvenção à CBD.

Se o Santos não andasse ligeiro perdia o Feitiço, como tinha perdido o Tuffy. O Corinthians não quis saber se o Tuffy estava eliminado ou não, um quíper como ele não se arranjava todo dia. E um goleador como Feitiço? O Santos imaginou o Feitiço noutro clube, marcando gols contra ele. O melhor era passar uma esponja por cima, esquecer o que acontecera em São Januário. Foi o que fez o Santos, a CBD não teve outro remédio.

Não adiantava de nada ficar com Washington Luís. Washington Luís de mal com o futebol, não querendo nem ouvir falar em esporte. Para ele o futebol e Feitiço vinham a dar na mesma coisa, um mulato desrespeitando o Presidente da República.

Washington Luís não era torcedor, diretor de clube, de entidade, podia passar muito bem sem o futebol. A CBD, não, vivia de futebol. Como vivia de futebol, tinha de botar Feitiço no escrete brasileiro. Botou, Feitiço marcou quatro gols contra os escoceses, foi chamado de 'Imperador do Futebol'[35].

O *Montherwell* virou escrete da Inglaterra, Brasil, cinco, Inglaterra zero, os brasileiros eram os melhores jogadores do mundo, os jornais puderam repetir a velha manchete: 'A Europa Se Curva Mais Uma Vez Ante o Brasil'. Em baixo da manchete, um clichê de Feitiço de coroa e tudo, enchendo a página. Um mulato 'Imperador do Futebol'. Era um mulato de cabelo quase bom, grosso e duro, mas corrido. Talvez passasse por caboclo se não fosse o irmão, o Matoso, que jogava ao lado dele, mulato sem sombra de dúvida, bem escuro, de cabelo ruim. Um mulato, porém, já podia ser 'Imperador do Futebol'.

Ninguém ligava mais para essas coisas. Um 'artista da pelota', expressão que substituía, nas crônicas um pouco pedantes, a prosaica, terra a terra, de jogador, estava acima de tudo. Para certos casos, realmente, jogador era pouco.

O caso de Feitiço, o caso de Floriano. Chamava-se o Santos de clube de Feitiço, o América de clube de Floriano. O clube de Feitiço, o clube de Floriano, o nome de um jogador abafando o nome do clube. O clube recuava para um segundo plano, o jogador todo poderoso dominava a paisagem do futebol. E isso acontecia justamente quando o clube estava melhor, podia ser o campeão. Estava melhor, podia ser o campeão, porque tinha o craque, era o clube de Fulano. O Fulano, Feitiço ou Floriano, dono do time, conhecia a força que tinha.

Feitiço fazia questão de ostentá-la. 'Diga ao doutor Washington Luís que ele manda lá em cima, quem manda cá embaixo sou eu'. Floriano preferia escondê-la. A diferença entre o 'Imperador do Futebol' e o 'Marechal da Vitória'.

O 'Imperador do Futebol' mal sabia assinar o nome na súmula. Passava uns cinco minutos torturando-se, procurando se lembrar, com medo de se esquecer de uma letra, ter de começar de novo. Do 'ele' não se esquecia nunca, o 'ele' saía enorme. Feitiço chegava a se assustar com o tamanho do 'ele', diminuía o *u*, achava o *u* pequeno demais, tratava de rabiscar o *i* maior do que o *u*, menor do que o

---

[35] 24 de junho de 1928.

'ele'. O 'zê' ia de qualquer maneira, gente em volta, esperando, se impacientando, Feitiço acabava ou não acabava de assinar o nome?

Naqueles cinco minutos não era o Feitiço, era o Luís Matoso, um mulato humilde, de cabeça baixa pela vergonha de não saber assinar o nome direito. Bem ou mal o nome de Luís Matoso ficava na súmula, tudo mudava, Luís Matoso desaparecia, o Feitiço estufava o peito, empinava o queixo, entrava em campo. Ia logo levantando os braços, apertando as mãos por cima da cabeça, como um *boxeur* depois de um *knock-out*, pedindo palmas. Quanto mais palmas batiam para ele, mais ele corria em campo.

Floriano, com todos os preparatórios, com um princípio de Escola Militar, com um emprego no *Jornal do Commercio*, não se deixava empolgar pelas palmas. Todo mundo de pé, 'Floriano, Floriano', e ele frio. Nem mexia com a cabeça para agradecer. Se a torcida pensava que ele ia molhar a camisa por causa de umas palmas, que se desiludisse logo de uma vez.

Daí a cara amarrada de Floriano em campo. Menos palmas e mais dinheiro, eis o que ele queria. Por isso quem levava vantagem era ele, não era Feitiço. Feitiço ficava com a glória, ele com o dinheiro. Tinha um jeito especial de exigir sem parecer que estava exigindo.

Quando pedia dinheiro emprestado falava em tudo, menos em futebol. Escrevia bilhetes atrás de uma imagem de santa. 'Aí vai Santa Terezinha, meu caro Fábio Horta. Fique com ela em troca de cinquenta mil réis'. Ou: 'preciso de quinhentos mil réis, mas me arranjarei com duzentos'. *Post-scriptum:* 'não me mande menos de cem'[36].

Às vezes não pedia nada, caía de cama, a hora do jogo se aproximando e ele deitado, se queixando de uma dor aqui. Com aquela dor não ia poder jogar. E era inútil chamar médico.

Para fazer Floriano levantar-se só mesmo alguém assim como Lafaiete Gomes Ribeiro. Lafaiete Gomes Ribeiro conhecia Floriano, a doença de Floriano. Abria a carteira, tanto, mais tanto, até Floriano se declarar disposto a fazer o sacrifício de jogar pelo América.

Custava bom dinheiro esse sacrifício. Lafaiete Gomes Ribeiro não queria saber se era pouco ou muito, contanto que Floriano jogasse. Com menos umas notas de cem, de duzentos mil réis na carteira, Lafaiete Gomes Ribeiro tirava um peso da cabeça, ia tranquilo para a arquibancada, confiante na vitória do América.

Daqui a pouco o 'Marechal' entraria em campo, as notas de cem e de duzentos bem dobradinhas, estalando de novas, presas pela liga, na dobra da meia de lã. Podiam até cair, perder-se, umas verdes, da cor da grama.

Floriano não ligava para dinheiro. Gostava era de experimentar a generosidade do torcedor, para saber se ia bem ou mal em Campos Sales. Qualquer um servia. Pelo pobre, Floriano fazia a sua ideia do rico, multiplicando. Sentava-se no *hall*, cruzava a perna, mandava um crente, crente sendo sinônimo de torcedor, correr o chapéu.

---

[36] Fábio Horta guarda, até hoje (N.E. - 3ª ed.: texto escrito pelo Autor em 1947), os bilhetes de Floriano, muitos rabiscados nas costas de uma imagem, todos pedindo dinheiro.

Se ninguém se fazia de rogado, tudo estava bem. Se alguém demorava a meter a mão no bolso, se começava a procurar uma nota menor, Floriano compreendia que precisava tomar cuidado, não adoecer em dia de jogo, correr mais em campo.

Geralmente o torcedor ia logo puxando a carteira, o chapéu se enchia de notas de cinco, de dez, de vinte mil réis. Floriano depois contava o dinheiro na frente de todo mundo, via se chegava ou não chegava, convidava uns amigos, ali mesmo, para um almoço no Cabrito, um restaurante da Rua do Senado. Quem pagava era ele, com o dinheiro dos trouxas, como dizia.

Nem todos os jogadores, naturalmente, faziam isso. Uns porque não precisavam, o caso de Joel, 'o Mais Guapo', o caso de Osvaldinho, o 'Divina Dama', o 'Príncipe dos Passes'. Outros porque não tinham coragem, o caso de Sobral. Sobral só, o caso de Mineiro, Mineiro só.

Sem um adjetivo, sem um título. A cor nada tinha a ver com isso, Osvaldinho branco, Joel branquíssimo, Sobral mulato, Mineiro preto. Sobral e Mineiro não faziam parte do grupinho privilegiado dos donos do time. Eram apenas jogadores, humildes operários da vitória. Corriam em campo, molhavam a camisa, tanto ou mais do que os outros, quando acabava o jogo ficavam para um lado, iam mesmo a pé para o vestiário, devagar, na procissão dos ídolos carregados em triunfo. Joel e Osvaldinho lá em cima, nos braços da multidão, Sobral e Mineiro cá em baixo, toque, toque. Eles não estranhavam, estavam acostumados com pouca coisa.

Mineiro não tinha saudades do Goitacazes. Sobral não tinha saudades do Andaraí. Saudades de quê? Em Campos, Mineiro ganhava duzentos mil réis, aqui foi logo melhorando de vida, o América conseguiu para ele um lugar de mecânico na Mayrink Veiga, trezentos mil réis por mês. Sobral, sem emprego certo, também melhorou de vida passando para o América. Foi trabalhar no Felipe, uma garage da Rua Marquês de Abrantes, todo fim de mês recebia trezentos mil réis.

Felipe Dias da Silva, dono da garage, torcedor do América, pagava a Sobral e não queria que ele se matasse na oficina. Sobral, portanto, nem precisava trabalhar. Metia-se num macacão sempre limpinho, sem uma mancha de graxa, ia espiar os outros que pegavam no pesado.

Na garage, Felipe Dias da Silva era um patrão camarada, no campo nunca estava satisfeito. Sobral sentia os olhos do patrão em cima dele, tratava de jogar bem, se facilitasse podia até perder o emprego. Lafaiete Gomes Ribeiro, preocupado com Floriano, não tomava conta de Mineiro. Pagava mais a Floriano num dia do que a Mineiro num mês. E quem pagava a Mineiro não era ele, era a firma, a Mayrink Veiga. Bom empregado o Mineiro: na Mayrink Veiga, Lafaiete Gomes Ribeiro só ouvia elogios dele.

Depois, com Mineiro ninguém precisava se incomodar. Começava o jogo. Mineiro dava para correr de um lado para o outro, não parava mais. Era uma maneira de pagar o que o América tinha feito por ele. Além de lhe ter dado um emprego de trezentos mil réis, o América dava-lhe 'bichos'. 'Bichos' de dez mil réis, depois de um treino, de vinte depois de um jogo, de quarenta depois de uma vitória, para um jantar no Filhos do Céu. O jantar não custava mais de três mil e quinhentos réis, incluída a gorjeta.

E o jogador podia dormir no clube, não precisava pagar quarto, de manhã cedo tinha café-com-leite, ovos mexidos com presunto, um bom bife sangrando, tudo de graça. Os trezentos mil réis do emprego, os vinte, os quarenta mil réis dos 'bichos', eram para os alfinetes.

Bastava olhar para Sobral, para Mineiro, sempre bem vestidos. Mineiro então, tinha o apuro de um Joel, de um Osvaldinho. Se um não fosse mulato, se o outro não fosse preto, os dois poderiam, perfeitamente, aparecer no salão do América, em noite de festa, sem fazer vergonha. O dinheiro chegava. Por isso mesmo, atrás de empregos assim, com os quebrados dos 'bichos', jogadores bons saíam de um clube, iam para outro.

Como Telê, o 'Tijoleiro'. Não pediu mais para trocar a camisa verde do Andaraí pela vermelha do América. E era o 'Tijoleiro', tinha um dos chutes mais fortes da cidade. A bola partia do pé esquerdo dele, chegava nas mãos do arqueiro do outro time como um tijolo quente. Impressão do goleiro que pegava a bola, largando-a, como se tivesse queimado as mãos, impressão do torcedor, que via o goleiro segurando e largando a bola mais que depressa. Daí o apelido de Telê: 'Tijoleiro'.

Não era o único 'tijoleiro' dos campos cariocas. Havia outro, o Ladislau, do Bangu. Em Ladislau, porém, o América nem podia pensar. Tivera-o em Campos Sales, deixara-o ir embora, a velha história de não querer preto no time. Como era preto Ladislau fora para o segundo time, acabara compreendendo, o lugar dele era no Bangu.

O América não tinha mais preconceitos de branquidade, as portas de Campos Sales estavam abertas para os mulatos e para os pretos. Mais um, menos um, não importava, o que importava era o jogador. A prova estava ali, no Telê, mulato de cabelo bem enroscado, que ia ser o meia-esquerda do time por um lugar de telefonista da Saúde Pública.

O Telê podia pedir o que quisesse. O América campeão de 28, com vontade de ser bicampeão, daria tudo a Telê. Telê, porém queria apenas um lugar de telefonista na Saúde Pública. Nada mais fácil, o inspetor do Serviço de Profilaxia, o doutor Maurício de Abreu, vice-presidente do América. No dia do jogo ficava na arquibancada, de mão fria, o coração querendo saltar do peito. Não lhe adiantava nada mandar na Saúde Pública. Na hora do jogo dependia do jogador, como o pé-rapado da geral.

A felicidade dele estava nas mãos de Joel, nos pés de Floriano, na cabeça de Osvaldinho.

O jogador do América, branco, mulato ou preto, brincava em campo com a sua alegria e a sua tristeza, podia fazê-lo o mais feliz ou o mais desgraçado dos homens. É fácil avaliar, portanto, a presteza com que Telê foi nomeado.

Na noite em que Telê assinou a papeleta de inscrição do América parecia que havia festa em Campos Sales, o *hall* todo iluminado, gente lá fora, na rua, na calçada, feito sereno. De quando em quando se ouvia um grito de 'América', um grito de 'Telê'.

Telê demorou pouco, não estava habituado àquelas coisas. E sempre seria assim no América. Treinava, jogava, trocava de roupa, quando se procurava por ele tinha ido embora. Era como se o apito do juiz, acabando o treino, acabando o jogo, fosse o apito da fábrica acabando o trabalho.

Não adiantava chamá-lo para o *hall,* para o bar, 'venha beber alguma coisa, venha bater um papozinho'. Telê imaginava-se no *hall,* ao lado de Joel, de Osvaldinho, nem se lembrava que podia ficar ao lado de Sobral, de Mineiro, de Miro. O *hall* do América não era para ele.

E, apesar de tudo, achava pouco o que fazia. Por isso, nas sextas-feiras, quando tinha de dormir em Campos Sales, Telê aparecia com um embrulho debaixo do braço. Dentro do embrulho, uma garrafa de cerveja preta, uma garrafa de água do mar, um ramo de arruda, meia dúzia de velas.

Telê abria o embrulho, tirava primeiro a garrafa de cerveja preta, ia para o fundo do campo, atirava a garrafa de cerveja preta, com força, em cima da cerca, e dava as costas depressa, para não ver a espuma saltando, senão estragava tudo. Depois voltava para o dormitório, destampava a garrafa de água do mar, apanhada na Praia de Santa Luzia, que era mais perto, regava o ramo de arruda, e começava a atirar água pelos quatro cantos do quarto estreito e comprido. Feito isso, acendia uma vela, pingava um pouco de estearina derretida num pires, a vela tinha de ficar queimando até o fim junto da porta de entrada do dormitório.

Penaforte, Hermógenes, Válter, Sobral, Mineiro, Miro, brancos, mulatos e pretos, seguiam Telê, respeitosamente, andando nas pontas dos pés, não abrindo a boca nem para tossir, como se estivessem numa igreja[37]. Se o América vencesse, todos ganhariam o 'bicho' dobrado, quarenta mil réis no mínimo.

Quando o jogo era muito importante, Telê não se contentava com o trabalho de sexta-feira, ia a um Pai-de-santo, atrás dele uma porção de jogadores, todos os que acreditavam, até diretores, alguns não acreditando.

Não custava nada experimentar, e quem sabe? O Pai-de-santo sentado no chão no meio do terreiro, ao lado dele o Cambono, os jogadores, os diretores do América em volta, de cabeça baixa. De repente os crentes começavam a cantar ao som do batuque. Os caboclos protetores iam descer, o Pai-de-santo fumando mais depressa, fungava para a direita e para a esquerda, dava para estrebuchar.

---

[37]Anos depois, outro preto do América, Oscarino, seria o 'Pai-de-santo' numa embaixada do futebol brasileiro para a disputa da Copa Rio Branco, em Montevidéu. Castelo Branco, o chefe da delegação, e Luís Vinhaes, o diretor-técnico, oficializaram a macumba de Oscarino. Nenhum jogador do escrete brasileiro, deixava de ir para o quarto de Oscarino depois do almoço no dia de cada jogo. Os três jogos foram três das mais brilhantes vitórias da história do nosso futebol. Tudo isso é narrado minuciosamente no meu *Copa Rio Branco, 32.* A africanização do branco, que Artur Ramos explica como um verdadeiro choque de retorno.

Era que tinha recebido o Caboclo Vira mundo. 'Bendito e louvado seja Nosso Senhor. Bendito e louvado seja'. O Cambono vinha de lá, parava diante de Telê, botava a mão na cabeça dele. *'O que tu qué, mio fio?'* 'Quero falar com o Pai-de-santo'. *'Vem cá, mio fio, tu tá ruinzinho, vem cá, mio fio, fala com Pai-de-santo!'* O Pai-de-santo nem esperava que Telê chegasse junto dele. *'Um, rum, um, rum, tu tá ruinzinho, caboclo qué cabá com teu cavalo. Um, rum'*, Telê se curvava todo, humilde, e o Pai-de-santo toca a soprar fumaça na cara dele, em baixo do braço, nas costas, enquanto dava, com os dedos, chicotadas no ar. *'Que é que tu qué, fala com Vira mundo'.* Telê falava, queria que o América desse no Vasco. *'Eh, eh, Vasco muito forte, mio fio. Vasco muito forte'*.

O Vasco estava muito forte, mas o América ganharia o jogo se fizesse um despacho de farofa amarela, azeite de dendê, três charutos, três vinténs, uma galinha preta, uma pitada de sal e três velas, duas para ficarem acesas na encruzilhada da Rua Dom Carlos com São Januário, a outra para ficar, bem apagada, dentro do embrulho, com as outras coisas.

Quando, domingo à tardinha, o automóvel do América, um táxi bom para Carnaval, amplo como uma banheira, ia a caminho de São Januário, Telê pedia ao *chauffeur* que passasse pela encruzilhada.

Queria ver se alguém tinha tocado no despacho. Avalie se não, o embrulho arrumadinho, intacto, nada feito. Geralmente estava aberto, o papel de jornal todo rasgado, a galinha preta do lado de fora, quieta, dura, parecia empalhada, a farofa amarela espalhada pelo chão. Coisa dos vira-latas.

Só por descuido é que gente pisava num despacho. Um embrulho esquecido na encruzilhada, dois tocos de velas, quem não sabia que era um despacho? Todo mundo dava uma volta, nada de passar por perto.

Telê botava a cabeça para fora do carro, pouco importava que tivesse sido um vira-lata, o *chauffeur* podia seguir, o América ia ganhar jogo, Telê deixava de se preocupar com o América, principiava a pensar nele mesmo. Não entrava em campo sem enfiar um ramo de arruda na chuteira do pé esquerdo.

O pé direito não precisava de ramo de arruda, de nada. Telê jogava com a canhota, com o pé do chute, do tijolo quente. Todo cuidado com a canhota era pouco. Daí o ramo de arruda, os ramos de arruda. Porque Telê levava para o vestiário uma porção de ramos de arruda.

Penaforte estendia logo a mão, Hermógenes não esperava que Telê oferecesse, ia buscar o dele. E assim Válter, Sobral, Mineiro. E às vezes, mesmo de ramo de arruda enfiado na chuteira do pé do chute, Telê tinha medo de entrar no grande círculo do campo.

Fazia uma volta enorme, era preciso que o pessoal do América o encostasse na parede, no intervalo do primeiro para o segundo tempo, Telê vinha com história de que se entrasse no grande círculo quebrava a perna. Pois tinha de entrar de qualquer maneira, se não quem ia quebrar a perna dele era a torcida do América. Telê acabava entrando no grande círculo, depois de benzer a perna, naturalmente.

Se a tabela do campeonato marcava um jogo para o campo do Andaraí, pedia, suplicava para não jogar. O campo do Andaraí para Telê, que o conhecia como a palma da mão, era pior do que mal assombrado. Cruzes pelas paredes, uma daquelas cruzes, com certeza, tinha sido riscada para que ele quebrasse a perna.

Telê sabia que o Andaraí ainda não o perdoara, talvez não o perdoasse nunca. E todos os sábados um Pai-de-santo aparecia por lá, para riscar cruzes atrás do gol. Os jogadores dos outros clubes dormindo, descansando para o jogo, os jogadores do Andaraí dançando no campo transformado em terreiro. O batuque entrava pela madrugada.

Só mesmo um grande terror supersticioso é que podia fazer um jogador como Telê não querer jogar. Para um Telê, jogar era tudo. Por causa do 'bicho', os vinte e os quarenta mil réis do jantar pesando no orçamento dele, por causa do lugar no time.

5

Um jogador facilitava, gazeteava um jogo, aparecia um outro, nunca mais. E adeus 'bichos', e adeus retratos nos jornais, e adeus tudo. Por isso um Jaguaré Bezerra Vasconcelos chegava a puxar um punhal para não deixar de jogar.

Harry Welfare, treinador do Vasco, achando que Jaguaré ia até agradecer por ficar de fora num jogo daqueles, com o Elvira de Jacareí. O que enganou Welfare foi o jeitão que ele tinha, de mulato dengoso, uma pouca vontade de fazer qualquer coisa, quanto mais de trabalhar.

Quando Jaguaré entrava em campo, o gorro de marinheiro equilibrado no alto da cabeça, fralda de camisa saindo por dentro do calção, era abrindo bocas de sono. Parecia que tinha acabado de se levantar da cama, que ia jogar obrigado. Ficava no meio do gol mudando de pé, como soldado em formatura. O outro time atacando, Jaguaré nem nada.

De repente partia um chute de furar rede, Jaguaré como que despertava, estendia os braços, a 'bichinha', chamava a bola de bichinha, morria nas mãos dele. Todo mundo de pé, aquele chute não havia quem pegasse, quando acaba o chute não tinha sido tão forte assim, Jaguaré voltava a botar os braços na cintura, a bocejar.

Num jogo com o Elvira de Jacareí, o 'Dengoso' morreria de tédio, Welfare escalou o Valdemar 'Chuca-Chuca'. Jaguaré abriu o escaninho de Pereira Peixoto, tirou lá de dentro um punhal, o punhal que o Eurico, um jogador de Barra Mansa, tinha esquecido de levar, e avançou para Welfare. Se Pereira Peixoto não estivesse por perto, Welfare era um homem morto.

Por aí se pode ter uma ideia da importância que um Jaguaré dava a entrar em campo, a jogar. Questão de vida e morte. Parando de jogar, Jaguaré voltaria a ser o que tinha sido, a andar de tamancos, toque, toque, um palito espetado num canto da boca. Teria de carregar de novo sacos de farinha para o Moinho Fluminense, de pegar no pesado.

Só um branco como Fortes podia dar-se ao luxo de não querer jogar. Estava cheio de títulos, campeão carioca, brasileiro, sul-americano, uma porção de vezes, não precisava do futebol para nada. Nem tocava no 'bicho'. Os vinte, os quarenta, os cem mil réis do 'bicho' de Fortes, fosse o que fosse, ficavam para o roupeiro do Fluminense. Porque não precisava do futebol para nada, Fortes não queria jogar. Para jogar tinha de interromper uma caçada, um passeio de lancha pela baía, desfazer programas de domingo. Ficava passeando de lancha, caçando, o jogo para começar, Agostinho Fortes, pai, na porta do campo, esperando, perdendo a paciência.

O Dadá prometera, depois de muito pedido; o pai, porém, conhecia o filho, o filho era capaz de se esquecer. Quase nunca se esquecia, de repente uma baratinha *Chrysler* surgia na curva de uma esquina, ouvia-se de longe a derrapagem, o latido dos cachorros. Era o Fortes. Fortes encostava a baratinha no meio-fio, deixava os cachorros de caça bem presos dentro da baratinha, 'au, au, au', saltava, ia correndo mudar de roupa.

Em grande jogo ainda conseguia se interessar, esquecer-se do que tinha perdido por causa do futebol. Em jogo mambembe, porém, para se interessar, para se esquecer, era até capaz de arranjar um pênalti contra o Fluminense. Como naquele Brasil e Fluminense, lá na Chacrinha, um campo pegado ao hospício.

Nas tardes de domingo, os loucos trepavam no muro, ficavam espiando, quietos. Fortes agarrou Coelho pelas pernas, suspendeu-o, rodou, rodou, atirou-o no chão com toda a força. Coelho de pernas para o ar, morrendo de rir. Os torcedores 'qua, qua, qua', até os loucos trepados no muro. O Fortes tinha cada uma!

O juiz, mesmo achando uma graça imensa na brincadeira, fez 'pi-piu', pênalti contra o Fluminense. Na hora de ser batido o pênalti, todo o mundo deixou de rir, principalmente Coelho, que chegou a amarrar a cara, esperando o apito do juiz. O juiz apitou, Coelho meteu o pé na bola, gol do Brasil, a rede chegou a levantar.

Resultado: o Fluminense acabou perdendo o jogo.

E ninguém podia dizer nada a Fortes. Se o Fluminense achava que tinha perdido por causa dele, arranjasse outro, botasse outro no lugar dele.

Também Jaguaré, de quando em quando, fazia coisa parecida. Gostava de rodar a 'bichinha' na ponta de um dedo, de atirar a 'bichinha' na cabeça do jogador mais perigoso do outro time. As mais das vezes não acontecia nada. O jogador do outro time esperando tudo, menos aquilo.

Foi assim, porém, que Baianinho marcou um primeiro gol para o São Cristóvão. Meteu a cabeça na bola, Jaguaré contando com a bola de um jeito, a bola vindo do outro. Quase que o 'Dengoso' apanhou de Espanhol. Espanhol tinha apostado duzentos mil réis no Vasco, São Cristóvão um, Vasco zero, por culpa de Jaguaré.

Nem assim Jaguaré se perturbou. Não adiantava dar nele, o que adiantava era marcar um gol para ficar um a um, 'nada feito, vamos começar de novo'. Começava-se de novo, Jaguaré não rodava mais a 'bichinha' na ponta de um dedo, não atirava mais a 'bichinha' na cabeça de ninguém.

O torcedor do Vasco tinha de sair de campo convencido de que 'Dengoso' era o melhor do mundo, sem pensar, nem por sombra, noutro quíper. A maior desgraça que podia suceder a Jaguaré era ser barrado, deixar de jogar.

Precisava de tudo que o futebol lhe dava: casa, comida, 'bicho', retrato no jornal, ainda por cima presentes, sapatos, camisas, gravatas, chapéus. Depois de uma vitória do Vasco, grande vitória, bem entendido, percorria o comércio. Entrava numa loja como quem não quer nada, era raro que o dono não fosse português, torcedor do Vasco, admirador do 'Dengoso'. Jaguaré não saía sem levar a sua lembrançazinha.

Mas precisava andar ligeiro, aproveitar logo na segunda-feira, terça-feira o mais tardar, e já não era a mesma coisa. Dois, três dias bastavam para esfriar o entusiasmo da torcida. O caso de Espanhol.

Tinha quebrado a perna para salvar um gol, escrete carioca três, *Ferencvaros* três, o jogo acabando[38]. Ouviu-se o barulho do osso se partindo do outro lado do campo, lá em cima da geral do Fluminense.

Quando Espanhol passou a caminho da enfermaria, nos braços de Fausto, muita gente virou o rosto para não ver a perna dele balançando. E ninguém quis saber mais do jogo, Espanhol estava com a perna quebrada, não ia poder jogar tão cedo, talvez não jogasse nunca mais.

Na noite daquele domingo foi uma romaria em São Januário. Espanhol deitado na cama, a perna engessada por fora do lençol. O torcedor do Vasco já podia olhar para a perna dele. Olhava, balançava a cabeça, 'pobre Espanhol', metia a mão no bolso, deixava cair qualquer coisa no prato fundo, colocado de propósito na mesinha de cabeceira. Qualquer coisa era uma prata de dez tostões, de dois mil réis, notas de cinco, de dez, de vinte, de cinquenta, de cem mil réis. Espanhol contente, satisfeito da vida.

Engraçado: ele pensando que no dia em que quebrasse a perna estava desgraçado, quando acaba era aquilo. Nunca recebera tanto dinheiro, o prato fundo cheio, pesado. Espanhol nem se deu ao trabalho de contar o dinheiro.

Na segunda-feira de manhã esvaziou o prato fundo, guardou as pratas, as notas, na gaveta da mesinha de cabeceira, quase não chegava. Os outros jogadores em volta, de olho grande. Se o Jaguaré estava necessitando, não fizesse cerimônia. O dinheiro do Espanhol era do Jaguaré, do Fausto, do Pascoal, dos amigos.

E começou a ir menos gente a São Januário para ver o Espanhol, olhar para a perna dele, deixar alguma coisa no prato fundo. Na segunda-feira, o prato fundo ainda se encheu, na terça-feira andou pela metade, na quarta-feira, quase nada.

---

[38] 7 de julho de 29. Espanhol estava no auge de sua carreira.

No fim de uma semana Espanhol ficou sozinho, deitado, na cama, a perna estirada na goteira, o prato fundo em cima da mesinha de cabeceira, muito branco, sem uma prata de dez tostões, quanto mais uma nota de cinco mil réis. Não fazia mal. Dentro em pouco ele estaria jogando de novo, bastava que lhe tirassem o aparelho de gesso.

Quando tiraram o aparelho de gesso verificaram que a perna dele tinha sido mal encanada. Quebraram a perna dele outra vez, engessaram a perna dele de novo. E o tempo se passando e ele sem poder jogar, cada vez mais para um lado, vivendo de migalhas, quase por favor. Dormia com os outros, comia com os outros, mas não era a mesma coisa. Não podia falar mais grosso, tinha de falar manso, nada de facilitar.

Brilhante tomara o lugar dele, o Vasco vencia, o 'bicho' ia para as mãos de Brilhante, não ia mais para as mãos de Espanhol. E ele não fazia falta, a prova estava ali, sem ele o Vasco levantou o campeonato. Mesmo se fizesse falta, que é que adiantava?

Jogador de futebol só valia enquanto jogava, deixava de jogar, ninguém se lembrava dele. Daí a pressa de Jaguaré em arrecadar, em não deixar para amanhã o que podia receber hoje. Não que tivesse medo de quebrar a perna. Só entrava em campo de corpo fechado.

De ser barrado tinha ainda menos medo. Não havia de ser o Valdemar 'Chuca-Chuca' que tomasse o lugar dele. Depois da cena do punhal, Welfare não se meteu mais a botar Valdemar 'Chuca-Chuca' no time, mesmo em jogo mambembe.

E outros goleiros, os que apareciam em São Januário, nem tinham vez, Jaguaré se encarregava de despachá-los o mais depressa possível. Vinha um quíper, Jaguaré mandava que ele mudasse de roupa, que ficasse debaixo dos três paus, e toca a chutar bolas com toda a força para cima dele.

Era um chute de furar rede, o de Jaguaré. Nem Telê, o 'Tijoleiro' do América, chutava com mais força. Para se ter uma ideia do chute dele: metia o pé na bola, cá embaixo, na pista, a bola atravessava a arquibancada do Vasco, deixando para trás tudo quanto era degrau de cimento, subia mais de trinta metros de altura, com a força de um foguete, ia cair do outro lado.

Nenhum quíper podia aguentar um chute assim, e de perto, pois Jaguaré ajeitava a bola a onze passos, dava uma corridinha, enchia o pé com a bola. O jogador atrás de um lugar de quíper em São Januário via a bola partir para cima dele, tentava pegar uma, duas, desistia, acabava pulando para um lado, deixando a bola passar. E nunca mais voltava.

Jaguaré, assim, não tinha por que temer um rival, continuava sozinho, absoluto, o Valdemar 'Chuca-Chuca' não lhe podia fazer sombra. Por isso ele chegava a dormir no vestiário, deitado no banco duro, de pau. Fazia um travesseiro com os braços cruzados, com um pouco pegava no sono.

Welfare só o acordava na horinha do time entrar em campo. E acordava-o de leve, tocando-lhe no ombro, com as pontas dos dedos, chamando-o em voz baixa, 'Jaguaré, Jaguaré', para que ele não tomasse nenhum susto.

Em alguns jogos ninguém ligava importância. Os jogadores sentados nos bancos do vestiário, esperando o apito do juiz. Em outros jogos, porém, os jogadores não aguentavam, punham-se a andar de um lado para o outro, como feras enjauladas.

Por exemplo: aquele jogo decisivo do campeonato de 29, Vasco e América. Uma melhor de três, o primeiro jogo zero a zero, o segundo um a um, o campeão tinha de sair do terceiro jogo, de qualquer maneira.

O estádio do Fluminense que não cabia mais ninguém. Durante a semana não se falara em outra coisa. América para cá, Vasco para lá, e Joel, e Jaguaré, e Floriano e Fausto, e Osvaldinho e Russinho. Os clubes de maior popularidade não eram mais os da zona sul, os clubes finos, de brancos só, o Fluminense, o Flamengo, o Botafogo, eram os clubes da zona norte, o América, o Vasco, com brancos, mulatos e pretos no time.

Ali estava a prova, o estádio do Fluminense transbordando no primeiro, no segundo, no terceiro jogo, cada vez mais gente[39]. Era América e Vasco, todo mundo queria ver. O rumor da multidão, oceânico, chegava até ao vestiário, parecia que estavam forçando as portas de ferro.

E Jaguaré, nem nada. O jogo só começava às três e meia, às três e vinte ele acordava, metia a cabeça debaixo da torneira, entrava em campo com os outros, o cabelo pixaim cortado à escovinha ainda molhado, gotas d'água escorrendo-lhe pelo rosto de azeitona. Ia jogar, o resto não interessava.

Por isso ressonava, enquanto Fausto, sem quê nem para quê, soltava um palavrão. A diferença entre Jaguaré, o 'Dengoso', e Fausto, a 'Maravilha Negra'.

Fausto não rodava a 'bichinha' na ponta de um dedo, não atirava a 'bichinha' na cabeça dos jogadores dos outros times, não se divertia jogando futebol, pelo contrário. Como ia se divertir se matando em campo?

Quando acabava o jogo estava quase sem fala, o peito magro se enchendo, se esvaziando, como um balão de oxigênio. Também tomara conta do campo, como se dizia. O outro time encurralado, Fausto empurrando o Vasco.

Tudo isso, porém, quase não lhe adiantava nada. A desvantagem de ser preto. Russinho, branco, tinha o que quisesse, e mais alguma coisa. Os portugueses, donos de casas comerciais, atrás dele. 'Tenho cá um negócio para ti, ó Russinho. Aparece lá por casa, ó Russinho, e não te arrependerás'. Até uma barata *Chrysler*, de trinta e cinco contos, deram para ele[40]. Um concurso para saber qual era o maior jogador, o Vasco escolheu Russinho, o branco, o louro, o rapaz fino, capaz de vestir o seu *smocking*, de fazer o seu discurso, não escolheu Fausto, o preto, de roupa surrada, que mal sabia assinar o nome. Uma barata de trinta e cinco contos para Russinho, que tinha tudo, uns 'bichos' para Fausto, que não tinha nada.

---

[39]Datas de melhor de três América e Vasco: 10, 15 e 24 de novembro de 29.
[40]Concurso Monroe, organizado pela Fábrica de Cigarros Veado.

E os 'bichos' que Fausto recebia, Russinho recebia também. Se Fausto pedisse mais, o Vasco lhe daria. Fausto, porém, não sabia pedir. Pedir estava bom para o Floriano, falador, um bom papo. Fausto falava pouco, ia guardando o que tinha de dizer, de repente explodia, lá vinha tudo. Vingava-se dando gritos no vestiário, dando pontapés no campo.

Pouco antes do time entrar em campo, Welfare reunia os jogadores. Era o momento das instruções. Welfare dizia o que Mário Matos devia fazer, o que Oitenta e Quatro devia fazer. Os jogadores como Mário Matos, Oitenta e Quatro, Baianinho, Santana, Mola, Tinoco, Brilhante, escutavam Welfare. Itália ia logo virando o rosto, Russinho idem, não queria instruções, Jaguaré estava dormindo, e Fausto crescia para Welfare, estufava o peito, fechava os punhos.

Welfare nem se atrevia a dizer 'faça isto ou faça aquilo'. Se Fausto brigasse com ele, com quem quer que fosse no Vasco, o Vasco ficaria com Fausto. Quanto mais jogava, mais força tinha dentro do Vasco. Entrava em São Januário de chapéu no alto da cabeça, o paletó desabotoado, a camisa sem um botão, deixando aparecer um pedaço da barriga preta. E olhava para todo mundo de cara amarrada, para ver se alguém não gostava.

Se alguém não gostava, tinha de calar a boca, ir saindo de lado, Fausto era capaz de brigar, de tocar o braço em qualquer um, torcedor, diretor do Vasco. Diretor não se metesse com ele. De diretor, Fausto estava farto.

Um cartola, ele se matando em campo, o cartola lá na tribuna de honra, refestelado numa boa cadeira de vime. Ah!, se ele pudesse chegar um dia, não jogar, mandar um cartola mudar de roupa, entrar em campo, para ver o que era bom.

Não podia, tinha de jogar todos os jogos, se não jogasse, como ia viver? Aí é que estava. Floriano trabalhava no *Jornal do Commercio*, setecentos e cinquenta mil réis por mês, muito mais do que Fausto ganhava com o futebol. Por isso fazia chiquê, adoecendo no dia do jogo, amarrando um turbante de gaze na cabeça. Recebia o 'bicho' adiantado, antes de jogar, do América vencer ou perder.

Fausto, não, recebia depois, e de acordo com o jogo. O Vasco perdia, o 'bicho' era um peru, vinte mil réis, no máximo um galo, cinquenta mil réis. Só era vaca de uma perna, de duas pernas, quando o Vasco vencia.

Bem que Fausto queria imitar Floriano, explorar o Vasco, não ser explorado, não se atrevia, ficava com medo. Muito perigoso. O América aguentando calado, não dizendo nada, quando não aguentasse mais, ai do Floriano.

Dito e feito. Bastou uma derrota maior do que as outras, Vasco cinco, América zero, Fausto de um lado, Floriano do outro, acabou-se o 'Marechal da Vitória'. O jogo ainda estava dois a zero, Joel largou o gol, veio correndo, 'tirem o Floriano, tirem o Floriano'[41].

---

[41] 24 de novembro de 1929.

E Floriano foi posto de lado, como um empestado. Teve de mudar de roupa, tirar a camisa do América, a camisa que nunca mais ia vestir. Enquanto se preparava para ir embora, e depressa, sem abotoar os punhos da camisa, sem o laço da gravata, ninguém olhava para ele, ninguém falava com ele, ele tinha morrido para o América.

Um aviso: jogador não devia brincar com o clube, quando o clube tomava uma vingança era assim. Floriano ainda estava empregado, o dinheiro do *Jornal do Commercio* dava para ele viver. Fausto não tinha emprego, não tinha ordenado, não tinha nada.

E mesmo se tivesse: Floriano largou o *Jornal do Commercio*. Não que fosse despedido, apenas seguia o seu destino, um judeu errante, de um clube para o outro. E até aquilo ia acabar: o jogador podendo mudar de clube. Um jogador que mudasse de clube tinha de passar quatro anos na 'cerca'. Quer dizer: não jogava mais.

Avalie um jogador quatro anos na 'cerca', de braços cruzados, sem jogar. Quando voltasse a jogar nem havia de saber pegar na bola. Fausto sentiu-se irremediavelmente preso. Mais preso do que qualquer outro. Além de ser jogador era preto, não tinha escapatória. O preto jogava, no campo não havia mais essa história de preto e de branco, fora do campo continuava a haver.

Fausto e Russinho. Um de barata *Chrysler*, o outro de bonde. O que andava de bonde cada vez jogando mais, o que andava de baratinha cada vez jogando menos. O artilheiro do campeonato não era mais Russinho, do Vasco, era Carvalho Leite, do Botafogo.

Um estudante de Medicina que ia levar toda a vida para se formar. Só se formaria na hora de largar o futebol. Mas era branco, filho do doutor Carvalho Leite, dono de um sanatório. O sanatório quebra não quebra, tinha de quebrar, o doutor Carvalho Leite quase não ia lá, o sanatório em Petrópolis, o filho jogando futebol no Rio.

A glória do Carlinhos valia mais do que o sanatório, valia mais do que todo o dinheiro do mundo. Se o doutor Carvalho Leite cuidasse do sanatório, quem cuidaria da glória do Carlinhos?

Porque não bastava o Carlinhos fazer gols no domingo. Era preciso que os fotógrafos batessem fotografias dos gols do Carlinhos, que os jornais estampassem clichês do Carlinhos. O Carlinhos raramente aparecia pelas redações, mas o doutor Carvalho Leite não deixava, um só dia, de visitar um jornal.

Chegava e se queixava. Há dois dias que os jornais não publicavam nada do Carlinhos. E lá saía o clichê de Carlinhos no dia seguinte, com uma legenda. O velho Carvalho Leite convidava, então, em nome do Botafogo, todos os jornalistas que davam notícias sobre o Carlinhos para um *cocktail* em General Severiano.

Não esquecia nunca de convidar os jornalistas, esquecia sempre de avisar o Botafogo. Os jornalistas chegavam, o velho Carvalho Leite, de jaquetão preto, colete branco, calça fantasia, o *pince-nez* pendurado numa fita preta, que lhe envolvia o colarinho branco como uma comenda, levava-os para o bar, nem sombra de *cocktail*.

Paulo Azeredo, presidente do Botafogo, também de jaquetão preto, colete branco e calça fantasia, tinha de mandar buscar, correndo, no bar mais perto, umas garrafas de vermute, umas batatinhas fritas, umas azeitonas, uns sanduíches de queijo e de presunto.

Carvalho Leite oferecendo *cocktail* à imprensa. Fausto num botequim tomando dois dedos de cachaça. A vantagem do branco, do estudante, do filho de boa família, que não desaparecera ainda. Se Carvalho Leite, um dia, não quisesse jogar, o Botafogo viria abaixo.

E ninguém diria que ele estava vendido. Um Carvalho Leite vendido, tinha graça. Fosse lá o Fausto fazer o mesmo, seria diferente, bem diferente, a primeira coisa que haveriam de dizer é que ele estava vendido. Um Fausto nem podia ficar doente. Quem ia acreditar numa coisa dessas?

Fausto, se estava doente, nem se queixava, bom ou doente tinha de entrar em campo. Também, o jogador que estivesse na frente tratasse de tirar o corpo fora. Fausto não conversava, metia logo o pé. Vinha uma bola alta, ele levantava a perna como uma bailarina, as travas da chuteira dele passavam raspando pela cara do jogador do outro time. A bola era de Fausto, não era mais de ninguém.

O jogador do outro time se encolhia todo, virava o rosto, Welfare, debruçado na grade, chegava a fechar os olhos.

Pena que Fausto fosse assim, um revoltado. Se não seria o maior *center-half* brasileiro de todos os tempos.

Welfare não se lembrava de nenhum *center-half* que tomasse conta de um campo como Fausto. Fausto ficava no grande círculo, as bolas vinham direitinho para onde ele estava. Parecia que ele atraía a bola. Não precisava entrar de sola, tomar a bola à valentona, ameaçando todo mundo, feito Aragão.

Aragão, outro revoltado. Um preto alto e magro, mais preto, mais alto e mais magro do que Fausto. A chuteira dele tinha um bico de aço, por isso o chamavam de Aragão 'Bico de Aço'. E que nenhum branco se aproximasse dele.

Nenhum branco, nenhum mulato metido a branco, nenhum preto cheio de coisa. Um mulato como Arthur Friedenreich, um preto como Valdemar de Brito. Friedenreich não querendo ser mulato, Valdemar não querendo ser preto. Friedenreich passando uma meia hora de toalha amarrada na cabeça para amansar o cabelo duro, rebelde, 'não nega'. Valdemar mandando frisar o bigodinho, cantando tango argentino.

Mulatos e pretos assim tinham de ficar de longe, a vinte metros, pelo menos, de Aragão. Friedenreich não quis saber de história, Aragão de olho em cima dele, ficou no meio do campo, quase não tocou na bola. Os brancos da Laf perderam de cinco para os pretos da Metropolitana[42]. Foi no que deu a Laf querer limpar o

---

[42] 3 de março de 29.

futebol paulista, limpar significando tornar mais branco, mais fino, para cair nas mãos dos pretos do Rio. Era o fim da Laf, do Paulistano. Não adiantava de nada a atitude da Laf, do Paulistano, de Friedenreich.

Friedenreich achando que aquilo não era futebol, Aragão de chuteira de bico de aço, quem fosse louco que entrasse na área. Aquilo não era futebol, era uma vingança do preto contra o branco. E contra o mulato que se envergonhava de ser mulato.

Um mulato que se envergonhava de ser mulato, para Aragão era pior do que qualquer branco, Friedenreich, Valdemar. Valdemar cheio de não-me-toques, o bigodinho frisado, o cabelo repartido ao meio. Aragão foi logo avisando que não gostava de negro de bigodinho.

Negro usava cara raspada, como ele, cabelo rente na cabeça, não usava bigodinho, cabelo repartido ao meio.

Valdemar, com seu bigodinho, como o seu cabelo repartido ao meio, que tratasse de se afastar, nada de se aproximar muito[43]. Fausto não metia o pé em ninguém por causa disso. Era por outra coisa, pela revolta que fervia dentro dele, que não o deixava em paz. Tinha de descarregar em cima de alguém, senão estourava. Metia o pé nos pretos, iguais a ele, metia o pé nos brancos, que não eram melhores do que ele, mas que tinham tudo, enquanto ele não tinha nada.

Os que viam Fausto jogando ficavam sempre à espera de alguma coisa. Fausto não podia aguentar toda a vida assim, metendo o pé, e metendo o pé em quem não tinha culpa de nada. Ninguém melhor do que ele sabia que o jogador do outro time, branco, mulato ou preto, não tinha culpa de nada.

Alguém tinha culpa, de quem era a culpa? Era de quem não jogava, de quem ficava de fora. Não o torcedor, espremido na geral, na arquibancada, apanhando sol e chuva, mas o cartola, o dono do futebol, que fazia a lei e acorrentava o jogador. O cartola, porém, não entrava em campo para levar pontapés dele.

Pobre cartola! Quem o via de longe nem podia imaginar o quanto ele sofria. O que enganava era a Tribuna de Honra, a cadeira de vime, ampla, confortável como uma poltrona. E o café que vinha, fervendo, durante o intervalo do primeiro para o segundo tempo. O jogador se matando em campo, o cartola comodamente sentado.

Por fora não havia ninguém mais boa-vida que o cartola. Por dentro, ah! Se tudo que punge, tudo o que devora o coração no rosto se estampasse! Bem que o cartola queria fazer alguma coisa, entrar em campo, molhar a camisa. Se soubesse jogar lá estaria ele, no lugar de Fausto.

Como não sabia, tinha de ficar se torcendo na cadeira de vime, que rangia, dando chutes nas grades de ferro da Tribuna de Honra. O máximo que ele podia fazer. Por isso ele se encolhia na cadeira de vime, sentindo-se pequenino, insignificante, lá em cima. E inteiramente nas mãos do jogador.

---

[43] 18 de julho de 33, jogo Bonsucesso e São Paulo.

Depois de uma vitória, o mais feliz dos homens, o cartola ia para o vestiário, esvaziava a carteira, o jogador que o fizera feliz merecia tudo. Depois de uma derrota, o mais desgraçado dos homens, o cartola nem queria ver o jogador. Ia para casa, de 'cabeça inchada', como se dizia, a carteira recheada pesando no bolso de trás da calça.

Quanto mais dinheiro tivesse na carteira, mais infeliz era o cartola. Enchera a carteira para poder chegar no vestiário e 'tome Fausto', e 'tome Jaguaré', e 'tome Russinho'. A maior ventura do cartola estava nisso, em ir para o campo cheio de dinheiro e voltar para casa sem níquel.

Assim, quando um clube dava para vencer, o cartola era capaz até de abrir falência. O caso de Antônio Campos. Antônio Campos, presidente do Vasco de 23, quase que quebrou. Não quebrou porque ainda tinha um terreno, na Rua Henrique Valadares, para vender, porque ainda tinha uma casa na Rua Tavares Bastos, a casa onde ele morava, nº 266, para hipotecar.

Vendeu o terreno, hipotecou a casa, passou adiante o contrato da loja da Avenida Rio Branco, 177, fechou a Casa Campos, teve de começar de novo, trabalhando como empregado do irmão Raul Campos, para viver, O Vasco, de vitória em vitória, só perdendo um jogo, e assim mesmo Antônio Campos achando que aquilo não era derrota, era pelo menos um empate.

Os jogadores não tinham culpa, a bola entrou, saiu, Carlito Rocha ficou tonto, não mandou a bola para o centro, 'bicho' de vitória para os jogadores. Uma maneira da derrota doer menos, Antônio Campos podia iludir-se melhor. Também quando abriu os olhos estava às portas da bancarrota. Fez as contas, o Vasco levantara o campeonato, o campeonato do Vasco lhe custara duzentos e cinquenta contos, fora os quebrados.

E Antônio Campos, apesar de tudo, só sentiu uma coisa: não ter mais dinheiro para ajudar o Vasco. Felizmente o Vasco já não precisava, podia tomar dinheiro da colônia à vontade. Bastava abrir uma subscrição, tudo quanto era português se julgava obrigado a assinar alguma coisa. Para se ter uma ideia: foi o Vasco sonhar com um estádio, o maior da América do Sul, em um mês, aos dez, aos vinte, aos cinquenta, aos cem mil réis, a arrecadação subiu a setecentos contos.

Antônio Campos nem ia mais à Tribuna de Honra. Deixara de ser um cartola, parecia até que nunca fora cartola. Perdia-se no meio da multidão, para torcer à vontade. Como em tempos idos chorava depois de uma vitória, depois de uma derrota. O jogo acabara, o Vasco vencera, perdera, feliz ou desgraçado, Antônio não aparecia pelo vestiário.

Para quê? Quem aparecia era outro, bem diferente dele, para distribuir o 'bicho'. Dinheiro do clube. O dinheiro do clube passava pelas mãos do cartola, ia para as mãos dos jogadores. Não havia recibo, não havia nada. O jogador desconfiado que o cartola não dava tudo, ficava com alguma coisa, cobrando a sua comissãozinha.

Pelo menos não devolvia o dinheiro dos que não queriam 'bicho'. O Rainha, o Prego, nunca tinham recebido um 'bicho'. Fortes fora como Rainha, como Prego. Um dia soube que figurava na lista dos que recebiam, passou a fazer questão de cobrar o 'bicho'. Nem tocava nos galos, nas vacas de uma, de duas pernas. O roupeiro, que lhe levava as chuteiras, as meias, as tornozeleiras, o calção, a camisa, que cuidava das coisas dele, podia ficar com o dinheiro. Assim o cartola não metia mais uma nota de cinquenta, de cem, de duzentos mil réis no bolso.

Se Fortes não acreditava no cartola, avalie Fausto. Fausto estendia a mão, recebia o 'bicho', contava o dinheiro, tinha vontade de perguntar se não estava faltando. Sim, quem ia saber ao certo se não faltava? Hoje o 'bicho' é de tanto, e pronto.

O cartola estava dando tudo ou estava dando apenas uma parte? O 'bicho' variando, um dia um galo, outro dia uma vaca. Fausto molhando a camisa do mesmo jeito, por um galo, por uma vaca. Nunca sabia quanto ia ganhar. Estava na vontade do cartola dar mais ou dar menos.

O pior era que Fausto não podia dizer nada. Para todos os efeitos era um amador, um empregado do comércio, vivendo do seu emprego, não jogando futebol por dinheiro, e sim por amor ao clube. Tudo ao contrário: ele jogava futebol por dinheiro e não por amor ao clube.

Por isso não estava mais em Bangu, estava em São Januário. Mudara de camisa para melhorar de vida. Amadorismo, amor ao clube, estava bom para um Fortes, que não precisava de dinheiro. Fortes tinha tudo, uma baratinha, uma lancha, até uma *garçonière* atrás da Casa de Saúde Pedro Ernesto, todo o primeiro andar do número 75 da Rua Paulo de Frontin.

Fausto não tinha nada, morava com a mãe, casa de porta e janela, da Rua Pereira Nunes, chegava a passar necessidade. A mãe cada vez mais magra, não parando de manhã até de noite, varrendo o chão, limpando as panelas, cozinhando. Só contava com ele. Se ele não precisasse, não ia bancar o palhaço.

Porque o jogador de futebol, branco, mulato ou preto, comparava-se a um palhaço[44]. O torcedor ia para um campo de futebol, comprava uma geral, uma arquibancada, para quê? Para se divertir. Tal como num circo.

Quem se der ao trabalho de folhear as coleções de jornais da época, há de encontrar muito desabafo de jogador se esticando em duas, três colunas, um 'não sou palhaço', um 'estou cansado de ser palhaço'. Mais de branco do que de preto. O preto calando, se roendo. Fausto. Continuando a jogar, a molhar a camisa, a se matar em campo, esperando um dia, o seu dia.

Talvez não chegasse nunca esse dia. Por isso mesmo ele tinha de aguentar. Aguentava, comprando um gasparino de vez em quando, fazendo a sua fezinha no bicho todos os dias. Ah!, se ele tirasse um décimo, se acertasse no milhar! Então poderia deixar de jogar, ficar em casa um domingo, esperando o cartola. Queria ver o cartola se humilhando na frente dele, se arrastando de joelhos, pedindo, suplicando.

---

[44]Osvaldo Melo, o 'Príncipe dos Passes', dizia numa entrevista a *O Globo*, publicada a 9 de julho de 31: 'O amador é um palhaço'. Quatro dias depois outro jogador, Ennes Teixeira, desabafava no mesmo jornal: 'Só há no mundo uma casa de diversões em que o palhaço não recebe: o campo de futebol'.

Não foi premiado na loteria, não acertou no milhar, mas tomou a sua vingança, implacável, quando menos esperava. O Vasco, na frente do campeonato quatro pontos, leva o time à Europa. Uns jogos na Espanha, uns jogos em Portugal. Não passou pela cabeça de ninguém, em São Januário, que Fausto podia ficar na Espanha, em Portugal, vá lá. O *Barcelona,* porém, foi logo oferecendo trinta mil pesetas a Fausto, trinta mil pesetas a Jaguaré. Mais de trinta contos de luvas, fora os ordenados, as gratificações.

Era o momento de Fausto vingar-se. Não disse nada, fez Jaguaré calar a boca, aproveitou o passeio até o fim. Depois da Espanha, Portugal. Em Portugal Fausto não se conteve mais. Jogava metendo o pé no português, para ele o português era o cartola, o Vasco. Em campo tinha mais liberdade, podia fazer o que bem entendesse, largar a bola, acertar o português.

Fora de campo, português por todo lado, precisava disfarçar, dar um esbarrão, pedir desculpas. Quando se apresentava uma boa ocasião, porém, não conversava. Como aquela vez no Porto. Fausto abriu a janela do quarto do hotel, olhou para o Largo da Batalha, portugueses iam e vinham, uns bem debaixo da janela, na calçada. Fausto encheu um balde d'água, despejou o balde lá de cima.

Com um pouco, a polícia batia na porta do quarto de Fausto. Foi um custo convencer a polícia que não tinha sido de propósito, e, principalmente, que o líquido era água e não outra coisa. Mesmo assim Fausto teve que ficar trancado, sem poder sair, gente diante do hotel esperando para dar nele.

Também o Vasco estava para partir de volta. Ia partir sem Fausto, sem Jaguaré. Não houve apelo, não houve nada que fizesse Fausto recuar. Jaguaré, sim, é que quase fraquejou. Na hora da despedida não se conteve, começou a chorar. Se não fosse Fausto, tomaria o vapor, não quereria saber das pesetas do *Barcelona.* Fausto, porém, estava ali, de cara amarrada, dava até medo olhar para ele.

Raul Campos ficou de coração pequeno. Fausto e Jaguaré iam fazer muita falta, felizmente o Vasco estava quatro pontos na frente do campeonato. Não adiantou o Vasco estar quatro pontos na frente. Com Valdemar 'Chuca-Chuca' no gol, Nesi, o velho Nesi, de center-half, não era mais o Vasco de Jaguaré, que rodava a 'bichinha' na ponta de um dedo, não era mais o Vasco, de Fausto, que tomava conta do campo.

O América saiu lá de trás, veio cá para frente, o Vasco perdeu o campeonato. O preço da revolta de Fausto.

Capítulo IV

A ASCENSÃO SOCIAL DO NEGRO

1

O que sucedera com o Vasco podia suceder com qualquer outro clube. Um clube tinha um Fausto, contava com ele, na hora em que estava necessitado, ele chegava e ia embora.

Não adiantava de nada o estágio de quatro anos na 'cerca', de um ano no segundo time, o jogador não podendo mudar de clube. Pelo contrário: o jogador sentia-se preso, acorrentado, um condenado às galés. Mais do que isso: um escravo. Muito jogador se chamava de escravo, alimentando a revolta que crescia dentro dele.

Um dia não aguentava mais, e bastaria isso, não aguentar mais. Quando não aguentasse mais, o jogador descobriria, com surpresa, que nada o prendia no clube. O caso de Fernando Giudicelli. Foi um dos que acompanharam o Vasco à Europa.

Para os outros, para Benedito, Carvalho Leite e Nilo, jogadores do Botafogo, convidados como Fernando Giudicelli, a excursão do Vasco era um passeio. Para Fernando Giudicelli era a liberdade. Os outros voltariam com o Vasco, Fernando Giudicelli ficaria por lá. Por isso, no dia do embarque, jogando o seu último jogo pelo Fluminense, quebrou a cara de um pobre juiz de futebol. Ninguém esperava uma coisa dessas, e muito menos de um Fernando Giudicelli, um jogador que não estava no Fluminense à-toa, fino, maneiroso, metido a Arnaldo Guinle, o Arnaldo Guinle da *Sloper*, como era conhecido. Pois foi Fernando Giudicelli que partiu para cima de Leandro Carnaval, aos socos, aos pontapés, com ódio, a fúria de um Fausto dos Santos. A revolta do branco igual à revolta do preto.

Todo mundo ficou parado, sem compreender direito o que estava acontecendo, não querendo acreditar no que via. Só depois que Leandro Carnaval tinha apanhado muito é que o arrancaram das mãos de Fernando Giudicelli. Fernando Giudicelli nem esperou pela expulsão de campo, saiu correndo para o vestiário, trocou de roupa depressa, tão depressa que se esqueceu de tirar as chuteiras. Um táxi esperava por ele na porta do Fluminense, Fernando Giudicelli apareceu a bordo ainda calçando as chuteiras, de meias de lã, tornozeleiras, caneleiras e tudo, como se fosse para um outro jogo[45].

Estava pronto para jogar outro *match*, outros *matches*, mas não aqui. Aquela cena do estádio do Fluminense, ele quebrando a cara de Leandro Carnaval, era um adeus. O adeus que ele dava ao futebol brasileiro. Um adeus de quem parte para nunca mais voltar. Tinha um plano traçado, desse plano nada o faria afastar-se.

Chamava-se Fernando Giudicelli, como Giudicelli, o nome italiano sendo um 'Abre-te Sésamo!', podia jogar num *Lázio*, num *Bologna,* num *Torino.* A América

---

[45] O navio era o *Arlanza* que ia levar o Vasco para sua temporada na Espanha e Portugal. O embarque se verificou às dezoito horas daquele 7 de junho de 31, dia do jogo Fluminense e Botafogo que deu a Fernando Giudicelli a oportunidade de agredir a Leandro Carnaval.

do Sul, Argentina, Uruguai e Brasil, tornou-se o grande celeiro do futebol italiano. Quem jogasse um pouco de bola e fosse filho de italiano, filho de italiano era, a história da dupla nacionalidade, estava garantido.

O que não faltava era clube à procura de jogador argentino, uruguaio, brasileiro, contanto que fosse branco, que tivesse um nome italiano. Todo navio que passava pelo Rio, a caminho da Itália, levava um, dois, três jogadores de Buenos Aires, de Montevidéu, de São Paulo, para os clubes de Roma, de Gênova e de Turim.

Os jornais publicavam clichês em ponto grande dos emigrantes do futebol, abriam títulos sugestivos. Craques que valem ouro. Valiam ouro, milhares e milhares de liras. Ao lado das luvas, dos ordenados, das gratificações, que os clubes italiano pagavam, os 'bichos' dos clubes brasileiros estabeleciam o contraste entre a riqueza e a miséria.

Era o que Amílcar Barburi explorava, fazendo a sua propaganda do futebol italiano[46]. Mussolini prometera um estádio para o clube que levantasse o campeonato da Itália. Um estádio de milhões de liras por um campeonato. O jogador que vivia de 'bicho' arregalava os olhos escutando Amílcar Barburi contar coisas das mil e uma noites.

Um craque podia ficar rico em pouco tempo. Era a visão do *El Dorado* que se abria para os jogadores brasileiros. Com nome italiano, bem entendido. O jogador brasileiro com nome italiano não hesitava, arrumava a mala, nas suas idas e vindas Amílcar Barburi nunca partia sozinho. Levava sempre um jogador que ia deixar de ser brasileiro.

Para a Itália de Mussolini, os emigrantes do futebol eram italianos que voltavam à pátria. Só italianos podiam jogar na Itália. E lá se foi para Roma, para Gênova, para Turim, muito argentino, muito uruguaio, muito brasileiro.

Os grandes clubes de Buenos Aires se assustaram, todos eles tinham jogadores com nome italiano. Se aquilo continuasse, o que seria do futebol argentino? Só havia um remédio: o profissionalismo. Implantou-se o profissionalismo em Buenos Aires. Montevidéu não podia resistir, quase pegado a Buenos Aires, separado de Buenos Aires pelas águas de um rio, os grandes clubes de Buenos Aires tirando jogadores de Montevidéu.

A onda do profissionalismo veio se alastrando, aproximando-se do Rio, de São Paulo. Os jornais, todos os dias, traziam uma notícia: tal clube italiano pretendia tal jogador brasileiro. Às vezes não pretendia, era o jogador que dizia para assustar o clube. O clube, assustando-se, afrouxaria os cordões da bolsa.

Só jogador com nome italiano podia fazer isso. Não eram tantos assim os jogadores com nome italiano. Os que tinham nome italiano, a chave da glória e da fortuna, quase todos em São Paulo. No Rio poucos, muito poucos mesmo. Um Fernando Giudicelli aqui, outro ali.

---

[46]Passando pelo Rio, a 1 de julho de 1931, Amílcar Barburi, entrevistado pelo *O Globo*, disse entre outras coisas: 'A vida dos jogadores na Itália é principesca. Dinheiro e conforto'. Um exemplo, Raimundo Orsi, jogador argentino no Juventus: 'Orsi é um sultão'.

Os clubes cariocas até gostando que o futebol italiano fosse para cima do futebol paulista. Quanto mais jogadores de São Paulo emigrassem para a Itália, melhor para o futebol carioca. Os clubes cariocas, por isso mesmo, não se incomodavam. Sentiam-se seguros, a coberto, livres do perigo.

Só deixaram de sentir-se assim quando Jaguaré e Fausto ficaram na Espanha. Mesmo os jogadores que não tinham nome italiano, mesmo os jogadores que não eram brancos, mesmo os jogadores mulatos e pretos, como Jaguaré e Fausto, podiam ir embora.

Qualquer jogador, branco, mulato ou preto podia ir embora. Bastava jogar bem futebol, querer fazer a Europa. O jogador branco, então, tinha todas as facilidades. Era branco, se trocasse de nome, se arranjasse um sobrenome italiano, ninguém na Itália daria pela coisa.

O caso de Amphilóquio Marques, o Filó do escrete paulista, do escrete brasileiro. Quem não sabia em São Paulo, os jornais cansados de publicar biografias dele, que Filó era filho de portugueses? Pois chegou a jogar na *Azurra*, posando para os fotógrafos de braços levantados. Aquele ali, de braços levantados, não era o Filó, Amphilóquio Marques, era o Guarisi, Amphilóquio Guarisi.

Muito jogador, de nome brasileiríssimo, tomou o seu navio para a Itália com passaporte falso. Demósthenes Magalhães, irmão de Mário Magalhães com nome em cabeçalho de jornal, transformou-se, de repente, em um Demósthenes Bertini, de que ninguém nunca ouvira falar.

Foi só Fernando Giudicelli voltar de Gênova como emissário do futebol italiano. Encontrou Demósthenes Magalhães jogando no lugar que ele deixara vago, *center-half* do Fluminense. O Fluminense tinha perdido um *center-half,* ia perder outro.

Demósthenes era da Ilha do Governador. Começara no Jequiá, um clube modesto, do Jequiá passara para o Fluminense, um clube rico, grã-fino. A Demósthenes não valeu de coisa alguma a riqueza do Fluminense. Continuou a ser o que era, com a única roupa, já surrada, às vezes sem quatrocentos réis para tomar a barca. Fernando Giudicelli acenou-lhe com a fortuna.

A fortuna esperava Demósthenes Magalhães na Itália. Demósthenes Magalhães fez uma lista de coisas que precisava para poder embarcar. Precisava de tudo, de roupas, de sapatos, de meias, de cuecas, de camisas, de gravatas, de cinto, de suspensório, até de uma escova e de uma pasta de dentes.

O que valia um Bertini, um Zacconi no nome. Benedito de Oliveira Menezes seria o Benedito Zacconi, adotando o nome do sogro. O sogro, o Zacconi, virou pai do genro. A mulher, irmã dele. Os brancos aproveitando a vantagem de ser brancos, não se importando com o resto, mudar de nome, mudar de pátria[47].

---

[47]*Il Littorali*, órgão oficial do Comitê Nacional Olímpico Italiano publicava, a 8 de agosto de 31, entrevistas dos jogadores brasileiros que tinham acabado de chegar para jogar na Itália. Esses jogadores, segundo o jornalista que os entrevistou, não se contentavam em ser ítalo-brasileiros. 'Não somos ítalo-brasileiros, somos italianos'.

Os mulatos e os pretos é que se importavam. Fazendo questão de conservar o nome da pia bastimal, fazendo muito mais questão de continuarem a ser brasileiros. Jaguaré e Fausto não jogaram na Espanha senão jogos amistosos por causa disso, porque não quiseram assinar um papel, um pedido de naturalização. Eram brasileiros, não houve dinheiro que os convencesse.

Jaguaré nem chegou a passar cinco meses na Espanha. O *Barcelona* fazendo pressão: ou ele e Fausto se naturalizavam espanhóis ou nada feito. Das trinta mil pesetas de luvas, Jaguaré e Fausto só receberam a primeira prestação. O *Barcelona* pagava-lhes o ordenado e assim mesmo avisando que eles precisavam se decidir.

Jaguaré estava vendo a hora em que não teria dinheiro para voltar. Voltou antes que o dinheiro acabasse, o Vasco não quis saber dele. Também Jaguaré apareceu em São Januário na pior ocasião, no dia do jogo Vasco e Botafogo, o jogo que ia decidir o campeonato. Se o Vasco perdesse em São Januário, adeus título de campeão.

O vascaíno que tinha botado a culpa em cima de Raul Campos, Raul Campos levando e não trazendo Jaguaré e Fausto, por que não lhes dera dinheiro de uma vez, se era dinheiro que eles queriam? Vendo Jaguaré metido a importante, de charuto na boca, se esqueceu de Raul Campos, ali estava o verdadeiro culpado.

Jaguaré foi obrigado a se retirar de São Januário debaixo de vaia, 'fora, fora!' Tomou um táxi, mandou o *chauffeur* tocar para Campos Sales, em Campos Sales torceu pelo América. O América venceu o Bonsucesso, o Vasco perdeu do Botafogo, assim o Vasco ia aprender a dar mais valor a um Jaguaré, a um Fausto[48].

Sem um Jaguaré, sem um Fausto no time, não se levantava campeonatos. Mas Jaguaré estava aqui, não estava na Espanha, o Vasco apontava Jaguaré como exemplo. Era no que dava um jogador largar um Vasco, onde tinha tudo, casa, comida, roupa lavada e engomada, por um *Barcelona*. Nem *Barcelona*, nem Vasco.

Apesar disso, Jaguaré não tirava o nome do *Barcelona* da boca. 'Menino, só vendo!' Bastava ser um jogador de futebol para levar vida de príncipe. Então por que ele não ia para lá? Ia para lá, sim, senhor, e não ia sozinho, ia com o Leônidas.

Os jornais se embandeiraram, Leônidas, aquele negrinho de nariz arrebitado, que tinha barrado Nilo, a caminho da Europa. Mais um. Leônidas nem apareceu no Cais do Porto. Jaguaré foi que apareceu para ser preso. Fora sorteado, não prestara serviço militar, passara por desertor.

Um bom pretexto para ele ficar. Se partisse, como ia viver? Só se assinasse o tal papel de naturalização, o tal papel que não tinha querido assinar por nada deste mundo, nem ele nem Fausto. Fausto talvez não estivesse mais lá.

Bem fizera Leônidas em não escutar Jaguaré. O *Barcelona* podia ser muito bom, mas para os outros. Leônidas imaginou-se numa terra estranha, sem dinheiro. E preto, ainda por cima. Se fosse branco, filho de italiano, mesmo se não fosse filho italiano, se fosse branco só, iria para a Itália, mudando de nome.

---

[48] Os dois jogos que encerraram o campeonato carioca de 31 foram realizados a 20 de dezembro.

Um preto precisava tomar cuidado, senão era enganado como Jaguaré. De esmola grande pobre desconfia. Trinta mil pesetas de luvas, mil pesetas de ordenado, quinhentas pesetas de 'bicho'. Quinhentas pesetas de 'bicho', onde já se vira coisa dessas? Mais parecia um conto de vigário.

E, depois, o *Barcelona* não mandara nenhuma proposta para ele, Jaguaré é que se oferecera para pagar-lhe a passagem. 'Você vai, chega, mostra o que sabe fazer com a bola, os espanhóis nunca viram isso'. Leônidas não queria meter-se em aventuras, tinha medo, começara outro dia. Há seis meses atrás era um desconhecido. Foi preciso Nilo ir passear na Europa, com o Vasco, para ele aparecer.

O campeonato brasileiro começara, enquanto o Vasco não voltasse Leônidas podia tapar o buraco deixado por Nilo. Teve o seu lugar no escrete, a sua oportunidade. A torcida gostou logo dele, Leônidas fazia coisas que nenhum outro jogador fazia. Nem Nilo.

Nilo ficava esperando que lhe dessem a bola para marcar um gol, Leônidas, não, sempre atrás da bola, correndo, sem parar, molhando a camisa, se matando em campo. E inventava jogadas. De repente plantava uma bananeira e, assim mesmo, de cabeça para baixo, prendia a bola entre os pés, depois dava um salto mortal. Um espetáculo.

Antes não se concebia um escrete sem Nilo, agora não se concebia um escrete sem Leônidas. De nada valeu Nilo voltar, marcar dois gols contra os uruguaios na Copa Rio Branco de 31, os únicos gols do jogo.

O público queria Leônidas, exigia Leônidas. Nilo acabou compreendendo, adoeceu na hora do jogo. Estava escalado para jogar a finalíssima do campeonato brasileiro, entrou em campo, bonzinho, para escutar a multidão sem parar: 'Leônidas, Leônidas, Leônidas!' Nilo deu um chute, começou a capengar, daqui a pouco saía de campo, a multidão ainda gritando por Leônidas.

Tudo bem arranjado. Leônidas só mudou de roupa depois de Nilo dizer que não podia jogar. Os gritos da multidão entravam pelo vestiário, chamando por Leônidas. E Leônidas aparecia pouco depois, aos saltos, sacudindo os braços, feito um macaco, para receber uma ovação como nunca se tinha visto.

Acabado o jogo, quem estava na arquibancada e na geral pulou para dentro do campo e carregou Leônidas em triunfo. Dos três gols da vitória carioca, dois tinham sido marcados por ele[49].

Leônidas, porém, não se sentia seguro. Um jogador de clube pequeno, o Bonsucesso, ainda discutido. Quando se perguntava qual era o maior meia-esquerda da cidade uns diziam Nilo, outros, Prego, outros Leônidas. Domingos, sim, é que ninguém discutia mais, todo mundo de acordo, o maior beque brasileiro de todos os tempos. Brasileiro só, não: do mundo.

Se Domingos, o 'Doutor', o 'Mestre', não acreditava em futebol, avalie Leônidas. Domingos queria uma garantia para o futuro. Um emprego de mata-mosquito, por exemplo. Um preto, assinando mal o nome, não podia conseguir coisa melhor.

---

[49] 13 de setembro de 31.

Foi mata-mosquito em plena glória, andando de casa em casa com sua bandeirinha amarela, com seu regador de creolina. Ganhava uma miséria, ia vivendo, porém, e quando chegava o fim do mês tinha o seu dinheiro. O dinheiro da Saúde Pública era certo, o do futebol vinha e não vinha.

Domingos não podia contar com o futebol para viver, apesar de ser o Domingos. O 'bicho' só melhorava um pouquinho na vitória. E dependia da vitória. Uma vitória contra os grandes clubes, talvez um galo. Contra os outros, os pequenos, um peru, o Bangu perdia, um coelho. Por isso Domingos preferia ser mata-mosquito.

Há um episódio pitoresco da vida de Domingos, que bem mostra em que pouca conta ele tinha o futebol. O Bangu ia levar o time numa excursão. Togo Renan Soares, que treinava o time dos 'mulatinhos rosados', como era chamado o Bangu, tentou convencer Domingos a pedir uma licença na Saúde Pública. Domingos recusou-se terminantemente, não largaria o serviço por causa do futebol. De nada adiantou Togo Renan Soares ridicularizar o grande emprego que Domingos tinha, pelo contrário. Um jogador como Domingos, mata-mosquito. E o que era pior, levando a sério um emprego daqueles, achando que ali estava o seu futuro. Domingos respondeu que era melhor ser mata-mosquito do que jogador de futebol. Se ele fosse viver do futebol morria de fome.

Pouco depois Domingos largava o Bangu, clube pequeno, pelo América, clube grande. Não é que Togo Renan Soares o tivesse convencido. Se deixou a Saúde Pública foi para ir trabalhar na serraria de Gabriel Nascimento, uma serraria que ficava na Rua Frei Caneca, quase defronte da Casa de Detenção. Quinhentos mil réis por mês, muito mais do que pagava a Saúde Pública.

O futebol podia servir, no máximo, para aquilo, para dar um bom emprego a um jogador. Tanto que Domingos não facilitou. Na hora da entrada do serviço lá estava ele, para grande espanto do patrão, que o colocara como jogador de futebol e não como operário.

Domingos não se queixava, satisfeito da vida, de machado em punho, cortando lenha. Queria que o patrão ficasse satisfeito com ele. Quando ele deixasse de jogar futebol não perderia o emprego. Era por isso que trabalhava, não recusando serviço, fazendo mais força na serraria do que num campo de futebol. Num campo de futebol nem molhava a camisa, jogava quase parado, em câmara lenta. Os outros jogadores, depois de oitenta minutos, estavam botando a alma pela boca, ele nada, como se não tivesse jogado.

Na serraria, suava. Terminado o dia de trabalho, parecia que tinha levado uma surra, todos os músculos doendo. Também o patrão cada vez mais encantado com ele.

Foi preciso que o Vasco lhe botasse na mão cinco contos de réis em notas pequenas. Nunca Domingos vira tanto dinheiro na vida dele. E era para começar. O Vasco lhe dava cinco contos de réis para ele assinar a papeleta da inscrição de amador. E mais quinhentos mil réis por mês. Sem contar com os 'bichos'. E ele não precisava trabalhar, podia ficar em casa descansando, para jogar melhor aos domingos[50].

E não precisava jogar todos os domingos. Jogaria quando quisesse, para não perder a forma, enquanto durasse o estágio de um ano no segundo time. Porque jogador que mudava de clube ficava de castigo um ano inteirinho, só podia jogar na preliminar.

O Vasco dava-lhe aquilo tudo, os cinco contos de luvas, os quinhentos mil réis por mês, para que ele não perdesse a paciência, esperasse. Assim, com o dinheiro no bolso, não havia perigo, Domingos ia esperar. Para ele um ano mais, um ano menos, não tinha importância.

O lugar dele no escrete ninguém ia tirar. Um ano no segundo time, que mal podia fazer? Era como se ele estivesse de férias.

Já Leônidas não pensava assim. Tinha vontade de ir para o América, o América lhe oferecendo este mundo e o outro, não foi com medo que a torcida se esquecesse dele[51]. A preliminar começava cedo, quase ninguém em volta do campo, a geral e a arquibancada se enchendo devagar, todo mundo queria era ver o jogo principal. Ainda faltava muito para acabar a preliminar, a multidão se impacientando, chegando a pedir que o juiz acabasse logo com aquilo.

E Leônidas gostava de jogar, de plantar bananeira em campo. Era assim que recebia palmas, que garantia um clichê de duas, de três colunas, nos jornais. Se fosse para um segundo time, adeus palmas, adeus clichês nos jornais, adeus escretes.

Tendo de escolher entre o branco Nilo e o preto Leônidas, a Comissão de Futebol da Amea não hesitaria mais, escalaria toda a vida o branco Nilo. Ainda assim ele teve os seus momentos de vai-não-vai. Tanto que assinou uma inscrição pelo América, arrependeu-se, assinou outra, arrependeu-se de novo, mais outra, e acabou ficando no Bonsucesso, no primeiro time. O pessoal de Campos Sales não o largava, atrás dele, o Bonsucesso não era clube para um Leônidas, um Leônidas só estava bem num América. Leônidas concordava, o diabo era o estágio, um ano no segundo time. E o pessoal de Campos Sales insistindo, um ano passava depressa, Leônidas ainda tinha pela frente uma porção de anos de futebol, podia esperar perfeitamente um ano.

Leônidas não resistia à boa conversa, pedia uma caneta, assinava a inscrição, Leônidas da Silva, numa letra bonita, de boa caligrafia. O América fez uma coleção de inscrições de Leônidas. Uma, duas, três. Leônidas não podia voltar

---

[50]Domingos assinou inscrição pelo América a 24 de dezembro de 31. No dia 31, pediu de volta a inscrição pelo América e assinou uma nova, pelo Vasco.

[51]Sem contar com a velha história da cor, um preto num grande clube. Leônidas foi franco com o repórter do *O Globo* que o entrevistou a 17 de outubro de 31. 'No aniversário do clube (o Bonsucesso) *Gentil* (Gentil Cardoso) fez-me um discurso. Ele tem uma mágoa com o América, porque o América fez Manteiga dar baixa e depois...' 'Agora Manteiga passa os dias bebendo na Bahia. Ele perguntou-me qual o jogador de cor que vindo de fora brilhou no América.' 'O elemento de cor que entra num grande clube nunca é bem recebido'.

mais atrás. Pois ele voltou atrás. Não apareceu mais em Campos Sales. Aníbal Pereira Bastos, diretor do Bonsucesso, foi lá em nome dele, pedir que o América rasgasse as inscrições.

O América não rasgou as inscrições, ficou com elas na gaveta para mostrá-las a quem se atravesse, em Campos Sales, a falar em Leônidas, 'aquele moleque, aquele preto sem-vergonha, aquele negro sujo. Negro quando não sujava na entrada sujava na saída'.

O América chegava a se esquecer de que tinha negros no time. Procurava uma maneira de ofender Leônidas, e lá vinha a cor. Moleque, preto sem-vergonha, negro sujo. E a consolação filosófica do ditado: 'negro quando não suja na entrada suja na saída'.

E os pretos do América? Os pretos do América não se ofendiam, sabiam que não era com eles. A prova de que não era com eles: o América não os mandava embora, estava satisfeito com eles.

Se Leônidas estivesse no América não seria moleque, preto sem-vergonha, negro sujo. Era tudo isso porque ficara no Bonsucesso, não fora para o América. A luta pelo jogador. Era o segundo que o América perdia, um atrás do outro. Primeiro a luta por Domingos, América e Vasco, depois a luta por Leônidas, América e Bonsucesso.

Eis o que doía mais ao América: ter perdido Leônidas para o Bonsucesso. Se fosse para o Vasco, vá lá. Como Domingos, Leônidas tinha o direito de escolher o que dava mais. O América não ficara com raiva de Domingos.

Domingos andara certo, qualquer outro faria o mesmo. O América dava mais que o Bangu, ele largara o Bangu, ele largara o Bangu pelo América. O Vasco dava mais que o América. Ele largara o América pelo Vasco. Entre quinhentos mil réis por mês, só, sem mais nada, e os mesmos quinhentos mil réis por mês com mais cinco contos de luvas, quem ia hesitar?

E ainda por cima os quinhentos mil réis por mês do América chorados no trabalho, um trabalho pesado de serraria. Domingos rachando lenha o dia todo. Com jogadores que tinham de trabalhar para ganhar um ordenado nenhum clube podia contar. Podia contar no princípio, depois, não.

Quanto jogador abandonava o futebol pelo emprego? O caso de Mineiro. Ganhava duzentos mil réis por mês em Campos. Tinha vindo ganhar trezentos mil réis no Rio, o América arranjara-lhe um lugar na Mayrink Veiga. Em dia de treino saía mais cedo do trabalho, o América empregara Mineiro para isso mesmo. Mineiro não faltava a um treino, jogava todos os domingos, se matava em campo.

O América apontava-o como um exemplo. Pena que ele fosse preto. Se não fosse preto podia ir às vesperais dançantes, às festas do América. Como era preto, tinha de ficar lá em baixo no *hall,* no bar, jogando bilhar. Não dizia nada, mas sentia cá por dentro. Pouco lhe adiantava molhar a camisa, dar tudo pela vitória do América. Adiantava-lhe, sim, trabalhar cada vez mais.

E Mineiro foi subindo na Mayrink Veiga, recebendo aumento de ordenado de quando em quando. Não lhe aumentavam o ordenado pelo futebol, aumentavam-lhe o ordenado pelo trabalho. Aí Mineiro não teve dúvida: entre o trabalho e o futebol, preferiu o trabalho.

O América querendo que ele saísse cedo às quartas-feiras para os treinos, ele só saindo quando terminava o serviço. O América devia ter aproveitado o exemplo de Mineiro dando dinheiro a Domingos logo de uma vez, para Domingos não trabalhar, jogar só.

2

Foi o que o Vasco fez. E Domingos não enganou o América. Depois de passar seis dias na serraria, de 26 a 31 de dezembro, apareceu em Campos Sales, foi franco. Ou o América lhe dava o que o Vasco lhe dava, cinco contos de luvas, quinhentos mil réis por mês sem serraria nem nada, ou ele ia para o Vasco.

Leônidas, não: assinou uma inscrição, outra e mais outra, fez o América de bobo três vezes. Ainda por cima sem vantagem nenhuma, para ficar no Bonsucesso, um clube pequeno, que não lhe podia dar nem a metade do que o América lhe ia dar. Quem era do América, desde o presidente até o mais humilde dos torcedores, ficou contra Leônidas.

Leônidas não perdia nada por esperar a vingança do América, do grande clube. Teve logo uma amostra num jogo do escrete. Os jogadores do América, Sílvio, Hildegardo, Hermógenes, Oscarino, Válter, se recusaram a entrar em campo com Leônidas[52].

A Comissão de Futebol que escolhesse. Quase todo o escrete do América, o América tinha levantado o campeonato de 31, o jogo era em Santos, os jogadores do América só avisaram que não jogariam com Leônidas quase na hora do jogo. Tiraram Leônidas do escrete, despacharam Leônidas de volta para o Rio.

E era o princípio. Marcava-se um treino do escrete. Leônidas aparecia, os jogadores do América paravam de treinar, iam saindo, um por um. E quando chegou o campeonato, o primeiro jogo do América e Bonsucesso foi em Campos Sales. Leônidas pegava uma bola, levava logo uma vaia.

---

[52] A 3 de março de 32 os jornais publicavam: 'Protestando contra a inclusão de Leónidas', título, 'Sílvio e Hildegardo não embarcaram', subtítulo. Leônidas seguiu com o Combinado Olímpico para Santos, jogou o primeiro jogo, dia 5, antes do segundo, dia 7, estava de volta. Pouco depois, a 17 de março, quando se organizava o escrete para enfrentar o *Wanders*, de Montevidéu, os jogadores do América se negaram a treinar com Leônidas. Leônidas foi afastado do escrete que jogou com os uruguaios.

'Uh! Uh! Uh!' era pouco. 'Moleque, preto sem-vergonha, negro sujo'. Leônidas acabou não aguentando mais, fez um gesto feio, quase que o mundo veio abaixo. Sílvio Pacheco, o quíper do América, foi logo dando nele.

A multidão invadiu o campo, 'lincha, lincha!', a polícia cercou Leônidas, o jogo ficou interrompido uma porção de tempo. E lá veio a diretoria do América, incorporada, falar com o juiz, Luís Neves. O América não continuaria o *match* se Leônidas ficasse em campo.

O juiz não tinha visto Leônidas fazer gesto feio, tinha visto era Sílvio Pacheco dar um soco em Leônidas. E nada do jogo recomeçar, e a multidão ameaçando Leônidas, os jogadores do Bonsucesso.

O Bonsucesso acabou tirando Leônidas de campo. Tirou Leônidas, ficou com dez jogadores, mais pretos do que brancos, continuou o *match* assim, até o fim. E derrotou o América por quatro a dois, cada jogador do Bonsucesso jogando por ele e por Leônidas[53].

Quem abrisse um jornal do dia seguinte, principalmente de dois, três dias depois, havia de ler manchetes de exaltação ao Bonsucesso. Uma delas chamava o time de camisa azul de 'Maravilha de32'. Outra transformava o pequeno clube da Estrada do Norte em 'Academia do Futebol'.

O subúrbio já tinha uma fábrica de jogadores: o Bangu. Ficava, também, com uma academia de futebol: o Bonsucesso. Influência do quadro negro de Gentil Cardoso.

Em dias de treino, em dias de jogo, os jogadores do Bonsucesso se demoravam mais um pouco no vestiário, sentados nos bancos, feito meninos em aula, enquanto Gentil Cardoso desenhava, a giz, 'emes' e 'dáblius' no quadro negro. Nunca se vira nada parecido: um treinador ensinando futebol, como se futebol fosse coisa que se ensinasse.

E, ainda por cima, um treinador preto. Um preto metido a inglês, Inglaterra para cá, Inglaterra para lá. Welfare, inglês e tudo, quase não falava na Inglaterra. Pelo menos diante dos brancos, dos mulatos e dos pretos de São Januário, todos convencidos de que futebol só o brasileiro, e o resto era conversa.

Se o *Mister,* algum dia, pensou em desenhar um 'eme' ou um 'dábliu' num quadro negro, ficou nisso, na vontade. Os jogadores do Vasco não se submeteriam ao ridículo de aprender futebol. Os jogadores do Bonsucesso, modestos, desconhecidos, Leônidas era o único que pegara um escrete, achavam que Gentil Cardoso sabia mais do que eles.

Pudera: correra mundo, a vantagem de ser marinheiro, conhecia Londres, tinha visto o *Arsenal* jogar. Pouco importava que fosse preto. O que não faltava no Bonsucesso era preto. Sete num time. Os cinco atacantes que, no campo, formavam o 'dábliu' do Gentil Cardoso, os dois extremas, Carlinhos e Miro e o centroavante, Gradim, lá na frente, os dois meias, Prego e Leônidas, cá atrás, todos pretos.

---

[53] 1 de maio de 32.

Os pretos do Bonsucesso entendiam a linguagem de Gentil Cardoso, os brancos dos outros times é que não entendiam. Enquanto o Bonsucesso andou vencendo, Gentil Cardoso pôde desenhar, tranquilamente os seus 'emes', os seus 'dáblius' no quadro negro. Bastou, porém, que o Bonsucesso perdesse uma vez, e todo mundo caiu em cima dele.

Os jornais publicavam clichês de Gentil Cardoso no quadro negro. Além do 'eme', do 'dábliu', botaram um 'ípsilon', um 'xis'. E não se chamou mais o time da camisa azul de anil de 'Maravilha de 32', o pequeno clube da Estrada do Norte de 'Academia de Futebol'.

Leônidas voltou a ser o moleque, o preto sem-vergonha, o negro sujo. A enorme torcida do América dando o exemplo, não deixando Leônidas em paz. Era fácil dizer não ligue, não se importe, Leônidas acabava perdendo a cabeça.

O Leônidas de 31, bom rapaz, amável com os jornalistas, o Leônidas que oferecia chopadas aos amigos no dia do seu aniversário, virou o irrequieto Leônidas de 32. Não aguentava mais uma vaia, uma nota de jornal, assim, assim.

Quando um clube queria derrotar o Bonsucesso, já sabia o caminho. Era ridicularizar o quadro negro de Gentil Cardoso, era reviver a estória do colar de Leônidas[54]. Uma mulher tinha ido à polícia fazer queixa de Leônidas. Os jornais abriram colunas: mais uma do irrequieto Leônidas.

O Bonsucesso calou a boca da mulher com quarenta mil réis, o preço do colar de contas, não pôde calar a boca dos jornais, dos outros clubes. Os outros clubes achando que devia ser até proibido um jogador como Leônidas entrar em campo.

Leônidas entrava em campo, um engraçado da geral, da arquibancada, perguntava logo pelo colar. Um jogador marcado. Não admira que, muitas vezes, na hora do jogo, ficasse dentro do vestiário, 'não jogo, não jogo'.

E lá ia Gentil Cardoso pedir aos jornalistas que não metessem mais o pau em Leônidas. Os jornalistas prometiam, Leônidas criava alma nova, aparecia em campo mostrando todos os dentes.

Qualquer coisinha que fizesse, 'olha o colar', Leônidas fingia que não tinha escutado, 'olha o colar', outra vez, mais outra, até ele perder a cabeça, fazer um gesto feio para a assistência. Aí o jogo parava. 'Fora! fora!', só se via torcedor querendo pular a cerca para dar nele.

Leônidas esperava que a polícia o prendesse, que o juiz o botasse para fora de campo. Só assim ele estaria livre, para jogar mais vezes nos festivais de Jaguaré. Porque Jaguaré ficara no Rio, não falava mais em voltar para a Espanha.

Se voltasse não encontraria Fausto por lá, teria de ir até à Suíça, Fausto estava jogando num clube de Zurique. Jaguaré precisava viver, para viver organizava combinados, promovia festivais. Os combinados de Jaguaré mudavam de nome, uma vez era o Modestino, outra vez era o São Sebastião. De quando em quando

---

[54] A acusação contra Leônidas surgiu logo depois da volta do Bonsucesso de uma excursão a São Paulo. A excursão durou de 22 a 31 de janeiro de 32. A 1 de fevereiro já se falava do colar.

os jornais anunciavam um festival assim, patrocinado por um clube do subúrbio, por um bloco carnavalesco.

O Bloco Carnavalesco 'Não Posso me Amofinar' patrocinou o festival que tinha como prova de honra um jogo entre o Combinado Astralo e o Combinado Modestino. O Combinado Astralo era quase o time do América. Jogando no Astralo os jogadores do América não se incomodavam vendo Leônidas do outro lado. Pelo contrário.

Com Leônidas do outro lado o festival daria mais. Com Leônidas, Domingos, Jaguaré. Pena que Fausto andasse pela Suíça. Senão todos os grandes pretos do futebol brasileiro estariam jogando no Modestino, no São Sebastião. Nenhum deles se incomodava com as ameaças da CBD. A CBD abria inquéritos, juntava recortes de jornais, cada um com uma escalação dos combinados, recortes de jornais não eram documentos.

Mas talvez os outros se assustassem. Se Domingos se assustasse, a CBD ficaria satisfeita. A CBD não queria eliminar Domingos, queria eliminar Leônidas. Leônidas, porém, nunca jogava sozinho, fazia-se acompanhar de uma porção de jogadores dos outros clubes.

Domingos, por exemplo, não faltava a um só festival de Jaguaré. Não era nada, não era nada, mais cinquenta, mais cem mil réis para o bolso dele. A renda do festival dividida entre os jogadores. Os jogadores faziam comparações. Recebiam quase a mesma coisa para jogar num festival do Bloco Carnavalesco *'Não Posso me Amofinar'* ou num grande *match* da Amea.

A CBD alarmada, naquele passo o profissionalismo não demoraria muito. Não ia demorar, não, senhor. A prova é que um belo dia Jaguaré apareceu outra vez em São Januário e não foi posto para fora.

Pelo contrário: recebeu uma ovação, pôde ir mudar de roupa no vestiário, como nos outros tempos, aparecer em campo para treinar, com uma camisa do *Barcelona* e de luvas de couro. Jaguaré explicava. Lá na Europa os goleiros só jogavam de luvas de couro.

E todo mundo de boca aberta. Um sucesso. É verdade que Jaguaré dizia que podia jogar quando o Vasco quisesse, que tinha uma carta de *Mr.* Jules Rimet, presidente da FIFA, passando-lhe um atestado de amadorismo.

O Vasco, porém, não chamara Jaguaré para jogar como amador. Estava era se preparando para o profissionalismo, que vinha por aí. Já se falava em São Januário em mandar buscar Fausto. E ninguém estranhava mais.

Até o Fluminense se convencera de que não havia outro jeito. Desde 24, há oito anos, não levantava um campeonato. Também era o clube que dava menos 'bicho'. Botava um funcionário da tesouraria na porta. O jogador saltava do táxi, o funcionário perguntava quanto era e pagava.

O Fluminense pensando que o jogador não queria mais nada. Foi preciso Fernando Giudicelli voltar da Itália, levar Demósthenes Magalhães. O Fluminense começou a desconfiar de que os seus jogadores eram iguais aos dos outros clubes. Se não iguais, parecidos.

Luís Vinhaes, que dizia que assim o Fluminense nunca mais seria campeão, reuniu os jogadores. Afonso de Castro fez a pergunta: os jogadores preferiam o 'bicho' como o Fluminense dava ou como os outros clubes davam? Apenas Prego, que nunca recebera um 'bicho' na vida dele, ficou calado, não era com ele. O resto respondeu que 'como os outros clubes davam'. Até Veloso, chamado o 'arqueiro das mãos de seda', e Albino, quase advogado, e Ivan, quase engenheiro. E Riper, e Alfredo, e De Mori.

O Fluminense, cansado de perder campeonatos, tornou-se um pioneiro de profissionalismo. Com o profissionalismo, ele lutaria em igualdade de condições com os outros clubes. Não perderia mais jogadores, como perdera Fernando Giudicelli, como perdera Demósthenes Magalhães, dois pivôs do time, como se dizia, em um ano. E poderia formar um grande time, capaz de levantar campeonatos, indo buscar jogadores nos clubes pequenos, nos subúrbios, nos Estados, fosse onde fosse, brancos, mulatos e pretos.

Porque com o profissionalismo não fazia mal o Fluminense botar um mulato, um preto no time, contanto que fosse um grande jogador[55]. Melhor branco. Mulato ou preto, só grande jogador.

Não um Leônidas, é claro, não por causa da cor, por causa do colar. O Fluminense não queria que, quando algum de seus jogadores entrasse em campo, um engraçadinho da geral ou da arquibancada perguntasse por um colar ou coisa que o valha. Um Leônidas, não, mas um Domingos, sim.

Não é que o Fluminense pretendesse tirar Domingos do Vasco. O Fluminense reconhecia os direitos do Vasco, adquiridos com aqueles cinco contos de luvas, aqueles quinhentos mil réis por mês. Além do que Domingos não queria mais vestir a camisa das três cores.

Tinha querido vesti-la noutro tempo, como amador, sem receber nada, para ser o primeiro preto a jogar pelo Fluminense. Fora um sonho de Domingos entrar no Fluminense como preto, o Fluminense se esquecendo de que ele era preto, ou se lembrando para não se importar, querendo-o assim mesmo, achando que ele merecia uma exceção. Um time de dez brancos de boa família, dentro da tradição tricolor, e um preto, Domingos.

A oportunidade passara para nunca mais voltar. Agora qualquer preto ia poder entrar em Álvaro Chaves, igual aos outros clubes o Fluminense não interessava a Domingos. Por dinheiro, ele jogaria no Vasco.

O Fluminense não teria Domingos, teria, porém, pretos como Domingos. E sem deixar de ser o que era, um clube de branco, de gente fina. Botava um preto no time, continuava o aristocrático clube das Laranjeiras.

O preto jogava, ajudava o Fluminense a vencer, acabado o jogo mudava de roupa, ia embora. Não havia perigo do preto frequentar a sede, aparecer numa *soirée*, num baile de gala do Fluminense. O jogador profissional, branco, mulato

---

[55] *O Globo* reproduzia, a 17 de janeiro de 33, palavras de um diretor do Fluminense: '...a questão de cor não existirá no Fluminense com a implantação do novo regime (o profissionalismo)'.

ou preto, era um empregado do clube. O clube pagava, toma lá, dá cá. O jogador ficava no seu lugar, mais no seu lugar do que nunca.

Naturalmente, entre o preto e o branco, o Fluminense tinha de preferir o branco. Se fosse possível um time só de brancos, melhor. E talvez fosse possível. Não faltava bom jogador branco. Se não fosse possível um time só de branco, botava-se um preto, dois, nada de abusar. Afinal de contas o Fluminense era o Fluminense, era o Fluminense.

Ainda se podia comparar a arquibancada social do Fluminense a uma *corbeille* de flores. Muita moça. O que não se via era chapéu. As moças iam para o futebol sem chapéu, mais à vontade, esportivamente.

Era duro imaginar aquelas moças finas, tão elegantes, tão bonitas torcendo por um preto. E se o Fluminense botasse um preto no time elas não teriam outro remédio senão torcer, gritar pelo nome do preto, 'aí Dominguinho'. Porque uma boa torcedora começava por chamar o jogador assim, pelo diminutivo, maternalmente. De quando em quando saía um 'meu filho'.

O Fluminense jogando, a moça querendo que o Fluminense vencesse, pegando-se com os santos, com os jogadores. Por isso o Fluminense precisava ter cuidado, só botar preto no time em último caso, quando não houvesse um branco que jogasse tanto quanto ele em parte alguma.

Senão as moças seriam obrigadas a pedir a um preto que fizesse um gol, que não deixasse passar uma bola. Pedir, suplicar. O que o Fluminense devia evitar a todo custo.

Não havia de ser muito fácil. Os pretos estavam por cima. O escrete da Copa Rio Branco cheio de pretos: Domingos, Oscarino, Leônidas, Gradim, Jarbas. Nunca a CBD mandara um escrete para fora com tantos pretos[56].

Diga-se de passagem: fez tudo para embranquecer o escrete. Para botar Russinho ou Carvalho Leite no lugar de Gradim, para botar Nilo ou Prego no lugar de Leônidas. Renato Pacheco, o presidente da CBD, chegou a proibir que Leônidas jogasse. Podia embarcar com os outros, seria um escândalo que não embarcasse, fora o melhor meia nos treinos, estava escalado, mas jogar, não.

Era uma coisa que Renato Pacheco não admitia: Leônidas vestindo a camisa da CBD. A estória do colar. E quando acaba Leônidas joga, marca os dois gols da vitória brasileira, a CBD teve que se esquecer do colar. Ninguém se lembrava mais do colar e, mesmo que se lembrasse, Leônidas marcara os dois gols da vitória brasileira, o resto não tinha importância.

A CBD associou-se às homenagens a Leônidas, todo mundo só queria saber de Leônidas e de Domingos. Um marcara dois gols, o outro não deixara passar nenhuma bola. Os símbolos do futebol brasileiro: Domingos e Leônidas.

---

[56]'Os rapazes que venceram, em Montevidéu, eram um retrato da nossa democracia social, onde Paulinho, filho de família importante, se uniu ao negro Leônidas, ao mulato Oscarino, ao branco Martim. Tudo feito à boa moda brasileira'. (José Lins do Rêgo, prefácio de *Copa Rio Branco, 32*.)

Havia outro: Fausto. Mas Fausto estava longe, não disputara a Copa Rio Branco. Assim Domingos e Leônidas açambarcaram todas as atenções. Principalmente Leônidas.

No cortejo da vitória, a Avenida Rio Branco que não se podia andar, como um terceiro dia de Carnaval[57]. Leônidas ficou na capota arriada de um automóvel, abraçado com a Copa Rio Branco. E 'Leônidas! Leônidas! Leônidas!'.

Domingos quase escondido, no banco de trás de outro táxi, cumprimentando o povo, um aceno de cabeça para a direita, um aceno de cabeça para a esquerda. Leônidas recebia mais palmas, ele recebia mais dinheiro.

O *Nacional* de Montevidéu atrás dele, oferecendo-lhe de entrada dez mil pesos-ouro, quase oitenta contos por um ano de contrato. O *Peñarol*, querendo Leônidas, não fora além de cinco mil pesos-ouro. Leônidas ia para o *Peñarol*, Domingos ia para *Nacional*.

Não adiantara de nada o Vasco dar cinco contos de luvas a Domingos, os quinhentos mil réis por mês. Domingos abrira os olhos. Era um profissional de futebol, ficaria com o clube que lhe pagasse mais.

O Vasco não lhe pagaria nem a metade do que lhe dava o *Nacional*. Talvez uns dez contos de luvas, talvez um conto de réis por mês. Domingos ainda esperou, não foi logo para Montevidéu. Queria passar o Carnaval no Rio, ver até onde o Vasco chegava.

O Vasco apressando o profissionalismo para ficar com Jaguaré logo de uma vez, não perder Domingos, mandar buscar Fausto. Parecia que não ia haver a menor dificuldade. Se o clube mais cheio de coisa, o Fluminense, concordava, qual era o clube que não ia concordar?

Falava-se abertamente de profissionalismo. Tão abertamente que os clubes de São Paulo não precisavam mais esconder que pagavam ordenados aos jogadores. Os ordenados não eram grandes, mas os 'bichos' de vitória chegavam a trezentos, a quatrocentos mil réis. De outra forma o futebol paulista, cheio de jogadores filhos de italianos, estaria sem um craque.

A corrente emigratória para a Itália diminuíra muito. Só de longe em longe um jogador paulista, sempre um veterano, tomava um vapor, ia para Roma, Gênova e Turim. O jogador novo ficava. Uma prova: Romeu Peliciari.

João Chiavoni, emissário de um clube italiano, anunciava: 'Romeu segue'. O Palestra dava um jeito, Romeu não seguia, ficava.

É verdade que uns clubes facilitavam. O Sírio, por exemplo. Deixava de pagar aos jogadores, os ordenados se atrasando um, dois, três meses. Petronilho queixou-se de que não recebia há quatro meses[58]. Também quando um clube não pagava, o jogador fazia greve, não jogava.

---

[57]19 de dezembro de 32.

[58]Entrevista de Marineti, treinador húngaro, que voltava de São Paulo, publicada no *O Globo* de 10 de janeiro de 33: 'O Sírio não paga aos seus jogadores de uns tempos para cá. Atravessa uma situação difícil, tanto que Petronilho não atua há três meses'.

Petronilho estava de malas prontas, fechara negociação com o *San Lorenzo de Almagro*, de Buenos Aires. De qualquer maneira era bom que os clubes não perdessem mais tempo. Petronilho para o *San Lorenzo*, Domingos para o *Nacional*, Leônidas para o *Peñarol*.

Chegado o momento, o Botafogo foi contra. O Fluminense a favor, o Botafogo contra. Explicava-se: o Fluminense não tinha time, o Botafogo tinha. Levantara o campeonato de 30, de 32. Depois de esperar vinte anos por um campeonato, fora campeão uma vez, outra. Podia ser campeão mais outra e mais outra, se tudo ficasse como estava, o jogador para mudar de clube tendo de passar um ano no segundo time. O Botafogo fez tudo para que nada mudasse. Arrastou o Flamengo, campeão do returno de 32, também com time, arrastou o São Cristóvão. Por pouco tempo. O Fluminense, o Vasco e o América implantaram o profissionalismo sem o Botafogo, sem o Flamengo, sem o São Cristóvão. O Flamengo não demorou a largar o Botafogo, o São Cristóvão, idem[59].

O Botafogo, de repente, viu-se sozinho, ameaçado por tudo quanto era grande clube, tudo quanto era grande clube atrás de seus jogadores. Felizmente para o Botafogo muito jogador tinha vergonha de se tornar profissional.

Branco, está claro. O jogador branco, de boa família, não tinha medo só de se tornar profissional, tinha vergonha também. O medo era de perder aquela vida gostosa de amador. O jogador mandando no clube, jogando a pedido, todo mundo atrás dele, 'jogue, jogue', e ele se fazendo de rogado. Acabava entrando em campo, sacrificando-se mais uma vez.

Se jogasse mal, ninguém podia abrir a boca. 'Eu sou amador, não devo nada ao clube'. O clube é que lhe devia. Fosse um profissional perder um gol certo, cercar um frango, para ver uma coisa. O caso de Jaguaré.

Enquanto não assinou um contrato teve o direito de rodar a 'bichinha' na ponta do dedo. Desenhou o nome, Jaguaré Bezerra de Vasconcelos, em cima de umas estampilhas, a primeira bola assim que engoliu acabou com ele em São Januário. Jaguaré sem compreender direito o que estava sucedendo. Olhando espantado, para a direita e para a esquerda, só vendo gente de punho fechado, ameaçando, tudo de escudo do Vasco no peito. 'Palhaço! Vai para o circo, palhaço!'[60]

O jogador branco, de boa família, tinha medo de não ser respeitado, de virar um Jaguaré. O Fluminense avisando: profissional é empregado do clube. O Botafogo, então, nem se fala. Saía um jogador de General Severiano, ia para Álvaro

---

[59]A Liga Carioca foi fundada a 23 de janeiro de 33, implantando o profissionalismo. O Flamengo, permanecendo na Amea, teve o cuidado de arranjar uma excursão, indo jogar em Montevidéu e Buenos Aires. Voltou em fins de abril. Aí os jogadores não quiseram esperar mais. Num dia só, o Flamengo perdeu Luciano e Vicentino, o que apressou o seu pedido de filiação à Liga Carioca, 19 de maio. O São Cristóvão, que andou menos depressa, quase ficou sem time. Seis dos seus jogadores, Juca, Ernesto, Afonsinho, Roberto, Cebo e Carreiro, procuraram clubes que já tinham adotado o profissionalismo. E ainda por cima a Liga Carioca só lhe assegurou um lugar na SubLiga.

[60]Jogo Vasco e Palestra, 18 de julho de 33.

Chaves, morria para ele. Pouco importava que o tivesse ajudado a levantar um campeonato, como Benedito e Álvaro.

O Botafogo procurava esquecer-se de que ele vestira a sua camisa. Lembrando-se mais dos outros, mandando cunhar para cada um deles uma medalha de ouro. Do que fora embora, proibia que se falasse em General Severiano. A maneira de um pai à antiga, que fechava a porta de casa para a filha que casara sem o seu consentimento, ou fizera coisa pior. O jogador branco, de boa família, ficava com vergonha de deixar de ser bom moço[61]. Todo mundo pensando que ele era amador e, de repente, é um profissional, vive do clube.

Viver do clube sendo, para os amadoristas, quase o mesmo que viver de mulher. Uma espécie de cafetinização. É verdade que muito amador não fazia outra coisa. Vivia do clube, recebia dinheiro, mas por fora, escondido. O clube negando: 'fulano? nunca levou vantagem'. Amador puro, como poucos. Ninguém podia provar o contrário.

E, depois, o que clube dava, por mais que fosse, era pouco, pelo menos todo mundo achava pouco, uma ninharia. Cinquenta, cem mil réis por uma vitória, a título de condução, para pagar o táxi. O clube pagava o táxi, ida e volta, mesmo que o jogador andasse de bonde, morasse pegado ao campo, na prestação de contas o clube ficava sempre devendo os oitenta minutos de corre-corre atrás da bola, jogador molhando a camisa, se matando em campo.

Por isso mesmo o torcedor, encarnando o clube, quando se aproximava de um jogador, se sentia como devedor insolúvel diante de um credor generoso. Todo gratidão.

Daí a consideração que merecia o jogador.

Numa festa, metido no seu *smocking*, era um convidado de honra. As moças em volta, fazendo questão de dançar com ele. O profissional, empregado do clube, tinha de ficar de fora. As *soirées* dançantes, os bailes de gala, influindo na luta entre o amadorismo e o profissionalismo. O salão fora, durante muito tempo, o prolongamento do campo. Mal acabava um jogo, em Álvaro Chaves, em General Severiano, a orquestra começava a tocar, os jogadores fugiam dos abraços, corriam para o vestiário, tratavam de mudar de roupa depressa, para não perder uma dança. Principalmente no Fluminense e no Botafogo.

O que explica a luta que foi, no período de transição do marronismo para o profissionalismo, fazer um jogador do Fluminense e do Botafogo assinar um contrato. Não se tratava de falta de vontade. Certos jogadores, porém, de boa família, mesmo que não fossem passavam por tal, gostavam da festa, tinham representado, toda a vida, o papel de bons moços.

Antes parecia fácil, a coisa mais fácil do mundo, assinar um contrato. Osvaldo Veloso, chamado 'o arqueiro das mãos de seda', dizendo que se viesse

---

[61]Coisa que Osvaldo Veloso, quíper do Fluminense, tinha previsto respondendo a uma enquete do *O Globo*: 'Quando chegar o grande momento muito profissional mascarado preferirá passar fome a abraçar o profissionalismo.'

o profissionalismo seria capaz de se tornar um profissional. Não por causa do dinheiro: para mostrar que o profissionalismo não desonrava ninguém. Veio o profissionalismo, Veloso não assinou contrato[62].

Nem ele, nem Albino, nem Ripper, nem Alfredo, nem De Mori, nem Teófilo. O Fluminense pensando que todos assinariam, menos Prego, o único que não recebia 'bicho', amador cem por cento. Só Ivan Mariz teve coragem. Para terminar os estudos com o dinheiro ganho pelo próprio esforço, para poder esperar quando se formasse, sem depender de ninguém.

Os outros, quando falavam em assinar contrato, era para dar o dinheiro a uma instituição de caridade. Se não todo, metade. Queriam ser, como profissionais, mais amadores do que nunca. Mais bons moços. Fazendo o sacrifício de jogar por dinheiro para não deixar de servir ao clube.

Coisa de branco. Preto não tinha nada disso. Foi só o Vasco mandar o dinheiro da passagem para Zurique, Fausto tomou o primeiro vapor, voltou como um filho pródigo.

Era a vez do preto, o agora sim. Ia-se a um treino de um Fluminense, de um Flamengo, de um América, de um Vasco, os pretos se amontoavam na pista. O Fluminense preferindo ver os brancos primeiro. Ainda sustentando o princípio de que preto só em último caso. O Flamengo, não, cedeu logo, botou no time o mulato Roberto, do São Cristóvão, o preto Jarbas, do Carioca.

Os pretos apareciam mais no Vasco, no América, sentindo-se em casa em São Januário, em Campos Sales. De uma vez, seis pretos do Andaraí foram treinar em Campos Sales. Um beque, Baiano, cinco atacantes, o ataque inteirinho, Chagas, Astor, Romualdo, Palmier e Bianco.

Não admira, portanto, que um time, quase inteiramente de pretos, fosse o campeão de 33. Para se ter uma ideia: oito mulatos e pretos no time do Bangu: Euclides, o 'Tatibitate', Sá Pinto, Paulista, Santana, Médio, Sobral, Ladislau e Tião.

O Bangu nunca tinha levantado um campeonato. Era um clube pequeno de subúrbio, fazia um jogador, os clubes davam em cima dele, o jogador acabava indo embora, para o Vasco, para o América. Assim, como é que o Bangu podia competir com os clubes da cidade? Só se o deixassem em paz, não se preocupassem com ele, não cobiçassem os seus jogadores. O que houve em 33.

O Fluminense, o Flamengo, o Vasco e o América convencidos de que o Bangu não ia fazer nada. Se o Bangu não levantara um campeonato com o amadorismo, quanto mais com o profissionalismo. Um time que custava uma ninharia. Em luvas nem se falava. Ordenados de trezentos, de quatrocentos mil réis no máximo.

Mas para os mulatos e os pretos do Bangu era muito, nunca tinham visto tanto dinheiro. O negro velho, pai do Tião, ficava esperando pelo filho lá em Bangu. Com o 'bicho' de uma boa vitória, cem mil réis, a família do Tião ia passar bem uma porção de dias.

---

[62]De uma entrevista de Veloso: 'Essa vida **(a do jogador profissional)** seria intolerável para mim, porque eu amo a festa, a dança, o convívio social'.

O negro velho não facilitava: Tião com dinheiro no bolso podia até se desencaminhar. Não era só o negro velho, pai do Tião, que tomava conta dele. Havia Luís Vinhaes, havia o tenente Rincão.

Luís Vinhaes largara o Fluminense, cansado de lutar com jogador branco, de boa família, cheio de chiquê. Os pretos do Bangu, outra coisa: simples, modestos, de alma aberta, sem complicações. Respeitando Luís Vinhaes, ouvindo-o de cabeça baixa.

Vinhaes pegara um escrete de desconhecidos, o escrete da Copa Rio Branco, com uma porção de pretos como eles, derrotara três vezes os uruguaios, campeões do mundo. Por isso o que Vinhaes dizia em Bangu era o que se fazia.

O Bangu tinha de arranjar uma casa para os jogadores. Os jogadores não podiam ficar soltos, antes e depois dos treinos, dos jogos, metendo-se em botequins, bebendo cachaça. A Companhia Progresso Industrial do Brasil nem discutiu. O Chalé dos Ingleses, em Moça Bonita, estava vazio. Mandou-se limpar o Chalé dos Ingleses que se transformou, de um dia para outro, na casa dos jogadores.

Os jogadores passavam o dia lá, debaixo das árvores, muita laranjeira, afastados de todas as tentações, principalmente dos botequins, da cachaça. Somente às quintas-feiras, antes do treino, Vinhaes permitia visitas. As famílias dos jogadores, pais, irmãos, mulheres, namoradas, apareciam, espalhavam-se com eles pelo quintal, formando grupinhos, parecia que havia piquenique.

Fora disso, nada. Ninguém entrava e ninguém saía, a não ser com ordem. De noite se podia ver os soldados do tenente Rincão, fuzil no ombro, andando de um lado para o outro, as sentinelas do Chalé dos Ingleses, do time do Bangu.

3

Os jogadores deitavam-se, religiosamente, às dez horas. O quíper e os beques num quarto, os alfes noutro, os atacantes noutro. Ideia de Luís Vinhaes: para tornar mais camaradas os jogadores que iam jogar juntos. Euclides, o 'Tatibitate', Zezé, Mário, Camarão e Sá Pinto em camas quase encostadas. Enquanto o sono não chegava, batiam papo. Sobre futebol, é claro.

Enquanto durasse o campeonato, os moradores do Chalé dos Ingleses não podiam pensar em outra coisa. Nem tinham tempo. Às sete horas, Vinhaes tocava a sineta. Os jogadores levantavam-se, calçavam os seus sapatos de tênis, enfiavam-se nos seus calções, tratavam de se apressar, sabiam que Luís Vinhaes os estava esperando na estrada. Não tomavam café, o café ficava para depois.

Todos os dias a mesma coisa. Só tinham estranhado a primeira vez. Também Luís Vinhaes não dissera nada, guardara segredo até o último instante. Aí apontara para uma elevação, lá no fundo da paisagem, o morro do Engenho. Era mais uma ladeira do que um morro. Ficava longe, porém, uma légua, ida e volta, os jogadores achando que nunca chegariam, que não iam aguentar.

Luís Vinhaes foi logo dando as costas, apressando o passo. A ida seria assim, numa marcha. A volta, não. Luís Vinhaes desceu a ladeira correndo, sem esperar por ninguém, continuou correndo, não se virando uma só vez para ver se os jogadores vinham atrás dele. Vinham, não havia dúvida.

O sol já alto, batendo de cheio na cabeça, no peito, nas costas nuas de Vinhaes, dos jogadores, todos suados, vermelhos, pegando fogo. Quando chegassem ao Chalé dos Ingleses encontrariam a mesa posta. Mas precisavam descansar um pouco, esfriar o corpo, meter-se debaixo do chuveiro.

Antes do café, a gemada. Luís Vinhaes colocava uma gema de ovo, crua, numa colher de sopa, espremia um pouco de limão em cima. Os jogadores, enfileirados, aproximavam-se um por um, abriam a boca, engoliam a gema do ovo. E podiam, então, sentar-se em volta da mesa comprida, tomar o seu café-com-leite, farto, muito pão, muita manteiga.

Acabado o café, quintal. Quem sabia tocar violão ficava dedilhando as cordas, enquanto os outros estiravam as pernas debaixo das laranjeiras, aproveitando a sombra, que tinha a frescura de um lençol limpo, de papo para o ar, olhando o céu, talvez à procura de avião. Não era raro um avião aparecer. Quando aparecia voava baixo, chegava a derrubar as laranjas maduras pela deslocação do ar. De propósito.

O Campo dos Afonsos perto do Bangu, o que não faltava era aviador torcendo pelo clube da fábrica. Daí os piqués, parecia que o avião ia se despedaçar no quintal do Chalé dos Ingleses. Os jogadores, cá embaixo, corriam, apontando para cima, feito crianças. O aviador tinha avisado: 'amanhã vou tirar umas laranjas para vocês'. E tirava mesmo.

O chão do quintal ficava cheio de laranjas. Assim o tempo passava mais depressa, os jogadores nem sentiam chegar a hora do almoço. A sineta tocava meio-dia. Só depois do toque da sineta é que os jogadores percebiam que estavam morrendo de fome.

Devoravam o almoço. Alguns deles, o 'Tatibitate', o Camarão, o Ferro, o Santana, o Médio, o Ladislau, até Tião, apesar de não engordar nunca, sempre magro, só comiam em prato fundo. Enchiam o prato fundo de feijão, não dispensavam o seu feijão, a sua carne seca, a sua farinha.

Luís Vinhaes tivera de desistir de um *menu* 'à Fluminense', cozinha francesa. Os jogadores estranhando, chegando a reclamar. O remédio foi fazer feijoada todos os dias. Comida de fazenda, com muita verdura, muita carne. Os bifes sangrentos, grossos, enormes. Os que comiam no prato fundo repetiam os bifes.

Quando acabavam de comer parecia que não tinham comido: o prato fundo limpo, branco, brilhante. Luís Vinhaes, na cabeceira da mesa, sorria satisfeito da vida. Comendo bem, treinando muito, aqueles jogadores iam dar o que falar.

Em cada treino, em cada jogo, se notava uma diferença para melhor. O individual de manhã cedo virara passeio. Estavam todos tão acostumados que iam e voltavam, do Chalé dos Ingleses ao morro do Engenho, correndo. Os que comiam no prato fundo correndo mais. Luís Vinhaes fazendo questão de puxar por eles. Não queria que nenhum jogador engordasse, ficasse pesado. Os grandes, Camarão, Santana, Médio, Ladislau, eram só músculos.

E o Bangu começou a vencer jogo atrás de jogo, tomou a frente do campeonato, para decidir o título com o Fluminense. Vinhaes largara o Fluminense, fora para o Bangu, e quando acaba era aquilo, parecia coisa do destino, Bangu e Fluminense. Os pretos lá de cima, os brancos cá de baixo.

No dia do jogo muita gente de Bangu, que não vinha à cidade há anos, desceu bem cedinho, para garantir o seu lugar na geral, na arquibancada do Fluminense[63]. Trazendo um embrulho de comida. Um pacote de fogos. Os torcedores do Bangu avisando uns aos outros: 'levem fogos'. E o segredo ficava entre eles, ninguém que não fosse Bangu devia saber, senão estragaria tudo.

Os tricolores sem desconfiar de nada, de mãos vazias, para bater palmas só, as palmas compassadas, tatatá, tá-tá-tá-tá. O Fluminense entraria em campo, palmas, a coisa de sempre, com o 'iurrarré' de costume. E os operários de Bangu, os soldados da Vila Militar, esperando. Tudo combinado.

Luís Vinhaes seria o primeiro a aparecer, de roupa de casimira. Todo mundo de branco, o verão chegara, e ele de roupa de casimira, um suador. Era, porém, a roupa de casimira azul-marinho que ele vestira na Copa Rio Branco, a roupa da sorte, da vitória. Logo que Luís Vinhaes aparecesse, quem tivesse um foguetão, um buscapé, uma cabeça de negro, podia soltar, O estádio do Fluminense ia tremer com as explosões. Uma coisa que nunca se vira, que talvez não se visse nunca mais.

O time do Bangu só foi para o estádio do Fluminense em cima da hora. Tinha saído de Bangu num vagão especial. Os jogadores entraram, um a um, todos sérios, graves, compenetrados. Nem mesmo os *hurrahs*, os 'como é, como é, como é? ao Bangu, nada?' arrancaram um sorriso deles.

Durante a viagem, Luís Vinhaes conversou pouco. Conversar sobre o quê? Só se fosse sobre o jogo. Quanto menos se falasse no jogo, melhor. 'Não pensem no jogo, faz de conta que o jogo não é hoje'.

Bom de dizer. Quem é que podia pensar em outra coisa? E era preciso, Vinhaes tinha de dar um jeito. Por isso, chegando na *gare* Pedro II, ele não levou o time do Bangu para Álvaro Chaves. No vestiário, trancados, respirando mal, ouvindo barulho da multidão, os jogadores ficariam mais nervosos. Vinhaes distribuiu os jogadores pelos táxis alugados, mandou os *chauffeurs* tocarem para a Quinta da Boa Vista.

---

[63] 12 de novembro de 33.

Ainda faltavam duas horas para o jogo começar. Bastante tempo para distrair, para descansar os jogadores. Luís Vinhaes deu o exemplo, deitou-se, de barriga para baixo, num gramado perto do lago, os jogadores em volta dele, puxou conversa sobre outros assuntos. Com um pouco ninguém pensava mais em jogo.

E quando alguém pensava era como o Tião, lembrando-se do pai, de repente. O pai dele estaria na estação, à espera do trem, para receber o 'bicho' da vitória. O pai do Tião, todos os pais, todos os irmãos, as mulheres, as namoradas, os amigos dos jogadores.

Se o Bangu vencesse haveria Carnaval lá em cima, noite de São João, todas as festas do ano fundidas numa só. O que ajudava os jogadores do Bangu, os três brancos, os oito mulatos e pretos do time, a compreender que não era apenas o pai do Tião que esperava pela vitória do Bangu. Era todo mundo lá em cima.

E foi mais para dar um dia de festa a Bangu que eles correram em campo, do primeiro ao último minuto. Os brancos do Fluminense não estavam preparados para aquilo. Um gol do Bangu, mais outro, mais outro, mais outro, parecia que o Bangu não ia acabar nunca de fazer gols, que os torcedores do Bangu não iam acabar nunca de soltar foguetes.

Findo jogo, foi que se viu quanta gente tinha descido de Bangu. O campo ficou cheio de torcedores lá de cima, que carregavam os campeões em triunfo, pulando, gritando, chorando. Era uma amostra, uma pequena amostra do que ia haver em Bangu. Lá em cima, como se dizia.

Do que estava havendo. Coisa fácil de imaginar: a estação embandeirada, a banda de música tocando no Cassino, todas as casas iluminadas e vazias, o povo na rua, 'Bangu, Bangu!'. Os jogadores com vontade de chegar lá em cima e demorando, indo jantar na Minhota, que ficava na Praça Tiradentes, para dar tempo ao tempo.

Queriam chegar a Bangu, todo mundo esperando por eles, eles nada de chegar. Às oito e meia é que se levantaram da mesa, os automóveis de capota arriada prontos, como para um corso de Carnaval. Não eram muitos: sete, ao todo. Bastavam para os jogadores, para os diretores, para os torcedores que tinham ficado na cidade. O da frente com a bandeira do Bangu no capô, torcedores nos estribos queimando fogos de bengala.

À medida que o cortejo se afastava da cidade, mais gente nas estações, nas ruas suburbanas. A festa não era só do Bangu, era dos subúrbios. A velha rivalidade entre o lá em cima e o cá embaixo. O Bangu, o subúrbio, o Fluminense, a cidade. Mais gente em Madureira do que no Méier, mais ainda em Bento Ribeiro do que em Madureira.

Em Realengo, na ponte de Piracuara, os automóveis tiveram de parar. Depois seguiram a passo, quase empurrados pela multidão, até Bangu. Em Bangu, os jogadores foram arrancados das capotas dos carros, levados nos braços da multidão para o Cassino.

Damas e cavalheiros se desenlaçaram, a banda parou de tocar um samba, era a hora do *Hino Nacional*. E a festa continuou pela noite afora, pela madrugada adentro. No Cassino, onde não cabia mais ninguém, nas ruas, no largo da igreja, na estação, nos botequins.

Os donos dos botequins de Bangu ainda se lembram, com saudade, daquela noite. Não sobrou nada nas prateleiras, uma garrafa de cerveja, de vermute, de cachaça.

As moças dançando. Os homens fazendo roda, de mãos dadas, como meninos, para lá e para cá. Uma roda tinha mais de trezentos metros, ia da estação à porta do Cassino. Brincadeira que seria de menino se, de quando em quando, quem brincava não fosse beber seu trago. Resultado: uma bebedeira geral.

Muito torcedor do Bangu dormindo na rua, deitado na calçada, até na porta da igreja. Uma pontezinha de jardim, no largo, virou albergue. No dia seguinte, o que não faltou foi mãe à procura do filho, mulher à procura do marido. O marido, o filho, eram encontrados como mortos, as moscas em cima, eles nada de acordar.

O apito da fábrica tocando, chamando os operários, feito um despertador. Faltaram mais de quinhentos operários, quase que a fábrica teve de parar. Efeitos da festa.

A administração da Companhia Progresso Industrial do Brasil não estranhou, compreendeu, quem ia pensar em trabalho um dia depois do Bangu levantar o campeonato? Também o gerente da fábrica era o presidente do Bangu, Francisco Guimarães, um português naturalizado brasileiro. Foi ele quem mandou tocar o apito de saída da fábrica às duas horas da tarde. Não era justo que uns trabalhassem e outros não, quando todos iam receber a mesma coisa.

Ideia de Francisco Guimarães: abonar o dia de trabalho aos quinhentos e tantos operários faltosos. Os operários faltosos, porém, se recusaram a receber o abono. Em homenagem ao Bangu. O Bangu merecia muito mais[64].

Nunca se vira nada parecido. Para os brancos que tinham ficado de fora, com medo de perder a situação privilegiada de amador, com vergonha de deixar de ser bom moço, foi um choque.

O fato de um jogador assinar um contato, receber dinheiro do clube, 'viver do clube', como se dizia, não lhe diminuía a popularidade, não lhe tirava a consideração do torcedor, pelo contrário. O torcedor, dependendo do mesmo jeito do jogador, de uma defesa do quíper, de uma rebatida do beque, de uma tirada do alfe, de um gol do atacante, preferia o profissional, o que ganhava para jogar.

Tanto preferia que não ia ver mais jogo de amador. A não ser como preliminar. O amador, com todo o chiquê, fora relegado para um segundo plano, virara jogador de preliminar, enchendo o tempo que faltava para começar o jogo principal.

Aos poucos o estádio ia se enchendo. Quanto mais enchia, pior para o amador. O amador correndo em campo, molhando a camisa, se matando, o torcedor nem prestando atenção. Querendo que aquilo acabasse depressa, logo de uma vez, não respeitando ninguém. Nem mesmo os ídolos de ontem. Outros jogadores tinham tomado o lugar deles.

---

[64]Os livros da Companhia Progresso Industrial do Brasil registram o fato.

Bastava abrir um jornal. Na página de esportes, ou melhor, nas páginas de esportes, porque uma página só não chegava, não apareciam mais clichês do 'arqueiro das mãos de seda', e sim do 'Tatibitate', desajeitado, os braços de macaco, as mãos penduradas abaixo do joelho.

Culpa de quem? Do 'arqueiro das mãos de seda', de outros iguais a ele. Os melhores jogadores brancos jogando nas preliminares, os mulatos, os pretos aproveitando, ganhando fama e dinheiro.

Nada mais natural, portanto, que aquele ano de 33 fosse um ano glorioso para os mulatos e para os pretos. O Bangu, campeão da cidade com oito mulatos e pretos no time. Sem contar com os outros mulatos, com os outros pretos que ganhavam fama, aqui e fora daqui, como Domingos, como Petronilho.

Em Montevidéu, Domingos transformara-se na maior atração do futebol uruguaio. Chegavam de lá telegramas, recortes de jornais, de revistas. Às vezes páginas inteiras, Domingos de alto a baixo.

Caricaturistas iam para o estádio do Centenário surpreender atitudes de Domingos. Domingos encolhido a um canto, antes do jogo, com uma capa de borracha sobre os ombros. Domingos jogando. Um filme em caricatura. Tudo o que Domingos fazia interessava, era um motivo jornalístico.

Os jornais uruguaios se deram até ao trabalho de uma estatística. Para saber a quanto somava o público só de Domingos. Quando Domingos deixava de jogar, cinco mil torcedores ficavam em casa, achando que sem Domingos o jogo não tinha graça. Quando Domingos jogava, lá estavam os cinco mil torcedores a mais.

Em Buenos Aires, Petronilho quase era a mesma coisa. Os cronistas argentinos esgotando o repertório de elogios quando tinham de escrever qualquer coisa a respeito dele: *'el bailarin', 'el artista de la pelota', 'el malabarista'*, até chegar à admiração suprema: 'fenômeno!'

É verdade que Leônidas, o herói da Copa Rio Branco, jogava no time de reservas do *Peñarol*. Os uruguaios, os ingleses do futebol sul-americano, não gostando muito da maneira de Leônidas jogar, se escandalizando com as bananeiras que ele plantava em campo.

Domingos parecia inglês, ou por outra, uruguaio, mais uruguaio do que inglês, porque era preto. Poderia jogar no escrete uruguaio, como mais um Gradim, como mais um Andrade. Leônidas, não.

E, depois, Leônidas marcara os dois gols brasileiros contra os uruguaios. Os uruguaios, que não tinham perdoado Nilo na Copa de 31, 'só jogou dois gols', não iam perdoar Leônidas na Copa de 32. Daí o time de reservas.

O Vasco até gostou que Leônidas estivesse no time de reservas do *Peñarol*. Assim seria mais fácil trazê-lo de volta. Porque o Vasco queria reunir, em São Januário, os maiores pretos do futebol brasileiro.

Tinha Fausto, um deles. Faltava-lhe Domingos, Leônidas e Gradim. Em Valdemar, o Vasco nem pensou. O São Paulo não venderia o passe do irmão de Petronilho por nenhum dinheiro.

Mas o Vasco podia pensar em Gradim. Um jogador grande demais para o Bonsucesso. Porque já havia disso: o jogador tornando-se maior que o clube. Podia pensar em Leônidas, desiludido de Montevidéu. Podia pensar até em Domingos. Questão de cifra.

O Vasco não ia olhar despesas, para que não sucedesse, outra vez, o que sucedera em 33: o Bangu campeão da cidade. A reação dos grandes clubes. Os grandes clubes resolvendo gastar mais, formar verdadeiros escretes. Principalmente o Vasco e o América.

O orçamento do Vasco subiu a setecentos contos, o do América a quatrocentos e cinquenta. Para a época, um escândalo. Um clube distribuindo setecentos, outro quatrocentos e cinquenta contos com os jogadores.

Quanto mais o clube gastasse, melhor para ele. Os clubes que não gastavam, os clubes de amadores, às moscas. Os sócios desertando, os torcedores não aparecendo nos campos. O Botafogo viu-se reduzido a trezentos sócios, dos três mil e quinhentos que tinha.

E o que é mais: ameaçado de ficar sem time. Os jogadores cansados de bancar os bons moços, de jogar para as arquibancadas vazias, de não ver os nomes nos jornais.

Ameaçado de perder os seus amadores, os seus brancos, o Botafogo foi para cima dos jogadores dos outros clubes, sem ligar mais à cor. Tirou Leônidas do Vasco, Valdemar do São Paulo. Pouco importava que fossem pretos. Eram pretos, mas eram os maiores atacantes do futebol brasileiro. Assim não fazia mal, só podia fazer bem.

Naturalmente que houve, em General Severiano, quem procurasse impedir, por todos os meios, que isso sucedesse. O caso de Paulo Azeredo.

Tanto que o Botafogo teve que se disfarçar em CBD.

Como CBD fazia tudo: ia buscar jogadores do Vasco, do Fluminense, do Palestra, do São Paulo, oferecendo, a cada um, além de mais dinheiro e uma viagem à Europa, um grande argumento para o rompimento de um contrato: o patriotismo. O Brasil às portas do segundo campeonato do mundo, precisando de um escrete capaz de 'marchar sobre Roma'.

A CBD apelava para o patriotismo dos clubes, dos jogadores. A CBD, não o Botafogo. O Botafogo de fora para poder entrar, atender ao apelo, dar o exemplo, colocar todos os seus jogadores à disposição da CBD.

Entre os jogadores do Botafogo, não figurava um só mulato, um só preto, tudo branco. Fora a CBD que contratara Leônidas e Valdemar, o Botafogo nada tinha com os dois *coloreds*[65]. Uma palavra que entrara para o dicionário da crônica esportiva: *colored*. Substituindo a palavra preto em casos especiais. Para um Leônidas, um Valdemar, um Domingos, um Fausto. *Colored* e não preto.

---

[65] Leônidas assinou contrato com a CBD a 28 de abril de 34. Dois dias depois Valdemar fazia o mesmo.

Apesar do *'colored'*, Leônidas e Valdemar não vestiam a camisa preta e branca do Botafogo, vestiam a camisa branca de gola azul da CBD. O que não enganava ninguém, todo mundo sabia que a CBD e o Botafogo eram a mesma coisa, a entidade encarnando o clube, o clube encarnando a entidade.

Acabado o campeonato do mundo, chegaria o momento da troca da camisa, da troca do nome. O escrete da CBD ia virar o time do Botafogo, com Leônidas e Valdemar, dois pretos. Contra a vontade de Paulo Azeredo.

Se fosse antes, vá lá. Antes da sede, em estilo colonial, construída por ele, o Botafogo dando festas iguais às do Fluminense. É verdade que quase não havia mais chás, *soirées* dançantes, bailes de gala em General Severiano. Culpa do futebol. Uma coisa que Paulo Azeredo não compreendia direito. Aquele poder do futebol, de encher, de esvaziar os salões do Botafogo.

A sede não era tudo. Só adiantava com o futebol, com o campeonato. Como em 30, em 32, o Botafogo campeão, chegando a ter três mil e quinhentos sócios. Paulo Azeredo pensando que era por causa da sede em estilo colonial, quando acaba era por causa do futebol. Bastou o Botafogo começar a jogar com clubes pequenos, o Fluminense, o Flamengo, o Vasco, o América e o São Cristóvão na Liga Carioca, para que quase ninguém fosse ver os jogos, dançar nas festas de General Severiano.

Paulo Azeredo concordava que o Botafogo precisava fazer algumas coisa, largar o amadorismo, o amadorismo passara de moda, contratar jogadores, mas jogadores brancos, não um Leônidas, não um Valdemar.

E havia brancos, o que não faltava era craque branco, tão bom como o preto. O Palestra levantara o campeonato Rio-São Paulo com um time branco.

E lá teve Carlito Rocha que explicar: bem que a CBD, isto é, o Botafogo, tinha querido tirar os jogadores do Palestra. Mas o Palestra escondera Tunga, Gabardo e Romeu numa fazenda, enchera a fazenda de capangas. Emissário de clube que se aproximasse era capaz de levar bala.

E, depois, não se compreendia um grande time sem Leônidas e Valdemar. Felizmente, para Paulo Azeredo, o Botafogo podia, durante uns tempos, botar Leônidas e Valdemar no time sem precisar contratá-los. Pedindo os dois emprestados à CBD.

A CBD emprestou um só, Valdemar. O Vasco largara a Liga Carioca, fora para a CBD levando um contrato de Leônidas, o contrato que Leônidas rompera para ir com o escrete brasileiro ao campeonato do mundo. Paulo Azeredo gostando que o Vasco considerasse Leônidas um jogador. Assim era um preto de menos que ia vestir a camisa do Botafogo.

O Botafogo entrava em campo, Valdemar de Brito vinha no meio de dez brancos. Os dez brancos eram do Botafogo, o preto não era. O que significava que o Botafogo não tinha mudado.

A prova que não tinha mudado: não fez força para Valdemar de Brito ficar, deixou-o ir embora para o *San Lorenzo*. Valdemar de Brito pensando que era por causa de dinheiro, o Botafogo não podendo pagar o que o *San Lorenzo* pagava.

Por causa de dinheiro, Domingos foi para *Boca Juniors*, o *Boca Juniors* gastando perto de cinquenta mil pesos, duzentos contos, para tê-lo no time. Por causa de dinheiro Fausto foi para o *Nacional*.

Dos grandes pretos do futebol só Leônidas ficou. Assim mesmo anunciando, de quando em quando, que estava de malas prontas. Mas ficando por aqui, à espera que Carlito Rocha convencesse Paulo Azeredo.

Foi preciso que o Botafogo, apesar de ter o Vasco, o São Cristóvão e o Bangu ao lado dele, fosse de novo ameaçado. O Fluminense trazendo para Álvaro Chaves os maiores jogadores de São Paulo, Batatais, Machado, Orozimbo, Gabardo, Hércules, o Flamengo enchendo a cidade de cartazes, 'uma vez Flamengo sempre Flamengo', 'o clube mais querido do Brasil', o Fla-Flu tornando-se a grande atração do futebol carioca.

Se o Vasco continuasse a perder jogadores como Domingos e Fausto, se o Botafogo não ficasse com Leônidas, quem é que iria ver os jogos da Federação Metropolitana? Principalmente em dia de Fla-Flu. O Botafogo arranjava um bom jogo, o Flamengo e o Fluminense marcavam um Fla-Flu para o mesmo dia.

Carlito Rocha levou de oito horas da noite até as três da manhã para convencer Paulo Azeredo. O Botafogo não podia perder uma oportunidade daquelas. Um jogador como Leônidas ia ficar por menos de vinte contos. Mais barato, só de graça.

Paulo Azeredo repetindo o 'tudo menos isso' e as horas se passando, assim de sócios do Botafogo lá fora, esperando o resultado. Paulo Azeredo querendo ir embora para casa, dormir, chegando a se levantar, Carlito Rocha não deixando, segurando-o por um braço, fazendo-o sentar-se de novo na poltrona.

Paulo Azeredo tinha de ficar, não podia sair antes de decidir aquilo logo de uma vez. E Paulo Azeredo com sono, fechando os olhos, sem escutar Carlito Rocha direito. Carlito Rocha sacudindo-o, Paulo Azeredo tinha de escutar, Paulo Azeredo abria os olhos, escutava.

Estava tudo muito bem, ele cedia, mas com uma condição: o Botafogo mudava de camisa. Ou, melhor, ficava com duas camisas: uma, a velha, a gloriosa, a de 10 a 30, a de 32, para os amadores; outra, a nova, para os profissionais. Assim ele não se importava que Leônidas vestisse a camisa do Botafogo.

Carlito Rocha não aceitou a sugestão: a camisa do Botafogo era a preta e branca, uma só. De madrugada, exausto, morto de sono, Paulo Azeredo deu-se por vencido. Desceu as escadas do Botafogo de cabeça baixa, esbarrou, no portão, com torcedores que, já sabendo de tudo, gritavam por Leônidas.

Os torcedores do Botafogo queriam Leônidas. A prova é que, na tarde do mesmo dia, quando Leônidas apareceu em General Severiano para o treino, havia uma pequena multidão na rua, à espera dele[66].

E Carlito Rocha pôde apontar, para Paulo Azeredo, os degraus da geral e da arquibancada cobertos de gente. Parecia que ia haver jogo. A entrada triunfal em General Severiano porém, não faria Leônidas esquecer-se dos meses de espera.

---

[66] 11 de maio de 35.

Ele na 'cerca', sem jogar, só porque era preto. Se fosse branco estaria vestindo a camisa do Botafogo há muito tempo.

Por isso, Leônidas nunca se sentiu bem em General Severiano. O único preto do time. Luís Aranha podia andar com ele pela Avenida Rio Branco de braço dado, o Botafogo, para Leônidas, não era Luís Aranha, continuava a ser Paulo Azeredo. Assim, não admira que, em menos de um ano, o Botafogo e Leônidas estivessem brigados.

Chegara a vez de Paulo Azeredo dizer que ele é que estava com a razão. Por ele, nenhum preto teria vestido a camisa do Botafogo. Coisa de Carlito Rocha. A vontade de Carlito Rocha era mandar Leônidas embora, não ver mais Leônidas em General Severiano.

Se esperou um pouco, foi para tomar a sua vingança. A vingança de vender Leônidas ao Flamengo, a um adversário numa luta de vida e morte, por uma ninharia: cinco contos de réis. Para poder proclamar, pelos jornais, que o Botafogo fizera o maior negócio do mundo. Recebera cinco contos por um jogador que não valia um tostão[67].

Não valia um tostão para o Botafogo, para o Flamengo ia valer uma fortuna. Pela diferença que havia entre um e outro: o Botafogo fazendo questão de ser um clube de gente fina, o Flamengo fazendo questão de ser um clube de gente do povo.

O que explica o fracasso de Leônidas no Botafogo, o sucesso de Leônidas no Flamengo. O Botafogo aceitando Leônidas quase obrigado, abrindo uma exceção para ele. Não adiantava de nada, e justamente por isso, pela exceção, um preto só no time, isolado, mostrando que o Botafogo não mudara, continuava mais Botafogo do que nunca.

O Botafogo era Vítor, Martim, Carvalho Leite, a 'prata da casa', como se dizia. Ou mesmo Nariz, apesar de ter vindo do Fluminense. Não fazia mal, parecia que tinha jogado no Botafogo a vida toda: branco, distinto, acadêmico de medicina, um outro Carvalho Leite.

Compreendia-se um Nariz, um Patesko, um Aimoré em General Severiano, não se compreendia um Leônidas. Olhava-se para uma fotografia do time do Botafogo, via-se logo que havia uma coisa errada. Leônidas estava fora do lugar, não ficava bem de camisa alvinegra.

Como não ficaria bem de camisa tricolor, embora o Fluminense já tivesse os seus mulatos no time, transigindo aos poucos. Questão de ambiente. Preto podia entrar no time, mas não entrava, ainda não, o Fluminense dando tempo ao tempo, não forçando a mão, preferindo, na falta de um branco, um mulato.

E assim mesmo escolhendo o mulato. Primeiro Sobral, que talvez passasse por caboclo, depois Hércules, que talvez passasse por moreno, finalmente Orozimbo, indisfarçadamente mulato, mas mulato claro, que não chamava muita atenção[68].

---

[67] 6 de julho de 36.

[68] Sobral entrou para o Fluminense a 14 de dezembro de 34, Hércules e Orozimbo em maio de 35, o primeiro a 22 e o segundo a 29.

O Flamengo, não: antes de botar um mulato no time botara um preto. Primeiro Jarbas, depois Roberto. Enquanto o Fluminense trazia para Álvaro Chaves os grandes jogadores do futebol paulista, quase todos brancos, muitos com nome italiano, o Flamengo levava para a Gávea os grandes jogadores do futebol carioca, quase todos pretos, Fausto dos Santos, Leônidas da Silva, Domingos da Guia, brasileiros até no nome.

E se o Flamengo ia a São Paulo era buscar um Arthur Friedenreich, mulato, um Valdemar de Brito, preto. O que deu ao Fla-Flu a fisionomia de um Rio-São Paulo, Rio-São Paulo carioca, cada Fla-Flu sendo quase uma decisão do campeonato brasileiro.

O que se discutia era quem era mais carioca, o Flamengo ou o Fluminense. O Flamengo com Fausto, Leônidas e Domingos, o Fluminense com Batatais, Romeu e Hércules. Jogando pelo Fluminense, Batatais, Romeu e Hércules se tinham tornado cariocas. Quando houvesse um campeonato brasileiro defenderiam o Rio, cariocas para todos os efeitos.

O carioca ia se esquecer de que Romeu nascera em São Paulo. Mas entre um Romeu Peliciari, branco, paulista, e um Leônidas da Silva, preto, carioca, o carioca ficaria com Leônidas.

4

A cor ajudando Leônidas, tornando-o mais carioca e, num certo sentido, mais brasileiro. Muito mais brasileiro do que Romeu Peliciari, quase louro, de olhos azuis. O que seria bairrismo do carioca se transformaria em patriotismo do brasileiro, do qual não escaparia o próprio paulista, que, em condições de escolher o paulista Romeu, como herói do campeonato do mundo, acabou escolhendo o carioca Leônidas.

Coisa que o Flamengo aproveitou. Queria ser o clube mais popular, mais querido do Brasil, não podia deixar o preto de fora. Indo em busca do preto, o Flamengo ia de encontro ao gosto do povo. Escolhendo Fausto, Leônidas e Domingos, já escolhidos pelo povo, como ídolos. Fazendo a sua transfusão de popularidade.

A intuição do torcedor do Fluminense percebeu que a força do Flamengo vinha daí: dessa aproximação com o povo. O destino do Flamengo se realizava. Em outros tempos ele arranjara torcedores sem querer, treinando no Russell, os jogadores acadêmicos de medicina confundindo-se com os moleques.

Arranjara torcedores, também saindo para a rua, levando o reco-reco, da Praia do Flamengo até o Largo do Machado, o 'seu' Esgadanha na frente. Não para se aproximar do povo: os jogadores é que não queriam dançar homem com homem, o que teriam de fazer se ficassem na garage.

Muita gente ficou 'flamengo' por causa disso, entendendo mais o Flamengo na rua, fazendo o seu Carnaval, do que o Fluminense trancado no palácio de Álvaro Chaves. O baile lá em cima, no segundo andar, o povo nem podia ter um gostinho de sereno.

Mas o Flamengo ainda não era um clube do povo. Fazia a mesma questão de cor do Fluminense. Virou clube do povo quando acabou com a estória de só branco no time. Abrindo as portas da Gávea para os pretos.

O povo sentiu-se Flamengo. Gente de todas as classes ia para o campo como para uma batalha de confete, como para uma festa de São João. Armando barraquinhas na arquibancada, levando clarins para a geral. Nada de confete.

Confete estava bom para a torcida do Fluminense. O time do Fluminense aparecia, recebia uma chuva de confete. A torcida do Fluminense querendo vencer a torcida do Flamengo com confete, com serpentina, com balões de borracha, desses coloridos, de soprar.

Cada sócio do Fluminense encontrava, na sua cadeira, um saquinho de confete, um pacote de serpentina, um balão de borracha, vazio, verde, branco ou vermelho. Tudo bem organizado, a bancada social dividida, balões vermelhos à direita, balões brancos no centro, balões verdes à esquerda. O sócio do Fluminense enchia o seu balão, pegava o seu saco de confete, o seu pacote de serpentina, ficava esperando os sinais. Um sinal para jogar confete, outro para jogar serpentina, outro para levantar o balão à altura da cabeça.

Muito bonito: aparecia uma bandeira imensa do Fluminense de balões de borracha. O que não impedia a vaia do outro lado. O torcedor do Flamengo, da geral, da arquibancada, enfiava dois dedos na boca, fiau. Ou então gritando 'Pó-de-arroz!'.

A vaia, o torcedor do Fluminense aguentava. Para isso tinha o seu clássico 'uh! uh!'. Não aguentava era o 'Pó-de-arroz'. Um grito de 'Pó-de-arroz' partia de lá, um grito de 'Pó-de-carvão' partia de cá. O torcedor do Fluminense querendo dizer que preferia ser 'Pó-de-arroz' a ser 'Pó-de-carvão'. Podia preferir, mas se ofendia com aquele 'Pó-de-arroz'.

O torcedor do Flamengo não, nem se incomodava com o 'Pó-de-carvão'. Orgulhava-se dos pretos que vestiam a camisa rubro-negra. Até mesmo dos que tinham sido escorraçados dos outros clubes, como Leônidas.

Ninguém queria Leônidas, o Flamengo queria. Apesar do conselho de Carlito Rocha: Leônidas, nem de graça, o Botafogo pagava para ele não jogar. O Flamengo ia se arrepender amargamente, depois não se queixasse, quem avisa amigo é.

Mal sabia Carlito Rocha que estava era abrindo, de par em par, as portas da glória para Leônidas. Vendendo-lhe o passe por aquele preço. Fazendo Leônidas custar ao Flamengo só dezesseis contos: cinco do passe, onze de luvas. Em pouco tempo ele valia muitas vezes mais.

O que o torcedor do Flamengo tentava calcular: quantas vezes mais. A diferença entre os dezesseis contos, o que o Leônidas custara, e o não se sabia quanto, o que Leônidas valia, era a dívida do Flamengo. Dívida que o torcedor do Flamengo, como o Flamengo, reconhecia e procurava pagar, de uma forma ou de outra, em palmas, mais palmas para Leônidas, em presentes, mais presentes para Leônidas que recebera menos dinheiro.

Assim, Leônidas foi tendo coisas que nenhum jogador tinha. Coisas que só um torcedor podia dar. Por exemplo: um automóvel. Bastou uma companhia de cigarros anunciar um concurso, qual o craque mais popular, um *Ford* como primeiro prêmio, para a torcida do Flamengo começar a juntar carteiras vazias.

Para Leônidas, não para Domingos. A torcida do Flamengo achando que Domingos não precisava. Domingos cheio de casas em Bangu, com uma vila inteirinha dele, Leônidas sem nada. Só por umas férias de quatro meses o Flamengo pagara mais a Domingos do que a Leônidas por dois anos. O automóvel tinha de ser para Leônidas.

E para que fosse de Leônidas a torcida do Flamengo deu-lhe centenas de milhares de carteiras. Chegava e sobrava. Tanto que Leônidas, já com o *Ford* garantido, assegurou o segundo lugar a Hércules, o terceiro a Oscarino, cinquenta mil carteiras para um, vinte mil para outros.

O concurso 'Magnólia' deu uma medida da popularidade de Leônidas. Porque aqueles trezentos e trinta mil votos não foram arranjados aos milhares, como os de Russinho, anos atrás, no concurso 'Monroe', e sim de um a um, o torcedor do Flamengo comprando o seu maço de cigarros, guardando a carteira vazia para Leônidas[69].

Não tinha tempo de juntar: o Café Rio Branco ficava a vinte passos da Avenida, na esquina de São José com a Rua Chile, Leônidas estava sempre lá, numa mesa junto da porta da rua, em exposição permanente. Uma carteira vazia valia como um cartão de apresentação a Leônidas. O torcedor podia se aproximar do ídolo, aproveitar a ocasião, arriscando um aperto de mão, tímido, de dedos moles, umas duas palmadinhas nas costas.

De mãos abanando, o torcedor não se atrevia, olhava Leônidas de longe. Leônidas cercado de cabos eleitorais estufando o peito, sentindo-se um pouco donos do 'Diamante Negro'. Levavam-no por aí afora.

Certos torcedores, cartolas das cadeiras numeradas, faziam questão de uma visitinha de Leônidas, no seu banco, na sua companhia, na sua loja. Se Leônidas fosse não se arrependeria. Um cheque, 'pague-se a Leônidas da Silva a quantia de um, dois contos de réis', à espera dele, para ser entregue em mão. Com o cheque Leônidas podia comprar carteiras, montes de carteiras.

Como se ele precisasse gastar dinheiro para ganhar um concurso. O cheque era para a sua conta da Caixa. Mas ele tinha de se levantar do trono do Café Rio Branco, andar um pouco, virar, mal comparando, um cartaz ambulante. Os garotos apontando para ele, 'olha aí o Leônidas', todo mundo se voltando, torcendo o pescoço.

---

[69] O concurso 'Magnólia' foi encerrado a 3 de março de 38. Leônidas tirou o primeiro lugar com 249.080 votos, Hércules em segundo com 121.850 e Oscarino em terceiro com 113.544. Praticamente Leônidas teve 329.080 votos.

Por onde ele passava, juntava gente. Alguém menos prevenido havia de pensar que era o Polar fantasiado de 'Corcunda de Notre Dame', de 'Frankenstein', o Polar é que costumava impedir o trânsito. Só se desconfiava de que talvez não fosse o Polar pela alegria em volta. As moças não davam gritinhos de susto, não apressavam o passo, fugindo, para rir dez passos adiante. Paravam, viam o Leônidas, depois continuavam, avenida acima, avenida abaixo, contentes, pareciam que tinham visto um galã de cinema.

Visto só não, conhecido. Ver Leônidas era conhecê-lo. Vê-lo na luz, prosaicamente, feito um simples mortal. Um bom rapaz, o Leônidas, sempre alegre, mostrando os dentes que, mais tarde, iriam servir para propaganda de muita pasta de dentes, apertando a mão de todo mundo, naturalmente, sem pose, como se não fosse o 'Diamante Negro'.

Diferente de Domingos. Domingos tão longe, Leônidas tão perto, juntinho. O que bastaria para justificar a preferência do torcedor. O torcedor achando que não fora apresentado a Domingos, que era íntimo de Leônidas. Que Leônidas não lhe escondia nada.

Daí a surpresa: falara-se tão mal do 'Diamante Negro' que muita gente ficara convencida de que ele era mesmo um moleque ou coisa pior. Ainda se ouvia, de longe em longe, uma referência a um colar, a um relógio. Coisas que se espalharam dele.

Na hora de ofender, o torcedor do outro clube já tinha a sua piada preparada. Como aquele vascaíno, que vendo Leônidas entrar em São Januário gritou, o mais alto que pode:

– Não me leves o relógio do mastro!

Os que torciam pelo Vasco acharam graça, olhando para o relógio do mastro, lá em cima, só de escada do Corpo de Bombeiros, os que torciam pelo Flamengo quiseram brigar.

E quando acaba, Leônidas não era nada daquilo. O aperto de mão, o riso dele, branco, aberto, escancarando-lhe a alma, convenciam qualquer um da sua inocência. Só não conhecendo Leônidas é que se podia falar mal dele. O caluniado 'Diamante Negro'.

O apelido mostrava em que conta o tinha o torcedor. Ouro não bastava. Nada de pé de ouro, de pé de Friedenreich: 'Diamante Negro'.

Se quem espalhava essas coisas, do colar, do relógio, pensava fazer mal a Leônidas, estava muito enganado. O torcedor do Flamengo aí é que ficava mais do lado dele. Julgando-se obrigado a defendê-lo, no campo, na rua, fosse onde fosse, como um amigo, um irmão, uma pessoa da família.

E, depois, o que se dizia dele, de bom e de mau, para os que acreditavam e para os que não acreditavam, tinha a virtude de torná-lo mais vivo, mais humano. Muita gente justificando-o por isso, porque ele era de carne e osso.

Domingos é que não parecia. Sabe-se tão pouco a respeito dele! Nem um relógio, nem um colar. Também quase não saía de Bangu. Leônidas aqui embaixo, na porta do Café Rio Branco, Domingos lá em cima, em Bangu, transformado por ele numa espécie de Olimpo.

Descia em dias de treino, em dias de jogo, ia direto para a Gávea, não parando no Café Rio Branco, não passeando pela cidade. Quando tinha de fazer umas compras, fechar um negócio, aparecer, enfim, aos olhos do público, sem ser vestido de jogador de futebol, os que iam e vinham pela rua chegavam a se afastar para dar-lhe passagem.

O secretário atrás dele. Porque Domingos arranjara um secretário, um ex-jogador de futebol, o Joãozinho. Joãozinho se encarregava de tudo, conversava com quem Domingos tinha de conversar. Domingos ao lado, escutando, enquanto a conversa não tomava o rumo desagradável das discussões de dinheiro, coisa que lhe repugnava.

Então Domingos pedia licença para retirar-se. O que sucedia toda vez que tinha de assinar um contrato. Bastos Padilha, presidente do Flamengo, marcava uma hora. Domingos aparecia, pontualidade inglesa, 'bom-dia', 'boa-tarde', 'como vai o senhor', nada de dinheiro, nada de contrato. Bastos Padilha com pressa, querendo decidir tudo em dois minutos. Domingos de perna cruzada, recostado na cadeira, esperando uma referenciazinha a luvas, a ordenados. Vinha a tal referenciazinha, era o fim do bate-papo. Domingos levantava-se, 'o 'seu' Padilha desculpasse', chamava o Joãozinho, 'o meu secretário discute isso com o senhor, o que ele decidir está decidido', os dois que regateassem à vontade.

Depois, tudo assentado, só faltando a assinatura dele. Domingos pegava na caneta, examinava a pena, rabiscava o nome, o dê, de Da Guia, bem grande, passava o mata-borrão por cima, agora o 'seu' Padilha ia dar-lhe o prazer de tomar um *cocktail* com ele. Uma prova de alta consideração.

Não era qualquer presidente do Flamengo que se sentava com ele numa mesa de bar. Torcedor, então, nem se fala. Só torcedor conhecido, íntimo, de um grupinho escolhido. Ou, então, de Bangu. Em Bangu, em casa, Domingos não fazia cerimônia, andava de um lado para outro, levantando dois dedos, cumprimentando para a direita e para a esquerda.

Lá em cima uma coisa, cá embaixo outra. Um torcedor cá de baixo que se sentasse junto de Domingos podia orgulhar-se disso, contar para os amigos. Não era qualquer um, só mesmo um privilegiado. Domingos não se barateava, não se vulgarizava feito Leônidas, distribuía os seus favores avaramente.

Daí a gratidão eterna do torcedor que conseguia chegar até Domingos, aproximar-se dele. Conhecer o outro Domingos, o de carne e osso, humano como Leônidas. Com as suas fraquezas. Ficando tonto com um copo de chope. Uma explicação para o seu retraimento, a sua vida de Bangu. Domingos não querendo mostrar as suas fraquezas.

Em Bangu, não fazia mal que ele fosse o outro Domingos, todo mundo em Bangu sabia como ele era, como não era. Cá embaixo, não. Por isso Domingos preferia o incógnito. A impressão que ele dava era esta, de um personagem, muito importante, muito conhecido, incógnito.

Olhava-se, não havia a menor dúvida, era alguém muito importante, muito conhecido, o Da Guia, mas não se tinha a alegria do descobrimento que despertava Leônidas. Quem via Domingos respeitava o seu incógnito, fingia que não tinha visto o Da Guia, representando também a uma comédia.

Naturalmente, às vezes, Domingos não podia fugir ao contato de alguém que não conhecia, que não queria conhecer. O desconhecido sentava-se junto dele, no trem, de Bangu para a cidade, numa lotação, da cidade para a Gávea, mas ele ficava calado, não dizia uma nem duas, não dava intimidade.

Experiência amarga do jornalista Rogério Marinho, quando ainda aluno do curso complementar de Direito. Rogério Marinho, em frente ao El-Dorado, à procura de um táxi que o levasse ao Andrews, ali na Praia de Botafogo. Nem sombra de táxi, tudo de bandeira arriada. É quando passa, a caminho da Gávea, Válter Goulart, quíper do Flamengo, na sua barata. Dentro da barata, muito sério, incógnito, Domingos da Guia.

Válter Goulart para a barata, pergunta para onde Rogério Marinho ia, se fosse Copacabana ele o deixaria no Mourisco. Ah! era para o Botafogo, melhor, ele deixaria Rogério Marinho na porta de Andrews. Domingos fez lugar para Rogério Marinho. Nunca Rogério Marinho se sentiu mais longe de uma pessoa.

Domingos, junto dele, encostado, parecia que estava a quilômetros de distância. Só abriu a boca na hora em que Rogério Marinho saltou. E para dar-lhe uma palmadinha nas costas, para dizer-lhe:

– Agora pode-se gabar que veio com o Da Guia.

Para muita gente, culpa dos jornais. Os jornais publicando clichês de duas, de três colunas, às vezes de página inteira, de um jogador de futebol, dava naquilo. Mais uma prova do pouco que se conhecia Domingos.

Domingos não fugia só do torcedor, fugia também do jornalista, principalmente do jornalista. Não se importando que os jornais passassem dias sem falar nele, preferindo até. Um traz uma coisa boa, outro uma coisa ruim, a coisa boa se esquece logo, a ruim é que fica.

Queria sair em jornal, mas em ocasiões especiais, depois de um jogo, e jogo importante, ele a maior figura de campo. Assim, valia a pena. Agora, publicar o nome, o retrato dele por publicar, para encher espaço, não. Não para o Da Guia, sim para o Leônidas.

Para o Leônidas estava bem, apesar de tudo. Do colar, do relógio. O que não impedia que ele andasse pelas redações. Os jornalistas contavam com Leônidas para fechar uma página. 'O Diamante Negro em visita à nossa redação'.

Em visita a todas as casas. Onde entrava o jornal, Leônidas entrava. O torcedor abria a página de esportes, lá estava Leônidas sorrindo para ele, feito um amigo velho. O torcedor podia cruzar a perna, recostar-se na cadeira, nem tirava o palito da boca para bater um papo com o inventor da bicicleta. Sem a menor cerimônia.

A popularidade não admite cerimônia, alimenta-se de intimidade. A fama é que é cerimoniosa. Fica lá em cima, como Domingos. Não permitindo nem a confiança de um apelido. 'Diamante Negro' para Leônidas, para Domingos, 'Doutor', 'Professor', 'Mestre'.

O torcedor admirava Domingos de longe, guardando o devido respeito. O que não havia entre o torcedor e Leônidas: respeito. O torcedor gostava dele. Por isso vivia desculpando coisas que ele fazia. Até um gol perdido, a bola pedindo para entrar, bastava empurrar.

Fosse Domingos chutar uma bola fora, era um espanto, um 'oh!' A torcida do outro clube, então, não perdia a ocasião, que talvez não voltasse mais, de um '*uh!*' para Domingos. Não adiantava Domingos se zangar, perder a cabeça, feito Leônidas. Ninguém perdoava o Da Guia humano, de carne e osso.

Para se livrar dos 'uh!' Domingos tinha de ser mais Domingos do que nunca. Parando uma bola a dois metros do gol aberto, chamando todo mundo para tomar a bola dele. O que ele fez num Botafogo e Flamengo, em Álvaro Chaves.

A multidão ficou quieta, parecia que o estádio se esvaziara de repente, que o jogo acabara há muito tempo. Os atacantes do Botafogo partiram para cima de Domingos, Domingos, aí, se mexeu, começou a andar, devagar, balançando o corpo, dando dribles de meio milímetro.

Driblou um, dois, três, quatro, cinco, esperou um pouco, para ver se vinha mais alguém, não veio mais ninguém, ele esticou um passe de cinquenta metros, certinho, depois deu meia volta - a bancada social do Fluminense assim de moças, florida, a mesma *corbeille* de vinte, de trinta anos atrás - curvou-se num cumprimento.

Também até as moças se puseram de pé para bater palmas. A vantagem de uma falhazinha. Era bom falhar de vez em quando. Senão, não demorava muito, a perfeição daguiana, acabaria não impressionando mais ninguém.

Impressionava menos. Em outros tempos o torcedor chegava a meter a mão no bolso, tirando de lá de dentro uma nota de cinco mil réis. Para comprar outra entrada, não queria furtar a Liga, já vira quatro mil e quatrocentos de jogo, uma jogada de Domingos valia o preço de uma arquibancada[70].

O torcedor não ia mais comprar outra entrada, ficava, achando natural tudo o que Domingos fazia. Qualquer coisinha de Leônidas, porém, o estádio quase vinha abaixo, 'Leônidas! Leônidas! Leônidas!'. Pouco importava que ninguém tivesse visto direito a jogada do 'Diamante Negro'. Uma espécie de mágica, zás-trás, a bola estava dentro das redes, o resto não interessava.

Ia-se discutir como fora, como não fora, depois do jogo. A jogada de Leônidas, não a jogada de Domingos. Quem é que não sabia como fora a jogada de Domingos? Os fotógrafos até ajeitavam a lente, armavam a máquina, parecia que iam bater uma pose. Nada daquela afobação para um instantâneo de Leônidas, agora ou nunca.

A chapa de Domingos saía nítida, via-se tudo, a gravura nem precisava caprichar. A de Leônidas saía tremida, exigindo o retoque. O retoque da fantasia.

---

[70] 1 de julho de 34, jogo São Cristóvão e Vasco.

O torcedor gostava de dar o seu retoquezinho, de botar alguma coisa de seu na descrição de um lance. Com Leônidas podia soltar as asas da imaginação.

Domingos é que não deixa nada para a imaginação do torcedor. Fora assim, não podia ter sido de outro jeito. Também não se perdia um detalhe de uma jogada de Domingos. Enquanto a bola não chegava aos pés dele era um corre-corre, a bola não estava mais aqui, não estava mais ali. De repente, bastava Domingos tocá-la, o jogo virava câmara lenta.

A multidão tratava de se sentar. Não porque o jogo perdesse o interesse, a emoção, pelo contrário. Tanto que havia gente que nem tinha coragem de olhar. Como se estivesse num circo e chegasse a hora do domador meter a cabeça na boca do leão. Enquanto durasse o fundo musical dos tambores, era melhor não olhar, o leão podia fechar a boca. Na jogada de Domingos, enquanto durasse o silêncio.

O torcedor de coração pequeno, parado. O coração do torcedor só voltava a bater depois. Mas, afastado o perigo, passado o susto, o torcedor não tinha ânimo nem para bater palma. Soltava era um suspiro, tirava era o lenço do bolso. Quando não dava uma gargalhada.

Uma gargalhada que estremecia o estádio, que fazia o jogador que levara o drible de Domingos ficar sem jeito, morto de vergonha. O caso de Dorado, campeão do mundo. Dorado balançando as redes, gritando gol, os uruguaios correndo para abraçá-lo, beijá-lo, para levar a bola para o meio do campo, a bola não estava com Dorado, estava com Domingos, lá no bico da área[71].

O jogador que se lembrava de Dorado chegava perto de Domingos e entregava logo a bola, para não fazer papel ridículo na frente do 'Doutor', do 'Professor', do 'Mestre'. O 'Mestre' dando a sua lição de futebol. Mostrava como era, como não era, imitando o mágico que arregaçava as mangas, prometendo não iludir ninguém, para iludir melhor todo mundo. O torcedor, na cadeira numerada, na arquibancada, na geral, se deixava enganar mais uma vez.

Ia para casa convencido de que aprendera o truque, não havia nem truque, mais simples não podia ser, dois e dois são quatro. Quando acaba, Domingos não ensinava nada, Leônidas é que ensinava tudo. Foi só ele dar uma bicicleta, a bicicleta passou adiante, nos campos, nas peladas, pelo Brasil afora não houve quem não desse bicicletazinha.

Talvez porque o que Leônidas fazia fosse mais brasileiro, estivesse na massa do sangue dos nossos brancos, mulatos e pretos. Como o samba. Toca-se um samba, seja onde for, só se vê gente gingando o corpo.

Domingos gingava o corpo, mas não se desmanchando todo, como Leônidas. Dançando o samba, jogando futebol. A sobriedade de Domingos chocava como uma coisa vinda de fora. Da Inglaterra. Tanto que quando se queria dar

---

[71] 6 de setembro de 31, Copa Rio Branco. Foi quando um torcedor gritou: 'Eu vou mandar dourar esse crioulo'. Frase publicada no *O Globo* do dia seguinte.

uma ideia de Domingos vinha-se logo com futebol inglês. O futebol inglês como a gente imaginava. Pelas anedotas de inglês tão do gosto brasileiro. O inglês frio, incomovível.

As anedotas de inglês sendo, para Domingos, o que Sterne foi para Machado de Assis. De uma certa forma Domingos foi o Machado de Assis do futebol brasileiro. Inglês por fora, brasileiro por dentro. Sobretudo carioca. Quanto mais se esforçava para ser inglês, mais Domingos se traía como carioca. Como o velho Machado. O mulato de *pince-nez*, de barba de Ministro do Império, o preto de fala macia, arrastada, com o seu passo de malandro, de samba de breque. Mais inglês, porém, do que os ingleses brancos que o torcedor conhecia.

Ingleses brancos que, vestindo-se de jogador de futebol, tratavam, mais do que depressa, de se abrasileirar. Chegando mesmo a inventar jogadas, feito Leônidas, para agradar ao público. O caso de Charles Miller, o 'charles' sendo o primeiro brasileirismo em futebol. O avô da bicicleta.

O torcedor gostava era daquilo. Os jogadores mais brasileiros sentindo isso. Valdemar de Brito não deixando, em nenhum jogo, de dar o seu 'charles', a sua letra. Senão iam pensar que ele estava decadente[72].

Um 'charles', uma letra, convenciam todo mundo de que ele era o mesmo. Que estava até melhor. O que sucedeu com Romeu depois do 'vai-mas-não-vai'. Romeu já quase no fim, o 'vai-mas-não-vai' remoçando-o, o público se esquecendo da careca dele.

Um 'charles', uma letra, uma bicicleta, jogadas jovens, alegres, fantasias de balé. A impressão de Olívio Montenegro quando viu um jogo pela primeira vez. Sem saber o que era um gol, um pênalti, um *corner*, em *off-side* nem se fala.

Não sabia o que era futebol, sabia, porém, o que era um balé. Para não dizer um samba.

A torcida levando para a geral, para as arquibancadas, cuícas, pandeiros e tamborins, enchendo o estádio de sons de samba. Os jogadores não errando o passo, o ritmo do futebol sendo o do 'vai-mas-nao-vai' de Romeu.

Do 'vai-mas-não-vai', do samba, a nossa dança dionísiaca. Coisa que não escapou à observação de Gilberto Freyre: o futebol brasileiro era dionisíaco[73].

Dionisíaco como Leônidas, não apolíneo como Domingos.

A multidão não se enganava quando pulava dentro do campo para carregar Leônidas em triunfo. Os braços se estendendo para pegar Leônidas, para tocar em Leônidas. Por isso, durante o campeonato do mundo, depois de uma vitória brasileira, o povo inundava as ruas, e só se ouvia Brasil e Leônidas.

---

[72]Confissão de Valdemar de Brito à Kruschnner.

[73]Gilberto Freyre em *Sociologia*, segundo volume, página 375, escreveu: 'O mestiço brasileiro, o baiano, o carioca, o mulato sacudido do litoral, joga um futebol que não é mais o jogo apolíneo dos britânicos mas uma quase dança dionísiaca.' E mais adiante, página 423, nas notas do capítulo III: 'No futebol como na política o mulatismo brasileiro se fez marcar por um gosto de flexão, de surpresa, de floreios, que lembra passos de dança e de capoeiragem. Mas sobretudo de dança'.

Nenhum grito de Domingos, de Romeu, de Perácio, de qualquer outro jogador que, como Leônidas, tinha corrido em campo, molhado a camisa, lá em Estrasburgo, lá em Bordéus, pela vitória do Brasil. Aquele Brasil, aquele Leônidas, juntos, um puxando o outro, exprimiam tudo.

Daí em diante Leônidas em primeira página de jornal. Os jornais agradando o leitor com Leônidas. Um bom clichê de Leônidas, uma boa notícia sobre Leônidas, garantiam um aumento de tiragem.

As bancas de jornais tratavam logo de botar a página com Leônidas bem à mostra. Principalmente as bancas de italianos. Os italianos, donos de bancas, quase todos torcedores do Fluminense, por causa das cores, verde, branco e vermelho, prefeririam Romeu a Leônidas. Na hora, porém, de vender jornal, nem discutiam: Leônidas:

No dia do Brasil e Itália, as bancas amanheceram enfeitadas de Leônidas[74]. De Leônidas e de bandeirinhas. Senão os torcedores que andavam soltos pela rua podiam quebrar as bancas aos gritos de 'viva o Brasil'.

Precaução necessária, sem dúvida, aquela do retrato de Leônidas, da Bandeira Brasileira. Brasileiros exaltados à cata de italianos. O jogo ainda não tinha começado, um italiano apareceu de tripa de fora lá no Mangue.

Os alto-falantes berrando, 'Leônidas vai jogar', 'Leônidas não vai jogar', muita gente não aguentava, dava o fora. Para onde? Em todo canto um rádio berrando. Um torcedor calou um rádio com um tiro. Também era o segundo gol da Itália e de pênalti. Itália dois, Brasil zero, só mesmo a tiro.

O Brasil perdeu de dois a um, mas sem Leônidas. Se Leônidas tivesse jogado, o Brasil seria o campeão. Pouco importava que os jornais europeus falassem mais de Domingos e Romeu. Era natural que falassem mais de Domingos e Romeu. Os dois jogando futebol clássico. Leônidas dando bicicleta, marcando gol enquanto amarrava a chuteira.

Não havia, aqui, quem não soubesse de cor o quinto gol de Leônidas contra a Polônia. Leônidas ajoelhado, amarrando a chuteira, o quíper polonês dá o tiro de meta, Leônidas se levanta, emenda a bola, gol do Brasil. Escutando o rádio, a quatro mil quilômetros de distância, o torcedor via Leônidas, como se Leônidas estivesse aqui. A mesma coisa.

Toda vida fora mais ou menos assim: o torcedor não via direito o que Leônidas fazia, tinha de imaginar quase tudo. Era melhor imaginar tudo de uma vez. As descrições dos gols de Leônidas, antes confusas, tremidas como seus instantâneos, tornaram-se nítidas, minuciosas.

Só se via torcedor descrevendo gols de Leônidas. Marcando gols de Leônidas contra a Itália. Leônidas era a vitória. Os outros tinham perdido, Leônidas não perdera uma vez. Por isso o torcedor deixou os outros de lado, ficou só com Leônidas, com a vitória. O que explica a volta triunfal do escrete brasileiro.

---

[74] 16 de junho de 38.

O escrete brasileiro chegava numa cidade, o comércio fechava as portas, o povo ia para a rua carregar Leônidas em triunfo. Os outros jogadores dentro dos automóveis, os automóveis andando devagar, a passo de enterro, acompanhando o cortejo de Leônidas. E todo mundo pensando que estava homenageando o escrete brasileiro.

Os jogadores todos compareciam, a homenagem era para Leônidas, só para Leônidas receber medalhas, as *corbeilles* de flores, as flâmulas dos clubes, as bandeiras brasileiras. Os outros assistiam, espremidos num salão arrebentando de gente, como se nem fossem jogadores.

Domingos chegou a dizer que quando houvesse uma homenagem ao escrete brasileiro não o chamassem. Se a homenagem era para Leônidas, muito melhor dizer logo. Assim ninguém fazia papel de bobo, atrás de Leônidas, vendo Leônidas receber presentes. Presentes sem muito valor, o valor estava na intenção. Leônidas contentando-se com isso, não se aproveitando.

Nem mesmo quando se tratava de propaganda comercial. Tanto que assinou uma declaração, só comia goiabada marca Peixe, declaração que saiu em anúncios enormes pelos jornais, de quarto de página para cima, por um caixote de doces. E Manoel de Brito deu o caixote de doces porque quis dar, Leônidas nem pediu.

Uma coisa que impressionou Manoel de Brito: a camaradagem de Leônidas. Outro teria 'metido a faca' no peito dele: dez, vinte contos. Leônidas pegou a caneta, assinou o nome, Leônidas da Silva, com a bonita letra que tinha, de aluno aplicado de caligrafia. Achando que era mais um autógrafo que assinava.

Autógrafo ele assinava aos milhares. Principalmente para moças. As moças, as brancas, as meninas de colégio, fazendo questão de uma assinatura de Leônidas num cartão, num álbum. Muitas agarrando Leônidas no meio da rua, o 'Diamante Negro' no meio das louras, cada uma com seu álbum de poesia. Numa página um soneto de Bilac, noutra a assinatura de Leônidas, bem no centro.

Foi preciso que José Scassa, um jornalista torcedor do Flamengo, abrisse os olhos dele. Mostrando a diferença que havia entre um autógrafo num álbum de poesia de menina de colégio e uma assinatura embaixo de uma declaração como aquela da goiabada marca Peixe. Leônidas podia assinar quantos autógrafos quisesse, recomendações, porém, de marcas de goiabada, de cigarros, fosse o que fosse, só por dinheiro.

Havia uma fábrica que queria lançar no mercado o chocolate Diamante Negro. Por menos de vinte contos ele não devia deixar. Leônidas viu que estava jogando fora uma fortuna, entregou-se a José Scassa. Precisava mesmo de um secretário.

Recebia uma correspondência de artista dc cinema. Cartas que vinham de todos os recantos do Brasil, umas não pedindo nada, a não ser desculpas pela ousadia, outras pedindo um autógrafo, um retrato, até um emprego. Como aquela de um torcedor do Pará, chefe de uma família numerosa, desempregado, sem ter para quem apelar, apelando para Leônidas, numa carta comovente, chamando o 'Diamante Negro' de 'doutor', tratando-o por 'Vossa Excelência'. Bem que Leônidas podia arranjar-lhe um emprego público.

O torcedor do Pará sabia, quem é que não sabia? Que um pedido de Leônidas ao Getúlio era uma ordem. Leônidas não fez o pedido a Getúlio, antes de pensar nos outros ia pensar nele mesmo, tratar de sua vida. Aquela loucura nacional por ele talvez fosse embora, não voltasse mais.

Era o momento em que ele podia fazer o que bem entendesse. Até atropelar gente no meio da rua. Atropelou um homem no Mangue, também vinha à toda, sem respeitar sinal, a multidão fez parar o *Ford*, 'lincha, lincha', mas quando viu que era Leônidas acabou com o lincha. 'Leônidas, Leônidas corre, Leônidas'. Nem o guarda tomou nota do número do carro.

Apesar de tudo, Leônidas continuava, todos os dias, em exposição permanente no Café Rio Branco, sentado quase no meio da rua, bem na porta de entrada. José Scassa tomando conta. Antes de chegar a Leônidas, o torcedor passava por José Scassa.

Não era por nada, não era por nada, mas havia torcedor sem-vergonha. Torcedor que aborrecia Leônidas com pedidos de emprego, com pedidos de dinheiro. Os que andavam atrás de um emprego, humildes, chegavam a varrer a calçada do Café Rio Branco com as solas dos sapatos, os 'facadinhas', atrevidos, insolentes mesmo. Leônidas nem os queria ver. Não estava ali para dar coisa alguma, estava ali era para receber.

O 'facadinha' saía resmungando. Batera muita palma para o 'Homem de Borracha', ajudara a fazer o cartaz dele, quando acaba nem cinco mil réis. Poucos 'facadinhas', felizmente.

Quem mais se aproximava de Leônidas era gente agradecida. Pelos gols que ele tinha marcado pelo Brasil, pelo Flamengo. Pelos gols que ele ia marcar ainda. Agradecendo a Leônidas por antecipação. Torcedores das gerais com uma galinha debaixo do braço, torcedores das arquibancadas que apertavam a mão dele para largar uma nota de cinquenta mil réis, torcedores das cadeiras numeradas, que só lhe davam notas de quinhentos mil réis para cima.

O time do Flamengo entrava em campo, Leônidas levantava o braço no *hurrah!*, recebia as palmas, depois ia conversar com os torcedores das cadeiras numeradas. Saber quanto valia o gol da vitória. Não marcava mais gols sem antes ter a garantia de quinhentos mil réis de um, quinhentos mil réis de outro. Os torcedores das cadeiras numeradas, com dinheiro no bolso, nem discutiam. O jogo começava, só Leônidas os podia salvar. Leônidas e Domingos.

Mas Domingos não vinha falar com nenhum deles. Não dizia o que queria, caladão, os outros que adivinhassem. Quando Leônidas não estava satisfeito, todo mundo sabia, o Café Rio Branco tratava de espalhar que Leônidas não estava satisfeito. Dava-se um jeito, mais dinheiro para Leônidas.

Nunca se sabia, porém, se Domingos estava satisfeito ou não. Talvez não estivesse, principalmente vendo Leônidas receber tanto presente. Devia querer alguma coisa, era preciso dar o que Domingos queria. E o Flamengo inteiro punha-se a imaginar o que Domingos podia querer. Sempre se chegava a um resultado por intermédio de uma subscrição.

Gustavo de Carvalho, presidente do Flamengo, recorria, então, a delicadezas. Talvez uma delicadeza tocasse mais fundo no coração de Da Guia. Uma delicadeza cara, bem entendido, com dinheiro, muito dinheiro no meio. Por exemplo: uma caderneta de banco, uma conta-corrente aberta com quatro contos de réis, em nome do filhinho de Domingos.

A satisfação de Gustavo de Carvalho ia embora quando Domingos pegava a caderneta, agradecia um 'muito obrigado' frio, largava a caderneta no banco do vestiário. Apesar de magoado, Gustavo de Carvalho tinha um consolo: o Da Guia estava garantido, muito mais garantido do que o Leônidas. O Leônidas se comprometia para um gol, fazia um gol, para fazer outro era preciso outra conversa.

Sem saber quanto ia ganhar, não dava uma bicicleta. Plantava-se no meio do campo, botava as mãos na cintura, as bolas passando por ele, ele nem nada. Marcara o seu gol, cumprira com a sua obrigação, não estava mais para ser explorado.

Tinha caído na tolice de assinar um contrato de dois anos antes do campeonato do mundo. Um 'Diamante Negro' por cinquenta contos. José Scassa se escandalizava, todos os dias, no Café Rio Branco, bastava se lembrar. Só no Brasil é que se via uma coisa daquelas. Leônidas tendo de jogar, entrava domingo saía domingo, se não jogasse ganharia muito mais.

Perdia dez minutos, o tempo de bater uma chapa, de se abrir uma garrafa de champanha, na inauguração de uma sapataria, um conto de réis. Metia um conto de réis no bolso, não custava nada fazer um favor, atender a um pedido de Gerson Coelho, presidente do América Mineiro, amigo do dono da sapataria. E um conto de réis porque era em Belo Horizonte, se fosse no Rio pelo menos dois contos.

O Flamengo, em Belo Horizonte, tudo pago, a multidão defronte do Grande Hotel, de pescoço esticado, olhando para uma janela fechada, talvez a janela se abrisse, Leônidas aparecesse.

Leônidas não aparecia. Quem quisesse vê-lo que fosse à inauguração da sapataria do amigo de Gerson Coelho, que fosse ao Teatro Municipal, onde ele ia fazer uma conferência[75].

Sucesso absoluto. Nenhum lugar vazio, gente de pé nos corredores, se espremendo. Para se fazer uma ideia: as bilheterias arrecadaram dezoito contos. O que havia de melhor em Belo Horizonte comprou torrinhas, cadeiras, frisas, camarotes, Leônidas contou como tinha feito os gols em Estrasburgo e em Bordéus.

---

[75] A conferência de Leônidas em Belo Horizonte foi realizada a 29 de julho de 38, numa sexta-feira, por iniciativa de Procópio Ferreira, que ocupava o Teatro Municipal na ocasião com a sua companhia. Leônidas recebeu metade da renda, mas todas as despesas correram por conta de Procópio. O 'Diamante Negro' vestiu, naquela noite, pela primeira vez, um *smocking*, oferta da Sapataria 'Capital'. A conferência dividiu-se em duas partes: Leônidas leu umas páginas datilografadas escritas por José Scassa, depois se dirigiu para o quadro negro, colocado especialmente no meio do palco, e desenhou os sete gols que marcou no campeonato do mundo. A conferência de Belo Horizonte era a repetição de outra feita no Rio pelo próprio Leônidas, um pouco antes, a 23 de julho, no João Caetano. O *Jornal dos Sports* publicava, no dia, como uma das atrações da noite: 'Finalizada a festa, Leônidas distribuirá autógrafos'.

Contou bem, ao modo dele, mais com os pés do que com a boca. Levantava o pé e a plateia não tirava os olhos do pé dele, fascinada, fora assim, o pé se encolhia e se soltava. Para descrever o quinto gol contra a Polônia ajoelhou-se no palco, fingiu que ia amarrar a chuteira, desamarrou o sapato.

Leônidas descobrira um veio de ouro. Queria viver assim, inaugurando sapatarias, fazendo conferências. Muitas vezes, porém, era obrigado a recusar um bom convite, o Flamengo ia jogar aqui no domingo, no meio da semana, tratando de arrancar o máximo dele.

O que não impedia que Leônidas andasse de um lado para outro. A vantagem do avião. Para Leônidas. Certos passageiros não gostavam de viajar com ele. Gente importante que perdia logo a importância, todo mundo só querendo saber de Leônidas. Avalie se o avião se espatifasse. No dia seguinte todos os jornais, inclusive o sisudo *Jornal do Commercio*, abririam manchetes. 'Morreu Leônidas', 'Leônidas Morre Tragicamente num Desastre de Avião', 'Caiu o Avião Que Conduzia Leônidas'. E, lá em baixo, corpo sete, viajavam no mesmo avião fulano e fosse quem fosse.

O que fez o velho professor Camilo Mendes Pimentel dizer ao velho Afonso Pena Júnior, passageiros os dois do mesmo avião de Leônidas, que era bom pedir a Deus que o avião não caísse. Leônidas é que não tinha nada a temer. Tomava um avião, uma hora depois estava em São Paulo, Friedenreich esperando por ele no Campo de Congonhas.

O passado se encontrava com o presente, não houve fotógrafo de São Paulo que deixasse de bater a chapa. Leônidas e Friedenreich de todo jeito e feitio. Em 19, Leônidas se chamava Friedenreich, em 38 Friedenreich se chamava Leônidas. A glória de Leônidas revivia a de Friedenreich. A mesma coisa.

O paulista se esquecendo até que Leônidas era carioca. Podia ser carioca, mas era muito mais brasileiro. E Leônidas, nessas idas e vindas, ganhava dinheiro, contos e contos de réis. Os convites choviam. Leônidas não chegava para as encomendas. O que lhe atrapalhava a vida era o futebol, embora ele se defendesse treinando cada vez menos, quase nada. Já fazia muito jogando, sacrificando os seus interesses nos domingos.

E o Flamengo sem coragem para tomar uma atitude. Só se queixava, se lamentando, perguntando onde é que aquilo ia parar. Quando muito uma multa. Leônidas forçando a mão, era o Leônidas, podia abusar. Uma multazinha para o Leônidas, de quinhentos mil réis.

Aparecia logo alguém para pagar a multa dele, para acalmá-lo. Leônidas, ofendido, fazendo comícios na porta do Rio Branco, ameaçando não jogar. Não jogava, o Flamengo vencia, Gustavo de Carvalho pensava que o Flamengo não precisava dele, parecia de propósito, lá vinha uma derrota.

Leônidas assistia à derrota do Flamengo debruçado na cerca, vestido à paisana, como um torcedor qualquer. Não deixava de ser o Leônidas, os torcedores em volta dele, 'aquele você fazia Leônidas!' O jeito era perdoar a multa de Leônidas, entrar num acordo com ele. Leônidas recebia a multa que saíra do bolso de um torcedor, exigia o 'bicho' da derrota, como se tivesse jogado, como se tivesse marcado o gol da vitória.

Se ele tivesse jogado, o Flamengo teria vencido, coisa que ninguém discutia, tão certo como dois e dois são quatro. E o Flamengo pagava a Leônidas pela derrota, pela vitória. Gustavo de Carvalho, presidente do Flamengo, tendo de ouvir desaforos do 'Diamante Negro' ainda por cima. Ele e os outros, os cartolas do Flamengo. O Rio Branco estabelecendo uma distinção bem grande entre o Flamengo e os cartolas. Os cartolas não eram o Flamengo, o Flamengo era Leônidas.

Como o Flamengo, Leônidas tomava satisfação do presidente do Flamengo, dos diretores do Flamengo. Os cartolas deviam, ao invés de punir um jogador como ele, que só enchia o clube de glória, tratar de suas obrigações. A vontade que Gustavo de Carvalho tinha era de suspender Leônidas, o contrato de Leônidas.

Mas até dentro da diretoria do Flamengo havia gente que dava razão a Leônidas. Luiz do Rêgo Monteiro, por exemplo, chegando a dizer que Leônidas tinha o direito de fazer o que bem entendesse. Porque era um gênio.

E Leônidas fazia o que bem entendia. Deixava de jogar, não perdia nada com isso, pelo contrário. A grande arma do clube, encostar um jogador na 'cerca', 'cozinhá-lo em fogo frio', como dizia Fausto, contra Leônidas não valia coisa alguma, quem perdia era o clube.

A diferença entre Leônidas e Fausto. Leônidas brigando com o Flamengo porque não queria jogar. Fausto brigando com o Flamengo porque queria jogar. O tempo dele estava passando, passaria no dia em que ele deixasse de jogar, fosse para a 'cerca'. Tudo menos a 'cerca', a 'cerca' era a miséria. A tragédia de Fausto. Tinha começado cedo demais.

Domingos e Leônidas, sim, é que tinham começado na boa hora. Fausto se matando em campo, abrindo caminho para eles, eles garotos, com a vida toda pela frente. Leônidas pôde dar cabeçadas, brincar com a sorte. A carreira dele era uma verdadeira montanha russa, cheia de altos e baixos. Dera cabeçadas, subira, descera, para subir, descer, subir outra vez.

E Leônidas ainda se queixava. Quem devia se queixar era Fausto. Queixar-se de tudo, de todos. Do Vasco, do *Barcelona*, do *Zurique*, do *Nacional*, do Flamengo. O Vasco lhe pagando só 'bicho' de vitória e de empate. O *Barcelona* prendendo-lhe as luvas, os ordenados, querendo que ele virasse espanhol, ele tendo de ir para a Suíça, ganhando quase nada, passando mal.

Tão mal que, recebeu como uma salvação o chamado do Vasco. O Vasco pagando-lhe a passagem de volta para o Brasil, ele transbordando de gratidão, jurando que não ia mais embora de São Januário, assinando um contrato de quatro anos por quinze contos. Quinze contos pelo que lhe restava de futebol.

Estava por baixo, tinha de aceitar qualquer coisa. O que o Vasco lhe deu por quatro anos, deu a Leônidas por um. Sem falar em Domingos, que recebeu mais do dobro de Leônidas, oito vezes o que ele recebera.

Enquanto andou por baixo, Fausto não disse nada. Mas entrou em forma, voltou a ser 'Maravilha Negra', tomando conta do campo. Acabou emigrando de novo, para voltar, mais uma vez, desiludido, cansado de lutar. A luta de tantos anos fora lentamente acabando com ele. Não aguentava mais dois tempos.

Se jogava era com cuidado, guardando-se no primeiro tempo, reservando forças para os últimos instantes do jogo. Aí crescia, agigantando-se. O torcedor saía de campo convencido de que Fausto ainda era o mesmo.

A prova é que ficou com ele contra Kruschner. Kruschner viu dois jogos, descobriu logo o truque de Fausto. O truque de jogar o segundo tempo. Se fosse médico Kruschner mandaria tirar uma chapa de raio-X do pulmão de Fausto. Não era médico, era treinador. Como treinador fez um diagnóstico: de *center-half*, Fausto não aguentava um ano, de beque talvez aguentasse dois.

A última revolta de Fausto. O Rio Branco ao lado dele, Kruschner até tinha medo de sair de noite. Um 'fanático', era assim que ele chamava o torcedor do Flamengo, podia estar de emboscada, numa esquina, atrás de uma árvore, para dar-lhe um tiro, uma facada. Kruschner cedeu, Fausto no time, de *center-half*, ainda assim teve que sair do Flamengo.

Parecia que o treinador tinha perdido, que o jogador tinha vencido, Fausto não durou três meses. Acabou num jogo de reservas - ele se submetendo a tudo, jogando até de reserva para não deixar de jogar - botando sangue pela boca. Morreu esquecido num sanatório de Palmira[76]. Foi enterrado lá mesmo, numa cova rasa. Um jornal lançou a ideia de um mausoléu para Fausto, nada feito, o Flamengo nem quis contribuir com a metade das despesas para trazer o corpo do 'Maravilha Negra'. Coisa de um conto e quinhentos.

Fausto lutara tanto, fazendo questão de jogar, mesmo doente, porque previa isso, não tinha ilusões. No dia em que parasse, vinha a miséria bater-lhe à porta. Não era o caso de Leônidas, Leônidas na flor da idade, no auge da glória. E depois, quando ele deixava de jogar, o torcedor não se esquecia dele, aí é que se lembrava mais. Aquele ali Leônidas fazia. Aquele ali era um gol perdido.

Leônidas marcava todos os gols que os outros não marcavam, sem falar nos gols que só ele sabia fazer. Jogando, ele podia falhar, não jogando, não falhava nunca. Mas não assustava mais Gustavo de Carvalho. Gustavo de Carvalho aproveitando, suspendendo o contrato dele[77]. Leônidas não ia poder jogar uma porção de tempo: operado do menisco, condenado pela Justiça Militar, uma estória de certificado falso de reservista, oito meses de prisão.

Durante esses oito meses, o torcedor não tirou o nome de Leônidas da boca. O retrato dele quase não saía nos jornais, no lugar dele Pirilo marcava gols em

---

[76] 29 de março de 39.

[77] O Flamengo comunicou à Federação Metropolitana de Futebol que o contrato de Leônidas estava suspenso a 16 de junho de 41. A 3 de julho Leônidas operava-se, a 26 do mesmo mês era condenado pela Justiça Militar a oito meses de prisão, começando a cumprir pena no dia seguinte.

todos os jogos do Flamengo, quarenta gols. Pirilo podia bater recordes de gols, não adiantava. O torcedor não guardava os gols que Pirilo fazia, guardava os que ele não fazia, os gols que o Leônidas teria feito.

Quanto mais Pirilo jogava, mais saudade o torcedor tinha de Leônidas. Saudade e pena. Leônidas estava preso, sem poder sair, sem poder jogar. Mal sabia o torcedor que o 'Diamante Negro', lá na Vila Militar, levava uma vida folgada, mais de hóspede do que de outra coisa. Os soldados facilitando, suavizando tudo, tratando-o como um príncipe.

Até os oficiais gostavam dele. Também Leônidas enchia de alegria o Regimento Sampaio. Quase todos os dias uma pelada, o 'Diamante Negro' jogando futebol só para os soldados e os oficiais. Tinha era de mudar de time, o primeiro tempo de um lado, o segundo do outro, para contentar todo mundo, mas não perdia a paciência, não passava uma descompostura.

Durante oito meses foi assim, os oficiais não tiveram uma queixa dele, pelo contrário. Tanto que lhe ofereceram um almoço no dia da liberdade[78]. Não ao condenado pela Justiça Militar, ao herói do campeonato mundial.

Leônidas estava livre, podia andar pelas ruas, ficar em exposição permanente na porta do Rio Branco, os torcedores em volta dele. Ia começar a luta entre um jogador e um presidente de clube, muita gente apostando na vitória de Leônidas. Bastaria ele aparecer num treino, marcar um gol de bicicleta. Leônidas porém, não queria treinar, não queria jogar. Ou ele ou Gustavo de Carvalho.

Enquanto Gustavo de Carvalho fosse o presidente do clube, ele não vestiria a camisa rubro-negra. E o campeonato para começar, e o Flamengo perdendo. Ari Barroso ia para o microfone, desabafava com o amigo ouvinte do Flamengo, sem Leônidas não podia ser.

Parecia que não havia saída para Gustavo de Carvalho. Talvez não houvesse se não fosse o São Paulo. O São Paulo mandou Roberto Pedrosa para o Rio com uma maleta cheia de dinheiro, com um livro de cheques, era só encher a quantia. Oitenta contos para o Flamengo, pelo passe, cento e vinte contos para Leônidas, por dois anos de contrato. Sem contar com o pagamento dos honorários dos advogados de Leônidas e do Flamengo, das custas do processo, de tudo.

Ninguém sabia de nada no dia, no dia seguinte não se falava em outra coisa. O São Paulo conquistara Leônidas. O negócio só podia ser feito assim, em segredo, se alguém soubesse estragava tudo, aí é que o Rio Branco botava mesmo Gustavo de Carvalho para fora do Flamengo. Se a notícia da ida de Leônidas para o São Paulo teve, aqui, o efeito de uma bomba, o grande acontecimento do dia para todos os jornais, os telegramas de guerra passando para um segundo plano, em São Paulo nem se fala.

Dez mil torcedores foram para a *gare* do Norte receber Leônidas, uma coisa nunca vista[79]. Um *speaker*, Geraldo José, fez questão de carregar Leônidas, Leônidas

---

[78] 26 de março de 42.
[79] 10 de abril de 42.

montado nas costas dele. Teve a ideia, carregou Leônidas vinte metros, foi obrigado a largar o precioso fardo, todo mundo tinha o mesmo direito.

O São Paulo gastara duzentos contos, fizera o maior negócio da vida dele, e ainda ajudava os outros a ganhar dinheiro. Qualquer joguinho de futebol no Pacaembu dava cem, duzentos contos. Leônidas não precisava jogar. O torcedor sabia que ele estava em São Paulo, bastava. Comprava a sua geral, a sua arquibancada, a sua cadeira numerada, ia para o Pacaembu. Assim se sentia mais perto de Leônidas.

E, depois, Leônidas não era o futebol? A paixão pelo futebol cresceu. A paixão por Leônidas. Quando uma casa comercial queria armar uma vitrina de sucesso, já sabia. Botava um retrato de Leônidas lá dentro, apinhava-se gente na calçada, o trânsito ficava impedido.

O melhor anúncio era um anúncio de Leônidas, fosse o que fosse. De uma pasta de dentes, o sorriso de Leônidas; de uma loção para cabelo, o penteado de Leônidas, repartido de lado. Até de rádio, de geladeira. Leônidas recebia geladeiras, rádios, das melhores marcas, em troca de uma fotografia ao lado de um rádio, de uma geladeira. Um anúncio que chamava a atenção, não havia quem deixasse de ler.

E os dias, as semanas se passando, ninguém se enjoando de Leônidas. Quem tinha um rádio de noite ligava para a *Record*. Para ouvir mais um capítulo da vida de Leônidas. Leônidas lia uma página datilografada, escrita por outro, naturalmente, dois contos por dia.

E toca a entrar sócio para o São Paulo. O sócio pagava o recibo, não tinha direito a quase nada. Se quisesse dançar, procurasse outro clube, se quisesse ver o jogo, comprasse entrada. Apesar de tudo, valia a pena. O sócio podia frequentar a sede, de tarde era quase certo Leônidas estar por lá.

Leônidas aparecia na sede do São Paulo para isso mesmo, para ser visto pelos sócios. O São Paulo fazia as contas: Leônidas ia ficar de graça. E o São Paulo não abusava. Recusava muito convite para levar Leônidas pelas cidades do interior. Piracicaba, por exemplo, fizera uma proposta assim: um jogo do São Paulo com Leônidas, trinta contos, um jogo do São Paulo sem Leônidas, cinco contos.

Daí a gratidão do São Paulo, do torcedor do São Paulo. Gratidão que se derramava em presentes, em 'bichos', para Leônidas, para dona Maria. Leônidas fazia um gol, o torcedor do São Paulo que estava junto de dona Maria – também dona Maria só se sentava ao lado de torcedor que valesse a pena – metia a mão no bolso, um conto de réis para Leônidas, um conto de réis para ela. Dona Maria tinha direito, era mãe do 'Diamante Negro'.

E o São Paulo achava pouco. Quanto mais ganhasse, menos vontade Leônidas teria de voltar para o Rio. De longe em longe ele tomava um trem, passava uns dias no Rio para fazer um negócio, para matar saudades. Quando era para um negócio ninguém se incomodava, quando era para matar saudades a coisa mudava de figura.

Daí a ideia de um restaurante para Leônidas. Leônidas abria um restaurante, todo São Paulo ia comer lá. Leônidas com um chapéu de mestre-cuca na cabeça, bem na porta, tomando conta, não tendo tempo nem para contar o dinheiro, a máquina registradora batendo sem parar. Assim ele se esquecia do Rio de uma vez, para só se lembrar de São Paulo. O São Paulo não queria perder Leônidas. Nem o São Paulo nem o futebol paulista.

O Pacaembu dando rendas de quinhentos, seiscentos contos. Todos os clubes ganhando, o São Paulo ganhando mais do que os outros. É verdade que não sobrava nada, cada jogador recebendo cinco, dez contos por vitória. O que o São Paulo fazia os outros clubes tinham de fazer, senão ficavam para trás.

O Corinthians gastou setecentos contos, mas levou Domingos para o Parque São Jorge. Domingos recebeu duzentos contos e o Flamengo quinhentos. Quinhentos contos pelo passe de um jogador. Assim mesmo muita gente achou que o Flamengo não devia ter vendido Da Guia.

A torcida do Flamengo andou afastada dos campos uns tempos, só voltou quando o time, sem Domingos, estava para levantar o tricampeonato. Sem Domingos e sem Leônidas. Nenhum jogador tinha subido tão alto quanto esses dois jogadores, negros, do futebol brasileiro. Já se sabia, porém, até onde podia chegar um 'artista da pelota', para usar um termo que saía nos jornais. Branco, mulato ou preto.

Até mesmo se fosse um preto como Quirino, o modesto, o humilde Quirino. O nome dele era Emílio Corrêa. Durante anos, porém, ele se assinou, ninguém sabe porque, Zé Quirino. Não José Quirino, Zé Quirino.

Todo mundo caçoando dele, da falta de jeito que ele tinha, uns pés enormes, quarenta e quatro bico largo, e abertos, como de pato. Mas ele foi jogando, em qualquer lugar, em qualquer time. Quando jogava na preliminar ninguém dizia nada, quando ia para o primeiro time o torcedor botava a mão na cabeça.

Um dia, em um Fla-Flu, ele nem viu a bola. Chegou no vestiário, começou a chorar, ninguém se lembrou de bater-lhe no ombro, de consolá-lo. O Flamengo querendo que ele fosse embora, fazendo tudo para que ele compreendesse, ele nem nada, ficou na Gávea assim mesmo. E um dia Domingos se vai, o Flamengo manda buscar Coleta em Buenos Aires, Coleta fracassa, o Flamengo é obrigado a escalar Quirino. E com Quirino perdeu, venceu, acabou levantando o campeonato.

Nem por isso deixaram de rir dele. O Quirino campeão da cidade, onde já se vira uma coisa daquelas? Riam dele aqui, mas ele conhecia um lugar onde todo mundo se orgulhava dele. Nem sempre se orgulhara, mas agora tinha de se orgulhar.

Houvera um tempo, realmente, em que Quirino nem podia passar pela porta da Escola Normal de Alfenas. Era um pretinho, um moleque de rua, de pé no chão, 'tu não conhece o teu lugar, moleque?'

Os anos se tinham passado, agora ele era o Quirino, campeão carioca, chegara o momento de voltar. Não para ficar, para passar uns dias, passando a sua glória pelas ruas sem calçamento, de barro batido, vinha um automóvel, a poeira subia a metros de altura, só se via gente entrando pelas casas sem pedir licença.

Quirino comprou uma roupa de panamá, alva, brilhante como um espelho, saltou em Alfenas assim. A cidadezinha já estava avisada. Quirino ia chegar, parecia que era feriado, só faltou a banda de música na estação.

E durante uma semana, o tempo que se demorou lá, Quirino foi uma espécie de hóspede oficial de Alfenas. Não se dava uma festa sem ele. Recebeu convite até para tomar parte na solenidade de formatura das moças da Escola Normal. O banqueiro Osvaldo Costa, outro ilustre filho de Alfenas, no centro da mesa, Quirino à sua direita.

Todos os dias, pelo Brasil afora, o futebol fazia isso, botava um Osvaldo Costa ao lado de um Quirino.

Mario Filho

A escrita, em dois tempos

Mario Filho (ao centro), cercado pelos irmãos Augusto, Paulo, Milton e Nelson Rodrigues (da esq. para a dir.)

1965: o último discurso no Maracanã, durante os Jogos da Primavera

Mario Filho nasceu no dia 3 de junho de 1908 em Recife, Pernambuco. Terceiro dos catorze filhos (Milton, Roberto, Mario, Stella, Nelson, Jofre, Maria Clara, Augusto, Irene, Paulo, Helena, Dora, Elza e Dulce) de Mario Rodrigues e Maria Esther, chegou no Rio de Janeiro em 1916. Começou a trabalhar aos 17 anos (casou-se aos 18 com Célia) no jornal *A Manhã* e depois, de 1928 a 1930, em *A Crítica*, ambos do seu pai, e em 1931, a convite de Roberto Marinho, foi chefiar a parte de esportes do jornal *O Globo*. Foi o primeiro jornalista a dar destaque, ainda na *Crítica*, à parte humana do futebol, além de grandes espaços até então jamais pensados pelos donos de jornais. Sua matéria sobre a volta do goleiro Marco de Mendonça foi um marco no esporte. A partir daí as notícias sobre futebol começaram a proliferar-se e os jogadores passaram a ser olhados de outra maneira. Em 1931 fundou o primeiro jornal inteiramente esportivo no Rio de Janeiro, *O Mundo Esportivo*.

Curiosamente, foi neste jornal que Mario Filho idealizou e realizou o primeiro desfile de escolas de samba, na praça Onze. Em 1936 comprou o *Jornal dos Sports*, onde não deixou de ir um dia que seja, até sua morte, no dia 17 de setembro de 1966. No *Jornal dos Sports* criou os Jogos da Primavera em 1947, os Jogos Infantis em 1951, o Torneio de Pelada no Aterro do Flamengo e o Torneio Rio-São Paulo, que se juntaram às suas outras criações, como a mística do nome Fla X Flu e também a Manchete Esportiva. Liderou, com crônicas diárias, a campanha para que o Maracanã, que hoje tem o seu nome, fosse construído no lugar atual para a Copa do Mundo de 1950. O então vereador Carlos Lacerda defendia a tese de que o estádio fosse construído em Jacarepaguá e no máximo para 60 mil espectadores e não como queria Mario, para mais de 150 mil torcedores. Mario Filho deixou várias obras literárias: *Bonecas* (1927), *Copa Rio Branco* (1932), *Histórias do Flamengo* (1934), *O Negro no Futebol Brasileiro* (1947), *Romance do Football* (1949), *Senhorita* (1950), *Copa do Mundo de 62* (1962), *Viagem em Torno de Pelé* (1964), *O Rosto* (1965) e *Infância de Portinari* (1966). Como disse seu irmão Nelson Rodrigues, Mario foi tão grande que deveria ter sido enterrado no Maracanã.

Mario Neto
Jornalista

Perfis dos Primeiros Craques Negros e Mulatos do Futebol Brasileiro

Gilberto Agostino
Autor de Vencer ou Morrer; historiador associado ao
Laboratório de Estudos do Tempo Presente (IFCS/UFRJ)

Bolão, Sabará, Friedenreich, Fausto, Manteiga, Leônidas da Silva, Domingos da Guia, Barbosa, Didi, Carlos Alberto, Robson, Pelé...

Mario Filho pontuou os mais expressivos jogadores negros e mulatos do futebol brasileiro em sua obra. Os perfis que se seguem apresentam a trajetória de alguns dos craques destacados até 1947, quando da 1ª Edição de O Negro no Futebol Brasileiro.

FAUSTO

(FAUSTO DOS SANTOS)
Codó (MA), 28/1/1905
Santos Dumont (MG), 28/3/1939

CLUBES: Bangu (1926-1928), Vasco da Gama (1928-1930), Barcelona (Espanha) (1931-1933) Young Boys (Suíça) (1933), Vasco da Gama (1934) Nacional (Uruguai) (1935), Flamengo (1936).

A trajetória de Fausto, 'A Maravilha Negra', coincidiu não só com algumas das questões mais cruciais das rivalidades esportivas que demarcaram a conflituosa relação de dirigentes paulistas e cariocas ao longo das primeiras décadas do século XX, como também acompanhou de perto as resoluções que levaram à superação do amadorismo e à implantação do profissionalismo no país. Tido como um dos melhores centromédios de sua época, estreou no Bangu em 1926, sendo contratado em seguida pelo Vasco, no qual se destacou, superando a precária saúde com uma rara habilidade com a bola e uma expressiva liderança em campo. Sua decisiva participação no título carioca de 1929 lhe renderia a convocação para a seleção brasileira pelo técnico Píndaro de Carvalho, em 1930, quando da realização da Primeira Copa do Mundo no Uruguai, momento em que jogadores filiados à Federação Paulista não puderam ingressar no selecionado nacional, em função dos atritos entre os dirigentes. No ano seguinte, quando o Vasco da Gama excursionou pela Espanha, o futebol do jogador encantou o presidente do Barcelona. Este lhe fez uma tentadora proposta para que deixasse o clube brasileiro, o que Fausto considerou uma boa oportunidade de libertar-se do inconstante regime de bichos, regra do futebol brasileiro para manter as aparências do amadorismo. Apesar de duramente repudiada pelos cartolas brasileiros, na verdade, a transferência era perfeitamente possível, uma vez que não havia um regime profissional no Brasil e, conseqüentemente, os jogadores não estavam legalmente vinculados a este ou àquele clube. Isto significava que poderiam deixá-lo a qualquer momento. Sem multa, sem passe, ou qualquer coisa do gênero. Para a FIFA tratava-se de um negócio perfeitamente legal. Neste sentido, o caso de Fausto, assim como a evasão de uma série de outros jogadores de sua época, não só para a Espanha, mas principalmente para a Itália, contribui para enfraquecer as posições daqueles que viam a profissionalização como uma ameaça ao romantismo do bom jogo e à pureza do esporte, e abre caminho para a corrente favorável ao profissionalismo, implantado em 1933. Neste mesmo ano, depois de jogar em Berna, Fausto regressaria ao país. O jogador, entretanto, mal teve tempo de adaptar-se ao novo regime. Atuando novamente no Vasco, passando pelo Nacional do Uruguai e voltando novamente ao Brasil para encerrar a carreira no Flamengo, onde foi campeão carioca em 1934, o craque abandonou os gramados aos 31 anos, sofrendo gravemente dos males de uma tuberculose, responsável por sua morte três anos mais tarde.

DOMINGOS DA GUIA

(DOMINGOS ANTÔNIO DA GUIA)
Rio de Janeiro (RJ), 19/11/1912
Rio de Janeiro (RJ), 18/5/2000

Bangu (1929-1932), Vasco (1932-1934), Nacional (Uruguai) (1933), Boca Juniors (1935-1936), Flamengo (1936-1943), Corinthians (1944 a 1947) e Bangu (1948-1949).

O jovem Domingos da Guia pode ser tomado como um caso exemplar de operário que passou a encarar o futebol não só como diversão, mas também como uma necessidade financeira. Trabalhando como tecelão na Companhia Progresso Industrial do Brasil, em Bangu, estreou no time B da fábrica em 1929, contando com as freqüentes compensações em dinheiro oferecidas pelo clube, bastante comuns, mesmo na época em que o amadorismo ainda estava em vigor. Jogando inicialmente como centromédio, logo passou para sua posição definitiva, a zaga, na qual se projetou para o futebol, abandonando gradativamente suas atividades fabris. Em pouco tempo, sua categoria em campo se fez notar, a ponto de estrear na seleção brasileira, com apenas 18 anos, em uma partida amistosa contra o Ferencvaros, da Hungria. A esta altura, com as propostas de dirigentes aparecendo de toda a parte, Domingos deixou o Bangu, transferindo-se para o Vasco da Gama em 1932. Como as leis do amadorismo determinavam, qualquer jogador transferido deveria jogar um ano no time reserva de seu novo clube, antes de passar para o time principal. Mesmo nestas circunstâncias, o talento de Domingos brilhou, valendo-lhe, neste mesmo ano, a convocação para a seleção brasileira que iria disputar a Taça Rio Branco no Uruguai. Lançada em 1916, a competição figurava como uma das mais importantes da América do Sul. Para o futebol brasileiro, a superação ou mesmo equiparação com os tradicionais rivais do Prata, finalistas da Copa do Mundo de 1930, era uma questão decisiva para o reconhecimento internacional de seu potencial em um momento em que o jogo tornava-se aos olhos da nova estrutura de poder implementada por Getúlio Vargas um dos elementos capazes de promover o sentido de identidade nacional moldado pelo Estado. Vencendo os donos da casa por 2x1, os jogadores brasileiros voltaram para casa aclamados, deixando os próprios uruguaios boquiabertos com a performance de alguns deles, entre os quais Domingos da Guia e também outra grata revelação: Leônidas da Silva. Já em 1933, aquele que era considerado um dos melhores zagueiros brasileiros de seu tempo, se não o melhor, transferiu-se para o futebol uruguaio, uma vultosa transação que lhe abriria o caminho para uma carreira milionária para os padrões da época. Jogando pelo Nacional de Montevidéu, ainda aos 20 anos de idade já era chamado de 'Divino Mestre', chegando a ser-lhe proposta a cidadania uruguaia, um meio para o craque integrar a Celeste Olímpica.

Retornando ao Brasil em 1934, já em plena era do profissionalismo, foi campeão pelo Vasco da Gama, embora em seguida voltasse ao exterior, jogando com brilhantismo pelo Boca Juniors, pelo qual também foi campeão. Após um desentendimento com o clube argentino, Domingos voltou ao Brasil para jogar pelo Flamengo, no qual conquistou três títulos estaduais, período que para muitos analistas veio a representar a melhor fase de sua carreira. Em 1938 integrou a seleção brasileira que disputou o Mundial na França, com o Brasil alcançando o terceiro lugar após ser derrotado pela Itália por 2x1. Em 1944, deixando o futebol do Flamengo para atuar no Corinthians - a contratação mais cara do futebol brasileiro até então - Domingos já era um craque amadurecido. Retornaria ao futebol carioca em 1947, fechando seu ciclo como jogador profissional no Bangu, mesmo clube onde estreara quinze anos antes. Ainda testemunhou todos os momentos da brilhante carreira de seu filho Ademir da Guia, vindo a falecer em maio de 2000.

LEÔNIDAS

(LEÔNIDAS DA SILVA)
Rio de Janeiro (RJ) 6/9/1913

Bonsucesso (RJ) (1931-1932), Penãrol (Uruguai) (1933), Vasco (1934), Botafogo (1935-1936), Flamengo (1936-1941), São Paulo (1942-1950).

Poucos jogadores viveram - dentro e fora do campo - momentos capazes de representar tão bem os dilemas que demarcaram a trajetória do futebol brasileiro na primeira metade do século XX como Leônidas da Silva. Nascido em 1913, atravessou uma infância de muitas dificuldades, sendo a bola - mesmo de meia - a principal diversão, encarada com muito mais interesse do que os bancos escolares. Dono de uma habilidade fora do comum, aos 13 anos já havia ingressado no juvenil do São Cristóvão, passando por uma série de outros clubes da cidade, sempre em busca de melhores compensações financeiras. Em 1931, tido como jogador-revelação, foi contratado pelo Bonsucesso, com uma remuneração de 400 mil réis por mês, tendo exigido como luvas dois pares de sapatos e dois ternos. Tudo isso mesmo se considerando, pelo menos oficialmente, que o futebol brasileiro era até então regido pelas leis do amadorismo. Brilhando em seu novo clube, sua atuação rendeu-lhe, em 1931, a convocação para a seleção brasileira, tendo deixado sua marca de artilheiro já na estréia. Logo em seguida, pela seleção carioca, destacou-se definitivamente em uma partida contra os paulistas ao substituir Nilo Murtinho, grande craque do time que havia se contundido. Em 1932 jogou a Copa Rio Branco no Uruguai, marcando os gols do título em cima dos donos da casa, então campeões mundiais. Como Domingos da Guia e muitos outros, Leônidas foi atraído pelo profissionalismo do futebol platino, transferindo-se para o Penãrol em 1933, no qual, na verdade, não se saiu tão bem como o 'Divino Mestre'. Retornando ao Brasil, assinou com o Vasco da Gama, embora só permanecesse no clube por três meses. Escalado para a seleção brasileira que disputaria a Copa do Mundo na Itália, em 1934, firmou um contrato com a CBD apenas para a sua atuação nesta competição. Na verdade, esta acabaria se resumindo a um único jogo, já que o Brasil perdeu na estréia para a Espanha por 3X1, tendo sido ele o autor do único gol brasileiro. Passando brevemente pelo Botafogo, fincaria raízes de fato no Flamengo, vivendo uma exuberante fase, capaz de angariar-lhe uma popularidade raramente vista até então por um jogador de futebol. Já tido como o grande craque do Brasil – afirmava-se que havia inventado a 'bicicleta' – sua presença na seleção que disputaria a Copa da França era ponto pacífico, sendo a expectativa de sua performance objeto de comentários por parte do próprio Getúlio Vargas. Afinal, seria este o evento esportivo a representar um momento emblemático da relação entre Estado-Futebol, possibilitando ao presidente da República uma aproximação mais decisiva com o esporte, encarado pela propaganda do regime como a síntese da capacidade criativa nacional. Dizia-se que os jogadores brasileiros haviam reinventado o jogo bretão, e o futebol assumia uma função importante nos projetos ideológicos do Estado Novo. Não foi mero acaso, portanto, a utilização de estádios esportivos nas grandes mobilizações de massa organizadas no período. Neste quadro, a presença de jogadores negros na seleção era apresentada como símbolo da democracia racial, idéia que ganhava projeção na década de 30'. E se a atuação de Leônidas nos gramados italianos foi excelente - saiu como artilheiro da competição - a seleção brasileira, por sua vez, ficou no meio do caminho, eliminada pela Itália. Para o jogador, a compensação viria com a fase mais fantástica de sua carreira. Favorecido não só por uma imprensa esportiva cada vez mais atuante, na qual Mario Filho teve um papel expressivo, como também pela magistral performance do Flamengo na época, sua fama aumentava dia a dia. Seu nome passou a movimentar não só os torcedores nos estádios, como também campanhas publicitárias, o que o transformaria no primeiro jogador brasileiro a ter seu nome veiculado a determinados produtos, como no famoso caso do chocolate Diamante Negro. Deixando o Flamengo em 1942, Leônidas foi jogar no São Paulo, consumando a maior transação de um jogador até então realizada no Brasil: 200 contos de réis pelo passe e mais 80 contos de luvas, um valor inacreditável para os padrões da época. O craque parecia bater todos os recordes. Foi exatamente o que ocorreu quando da sua estréia no Pacaembu: o estádio foi tomado por um público de mais de 70.000 pessoas. Embora sem o mesmo vigor do passado, sua presença foi fundamental para que o São Paulo conquistasse cinco títulos estaduais. Abandonando os gramados em 1950, continuou vinculado ao clube paulista ainda por algum tempo, e posteriormente atuou como comentarista esportivo.

FRIEDENREICH

(ARTHUR FRIEDENREICH)

Germânia (SP)(1909), Ypiranga (SP) (1910) Germânia (1911), Mackenzie (SP)(1912) Ypiranga (1913), Atlas (SP) (1914), Paulistano (1914) Ypiranga (1915), Paissandu (1915), Paulistano (1916) Ypiranga (1917), Paulistano (1918-1929), Internacional (SP) (1929), Atlético Santista (1929), Santos (1930) São Paulo da Floresta (1930-1935), Dois de Julho (SP) (1933), Atlético Mineiro (1933), Santos (1935), Flamengo (1935).

Como tantos garotos de sua geração, Friedenreich cresceu jogando bola na várzea paulistana. Por influência de seu pai, que era alemão, veio a ingressar no Germânia Clube até transferir-se para o Ypiranga, no qual descobriu a posição que o destacaria definitivamente no futebol: centroavante. Tão logo seu talento foi despontando, sua carreira conheceu uma meteórica escalada - tendo como ápice os anos no Paulistano - pontuada por sucessivas artilharias no campeonato paulista. Tal desempenho resultou, em 1914, na convocação para aquela que foi considerada pela própria CBD a primeira seleção nacional da história do futebol brasileiro. Nada comum na época, a presença de um jogador mulato na seleção brasileira contrastava com os pressupostos assumidamente racistas que até então imperavam na República Velha. Neste sentido, a trajetória do jogador foi pontuada também pelo esforço em se fazer aceitar através de artifícios e práticas que visavam promover seu próprio 'branqueamento', uma representação emblemática dos caminhos de inserção de negros e mulatos no futebol brasileiro de então. Em 1919, no Sul-americano jogado no recém inaugurado estádio do Fluminense, nas Laranjeiras, a seleção brasileira disputou a final com a seleção uruguaia, um momento singular da afirmação do esporte no país. Nunca os brasileiros haviam chegado tão longe nesta competição e a expectativa popular ganhara contornos de louvor à pátria, levando o próprio presidente em exercício, Delfim Moreira, a decretar ponto facultativo nas repartições públicas. Vencendo a partida por 1x0, gol de Friedenreich, o Brasil sagrou-se campeão, o que gerou - segundo observadores de então - um delírio popular poucas vezes visto na capital federal. Aproveitando a euforia, muitos cronistas começaram a apresentar a discussão em torno de um 'estilo nacional', segundo afirmavam, capaz de criar um novo jeito de jogar o 'Association'. Reconhecido pelos próprios uruguaios - que passaram a chamá-lo de 'El Tigre' - apresentando uma média de 1,86 gol/jogo, o jogador ainda continuaria com sua carreira esbarrando no racismo de uma elite política - e desportista - permanentemente preocupada com a visão do Brasil no exterior. Embora contra o Uruguai - que contava com jogadores negros em seu elenco - a presença de Friedenreich fosse tida como indispensável, em eventos esportivos nos quais a nação se via diante de referenciais mais determinantemente 'europeus', a questão racial era alvo de uma análise mais cuidadosa. Em 1920, quando a cidade foi remodelada para receber o Rei Alberto, da Bélgica, evitou-se ao máximo que jogadores negros se apresentassem no campo do Fluminense, onde o 'Rei Esportista' pôde conhecer de perto o estilo de jogo brasileiro, dizendo-se impressionado com o mesmo. Logo em seguida, quando a seleção brasileira visitou Buenos Aires, regressando do Chile, onde havia jogado mais uma edição do campeonato Sul-americano, um jornal local fez uma série de provocações ao elenco brasileiro - utilizou-se a expressão *macaquitos* - gerando imediatas reações. Apesar de alguns ministros argentinos terem se posicionado rapidamente, repreendendo o jornal e garantindo que as relações entre os países não seriam abaladas pelo episódio, para o governo brasileiro, entretanto, a questão passava pela imagem que a República precisava construir de si própria, deixando para trás os vestígios ligados à escravidão e à miscigenação, em um momento em que os discursos em torno da eugenia eram imperativos. Tal postura mostrou-se evidente em 1921, quando a seleção se preparava para embarcar para a Argentina, onde jogaria mais uma edição do campeonato Sul-americano. Neste momento o Presidente Epitácio Pessoa interferiu contra a presença de negros e mulatos na equipe, argumentando que tal postura evitaria desgastes desnecessários para a imagem do Brasil. Neste sentido, a forma como o governo brasileiro se colocava diante da Argentina, ao contrário de reforçar uma pretensa identidade 'européia', acentuava antagonismos, uma vez que não condizia - nem poderia condizer - com a postura da maioria dos clubes, sempre dispostos a enfrentar as equipes argentinas levando seus melhores jogadores. Friedenreich seria protagonista de tais dilemas ainda neste mesmo ano, quando o Paulistano fez uma excursão pelos países platinos. Ao vencer o selecionado argentino por 1X0, os jogadores visitantes assistiram um tanto incrédulos à cena de alguns torcedores *porteños* queimando a bandeira brasileira. Segundo se afirma, Friedenreich, inconformado, apagou as chamas com sua camisa, conseguindo salvar ainda um pedaço intacto, um incidente demonstrativo do quanto as rivalidades entre argentinos e brasileiros já vinham assumindo contornos próprios, para além do incitamento de setores da imprensa e das projeções governamentais. O episódio, encarado por cronistas paulistas como um arroubo de nacionalismo, não só reforçava os crescentes argumentos de que os argentinos eram os maiores rivais do Brasil, como também deixava transparecer a necessidade de unir as forças nacionais diante dos desafios que se apresentavam, o que incluía outra questão fundamental para os rumos do futebol brasileiro: a rivalidade entre cariocas e paulistas. Tais dilemas tornaram-se evidentes já em 1922, quando o Brasil sediou o campeonato sul-americano, competição que acompanhava as comemorações do centenário da Independência. Suprimidas - temporariamente - as discordâncias futebolísticas entre as duas maiores praças esportivas do país, o que possibilitou no mesmo elenco a participação de jogadores paulistas e cariocas, o Brasil conquistou o seu segundo título na competição, mais uma vez com destaque para 'El Tigre'.

Mesma iniciativa, entretanto, não foi assumida em 1930, uma vez que as refregas entre Rio e São Paulo o impediram de disputar o Mundial do Uruguai. Em 1935, depois de ter passado por diversos clubes, Friedenreich deixou o futebol paulista para encerrar a carreira no Flamengo, já aos 43 anos. Veio a falecer em 1969 consagrado como o primeiro grande ídolo do futebol brasileiro, dono de uma marca de gols capaz de gerar controvérsias até mesmo com os números do Rei Pelé.

DIDI

(VALDIR PEREIRA)
Campos (RJ), 8/10/1929
Rio de Janeiro (RJ), 12/5/2001

Americano (1945), Lençoense (SP) (1945), Madureira (1946), Fluminense (1947-1956), Botafogo (1956-1958), Real Madri (1959-1961), Botafogo (1961-1962), São Paulo (1962-1963), Cruz Azul (1964).

Nascido em Campos, interior do Estado do Rio de Janeiro, Valdir Pereira começou a destacar-se no futebol quando ainda jogava no time do Colégio Aprendiz Artífice, vindo a atuar logo em seguida na equipe de uma fábrica de tecidos da cidade. Não demorou muito para que sua habilidade com a bola nos pés o levasse a jogar no interior de São Paulo, onde acabou atraindo a atenção de um dirigente do Madureira, encantado com o estilo majestático daquele que era chamado simplesmente de Didi. Jogando em uma grande praça, logo seria visado pelos clubes de maior expressão, tendo sido contratado pelo Fluminense em 1949. No ano seguinte começaria a imortalizar seu nome na história do futebol brasileiro. Foi seu o primeiro gol marcado no Maracanã, na partida de inauguração do estádio, quando a seleção carioca de novos enfrentou a seleção paulista. Pelo seu futebol de raro talento, Nelson Rodrigues o chamaria de 'Príncipe Etíope'. Foi campeão pelo Fluminense, em 1951, abrindo as portas da tão esperada convocação para a seleção brasileira que disputou o Pan-americano no Chile, onde o Brasil ficaria com o título. Em 1954, no Mundial da Suíça, participou de um dos jogos mais violentos da história das Copas - não por acaso conhecido como a Batalha de Berna - quando brasileiros e húngaros se enfrentaram em uma disputa na qual a pancadaria começou no gramado e terminou nos vestiários. Avaliando a trágica performance na Suíça, ainda assombrados com os fantasmas de 1950 no Maracanã, alguns dirigentes faziam acusações veladas de que, sempre nos momentos mais críticos de uma competição, jogadores negros deixavam a desejar em estabilidade emocional. Mesmo tendo sido incluído em tais avaliações, Didi firmar-se-ia como um dos maiores jogadores de sua geração, deixando o Fluminense e transferindo-se para o Botafogo, no qual participou da equipe fantástica montada pelo alvinegro carioca na época. Titular inquestionável na seleção brasileira - mesmo considerando-se toda a carga de preconceito vigente - nas eliminatórias para o Mundial de 1958 foi ele o autor do gol que classificou o Brasil: 1X0 em cima da seleção peruana. Gol que saiu de um chute que fez a bola apresentar uma trajetória 'impossível', passaria à história como o 'Folha Seca', uma das marcas de Didi. Nos gramados da Suécia, demonstrou garra e personalidade, tendo sido um dos principais responsáveis pelo triunfo da seleção. Conhecido mundialmente, transferiu-se para o Esquadrão Merengue, como era conhecido o avassalador Real Madri dos anos 50', embora sua experiência no clube espanhol tenha sido decepcionante. Acusando o craque argentino Di Stefano de boicotá-lo, o jogador voltou ao Botafogo dois anos mais tarde. Aos 34 anos, vestindo a camisa da seleção brasileira, sagrou-se bicampeão no Chile. Em seguida, depois de jogar em São Paulo, passaria ainda pelo futebol mexicano, em uma fase em que já se preparava para abandonar os gramados. Transferindo-se para o Peru, desta vez como técnico, começou uma nova carreira, atividade que o levaria a atuar na Argentina e no Oriente Médio, além do próprio Brasil, onde treinou o Botafogo e o Fluminense. Com uma longa ficha de serviços prestados ao futebol-arte, Didi morreu em maio de 2001, aos 72 anos.

Rebolo no campo do Clube Atlético Ypiranga, na década de 1920

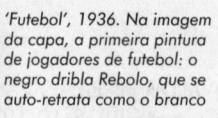

'Futebol', 1936. Na imagem da capa, a primeira pintura de jogadores de futebol: o negro dribla Rebolo, que se auto-retrata como o branco

'Auto-retrato', em dois tempos: 1942 (à dir.) e 1963 (à esq.)

A IMAGEM DA CAPA
'Futebol', 1936, óleo s/tela, 86 cm x 56 cm – Autor: Francisco REBOLO Gonzales (1902-1980)

Francisco Rebolo foi o artista plástico brasileiro que teve a maior aproximação, em nosso país, com a questão do negro no futebol. Filho de imigrantes espanhóis, de origem popular, formou-se na convivência com pessoas de todas as raças e etnias, desde a infância, na cosmopolita periferia paulista. Isso lhe deu bases para uma visão de mundo aberta, não preconceituosa, para o que contribuiu seu espírito de agregação e um senso político diferenciado.

Segundo depoimentos, além de seu próprio testemunho, Rebolo foi um pioneiro na luta para que o negro fosse incorporado ao futebol das ligas oficiais. Conhecia o assunto e manifestou-se contra a segregação que predominava nas primeiras décadas do século XX. Inclusive, ele mesmo foi jogador de futebol de 1917 a 1932, antes de se tornar artista: no Corinthians, clube para o qual desenharia o emblema definitivo, nos anos 1930, jogou de 1922 a 1927.

Em 1975, Rebolo contou, não sem indignação, sobre o preconceito: 'Um absurdo, mas existia mesmo essa interdição. Os times da elite não admitiam a entrada de jogadores negros. No meu tempo de jogador, não havia negros em nenhum time. Acabou minha carreira e posso assegurar que não joguei com preto e nem contra pretos, nos jogos da Liga; eu só tinha colegas negros na várzea... Eu me recordo de que no Corinthians surgiu um mulato chamado Tatu, que jogava muita bola, era um craque. Certa vez, num jogo entre Corinthians e Paulistano, o Tatu marcou o gol da vitória. A cidade ficou tomada, com gente fazendo discurso, já foi uma vitória do povão.'

Rebolo levou para sua pintura esse ativismo contra o preconceito racial e social. Foi o primeiro artista já com alguma fama a pintar uma cena de jogadores de futebol na arte brasileira e, ao que se saiba, mundial. Tão logo iniciou sua carreira, em meados dos anos 30, produziu a expressiva obra reproduzida como imagem da capa deste livro. Nela, sintomaticamente, um jogador branco – na tela, está retratado o próprio Rebolo - disputando uma bola com um jogador negro, *num estádio de jogo oficial, não de várzea*. Uma homenagem ao jogador negro, que surgia no cenário do futebol brasileiro, saindo dos campos varzeanos e produzindo uma revolução nesse esporte de massas. Nessa leitura, a pintura 'Futebol' é, ao mesmo tempo, um libelo político contra essa incrível restrição à prática do esporte nos campeonatos oficiais.

Além disso, Rebolo foi o único pintor conhecido que emergiu diretamente do meio futebolístico. Sobre sua atividade como jogador, teve inúmeras referências de artistas e críticos de arte – Di Cavalcanti, Tarsila, Mário de Andrade, Sérgio Milliet, Luiz Lopes Coelho, Walmir Ayala e tantos outros.

Assim, através de sua interligação com o futebol e a arte, Rebolo deu grande contribuição para a melhor compreensão do esporte como fenômeno cultural e ajudou a combater o preconceito contra a presença do negro no esporte brasileiro.

Também por isso, além de seu valor como mestre da arte, são mais que justificadas as homenagens a Francisco Rebolo – artista e jogador de futebol – quando se comemora seu centenário de nascimento. Homenagens dedicadas a alguém que fez muitos gols bonitos em sua vida, seja como jogador, artista ou cidadão.

Antonio Gonçalves
Sociólogo, presidente da Comissão do Centenário de Rebolo

Capítulo V

A PROVAÇÃO DO PRETO

1

Era, porém, bastante significativo que o Palestra Itália só tivesse botado um preto no time depois de *Pearl Harbour*.

Não podia haver dúvida que o Brasil, mais dia menos dia, ia entrar na guerra contra as potências do Eixo, uma delas a Itália. É o que explica a pressa da contratação de Og Moreira, preto de cabelo esticado, já careca[80].

Antes ninguém reparara nos times sempre brancos do Palestra. Talvez porque não eram tão brancos. Ou eram brancos à maneira brasileira. E um pouco, quem sabe, à italiana, com os descendentes dos seus 'Otelos' e suas 'Desdêmonas'.

Qualquer moreno passava por moreno só, isto é, branco, desde que tivesse cabelo bom, mesmo ondulado ou encaracolado. Melhor, às vezes, ondulado ou encaracolado do que liso demais. Ou suspeitamente liso.

O de Og Moreira era liso, como o de Leônidas da Silva. Mas a cor não negava, carregada, de tom idêntico ao do 'Diamante Negro'.

Pearl Harbour, assim, apressava o abrasileiramento do Palestra, ainda muito italiano. Fazendo, inclusive, questão de ser italiano. Como se isto o enobrecesse. Era a vaidade de raça que tornara possível o fascismo, o retorno a Roma, dona do mundo. E que justificava a invasão da Abissínia pela superioridade da raça branca sobre a negra.

Os italianos do Palestra, quase todos enobrecidos no Brasil pelo trabalho, tinham a fraqueza, bem forte nos novos ricos, pelos títulos de nobreza. Aqui a fonte de tais títulos tinha secado com a proclamação da República. Restavam as comendas. Como italianos, ou filhos de italianos, os palestrinos preferiam as da Itália. Dadas pelo Papa ou pelo *Duce*. Podiam, inclusive, ser condes.

Daí a subserviência que demonstravam muitos deles, ávidos de servir à Itália, ou ao fascismo, que lhes podia retribuir com honrarias. Mesmo quando o serviço que deles se esperava fosse um desserviço ao Palestra.

Pretendesse um clube brasileiro um jogador do Parque Antártica: todos os italianos do Palestra se ofendiam. Todos, italianos e brasileiros. Mais, porém, os italianos e filhos de italianos que, pela dupla nacionalidade, italianos eram. Ou se sentiam. Por orgulho de raça e de dinheiro.

Bastava, contudo, um clube italiano namorar um jogador do Palestra, para que, pelo menos os mais importantes italianos do clube do Parque Antártica, mesmo os já de comenda ao peito, se considerassem honrados. Como se um conde legítimo lhes pedisse a filha em casamento.

---

[80]*PearlHarbour* foi a 7 de dezembro de 41. A 23 de dezembro o Palestra Itália contratava Og Moreira. O Brasil declarou guerra às potências do Eixo dia 22 de agosto de 42. A 14 de setembro o Palestra Itália mudava o nome para Palmeiras.

Tudo isto, depois de *Pearl Harbour*, colocava o Palestra Itália numa posição delicada.

O que passara despercebido até então, o racismo emigrado do clube do Parque Antártica, se não corrigido a tempo, apareceria como uma mancha capaz de deixar uma pecha de quinta-colunismo, não ao clube, mas aos que o dirigiam.

Assim foi aberta mais uma porta ainda fechada ao negro no continente do futebol brasileiro. Era uma porta tão fechada que impediu a entrada do Lima preto no Palestra Itália, onde o Lima branco se tornaria o maior ídolo, o 'Menino de Ouro'.

O curioso é que o América, que produzira Og Moreira, recebia o Lima preto que não pôde vestir a camisa verde.

Não era uma troca. Antes de ir para o América, Lima andou por São Januário, oferecendo-se. Por que viera para o Rio? Talvez para embranquecer mais o irmão, quase louro, de olhos azuis, a pele leitosa.

Era uma presença incômoda, a do Lima preto em São Paulo, rondando o Parque Antártica. Sobretudo quando o Lima branco, beirando a louro, ainda não se tornara o 'Menino de Ouro'. Mais incômoda ainda por que o Lima preto, como o branco, tinha sangue italiano.

Repetia-se, no Braz, o amor de uma Desdêmona por um Otelo, sem um Shakespeare para transformá-lo em tragédia. O pai calabrês, como tantos outros, inutilmente aconselhara à filha:

– Não namore mulato ou preto.

Não houve sangue, mas os Limas que deram para o futebol se separaram. O preto sempre com uma mágoa. Tanto que, não perguntado, ia logo dizendo que era irmão do Lima branco do Palestra. Não para embranquecer-se, que era bem escuro, nem para empretecer o outro, que era bem branco. Nem para enobrecer-se futebolisticamente: o Lima preto era um grande jogador.

Tão grande que provocou um rompimento entre o América e o Fluminense. Antônio Avellar, patrono do América e benemérito do Fluminense, devolveu a benemerência tricolor. Tudo porque Lima, o preto, um belo dia, entrou em Álvaro Chaves como se lá morasse ou fosse morar, Antônio Avellar atrás[81].

Havia em todos os clubes, principalmente nos grandes, nos que tinham mais gente, um serviço de espionagem. Cada torcedor era um investigador desinteressado, porque não recebia nada, mas interessadíssimo, porque defendia a própria tranquilidade, a do clube que amava.

Os passos dos jogadores eram seguidos como se tratasse de um suspeito de traição. No fundo todo torcedor é um Otelo, o de Shakespeare, não o do Braz, pai dos Limas, o Lima pedreiro que, por ser pai de pretos e de brancos, merecera o apelido, que é uma joia, de 'Tintureiro'[82].

---

[81]A 22 de novembro de 44, Antônio Gomes de Avellar, patrono do América, renunciava ao título de sócio-honorário do Fluminense.

[82]Os Lima, incluindo o pai, formavam um time do quíper ao ponta-esquerda. Os dez filhos iam do preto ao quase louro. Daí o 'Tintureiro'.

O torcedor ama desconfiando. Senão do jogador, que admira e que chega até a venerar, como uma macaca de auditório, da condição humana do ídolo. Sabe o torcedor, como gente, que até ele pode fraquejar diante de uma tentação mais forte.

Se o jogador amasse o clube, como ele, o torcedor estaria tranquilo. Eis um amor que é como uma fortaleza inexpugnável. Se for amor mesmo. Como acreditar, porém, num amor pago, se outros podem pagar mais?

Daí a vigilância implacável a que era submetido o jogador. Sobretudo o preto, como se o preto fosse mais fácil de fraquejar do que o branco.

Não que não se desconfiasse dos brancos. Bastava Tadeu, quíper do América, que chegou ao escrete brasileiro, deixar passar uma bola que parecesse defensável, um 'frango', como se dizia e ainda se diz, para que, acabado o primeiro tempo, fosse encostado à parede.

Os americanos mais exaltados – com Antônio Avellar à frente, talvez para mostrar que a ameaça tinha a fiança, ou o aval do Patrono, que era uma espécie de 'Irmã Paula' do América, um homem bom, de coração mole, facilmente chegando às lágrimas – erguiam os punhos fechados e, aos gritos, avisavam que outro 'frango' seria o fim do quíper encurralado e assustado. O fim mesmo, porque lhe quebrariam as mãos, para que ele nunca mais ficasse debaixo dos três paus de um gol.

Dava sempre resultado. Tadeu voltava para o campo e não deixava passar uma bola. Ameaçado, tornava-se invulnerável.

Outros não aguentavam. A simples hipótese de que podiam ficar sob suspeita, desmoronavam. O caso de Santo Cristo, um mulato do São Cristóvão. Foi bater um pênalti contra o Botafogo, ajeitou a bola na carequinha da área, o jogo era em Figueira de Melo, quando se levantou, Zarcy, do Botafogo, estava junto dele, sussurrando-lhe:

– Um conto de réis para chutar fora.

Santo Cristo sentiu o sangue queimar-lhe o rosto. Foi logo levantando a voz:

– Eu não me vendo!

Zarcy pediu entre dentes que Santo Cristo não gritasse.

– Cala a boca, não seja besta, um conto de réis para chutar fora.

Santo Cristo ainda tentou gritar um 'eu', mas Zarcy se afastava, mexendo com os lábios para que ninguém lhe escutasse a proposta:

– Um conto de réis se chutar fora.

Santo Cristo compreendeu que não adiantava esbravejar, que o que adiantava era encher o pé, atirar a bola bem no cantinho do gol do Botafogo. Zarcy ia ver que ele não se vendia, que não havia dinheiro no mundo capaz de comprá-lo.

O juiz limpou a área, trilou o apito, Santo Cristo chutou tão no cantinho do gol do Botafogo, para não haver jeito de falhar, que a bola foi fora.

Então quem estava em Figueira de Melo assistiu a uma cena inteiramente inesperada: Santo Cristo teve um chilique de viúva siciliana. Atirou-se no chão, arrancando os cabelos, soluçando alto, gemendo *ais* que se escutavam longe.

Era como se tivesse perdido a mãe, a mulher amada, o filho único. Teve que ser levado para a enfermaria, contorcendo-se, num histérico sem remédio.

O torcedor do São Cristóvão esqueceu a derrota para só pensar na dor de Santo Cristo. O único jeito que se encontrou, para consolá-lo, foi uma coleta, como de igreja. Todo sancristovense meteu a mão no bolso para premiar Santo Cristo[83].

Era a maneira de provar-lhe que não se desconfiava dele, pelo contrário. Tanto que o São Cristóvão perdera e ele recebia um 'bicho' maior do que o de uma vitória.

Foi como Santo Cristo pôde, finalmente, enxugar as lágrimas, embora ainda sacudido por soluços, já de gratidão. Menos pelo dinheiro do que pela prova de confiança. Maior não podia haver.

Mesmo porque o futebol desenvolvia, em alguns jogadores, uma capacidade de representar só vista raramente no palco ou na tela. Mais do que jogadores, eram atores. E atores que representavam um papel sem diretor de cena e sem *script*. De acordo com as circunstâncias.

Um exemplo típico de gênio da ribalta desviado para um campo de futebol, também palco, às vezes de tragédia grega, com a multidão servindo de coro, que era sempre, aquele mesmo Zarcy que levara, com um sussurro mefistofélico, Santo Cristo ao desespero.

Num Fluminense e Botafogo, em Álvaro Chaves, Zarcy meteu o pé com tamanha violência em Russo, que Haroldo Drolhe da Costa, o juiz, por sinal um tricolor irremediável, não hesitou um segundo. A ponta da chuteira de Zarcy não tinha chegado ao destino, e nem chegou porque Russo se inclinou para trás, e já Haroldo Drolhe da Costa esticava o braço para apontar fora de campo. Antes, porém, que Haroldo Drolhe da Costa completasse o gesto, isto é, acabasse de alongar o braço, o dedo em riste, Zarcy caía, como que fulminado por um raio.

Todo mundo vira o pontapé de Zarcy, Russo, porém, estava vivo. Quem estava estirado feito morto era Zarcy. Como caíra, duro, ficara, sem um estremecimentozinho.

Era uma farsa. Foi o que concluiu Haroldo Drolhe da Costa, inflamando-se ainda mais. Como juiz e como tricolor. Tão indignado estava Haroldo Drolhe da Costa que foi para cima de Zarcy, esbravejando. Era para arrastá-lo para fora do campo. Não chegou até Zarcy. Interpuseram-se entre os dois os jogadores do Botafogo, uns para dar veracidade à cena de teatro, outros já na dúvida. E se Zarcy tivesse sido atingido?

Ninguém vira Zarcy ser tocado sequer. Mas a imobilidade dele era assustadora. Fez-se uma cortina alvinegra em torno de Zarcy, Haroldo Drolhe da Costa exigia, aos berros, que o farsante fosse retirado de campo pois estava irremessivelmente expulso.

Lá vieram o médico e o massagista do Botafogo para providenciar a remoção de Zarcy. Com cuidados exigidos para um doente grave, um atropelado, quase um

---

[83] 10 de julho de 44.

moribundo, Zarcy foi levado para a pista de atletismo do Fluminense, de carvão moído, que ficava logo além da risca de cal, fora do campo.

Faltavam uns sete minutos para o jogo acabar. Estendido na pista de carvão moído, Zarcy continuava desacordado, para maior revolta da torcida do Fluminense. Daí as laranjas chupadas que atiravam em cima dele. Laranjas chupadas e bolas de papel. Zarcy, nada. Até a prova da mosca foi feita. As moscas pousavam, primeiro timidamente, depois já atrevidas, à vontade, no rosto de Zarcy. Algumas nos olhos, outras nas comisuras dos lábios, outras nas janelas das narinas, fazendo cócegas. E Zarcy nem se mexia[84].

Deixaram de atirar-lhe laranjas chupadas e bolas de papel. A prova da mosca era definitiva. Quando o jogo acabou e Zarcy foi levado de maca, numa procissão quase mortuária, havia gente se benzendo em Álvaro Chaves. Até o coração de Haroldo Drolhe da Costa amoleceu: o nome de Zarcy não figuraria na súmula. Zarcy estava livre de qualquer punição.

Alguém, menos prevenido, poderia vislumbrar no contraste entre o desespero do mulato Santo Cristo e a presença de espírito do branco Zarcy, mais uma prova da superioridade do branco. Mas havia um mulato que, comparado a Zarcy, justificaria uma conclusão oposta, também falsa. Era Carreiro, que chegou a ser chamado de 'Rui Barbosa do futebol'.

Tinha a cabeça grande, que parecia maior pela fragilidade do corpo, quase inconsútil, em que repousava. Fisicamente Carreiro chegou a ser dado como incapaz para o futebol. Quem o olhasse podia até apostar que ele estava na última fase de uma tísica devastadora.

Aguentava os oitenta ou os noventa minutos de um jogo pelo aproveitamento, que se poderia chamar de genial, do tempo. Ao contrário de todo mundo andava, corria, saltava, fazia todos os movimentos com a cabeça. Pelo menos era a impressão que deixava, exigindo o mínimo das pernas, dos braços, dos pulmões, do coração. Praticamente a cabeça fazia tudo.

Eis porque ninguém lhe discutia o título honorífico, que lhe tinham conferido, de 'Rui Barbosa do futebol'. A admiração pelo baiano, que ainda subsistia na alma do povo, sobretudo na parte menos letrada e, portanto, mais apta para se boqueabrir diante de qualquer demonstração de inteligência ou de cultura, transferira-se, nas arquibancadas, para aquele mulato de pescoço fino, de ombros estreitos, de braços e pernas de pele em cima dos ossos, cheio de artimanhas, que não podendo usar o corpo viria a inventar coisas nunca vistas num campo de futebol.

Uma delas foi o assobio, igual ao apito do juiz, para marcar um impedimento dele mesmo. Num Fluminense e São Cristóvão, quando lhe passaram a bola e surgiu diante dele um beque enorme, o Hernandez, que se o tocasse o partiria em mil pedaços, assobiou por entre dentes o apito do juiz. Hernandez, ouvindo o apito, parou. Carreiro passou por ele, a bola dominada, ouvindo-lhe os gritos de deboche:

---

[84] 20 de setembro de 42.

– *Off-side*, palhaço, *off-side*.

Calmamente, Carreiro empurrou a bola para o fundo das redes do São Cristóvão. Hernandez só deixou de chamá-lo de palhaço quando viu o juiz apontando para o centro do campo. Então partiu para cima de Fioravante D'Angelo, o juiz.

– Seu juiz, o senhor apitou *off-side*, eu parei porque o senhor apitou *off-side*.

Fioravante D'Angelo quase mandou Hernandez mais cedo para o chuveiro. Não admitia que quisessem fazê-lo de bobo[85].

2

Ninguém podia imaginar que Carreiro, ou outro qualquer, fosse capaz de assobiar de boca fechada, por entre dentes, igual a um apito de juiz. Sobretudo quem se deixava iludir por ele. Apitando num assobio que, inclusive, parecia vir de longe, justamente de onde estava o juiz, de apito na boca. Carreiro conservava o rosto parado, imperscrutável, como se não estivesse fazendo nada ou estivesse apenas se fingindo de cego e de surdo. De surdo em não escutar o apito do juiz, estridente, de 'pára, é *off-side*', e de cego em não ver um Hernandez, enorme, uma massa humana, capaz de derrubá-lo com um simples toque, transformar-se numa estátua de pedra para deixá-lo passar. Embora, à medida que Carreiro avançasse, ele perdesse a imobilidade e sacudisse os braços e gritasse a plenos pulmões:

– É *off-side*, palhaço. Pode chutar que não vale.

Uma das fraquezas de Carreiro era a vaidade de 'Rui Barbosa do futebol'. Para que não se pensasse que quem apitara fora um engraçadinho das arquibancadas, porque o que se ouvia sempre, sem quê nem para quê, eram apitos, de apitos mesmo, de torcedores espalhados além das quatro linhas do campo, Carreiro contava o golpe dele, sério, grave, no vestiário depois do jogo.

Não como uma anedota, uma piada para andar de boca em boca, como um segredo de Estado, ou de clube, uma descoberta científica cujo segredo, para segurança do time, precisava ser conservada no mais absoluto sigilo. Qualquer indiscrição estragaria tudo.

Quanto jogador, depois de ouvir o apito do juiz, continuava e ia balançar as redes do outro time? Chamava-se isso classe. Mesmo porque, às vezes, a bola lá dentro, a multidão pipocando, desintegrando-se no delírio do gol, o juiz não tinha coragem de sacudir o braço numa negativa.

---

[85] 29 de setembro de 40.

Por isso, mesmo ouvindo o apito do juiz, o dever do jogador sentinela de uma área, era soltar o pé, parar o adversário de qualquer jeito.

Se Carreiro passava, algumas vezes, assobiando um apito de juiz, era porque usava, como ninguém, o corpo de um recém evadido de um campo de concentração camuflado em jogador de futebol.

Quanto mais forte fosse o adversário, mais Carreiro abusava da própria fraqueza, transformada em arma de intimidação quase irresistível. Iustrich, que era uma espécie de Hércules de feira, e que jogava no gol do Flamengo, sofreu verdadeiras torturas de Tântalo diante de Carreiro.

Mais de uma vez foi levado ao desespero. Carreiro chegava na frente dele e procurava, inutilmente, estufar o peito, num desafio para um pega. Num Fla-Flu, lá na Gávea, Iustrich perdeu a cabeça e levantou a perna, e encolheu a perna, e soltou o pé na direção do peito que Carreiro tentara estufar para ele.

As travas da chuteira de Iustrich não alcançaram Carreiro. Primeiro, porque Iustrich se arrependeu a tempo, travando o pé, como se pisasse um freio, até à tábua. Segundo, porque Carreiro caiu antes, como um morto.

A torcida do Fluminense pôs-se de pé, clamando pelo pênalti que Mário Vianna não deu. Iustrich estava ainda de perna encolhida e Carreiro, embora duro, fulminantemente em plena rigidez cadavérica, não se partira em mil pedaços.

Apesar disso a torcida do Fluminense prorrompeu num coro ensurdecedor de 'ladrão, ladrão!', para Mário Vianna. Era para fazer o jogo de Carreiro que se recusava, como o 'Rui Barbosa do futebol', a ressuscitar antes que o pênalti fosse dado[86].

Não havia maior pescador de pênalti do que Carreiro. Quando entrava numa área espalhava o terror porque a qualquer momento podia morrer. Se alguém o tocava, caía como uma árvore decepada por um machado.

No célebre Fla-Flu da bola na Lagoa, ficou subitamente nu da cintura para cima. Um puxão na camisa deu-lhe a oportunidade instantânea de rasgá-la de cima a baixo, para mostrar as costelas todas desenhadas, ou esculpidas num baixo relevo, a barriga funda, as clavículas altas, suspensas, transparentes através de uma névoa de pele, as espáduas abertas como asas para um voo.

O juiz era José Ferreira Gomes, o 'Juca da Praia', que dirigia uma partida sem correr, o passo de malandro, que se orgulhava de ser. Malandro significando para ele mais sabido, mais esperto, mais vivido.

Num Canto do Rio e Fluminense, em Caio Martins, recusou-se a dar um pênalti feito por Alcebíades, um preto vindo do América. Alcebíades meteu a mão na bola dentro da área e 'Juca', que estava perto, disse alto:

– Você se vendeu, moleque, mas não vai levar o dinheiro, porque eu não dou pênalti.

Teve que dar, logo depois, porque Alcebíades repetiu o lance, ainda mais para dentro da área, agarrando a bola com as duas mãos e não a largando, feito um

---

[86] 27 de julho de 41.

quíper que tivesse medo de soltá-la enquanto houvesse um adversário perto.

Era pênalti, 'Juca' já se recusara a dar um, se não desse outro ficaria na lista negra do Fluminense, e com toda a razão[87].

Mas Carreiro teve é que mudar de camisa. Fosse bancar o 'Rui Barbosa do futebol' para cima de outro. Não do 'Juca da Praia'.

A prova é que, naquele jogo, acabou sendo expulso de campo. Também, numa penalidade do meio do campo, feita por ele mesmo, exigiu que 'Juca da Praia' contasse dez passos. Pôs-se diante da bola, decidido a ficar junto, de sentinela, enquanto 'Juca da Praia' não contasse os dez passos para a formação da barreira, que seria feita por ele, sozinho. Uma barreira de um só, este um só sendo um Carreiro, tão magro, tão fino, que quase se podia ver através dele.

Estava-se nos minutos finais do Fla-Flu da bola na Lagoa. O Flamengo empatara, o Fluminense dera para jogar bolas na Lagoa. Não adiantava porque havia cronometrista naquele tempo. A bola saía, o cronômetro parava. Daí que os minutos finais tivessem durado mais de meia hora, como num jogo de basquete.

O remédio era fazer cera. E se 'Juca da Praia', o andar arrastado de malandro, contasse dez passos, o tempo se escoaria feito areia numa ampulheta. Viu-se, então, 'Juca da Praia' que tinha, como ponto de honra não elevar a voz, não apressar o gesto, como se tivesse, como todo um malandro, a eternidade, ou, pelo menos, o dia todo à disposição dele, deixar-se tomar por uma fúria de Iustrich. Foi aos gritos, aos empurrões, que Carreiro foi posto para fora de campo[88].

E aos trancos e barrancos Carreiro não perdeu o ar de Carreiro: o rosto parado, um pouco compungido de quem, pela inocência, era mais uma vítima inerme da incompreensão, da injustiça, da prepotência.

Na verdade eram dois malandros que se encontravam, o 'Rui Barbosa do futebol', mulato, e o 'Juca da Praia', branco, de boa família. 'Juca da Praia', de apito na boca, de baraço e cutelo, o soberano do jogo.

Quem não era do Fluminense exultou. Bem feito. O Fluminense tinha sido mais do que avisado.

Quando Carreiro fora para Álvaro Chaves, muita gente se escandalizara. Como é que um Fluminense deixava um Carreiro, um moleque, vestir-lhe a camisa?

O Fluminense respondeu a todas as restrições a Carreiro com uma frase: 'em Álvaro Chaves não havia nem haveria indisciplinados'. Quem entrava no Fluminense, se não fosse, tinha de virar, logo e logo, um esportista.

Carreiro, embora a fama que o precedia, tinha até pretensões a inglês. Andava com um recorte de jornal inglês na carteira para mostrá-lo a quem quisesse ver. Não se sabe como o recorte fora parar-lhe às mãos. Traduzido, dizia que a bola é que devia correr.

---

[87] 26 de setembro de 43.
[88] 23 de novembro de 41, no célebre Fla-Flu das bolas na Lagoa.

Para Carreiro, foi a pedra angular de uma filosofia do futebol. Chegou, através daquele recorte, que era uma bíblia para ele, às mais surpreendentes conclusões. Justamente porque, não sabendo uma palavra de inglês, e não confiando numa tradução apressada de alguém que apenas arranhava a língua de Shakespeare, como malandro de cais do porto, em contato com marinheiros, tomava liberdades, ampliando o recorte misterioso, completando à maneira dele, o intraduzível e não escrito.

Em que cabeça de inglês cruzaria, por um só instante, a ideia de prender uma fralda da camisa do quíper do outro time, na hora de um escanteio, no gancho de um dos paus do gol? Foi o que Carreiro fez com Iustrich. Quando Iustrich quis avançar para subir e agarrar a bola no alto, estava como que amarrado à trave.

O que poderia ocorrer a um inglês, mais a um inglês do que a um brasileiro, seria o que Carreiro, num Fla-Flu, perpetrou, calma, britanicamente, contra Jurandir que era quase tão forte quanto Iustrich.

A diferença estava na altura. Iustrich alto, Jurandir de estatura média. Parecia mais baixo pela largura dos ombros, pela grossura dos braços e das pernas de levantador de peso.

Como Iustrich, Jurandir confiava na força. Ao agarrar uma bola como que a esmagava, entre as mãos de ferro, feito tenazes. Pois Carreiro atirou-o, com bola e tudo, dentro do gol, com um leve toque de ombro.

Jurandir subira para abraçar a bola, que abraçou. Em baixo Carreiro esperava. Esperava o justo instante em que os pés de Jurandir tocassem o chão, antes que o peso do corpo lhe desse estabilidade, plantando-o nas travas afundadas como raízes. Nessa fração de segundo, Carreiro tocou com o ombro no ombro de Jurandir.

A multidão estarrecida viu Jurandir, ainda abraçado à bola, desabar, cair pesadamente, de pernas para o ar, dentro do gol[89].

Era uma coisa que para se acreditar, só vendo. Jurandir levantou-se como um *boxeur* nocauteado que, depois dos dez segundos em branco, recobra a consciência e quer continuar a luta que nem desconfia que acabou.

Como sempre Carreiro nem parecia que tinha feito qualquer coisa de extraordinário. Era um Rui Barbosa depois de um discurso. Todo mundo de pé, batendo palmas, no êxtase ou no orgasmo da admiração, e o baiano feito uma estátua, que já era. Carreiro mostrava o rosto parado, pálido, de mulato exangue, os olhos fundos, apagados, o bigode ralo, fraco, a boca fechada por onde nem se insinuava o fantasma de um sorriso.

Apesar disso não crescia a admiração pelo mulato ou pelo preto. Ao contrário: muitos encaravam a genialidade de Carreiro apenas como molecagem. Exaltavam-na ou procuravam exaltá-la os que dependiam dela para ganhar um jogo.

---

[89] 11 de outubro de 42.

A camisa presa de Iustrich a um gancho da trave, o desabamento de Jurandir, com bola e tudo, para dentro do gol, eram apontadas como provas incontestáveis da falta de respeito humano que caracteriza o moleque ou o cafajeste.

Assim, só um Carreiro era capaz de fazer uma coisa daquelas, não porque fosse o 'Rui Barbosa do futebol', simplesmente porque era mais moleque do que outros mulatos e pretos.

Só se abria exceção para os mulatos e pretos do próprio clube, a quem se era obrigado a defender. E, mesmo assim, com precauções. Até um Carlito Rocha que, quando tomava conta de um time, era um pai para os jogadores, dando-lhes gemada na boca, distribuindo-lhes rapaduras, abrindo, para eles, a carteira farta, não deixava, diante de mulatos e pretos, de botar um pé na frente e outro atrás.

A prova é que ao dirigir o escrete do Estado do Rio, na época em que, zangado com o Botafogo, andou por Niterói, pageando o Canto do Rio, para dormir sossegado teve que inventar o conto da 'manga com cachaça mata'.

O escrete fluminense quase que só tinha mulatos e pretos: Osvaldo, que depois foi o 'Balisa', Padaria, Adauto, Cinco, Ivan, que não se chamava Ivan e sim João Correia Lopes, mas tinha de enganar o Ministro da Marinha que não queria que marinheiro jogasse futebol, pelo menos em clube, Negrinhão, que foi com Osvaldo 'Balisa' para o Botafogo, Ramos, um mulato de pernas tortas e outros menos escuros e mais claros.

Aquele excesso de mulatos e pretos alarmou Carlito Rocha. De que adiantariam as gemadas, as rapaduras, os treinos puxados, se depois, no primeiro boteco, todos iriam encher a cara?

Foi quando Carlito Rocha, em cada dia de treino, deu para aparecer em Caio Martins com sacos de mangas. Todos os jogadores, terminando o bate-bola, eram obrigados a chupar duas ou três mangas, quanto mais mangas melhor.

Devia ser, pensavam os jogadores, mais uma do Carlito. O 'seu' Carlito devia ter lido em alguma parte que a manga tinha mais vitaminas do que o caju.

Toda vida Carlito Rocha fora metido a médico, a nutrólogo, a dietético e a outras coisas. Confiava mais, é verdade, em Santa Teresinha, em Nossa Senhora das Vitórias, em toda a legião dos santos. Tanto que mandara fabricar um alfinete de fralda, de ouro, enorme, de quase um palmo, onde enfiava as imagens dos santos a quem se apegava nas horas amargas. Bastava o outro time dar para atacar o Botafogo para que Carlito Rocha segurasse o alfinete de fralda nas pontas dos dedos das duas mãos, e começasse a beijar as imagens, uma a uma, na ida e na volta, como se estivesse tocando uma gaita.

Os mulatos e os pretos do escrete fluminense chupavam gulosamente as mangas distribuídas com fartura por Carlito Rocha, lavavam a boca e as mãos e preparavam-se para a debandada.

Carlito Rocha, então, com a voz um pouco fina, que tinha, mas vibrante, despedia-se de um a um avisando:

– Manga com cachaça mata.

E repetia:

– Manga com cachaça mata.

Aproximando-se do primeiro boteco, os mulatos e os pretos do escrete do Estado do Rio tratavam logo de mudar de calçada[90].

3

Tinha jogador que não podia entrar em campo sem uma talagada de cachaça. Que se chupasse as mangas de Carlito Rocha ficaria, na hora do jogo, sem pernas ou sem mãos. Era para tomar coragem.

Não se tratava, porém, de coisa de mulato e preto só. Muito branco não passava sem uma branquinha. Em alguns, a necessidade chegava a ser orgânica.

Aproximando-se o momento da partida davam para tremer. Levantavam-se, no vestiário, e toca a andar de um lado para o outro, esfregando as mãos. Era para aquecê-las.

De quando em quando tinham de parar. As pernas tremiam, Vinha uma fraqueza. Então era preciso dar o remédio heroico: um bom gole de cachaça.

Vítor, o 'Gatinho', um dos maiores goleiros que o Brasil já teve, branco, aliás moreno, mas moreno mesmo, de boa família, orgulho do Botafogo, de que foi, num dado momento, o da cisão, uma espécie de cinturão de castidade - todo mundo em General Severiano podendo ser profissional menos ele - sem meio copo de cachaça, e tomado de uma vez só, não saía do vestiário para o campo.

Era um tímido, quase um assustado, caladão, de cara amarrada. Desinibia-se com um bom trago de caninha. Não dava para falar: dava era para pegar bola, ágil, felino, o corpo como se tivesse molas, nos mergulhos de lado a lado, nos saltos, as mãos de gato prontas para o gesto rápido, instantâneo, da defesa.

Enquanto Vítor jogou, quem era do Botafogo não abria a boca para contar a história da talagada antes do jogo. Foi preciso que o 'Gatinho' vestisse a camisa do América, por sinal de passagem, para que o segredo escapasse, como o ar de uma bola de gás.

Todo clube se sentia na obrigação de ocultar as fraquezas dos jogadores que o defendiam. Era um gesto de autodefesa. O torcedor sabia que dependia irremediavelmente do seu time. Do seu jogador.

---

[90] Carlito Rocha assumiu a direção do escrete do Estado do Rio em outubro de 43. A estreia dos fluminenses foi a 1º de novembro em Vitória, contra os capixabas.

Daí que certos torcedores se mostrassem mais realistas do que o rei. Discordando do médico, do técnico, para satisfazer a fraqueza de um jogador. Como se, ao invés de alimentá-la, o fortalecesse.

O caso de Jurandir Mattos com Vevé. O Flamengo fazia tudo para que Vevé deixasse de beber. Então, em vésperas de jogo, nem se fala. Vevé tinha de concentrar-se e Flávio Costa mandava revolver colchão, travesseiro, olhar para debaixo da cama, para dentro e para cima do armário, chegando ao cúmulo de fazer examinar o tubo de pasta de dente, talvez pela recordação das bisnagas dos antigos Carnavais.

Tudo para que Vevé não tocasse em álcool. Soltava-se Vevé um pouco e ele ia para um bar. Então bebia, metodicamente, porque era um guloso de bebida, até ficar de olho vidrado.

Não caía nunca. Nem mesmo chegava a arrastar as pernas para balancear melhor o corpo, como fazem os bêbados de maior experiência.

Era um mulato pequeno, de cabeça chata, o rosto em vê, os olhos apertados de mongol. Mais de mongol ainda, o bigode de pontas caindo-lhe nos cantos da boca. Mais comprido, seria um bigode de mandarim.

No Carnaval, Vevé precisava pouco para fantasiar-se. Era só enfiar-se numa túnica chinesa.

Em campo, porém, transfigurava-se. Nenhum outro ponta soube imitar-lhe os cortes, como de navalha. Dava dois cortes e ficava no mesmo lugar. O adversário é que ia para um lado e para o outro, balançando, como um arbusto sacudido por um vendaval.

Geralmente, depois dos cortes, um atrás do outro, Vevé enchia o pé. E era gol ou quase gol.

Um jogador assim, tão precioso, precisava durar. E Flávio Costa sabia que, bebendo, Vevé ia durar pouco. Por isso impunha-lhe uma lei seca, que Jurandir Mattos burlava, feito um contrabandista da década de vinte nos Estados Unidos da América do Norte. Digo contrabandista, e não *gangster*, porque, entre nós, o contrabandista é quase um amigo velho ou um camarada. Por mais que se tenha esmerado, a polícia ainda não conseguiu assustar o brasileiro. O brasileiro ainda vê, no contrabandista, que arranja umas coisas, o que Vevé via em Jurandir Mattos: o amigo. Não há cigarro americano, não há *whisky*, escocês mesmo, não há perfume francês. Quem vai trabalhar para arranjá-los, expondo-se, às vezes, a ser preso, processado, o diabo?

Só que Jurandir Mattos não se expunha senão a uma bronca de Flávio Costa. E, assim mesmo, se não tomasse as devidas precauções, que as tomava, exagerando-as até. Tinha livre trânsito na Gávea, onde se concentrava o Flamengo, em São Januário onde se concentrava o escrete carioca, uma espécie de diretor sem pasta, de clube e de Federação.

Chamavam-no de 'Pescoço Elétrico' porque vivia a esticar e a encolher o pescoço, o que lhe dava um ar, senão de desamparo, de inocência. Ainda por cima 'flamengo' doente. Compreendiam-lhe, os rubro-negros, a admiração e a desvelo por Vevé.

Os torcedores de categoria dividiam-se pelos jogadores. Nenhum podia cuidar de todos ou agradar a todos. Jurandir Mattos escolhera Vevé.

Era para, nas concentrações, da Gávea ou de São Januário passar-lhe disfarçadamente, ou enfiar-lhe por debaixo do travesseiro, uma daquelas garrafinhas chatas, cujo nome não me ocorre e não sei se tem nome especial, espécie de cigarreiras recurvas, com a diferença de que não se abriam do lado, a um leve toque na mola, e sim por cima, desatarrachando-se a tampinha aparafusada. Era uma bela peça de metal, que parecia de prata dourada, *made in U.S.A.*, recordação dos tempos de Al Capone.

Quando saía, esticando e encolhendo ainda mais o pescoço, como se a cerimônia, quase litúrgica, de contrabandear cachaça para Vevé, o tivesse excitado, apressando-lhe os movimentos incontroláveis de meio rodar o queixo, empinando-o para a direita e para a esquerda, Jurandir Mattos não enganava José Lins do Rêgo, também preocupado com a entrega ou não da dose salvadora de pinga.

– Tudo azul? – perguntava José Lins do Rêgo.

– E com bolinhas brancas – respondia Jurandir Mattos que sacudia o pescoço como um cão abana o rabo, para demonstrar maior alegria.

Mas o mulato e o preto pagavam por isso. Ninguém se lembrava dos brancos cachaceiros: só dos mulatos e pretos.

Eram os brancos que julgavam os mulatos e pretos. Não pode surpreender que fossem mais condescendentes com as fraquezas dos brancos.

E talvez influísse, no julgamento dos pretos pelos brancos, mais do que o racismo, que não existia em cada clube, porém só em relação aos seus mulatos e pretos, escolhidos por eles, o *back-ground* dos mulatos e pretos vindos de todos os recantos do Brasil. Como tinham nascido? Como tinham chegado a homens? De que meio tinham brotado? Que chagas físicas e morais traziam com eles?

Eram bons de bola, não havia dúvida. Muitos chegavam, porém, com quatro cruzes. Alguns tinham de ser reconstruídos fisicamente, por assim dizer.

Na verdade, não só mulatos e pretos: brancos também. Retirantes do futebol. Cada clube se transformava no médico e no advogado de seus jogadores. Alimentando, contudo, as piores restrições aos dos outros. Principalmente se eram mulatos e pretos.

Havia mulatos e pretos que não se davam ao respeito. Que chegavam a se oferecer para entregar um jogo. Mulatos e pretos de clubes pequenos, de ordenados incertos e de 'bichos' mais incertos ainda.

Conta o Ministro João Lira Filho que, quando presidente do Botafogo, recebeu um telefonema estranho.

– Dr. Lira, como está o Sr.? Desejo que de boa saúde.

– Obrigado – fez o ainda não Ministro João Lira Filho. – Com quem tenho o prazer de estar falando?

– Com Francisco, Dr. Lira.

– Francisco? – João Lira Filho procurou, inutilmente se lembrar de algum Francisco, só Francisco. Se fosse um Francisco íntimo, reconheceria a voz.

– Francisco, quíper do Bonsucesso, Dr. Lira – esclareceu a voz do outro lado.

A memória de João Lira Filho ajudou-o logo, como se retirasse a ficha de um arquivo. Francisco, que estava no Bonsucesso, surgira no São Cristóvão, andava agora de clube em clube, descendo a ladeira, talvez pelo vício da bebida que não conseguia vencer. Era um mulato alto, de cara quase redonda, olhos mortiços, um bom goleiro. Num dia dele, pegava tudo.

– Muito prazer, Francisco – João Lira Filho esperou um pedido qualquer, de emprego.

– Eu estou em forma, Dr. Lira.

– Folgo muito, Francisco – João Filho disse e se lembrou, pondo-se em guarda, que era a semana do Botafogo e Bonsucesso.

– Olhe que eu estou em forma, Dr. Lira – insistiu Francisco do outro lado da linha.

– Que você seja feliz, Francisco.

– Dr. Lira, Dr. Lira – repetiu Francisco – Olhe que eu estou em forma. Quem avisa amigo é.

– Agradeço muito, Francisco.

O jogo caiu no dia do aniversário do Botafogo e foi em General Severiano. João Lira Filho na Tribuna de Honra, cercado da velha guarda do 'Glorioso'. Francisco pegou tudo, o Botafogo acabou perdendo[91].

E quando o juiz deu o apito final, sacudindo os braços, em meio a um silêncio sepulcral em General Severiano, Francisco fez questão de passar, o andar mole, um sorriso moleque a arredondar-lhe mais o rosto, pela Tribuna de Honra e cumprimentar João Lira Filho num leve aceno, para não dar na vista, mas para lembrar-lhe ou relembrar-lhe o telefonema de amigo.

– Eu não lhe disse, Dr. Lira, que estava em forma? – foi a tradução, não muito livre, de João Lira Filho.

Nunca se provava nada, mas se falava muito em ganhar jogo na quinta-feira, que era o dia de treino da maioria dos clubes. Havia quem acreditasse piamente em suborno de jogadores. Principalmente de mulatos e pretos. Quando alguém, num clube, pensava em assegurar uma vitória metendo a mão no bolso, aceitava, com absoluta boa fé, a venalidade insinuada de um mulato ou de um preto. Se lhe propusessem o suborno de um branco talvez hesitasse ou desistisse até da ideia.

Mesmo porque tinha de confiar em quem ia conversar ou amolecer o jogador do outro time. Ou cochichá-lo, como se dizia. Era sempre uma conversa de mesa de café em voz baixa. Num cochicho.

---

[91] 11 de agosto de 40.

No Botafogo, quem se oferecia para fazer o serviço era o 'Arrepiado'. Pegava dois, três, às vezes cinco mil cruzeiros, metia-os no bolso e saía. Quase sempre, senão sempre, ficava com o dinheiro.

Ou porque o jogador a ser conversado fosse incorruptível ou porque confiasse no time do Botafogo, muito mais forte do que o do Bangu, do Bonsucesso, do Madureira, do São Cristóvão, do Olaria e do Canto do Rio.

Começava o jogo e 'Arrepiado' juntava as mãos, pegando-se com os santos. Era baixo e atarracado, de um louro encardido, desbotado, um bigodinho eriçado, agreste mesmo. Junto de Carlito Rocha como que desaparecia. Ficava ao lado de Carlito como em busca de proteção.

De quando em quando o Botafogo perdia, o jogador que devia estar na gaveta, fazendo miséria em campo. Se era goleiro, não deixando passar nem pensamento. Se era atacante, estufando as redes do Botafogo.

Iam para cima do 'Arrepiado'.

– E o Fulano que estava na gaveta?

– É um isso, é um aquilo, não tem palavra.

E prometia quebrar-lhe a cara. Quando não quebrar-lhe a cara, porque o outro é que podia arrebentar o 'Arrepiado', não lhe dar mais um cruzeiro.

– Se ele vier se oferecer outra vez, vocês vão ver: nem um centavo.

O problema era Carlito Rocha que não se deixava enganar à-toa. Em certos momentos, na hora de uma defesa do vendido, de um gol do atacante comprado, Carlito Rocha olhava o 'Arrepiado' como se olha um verme. E o 'Arrepiado' rastejava como verme para aplacar Carlito Rocha. Às vezes se condenava. Falava mais alto o botafoguismo dele. Carlito Rocha, por exemplo, podia achar que era defensável aquele chute à queima-roupa do atacante comprado. Bem que Oswaldo 'Baliza' se atirara no canto, mas a bola já estava lá no fundo das redes.

– Esta, 'seu' Carlito, nem Cristo – dizia o 'Arrepiado', esquecido que o artilheiro devia ter levado o dinheiro ainda dobrado no bolso dele.

– Não seja imbecil – Carlito Rocha respondia enfurecido e ofendido – Cristo pega tudo.

Com Cristo no gol as balizas ficavam juntinhas, assim, e Carlito Rocha juntava os dois dedos indicadores, apertando com força um de encontro ao outro, para que através deles não passasse nem a sombra de um pensamento, muito menos uma bola de futebol.

Os 'Arrepiados' faziam a má propaganda dos mulatos e pretos. Havia muito mais 'Arrepiados' do que se imaginava. Por isso, a ideia que se tinha dos mulatos e dos pretos dos outros era a pior possível. Era o que explicava tanto mulato querer passar por branco, tanto preto mandar esticar o cabelo para fugir da condenação da marcha de Lamartine Babo, até hoje eternizada nos Carnavais.

– O teu cabelo não nega!

Zezé Procópio, mulato de cabelos ondeados, de ondas curtas mas ondeados, não se preocupou tanto com os cabelos. O que lhe denunciava a cor, para ele naturalmente, porque tinha o cinza do mulato na pele, era o nariz chato.

Em vez, portanto, de mandar esticar o cabelo, o que talvez o tornasse ainda mais mulato, submeteu-se, numa época em que era rara, a uma operação plástica.

O nariz chato se endireitou, afinando, e Zezé Procópio sentiu-se, senão um branco, um quase branco, alguém que tivesse passado *'raspando'*, como diziam os locutores de rádio a respeito de um chute fora que tivesse dado a impressão de quase gol, pelas travas da cor.

Só mesmo os que conheceram de perto Zezé Procópio, podem avaliar o que lhe pesava ser mulato, pelo detalhe da operação plástica no nariz. Porque Zezé Procópio era uma mistura do ávaro de Moliére e do agiota de Dickens. Só soltava os cordões da bolsa para comprar um presente para o filho[92].

A avareza e o agiotismo dele eram atitudes, exageradas sem dúvida, levadas mesmo a excessos de anedota, de defesa contra a miséria que como que esperava, pacientemente, que o jogador descalçasse as chuteiras para atirá-lo na sarjeta.

Certo que Zezé Procópio só se preocupava com a salvação dele quando acabasse o futebol. Se um companheiro precisava de um dinheirinho, Zezé Procópio exigia cinquenta por cento de juros por uma semana ou no máximo dez dias.

Não emprestava por menos. Quase sempre o jogador do Botafogo queria o dinheiro por causa de uma mulher. Não era para levar pão para casa, que se fosse havia de haver quem nem discutisse. Dando ou emprestando sem cobrar juros.

Zezé Procópio era para as necessidades secretas ou inconfessáveis. Pelo menos inconfessáveis a um técnico ou a um diretor de clube.

Também o mulato mineiro metia a faca no peito do companheiro. Emprestava quinhentos para receber setecentos e cinquenta no dia do pagamento. Chegado o dia do pagamento lá estava Zezé Procópio, juntinho da caixa, de navalha em punho. Porque cobrava de navalha.

Fosse alguém tentar passar-lhe um calote que ficava marcado para o resto da vida.

Ao que se sabe, Zezé Procópio não navalhou ninguém. Mas era ponto pacífico que, se fosse o caso, não hesitaria um só instante. Daí o pavor que se tinha dele.

Os devedores podiam, no máximo, depois de pagar, direitinho, setecentos e cinquenta por quinhentos, pedir um novo empréstimo nas mesmas bases.

Mas que ninguém o chamasse de agiota. Pedia-se dinheiro a ele como um favor de pai para filho. Só assim, na base de cinquenta por cento de juros, Zezé Procópio cedia. E resmungando:

– Vocês precisam pensar no futuro. Assim vocês acabam apanhando papel na rua.

---

[92]Quando o Botafogo pela primeira vez, foi ao México, Zezé Procópio perdeu o filho. Ademar Babiano, chefe da delegação recebeu a notícia chegando a Nova Iorque. Ocultou-a, por motivos óbvios, de Zezé Procópio. Em Nova Iorque, Zezé Procópio encheu uma mala de presentes para o filho, que adorava.

Era o medo de acabar como tantos outros, apanhando papel na rua, que o tinha feito um ávaro e um agiota. Um, 'unha de fome'. De fumar cigano só dado e aceso com fósforo de outro. De não sair, senão a pé, para não pagar bonde. De só ir a cinema se fosse de graça. Enfurnando tudo o que recebia ou, então, empregando o dinheiro com a intuição de um financista nato. Por exemplo: comprou enormes áreas de terreno em volta da Pampulha, em Belo Horizonte.

Por isso ninguém entendeu, em General Severiano, o desperdício de um dinheiro com a operação plástica. A única explicação é que dera uma louca nele. Subitamente, sem quê nem para quê, Zezé Procópio, num assomo de insânia, rasgara dinheiro. Tanto que fora uma vez só, para nunca mais. Pelo contrário: acentuava-se, de dia para dia, a lucidez do avaro e do agiota.

A explicação veio de repente, depois de um treino, todos no vestiário, uns mudando de roupa, outros já no banho. Era o antigo vestiário do Botafogo: os bancos na sala do meio, de um lado o banheiro, de outro as camas enfileiradas, como de hospital.

Zezé Procópio estava tirando as chuteiras quando Téo, mineiro como ele, mas branco e bonitão, apareceu, vindo do chuveiro, ainda molhado, enxugando-se numa toalha de rosto. Por medida de economia, o Botafogo, como outros clubes, não comprava toalhas de banho: os jogadores que se enxugassem em toalhas de rosto.

E de lá veio Téo, que jogava na ponta, se rebolando um pouco porque tinha a vaidade física, do corpo, bem desenhado, do rosto de galã, dos cabelos quase argentinos, fartos, brilhantes. Colocou-se diante do espelho e enquanto penteava o cabelo, vestido apenas pela toalha de rosto em volta do pescoço, trocava de pé numa ginga de samba canção.

Zezé Procópio via-o de costas. Não resistiu e soltou uma piada. Os outros acharam graça e Téo se queimou. Queimando-se, tocou no ponto vulnerável de Zezé Procópio, que era a cor. O cinza de mulato que procurava disfarçar com a operação plástica para afinar-lhe o nariz.

Téo arrependeu-se logo. Pelo espelho, viu Zezé Procópio pegar a navalha e levantar-se, já nu. Foi uma cena que João Saldanha não esqueceu até hoje. Mal Zezé Procópio se levantava, de navalha na mão, Téo dava no pé. Saiu, nu, pela porta do vestiário, ganhou o campo, Zezé Procópio, nu também, atrás dele, a navalha reluzindo, como se pegasse fogo à luz do crespúsculo, que era de um vermelho de sangue.

Só vendo é que se podia acreditar. A brancura do nu de Téo varando a sombra que descia, como uma névoa, sobre o campo do Botafogo. O cinza do nu de Zezé Procópio, a navalha na frente. E a correria em torno do gramado verde escuro.

Dos dois só, não. Eram os jogadores todos do Botafogo que se espalhavam pelo campo. Uns nus, outros de calção. E era João Saldanha, muito magro, e era Carlito Rocha, enorme.

Só quando se viu diante de Carlito Rocha de braços abertos, a voz fina mas enérgica, pedindo-lhe a navalha, é que Zezé Procópio parou.

– Me dê a navalha, Zezé Procópio.

Zezé Procópio estava roxo de raiva. Chegava a tremer. Entregou a navalha a Carlito Rocha, mas disse:

– É pelo sr., senão eu retalhava a cara dele.

Queria acabar com aquela vaidade de branco bonitão. De tal forma que não houvesse operação plástica que o salvasse. E quem iria rebolar diante de Téo, mostrando o perfil, com o nariz já fino, de branco, seria ele, Zezé Procópio.

Um mulato tinha o recurso da operação plástica, se o nariz chato o denunciasse, mais ou tanto que o cabelo 'não nega'. E para o cabelo havia sempre o jeito de mandar esticá-lo.

Muito mulato passava por branco até na ficha da Federação. O Departamento Médico não querendo ofender, usando a concepção brasileira bem elástica de cor. Quem pudesse passar no exame, raspando, passava. Em vez de mulato, caboclo. Ou então, numa generalização mais ampla, moreno.

E o preto que não queria ser preto? O cabelo esticado não o fazia menos preto. A não ser para favorecer a hipótese de filho de branco com preta. O caso de Leônidas da Silva, que era mesmo. A mãe preta e o pai português. Mesmo assim teve que mandar esticar o cabelo rebelde.

Gentil Cardoso nunca negou a condição de preto. Pelo contrário: como que a proclamava. Não por orgulho de raça, num racismo às avessas: por mágoa. Menos da cor, que Deus lhe dera, do que da prevenção que vislumbrava, em toda parte, contra o homem de cor no Brasil.

Se não fosse preto, estaria dirigindo times de grandes clubes, não lhe negariam a honra de treinar o escrete brasileiro. Quem fora o primeiro técnico brasileiro, técnico mesmo? O preto Gentil Cardoso, usando quadro negro e tudo, com táticas desenhadas a giz, o introdutor do sistema de Chapman no Brasil.

A ocasião chegou. O Fluminense, o aristocrático clube das Laranjeiras, como ainda saía nas folhas, chama Gentil Cardoso. Ele ia ser o primeiro preto a comandar um time do Fluminense.

Fora a ambição frustrada de Domingos da Guia: ser o primeiro preto a vestir a camisa tricolor. Gentil Cardoso ia realizar-se como preto.

Era uma coisa ser jogador e outra ser técnico. Sobretudo na era de Flávio Costa e Ondino Viera, verdadeiros ditadores. O futebol brasileiro descobrira o técnico depois de levar Dori Kruschner ao martírio e entregava-se a ele, inteiramente.

Gentil Cardoso assinou o contrato com o Fluminense num dia, apareceu quatro dias depois em Álvaro Chaves para tomar conta do time. Preparara-se para aquele momento glorioso. Daí, talvez, aqueles quatro dias mediando entre a assinatura do contrato e a apresentação dos jogadores.

Parecia que todo mundo estava avisado. Poucos treinos despertaram tanto a curiosidade, um pouco de molecagem, dos fotógrafos. A multidão de fotógrafos era de grande jogo.

E eis que surge Gentil Cardoso. Vestia uma calça de macacão cinza, de atleta, a sanfona, também cinza, apertando o sapato de basquete. Cobria-lhe o busto largo um blusão, da mesma cor da calça do macacão, com dois bolsos largos à altura do peito, um de cada lado. Em volta do pescoço, um colar de cordão grosso, como de alamar, de onde pendia, feito um crucifixo, o apito. Enterrado na cabeça, o boné alto de aba larga. E na mão direita, pronto para ser levado à boca, num gesto épico de corneteiro, um megafone[93].

Gentil Cardoso ia dirigir o treino do Fluminense a apito e megafone. Na hora de parar o treino, o apito, na hora de dar uma ordem, o megafone.

Havia tricolor escandalizado. Nunca se vira nada parecido em Álvaro Chaves. Os jornais, comentando o fato, pareciam até jornais europeus falando de um Brasil, capital Buenos Aires, onde havia uma cidade chamada Rio de Janeiro com cobras passeando na Avenida Rio Branco.

O Fluminense, porém, quando assinava um contrato, cumpria-o. E Gentil Cardoso prometia o campeonato, embora estabelecesse uma condição:

– Deem-me Ademir que eu vos darei o campeonato.

Ademir Meneses antes de ir para o Vasco quase ficara no Fluminense. Era o goleador do campeonato e tinha passe livre. Fora exigência do velho Meneses, conhecido em Pernambuco, nos tempos do Sport Clube Recife, como o 'Muriçoca'. Porque, em nome do filho, mordia o clube. Mordidas que, às vezes, tiravam sangue.

O Fluminense agarrou-se com o velho Meneses e Ademir foi para o Fluminense. Agora se ia ver se Gentil Cardoso cumpria a promessa. Cumpriu-a, embora para cumpri-la tivesse de haver um supercampeonato. O gol da decisão foi de Ademir.

Na festa da vitória, em Álvaro Chaves, o 'Alemão', um torcedor que sempre se colocava no meio da torcida do outro clube para apanhar, às vezes, verdadeiras surras, para poder gritar, sentindo o gosto de sangue na boca, o nome do Fluminense, bebeu *champagne* francesa, derramada por tricolores em delírio, que escorria por entre os dedos do pé que chutara a bola do gol do campeonato[94].

Nem assim Gentil Cardoso se aguentou no Fluminense. Não só porque Ademir Meneses, a grande arma do campeonato, voltara, a peso de ouro, para São Januário. Bastou que surgisse a oportunidade da volta de Ondino Viera para que ninguém hesitasse em Álvaro Chaves.

Ondino Viera criara uma Era Nova na história do futebol brasileiro. Não fora à-toa que lera Oswald Splenger, o profeta da *Decadência do Ocidente*.

– Vai começar a época das guerras sucessivas.

Não só entre nações, de que era um exemplo a II Guerra Mundial que acabara há pouco. Bem antes que acabasse, logo após a entrada do Brasil na guerra, Ondino Viera declarou, com a responsabilidade de técnico do Vasco:

---

[93] 24 de outubro de 45. Gentil Cardoso tinha assinado contrato com o Fluminense quatro dias antes, recebendo Cr$ 35.000,00 de luvas e Cr$ 2.500,00 de ordenado.

[94] Noite de 22 de dezembro de 46.

– O campeonato é uma guerra.

E uma guerra como se estava travando nos quatro cantos do mundo, total, sem quartel. A frase de Ondino Viera teve uma importância que não é demais acentuar porque foi aceita, sem discussão.

Havia nos jornais de todos os dias a sugestão da guerra. O Brasil estava, geograficamente, fora dos horrores do bombardeamento de Londres, da batalha de Estalingrado, de Guadacanal, de Iwo Jima.

Mas o campeonato de futebol comia, por aqui, solto, exacerbando paixões quase de inimigos.

É o que explica o tom de guerra que se imprimiu aos jogos. E sobretudo a utilização de todas as armas à disposição dos clubes ou da imaginação de jornalistas partidários e de torcedores. Cada grande clube tinha o seu Goebells, a sua *Gestapo*, a sua Quinta-Coluna.

4

O campeonato era uma guerra. Ondino Viera não inventara nada. Apenas constatara um fato. É verdade que muita gente não se dava conta da mudança que se operara na disputa de um título de futebol. Bastou que se a identificasse para que cada torcedor, cada técnico, cada dirigente, cada jornalista ou locutor que tinha um clube, tratasse de desempenhar o papel que lhe cabia.

Não incluí na lista o jogador, no caso o soldado, embora alguns fossem mais do que soldados, chegando a haver entre eles sargentos, do tipo *York* tenentes, majores, capitães, coronéis e mesmo generais, gênios das batalhas, porque o jogador seria a vítima, que é sempre o soldado, a 'carne de canhão', o que morre mais, o que morre em massa, para merecer, depois de tudo acabado, vinda a paz, a chama eterna do soldado desconhecido, de quem só Deus sabe o nome.

E era fácil perceber a transformação do campeonato numa guerra autêntica, com bombardeio e tudo. Os jornais, inclusive, depois do primeiro grande bombardeio num campo de futebol, abriram manchetes para anunciar um 'Bombardeio de Berlim' na Rua Ferrer.

O campo do Bangu ficava ainda na Rua Ferrer, junto da estação. Noutros tempos fora chamado de 'cancha encantada'. Era lá em cima, como se dizia, que o Bangu dificilmente perdia. Aqui embaixo dificilmente ganhava. Daí a explicação simplista de 'cancha encantada'.

O que influía, quase sempre decisivamente, não era o campo, um verdadeiro tapete de grama inglesa, macio, bom para o jogo da bola. É melhor para os times dos grandes clubes do que para o time do Bangu, do clube pequeno que voltara a ser, depois do título de 33.

Quando o campeonato se transformou em guerra, Guilherme da Silveira Filho tomara conta do Bangu. Assim o plano do grande bombardeio pôde ser levado avante.

Não se sabe porque a vítima escolhida, para a experiência de um bombardeio como o que sofria Berlim, em represália ao de Londres, foi o São Cristóvão.

Para se ter uma ideia: foram compradas quatro mil bombas, cabeça de negro, morteiros, as cabeças de negro e os morteiros amarrados uns aos outros, para que as explosões fossem sucessivas e abalassem a terra e escurecessem o céu.

Pode-se encontrar a explicação de ter sido o Bangu o primeiro, não em soltar bombas, porque era antiga a ligação entre futebol e S. João, entre futebol e todas as festas típicas brasileiras, pelo culto maior da festa de S. João nos subúrbios, espécie de cidadezinhas do interior, onde há mais lugar para as grandes fogueiras e onde as tradições populares se confundem quase com ritos religiosos, que foram e por lá ainda são.

A técnica de guerra não foi apenas o bombardeio: foi, sobretudo, a propaganda antecipada que se fez dele. Era o processo da guerra de nervos que os nazistas usaram, com tanto êxito, para amaciar populações e nações.

Ia ser o maior bombardeio da história do futebol, era o que vinha nos jornais. Milhares de cabeças de negro e de morteiros tinham sido comprados.

Picabeia, um argentino, técnico do São Cristóvão, trancou os jogadores alvos, 'cadetes' como eram chamados, no vestiário, e distribuiu entre eles chumaços de algodão. Era para que os brancos, mulatos e pretos do São Cristóvão tapassem os ouvidos.

O São Cristóvão só ia entrar em campo depois de terminado o bombardeio, quando desaparecesse, no ar, o último esgarçar das nuvens cinzentas das explosões. Sentados nos bancos do vestiário dos visitantes do campo da Rua Ferrer, as pernas juntinhas, os corpos encolhidos, as cabeças baixas, as mãos nos ouvidos, como se não bastassem os chumaços de algodão que não os deixavam ouvir nada, os jogadores do São Cristóvão esperavam, os nervos tensos, como cordas de violino prestes a arrebentar.

Nenhum som chegava até eles. Apenas o chão do vestiário tremia, sacudido pelas explosões que se sucediam lá fora. O Bangu tinha entrado em campo.

Já surdos, pelos chumaços de algodão enfiados nos ouvidos, os jogadores do São Cristóvão fecharam os olhos. O cafuso Joel, o goleiro, parecia tomado de malária. O mulato Mundinho, um mulato escuro que jogava de beque ao lado de Augusto Costa, endurecera o corpo, todo contraído. Santo Cristo, o mulato que tivera um chilique, num São Cristóvão e Botafogo, depois de jogar fora um pênalti, 'um conto de réis para chutar fora', sussurrara-lhe Zarcy, estava à beira de um delíquio. Alfredo, que botava um I depois do nome, para distinguir-se de Alfredo II do Vasco, mais preto do que ele, sentia os músculos doendo. Nestor, mulato claro, tornara-se subitamente aço.

Os brancos não estavam em melhores condições. Apenas Augusto Costa procurava conservar a dignidade de alguém que se considerava acima dessas coisas. Mas lá por dentro tremia, feito os outros, imaginando o Bombardeio de Berlim. Como não escutavam nada, os jogadores do São Cristóvão imaginavam. E imaginavam, em vez de cabeça de negro e morteiros, bombas mesmo, toneladas de T. N. T.

Finalmente, após uma espera que parecia a própria eternidade, Picabeia deu o sinal. Os jogadores do São Cristóvão podiam tirar dos ouvidos os chumaços de algodão. Acabara o bombardeio. Tudo, realmente, se tornara quieto. Chegara a hora de entrar em campo.

Quando se levantaram dos bancos longos do vestiário os jogadores do São Cristóvão estavam de pernas bambas. Uns riam sem jeito, outros tratavam de estufar o peito.

Não se via no céu uma nuvenzinha de fumaça de pólvora. Era uma tarde bonita, clara.

De que adiantava o céu azul? A transparência do ar, o afago da brisa leve, de dedos de mulher? Os jogadores do São Cristóvão estavam vencidos. Não resistiram a um Bangu afogueado pela explosão de quatro mil bombas a favor dele.

Ainda por cima o juiz era Mário Vianna, de cabelo cortado à soldado alemão. Era a guerra. Foi uma goleada[95].

Aquele bombardeio no campo da Rua Ferrer nada foi em comparação com o que saudou a entrada dos escretes carioca e paulista na segunda melhor de três da final do campeonato brasileiro de 43, em São Januário. São Paulo ostentava, numa fase ainda de nítida superioridade do futebol carioca, o título de bicampeão do Brasil. Agora vinha para o Rio tentar o tri, já com Leônidas da Silva vestindo a camisa de listras finas e verticais, pretas, brancas e vermelhas, as cores da bandeira paulista.

Vargas Netto, presidente da Federação Metropolitana de Futebol, chegou a criar uma *'Gestapo'* para fiscalizar os menores movimentos dos jogadores que iam defender o Rio. Não fez, inclusive, segredo do nome do órgão novo da Federação: era *'Gestapo'* mesmo. Não, evidentemente, nos documentos oficiais. Mas quando se referia a Luiz Vinhaes, o chefe, a Camarão, ao próprio José Trocoli, dizia, carinhosamente:

– A minha *'Gestapo'*.

Era que mantinha as piores suspeitas em relação a alguns jogadores do escrete carioca que perdera o último campeonato brasileiro para São Paulo. Até de Domingos da Guia, que teria dado um gol a Milani, rebatendo uma bola com um passe que caiu, matematicamente, nos pés do goleador paulista. Mas sobretudo de Jurandir, paulista que guardava o gol carioca e que chegara a largar uma bola, depois de defendê-la, como se a jogasse para dentro das próprias redes.

---

[95] 29 de agosto de 43.

Daí a ideia de uma *'Gestapo'* que seguisse os passos dos jogadores cariocas e fizesse relatórios como de serviço de espionagem. Ainda era o tempo do Estado Novo, mas o Brasil entrara em guerra contra as potências do Eixo. O nome *'Gestapo'* era para assustar e assustava, realmente, mais do que qualquer outro.

Domingos da Guia foi surpreendido de porre pela *'Gestapo'*, num *dancing*, a três passos do Edifício Cineac, onde ficava a Federação. Viera de Bangu, estava chovendo, entrara no Bar Nacional, na Galeria Cruzeiro, com meio copo de chope ficava alto. Quando deu acordo de si, estava seguro pelo Vinhaes e pelo Camarão.

O escrete precisava dele. Por isso foi perdoado depois de dar as maiores demonstrações de arrependimento, o que era coisa que não gostava de fazer, por uma noção de dignidade de 'Mestre'.

Foi bom que aquilo acontecesse, que a *Gestapo* funcionasse mesmo, porque não houve mais nada. O clima era de guerra. Os jornais do Rio e de São Paulo tratavam-se como se pertencessem a potências beligerantes.

A Federação Paulista sabia que ia haver um bombardeio em São Januário. Preparava-se para enfrentá-lo. Não como o São Cristóvão, cujo erro fora amplamente divulgado, tapando os ouvidos dos jogadores, esperando no vestiário trancado e, enquanto isso, imaginando o fim do mundo. O escrete de São Paulo entraria junto com o carioca. Assim, o bombardeio que saudaria a entrada dos cariocas, animando-os, também serviria como uma saudação aos paulistas[96].

E, realmente, bastou que apontasse o primeiro jogador carioca à boca do vestiário, para que surgisse, do outro lado, o primeiro jogador paulista.

O sinal estava dado e, de todos os cantos de São Januário, foguetes deram para assobiar. Atrás do gol do mastro havia, amarrados uns aos outros, por pavios ligados, montes de feixes de morteiros, os maiores das fábricas de fogos juninos, bons para salvas de vinte e um tiros, como de canhão.

Era como se São Januário estivesse sendo bombardeado, reduzido a cinzas. A impressão que se tinha era a de que não ia ficar pedra sobre pedra. Ninguém via mais nada a não ser os clarões das bombas, o céu iluminado por relâmpagos que o cortavam de todo lado.

E a terra tremia, sacudida por um terremoto, por vários terremotos, porque era um nunca acabar de tremer. Vagamente se vislumbravam, no campo coberto por um *fog* de Londres, vultos se mexendo, correndo, como se fugissem do cataclisma.

Enquanto não se soltou o último foguete, não explodiu a última cabeça de negro, o último morteiro, o pesadelo continuou. Só que para os ouvidos cariocas aquilo era música do céu. Para os ouvidos paulistas é que era outra coisa.

Finalmente se fez silêncio. Cinco minutos depois do jogo começado ainda o *fog* cobria São Januário. Viam-se os jogadores como sombras atrás de uma bola invisível para os olhos dos torcedores.

---

[96] 23 de dezembro de 43.

A chuvinha que caía demorava a subida da fumaça das bombas. Aos poucos os refletores de São Januário tornaram verde de novo o gramado, de um verde úmido e vivo, arrancando-lhe cintilações de orvalho.

Foi o célebre jogo do 'chega'. Nunca uma torcida foi mais cruel, feriu mais fundo, do que a carioca naquela noite. Havia, na arquibancada, um batuque no meio de uma torcida organizada que cantava uma marcha de Ari Barroso, feita especialmente para a ocasião, como um hino de guerra, alegre, saltitante, uma *Madelon* do futebol. Ao som da marcha jogavam, dançando, os jogadores cariocas.

Conta-se que Servílio, um preto esguio que estava jogando no ataque paulista, ao lado de Leônidas, parou para olhar, embasbacado, as tramas de Lelé e Tim, pingue-pongueando a bola.

– Como eles estão jogando, Hércules!

O que lhe valeu uma bronca de Leônidas, já paulista:

– Em vez de ficar aí feito bobo, jogue feito eles.

Quando os cariocas marcaram o sexto gol, pois ganharam de seis a um, a multidão, sem aviso prévio, como comandada por uma ordem inaudível, prorrompeu num chega:

– Chega!

E foi o baile. Os paulistas sentiram mais aquele 'chega!' do que os seis a um. Para Antônio Carlos Guimarães, presidente da Federação Paulista, escolhido a dedo para contrabalançar, como grande amigo de Getulinho, a posição de Vargas Netto como sobrinho querido de Getúlio Vargas, tudo fora obra do bombardeio. Tanto que exigiu uma conferência no gabinete do Chefe de Polícia, o então coronel Nelson de Mello, para exigir providências contra um outro bombardeio. Ciro Aranha, como presidente do Vasco, foi chamado. Tinha de assumir um compromisso de honra de que não deixaria entrar uma cabeça de negro, um morteiro, até mesmo um simples chuveiro ou uma mais modesta estrelinha em São Januário. Ao primeiro assobio de foguete, o escrete paulista sairia de campo, se já tivesse entrado.

E para que não houvesse a menor dúvida quanto à posição de São Paulo, e a voz grave, enfática, de Antônio Carlos Guimarães, quase um menino, era de quem falava em nome de uma potência falando a outra potência, como autoridade de plenipotenciário, o presidente da Federação Paulista de Futebol encerrou a conferência com um ultimatum:

– Se soltarem um único foguete em São Januário vai haver um caso muito sério entre São Paulo e o Brasil.

O coronel Nelson de Mello quase teve um troço. O sangue subiu-lhe à cabeça, um nó tapou-lhe a garganta.

De boa fé não se pode admitir que Antônio Carlos Guimarães tivesse querido dizer mesmo São Paulo e Brasil. O paulista fazia até questão de ser ou de se mostrar mais brasileiro do que o carioca. São Paulo era a locomotiva do Brasil, a arrastar os outros estados todos. Mas o governo estava no Rio. E era o governo que Antônio Carlos Guimarães ameaçava com um caso com São Paulo. Ou, pelo menos, o Chefe de Polícia.

O certo é que o Coronel Nelson de Mello, que queria ver o jogo – quem é que não queria? – teve que engolir aquilo. Como Chefe de Polícia e como oficial do Exército.

Era a guerra. Se o Flamengo e o Vasco, o Fluminense e o Botafogo, se encaravam quase como potências estrangeiras, e inimigas, avalie São Paulo e Rio.

E no gabinete da Rua da Relação, depois de um cafezinho mandado buscar para relaxar os ânimos, foi estabelecido um acordo para que houvesse o jogo. Ciro Aranha deu a palavra de honra, que cumpriu: não se soltaria um foguete em São Januário.

Como não houve tempo para um comunicado ao público, houve gente que se preveniu de guarda-chuva, apesar do dia de sol anunciando noite clara. O caso de Djalma Sampaio. Quando os cariocas entraram em campo, abriu o guarda-chuva e ficou, encolhido, à espera do bombardeio de arrasar quarteirões.

Sem uma bomba, os cariocas ganharam a finalíssima. Mas Batataes, o goleiro do Rio, foi acusado, terminado o jogo, de traidor. É que só deixara passar uma bola, chutada por Leônidas da Silva, nascido no Rio, mas já paulista de quatrocentos anos. Batataes respondeu que era brasileiro. O que naquele momento não tinha sentido.

Não se tratava de Brasil: tratava-se de Rio e São Paulo. Da guerra do campeonato brasileiro. O que Batataes poderia ter respondido é que Leônidas tinha nascido no Rio, que Zezé Procópio e Noronha tinham ido do Rio para São Paulo. E que ele, estando no Rio, com a farda de goleiro do Rio, virara carioca. Tinha de morrer era pelo Rio.

Isto dá uma ideia da pressão exercida, naqueles anos de guerra, sobre o jogador de futebol, branco, mulato ou preto. Do verdadeiro *stress* a que era submetido o jogador de futebol, como um soldado na guerra.

Havia a guerra do campeonato, mal comparando, a guerra mundial. E havia a guerra particular de clube contra clube, com data marcada para cada batalha.

Quando se aproximava um Flamengo e Vasco, desde segunda-feira que não se falava noutra coisa. Quem era do Flamengo procurando desmoralizar os jogadores do Vasco, minar-lhes a confiança em si mesmos, expô-los ao ridículo. Quem era do Vasco tratava de fazer o mesmo em relação aos jogadores do Flamengo.

Era a guerra de nervos, a guerra psicológica. Um exemplo foi a campanha organizada para acabar de vez com um dos maiores trios atacantes de todas as épocas do futebol brasileiro: Lelé, Isaias e Jair. Dum mulato que passava por branco, de pernas grossas, atarracado, com um chute que talvez não tenha havido igual. Outro, um preto esguio, escorregadio, veloz, um *sprinter* de arrancadas instantâneas, vivo, malicioso, capaz de decidir um jogo com um gol de letra e de propósito. O terceiro, mulato de cabelo ruim, ao lado de Isaias que quase baixo, magro, de pé de moça mas capaz de deformar a bola num chute. Só tinha um pé, o esquerdo. Mas com esse pé dava passe de exatidão milimétrica e fazia gols de quarenta metros de distância.

Enquanto Lelé, Isaias e Jair foram do Madureira, embora se falasse neles não se exagerava nos elogios. E até se insinuava, para desvalorizá-los, que se vendiam.

Bastou que fossem para o Vasco para que se desencadeasse, contra eles, uma campanha de desmoralização. Só resistiram porque eram excepcionais. E porque o Vasco ficou todo do lado deles, para salvá-los e poder sonhar com o título outra vez.

Lelé, Isaias e Jair eram os 'Três Patetas', aqueles cômicos de cinema que faziam fitas cuja única graça estava na obtusidade deles. Que levavam meia hora para entender a coisa mais simples. E quando parecia que finalmente tinham entendido, não tinham entendido nada.

O Vasco vinha de anos e anos sem levantar um campeonato. Atribuía-se o fato à 'praga do Arubinha', um crioulo do Andaraí que caíra de joelhos, na lama, depois de um jogo Andaraí e Vasco, em Álvaro Chaves, as mãos juntas, os olhos no céu negro:

– Se há um Deus, que o Vasco passe doze anos sem ser campeão.

É que o Andaraí ficara esperando mais de uma hora, debaixo de chuva, que o Vasco chegasse ao campo do Fluminense. O juiz, depois da espera de quinze minutos, esgotados todos os prazos, oferecera ao Andaraí a vitória por *W. O. (Walkover)*. O Andaraí recusara: não ia fazer uma coisa daquelas com o Vasco[97].

Sabia que houvera um desastre com a camioneta que trazia os jogadores vascaínos, esperou, recusando-se até a abrigar-se da chuva. Quando o Vasco chegou Arubinha só pediu uma coisa:

– Vocês vão ganhar, são mais fortes, mas ganhem de pouco.

O Vasco prometeu e não cumpriu: enfiou doze gols nas redes do Andaraí. Daí a praga de Arubinha. O Vasco não passou doze anos sem levantar um campeonato, mas passou nove.

Formando e desfazendo escretes sul-americanos. Pagando até a Arubinha para desfazer a praga. Arubinha foi tratado como um príncipe em São Januário. Um dia, porém, desapareceu.

Espalhou-se a notícia de que tinha enterrado um sapo no campo do Vasco. O Vasco mandou revolver o gramado em busca do sapo. Não encontrou sapo nenhum.

Arubinha negava que tivesse feito aquilo. Chegava a jurar. Mas o Vasco não levantava um campeonato.

Já o Brasil entrara em guerra e cantava-se no Carnaval:

> *Lá vai o bonde*
> *de São Januário*
> *levando mais um otário*
> *pra ver o Vasco apanhar.*

---

[97] 29 de dezembro de 37.

Ciro Aranha assumiu a presidência do Vasco. Era o irmão do Chanceler Osvaldo Aranha, ia dar ao Vasco cobertura política no Estado Novo. Ondino Viera foi chamado para técnico. Largou o Fluminense, cujo esquadrão acabara, de estalo, no último título, o bi conquistado em 41, e rumou de armas e bagagens para São Januário, com a concepção *up to date* de que o campeonato era uma guerra.

O Vasco lhe parecia uma Inglaterra desarmada, depois de Dunquerque, mas com uma capacidade de produção de uns Estados Unidos da América do Norte. Precisava de três anos para armar-se e vencer a guerra do campeonato, mesmo porque não tinha a separá-lo do Flamengo, a grande potência futebolística que surgia, como a Alemanha com suas divisões *panzers,* e com a sua imprensa e o seu rádio, o oceano Atlântico, e sim um mero passo de Calais.

O Flamengo sentiu, logo, o perigo em potencial do Vasco. Daí os 'Três Patetas'. Era preciso acabar com o trio Lelé, Isaias e Jair que tinha ainda um Ademir de quebra.

Não se sabe como Lelé, Isaias e Jair resistiram à campanha de ridículo. Sobretudo Isaias, mais vibrátil. Lelé era pesadão. Jair frio.

Talvez porque, quando os pracinhas iam partir para os campos de batalha da Itália, se organizou, bem a propósito, um jogo Brasil e Uruguai. Antes da guerra de verdade, onde se morria, como 'carne de canhão', os pracinhas iam ter uma versão da outra guerra, a do futebol que, se não matava, a não ser de enfarte, colocava os jogadores, os times, os clubes, os Estados sob o impacto do *stress* que era o encontro domingueiro do homem com o destino nu e cru.

E aí Lelé fez um gol de meio campo. Pereyra Natero, o quíper uruguaio, mandou todo mundo sair da frente. Quando Lelé correu para o chute, Pereyra Natero se curvou. Ainda estava se curvando e a bola batia na quina do gol, por dentro, no alto, à esquerda. Bateu lá em cima, desceu, correu a risca de cal por trás de Pereyra Natero, atingia, em baixo, a outra trave, e ia levantar as redes como num tiro à queima roupa, estufando-as, quase arrebentando-lhe os barbantes entrelaçados.

Os pracinhas se viram em Monte Castelo, os canhões troando. Aquilo não era chute, era tiro de canhão. Foi o fim do escrete uruguaio. Havia um tiro de meta a favor do Brasil e a multidão ululava:

– Lelé! Lelé!

No segundo jogo, no Pacaembu, foi a vez de Jair. Pensava-se que Jair, com aquelas perninhas finas, aqueles pezinhos de moça, não tinha chute. Pois tinha um chute de Lelé. A bola chegava a se deformar como um nariz de *boxeur* recebendo um *punch* de nocauteador.

Como é que aqueles dois podiam pertencer ao grupo dos 'Três Patetas?'

Em compensação, Zizinho, que era já o maior jogador do Flamengo, para Domingos da Guia superior a Leônidas da Silva, porque Leônidas só atacava e Zizinho atacava e defendia, ia e vinha, a bola sempre ao alcance do pé, para o drible de corte de navalha, para o chute de gol, quase ficou marcado como um facínora do futebol, quebrador de perna.

Num choque com Agostinho, beque do escrete paulista, Zizinho levou a melhor. Agostinho ficou estendido, a perna quebrada.

A senha veio de São Paulo: Zizinho era desleal, cuidado com Zizinho. Quem não era Flamengo apontava para Zizinho, gritando toda vez que ele pegava a bola:

— É esse! É esse!

Zizinho salvou-se quebrando a perna. Foi num Bangu e Flamengo, em Figueira de Melo. Caiu, Adauto por cima dele. Adauto se levantou e ele ficou. Estava de perna quebrada.

Quase quebrou de novo num Flamengo e América. Zizinho recomeçava a jogar e Jorginho do Morro do Pinto perguntou a ele:

— Qual é a perna que você quebrou?

Zizinho mostrou. E foi naquela perna que Jorginho do Morro do Pinto deu o pontapé, para quebrar[98].

Era o que fazia cada clube defender o jogador que os outros botavam na lista negra para acabar com ele. O Fluminense não podia ouvir a menor acusação a Bigode sem se encrespar logo.

Bigode foi o primeiro preto mesmo do Fluminense. Os outros, antes dele, eram mulatos, alguns bem escuros. Bigode era preto. Tão preto que, no princípio, quando ainda não se ajeitara no time, provocava reações, quase racistas, de tricolores. Um deles, Gastão Soares de Moura, mineiro como Bigode. Não tinha propriamente objeção contra o preto, desde que fosse um craque.

O Fluminense podia botar até um time todo de pretos. Mas pretos como Leônidas, como Fausto, como Domingos, como Valdemar de Brito, como Zizinho.

E de repente Bigode se solta. Era uma fera dentro de campo. Dava verdadeiros botes de cobra, de pés juntos, o jogador do outro time que saísse da frente. Gastão Soares de Moura, então, aceitou Bigode, e ai de quem, perto dele, tocasse no crioulo.

E era fácil destruir um jogador. Quem não tivesse nervos de aço ou então, uma certa irresponsabilidade, dificilmente resistia. A pressão exercida sobre o jogador, o que cada vez mais se exigia dele, ou se esperava dele, se tornava dia a dia mais forte.

Maracai é um exemplo de tantos que caíram durante os anos cruentos das guerras dos campeonatos. Veio do interior de São Paulo para o Fluminense com uma esperança.

Fazia gols, o que era o caminho mais rápido para a glória. Subitamente deixou de fazer gols. E os que estavam à espera para acabar com ele ou qualquer outro que fosse um adversário, isto é, um inimigo, caíram em cima dele.

---

[98]Quando quebrou a perna, fratura dupla, em Figueira de Melo, a 6 de junho de 46, Zizinho foi expulso de campo. Era um jogador marcado. Jorginho deu-lhe o pontapé, na mesma perna, a esquerda, no Flamengo e América de 5 de outubro de 47, e não foi expulso.

Arranjaram-lhe logo um apelido que, partindo das arquibancadas, ganhou as colunas dos jornais e foi gritado aos microfones:

– Mascarai!

Bastava que Maracai pegasse uma bola e tentasse levantar o queixo, para uma arrancada de gol, e lá vinha a chicotada de deboche:

– Mascarai!

Maracai, então, se atrapalhava todo, não sabia mais o que fazer da bola. No dia seguinte ao de um jogo levantava-se às cinco horas da manhã e ia, a pé, até o Largo do Machado, para comprar os jornais ainda quentes da rotativa, como pães saídos do forno. Era para ler os comentários do jogo. E lá estava, como um grito de torcedor do outro clube que ainda lhe doía nos ouvidos, que não o deixava dormir, em letra de forma, a sentença inapelável:

– Mascarai!

Numa semana Maracai ficou com a cabeça branca. Como uma Maria Antonieta do futebol[99].

5

O Flamengo estava no seu elemento. Criou uma sociedade secreta a que deu o nome, bem sugestivo, de Dragões Negros.

Um dia, Diocesano Ferreira Gomes, o velho 'Dão', ainda na ativa do jornalismo, com uma trincheira aberta no *Correio da Manhã*, apareceu na Colombo, que substituía o Café Rio Branco, já fechado, com uma flâmula chinesa. Havia, nela, um dragão negro, e uns caracteres, chineses, naturalmente. Ninguém pensou em traduzi-los. Estava na cara: era uma flâmula dos Dragões Negros, sociedade secreta da China.

E ali mesmo, em volta da mesa onde almoçavam, todos os dias, José Lins do Rêgo, Fadel Fadel, José Maria Scassa, Moreira Leite, Alfredo Curvelo, José Moreira Bastos, o 'Bastinhos', incluído o velho 'Dão', todos eles se tornaram Dragões Negros. O vinho tinto francês, que Zé Lins não dispensava, serviu como sangue tirado das veias de cada um. E os copos foram levantados para o juramento que os unia em defesa do Flamengo.

– Tudo pelo Flamengo.

---

[99]Maracai tornou-se pastor protestante. Atualmente prega o Evangelho, todos os dias, na Igreja Presbiteriana de Sertanópolis, norte do Paraná. (N.E. - 3ª ed.: o Autor escreveu o texto em 1947).

Quando lá fora se soube que, dentro do Flamengo, havia uma sociedade secreta chamada Dragões Negros, ninguém dos outros clubes se sentiu em segurança. Atribuíram-se os piores desígnios aos Dragões Negros.

Não se sabia direito que ramificações tinha, que intuitos escondia, o nome assustava: Dragões Negros.

Quem se alarmou mais foi o Vasco. Os Dragões Negros espalhavam que o Vasco tinha uma Comissão de Compras. Que podia, porém, uma Comissão de Compras, se o Vasco a tivesse, contra uma organização embuçada, como um *Ku-Klux-Klan*, de que apenas se sabia o nome, e terrível, de Dragões Negros?

Daí o cuidado vascaíno de não deixar Vargas Netto, o presidente da Federação Metropolitana, sozinho, um só instante, com os rubros-negros, quem sabe, dos Dragões Negros. Era ali, no oitavo andar do Edifício Cineac, que se tomavam as decisões.

O Flamengo chegava sempre antes, embora o Vasco tivesse a sede da cidade no andar de cima. Aparecia José Lins do Rêgo, como quem não quer nada, logo depois Fadel Fadel. E a seguir, uns atrás dos outros, José Moreira Bastos, o 'Bastinhos', e Alfredo Curvelo, e Jurandir Mattos esticando e encolhendo o pescoço. Às vezes até Dario de Mello Pinto, o presidente, e Gustavo de Carvalho, o ex-presidente.

Era o sinal. O cabineiro parava no andar de cima, não subia mais, enchia o elevador e despejava-o no oitavo. Ciro Aranha vinha na frente, afogueado, como saído de um banho de sol. Egas Moniz alargava as orelhas, enormes, feito radares. João Wanderley, muito gordo, não tirava o lenço da testa. Rufino Ferreira e Vitorino Carneiro pareciam cães de fila. Eram olhos para olhar os menores movimentos do Flamengo.

O Fluminense não dormia de touca: com um pouco lá estavam Gastão Soares de Moura e Reis Carneiro. Nelson Thevenet, do Botafogo, comparecia como se fosse só para o café bem-feito do velho preto Tancredo. E Antônio Avelar dava a impressão que ia apenas fazer uma visita. Ou para ver se o seu retrato, de ex-presidente da casa, ainda estava pendurado na parede. Domingos Vassalo Caruso não faltava nunca. Mas deixava bem claro que não estava em nenhuma conspiração. Levava charutos para Vargas Netto e mostrava-se, para todos, acolhedor como um bom *maple* inglês. Quem quebrava a tensão que, às vezes, se tornava insuportável, era Alfredo Tranjan, advogado do Bonsucesso, cantando um hino que dizia que era o hino árabe ou contando anedotas de turco.

Ali ninguém podia conspirar. Mas todos julgavam estar cumprindo um dever sagrado. De repente Zé Lins pedia um pedaço de papel e escrevia, em letra legível, 'Esporte e Vida' para o *Jornal dos Sports*. Com certeza desancando o Vasco, chamando Ondino Viera de cavilloso.

Uma vez chamou mesmo e Ciro Aranha se ofendeu porque, lá no Sul, não se chamava impunemente ninguém de cavilloso.

Quando, no próximo jogo do Vasco e Flamengo, Zé Lins apareceu na Tribuna de Honra de São Januário, tinha vascaíno que queria acabar de vez com ele:

– 'Seu' Rêgo!

– 'Seu' Lins!

– 'Seu' Zé!

Zé Lins enfrentou a multidão vascaína como o capitão Vitorino Papa-Rabo. Tinha a coragem do velho Carneiro da Cunha. Mesmo para apanhar, que era a maior de todas.

Mas ninguém no Vasco queria dar em Zé Lins. De manhã cedo a primeira coisa que todo vascaíno lia, para se embrabecer, para ficar mais Vasco, para até se dispor a morrer pelo Vasco, era o artigo de dez linhas de Zé Lins.

Mal sabia o vascaíno que ali estava a voz dos Dragões Negros. Que Zé Lins era o escriba da terrível seita.

Qualquer coisa que o Flamengo pretendesse, aparecia, aos olhos do Vasco, e do Fluminense, e do Botafogo, olhos escancarados para ver tudo e não deixar escapar nada, como sugestão dos Dragões Negros. Quando o São Cristóvão pretendeu, porque o campo de Figueira de Melo era pequeno, levar o jogo dele com o Flamengo para São Januário, quase foi apontado como um Judas que se vendesse por trinta dinheiros.

O São Cristóvão bancou o pobre orgulhoso. Para ele a renda era de menos. Jogava mesmo em Figueira de Melo.

E como não tinha recursos mandou construir, às pressas, umas arquibancadas de madeira leve, baratas. Assim mais gente poderia ir ver o jogo.

Ao meio dia os portões de Figueira de Melo estavam fechados e a polícia espaldeirava o povo que tinha ficado de fora. O jogo só durou quinze minutos. Bastou o Flamengo marcar um gol para a multidão começar a pular e a pedir mais um.

Subitamente a arquibancada nova do São Cristóvão se afundou ao peso da massa humana. Era como se um abismo se tivesse aberto engolindo gente.

Num instante o campo ficou cheio de feridos que se arrastavam, aos gritos. Não era um campo de futebol. Era um campo de batalha, depois da batalha, os canhões se calando para que se pudesse ouvir os gritos dos mutilados, os gemidos dos moribundos. Para mostrar, num relance, todos os horrores da guerra.

Todas as ambulâncias do Pronto Socorro foram mobilizadas para Figueira de Melo, indo e vindo, as sirenes gritando pelas ruas. Felizmente não morreu ninguém. Pelo menos em Figueira de Melo porque, em São Januário, num jogo sem importância, o Vasco vencendo fácil o Madureira, farrapos de gente nas arquibancadas, dois torcedores se desentenderam, chegou a turma do deixa disso, um soldado, na pista de atletismo, puxou o revólver, deu três tiros para o ar. Resultado; três mortos. A cada coice da arma caía um fuzilado[100].

Compreende-se porque o general Cordeiro de Faria, torcedor do São Cristóvão, quando não podia ir a um jogo, mandasse, em lugar dele, o seu ajudante de ordens, o coronel Peracchi Barcelos, como um observador *in loco,* que lhe trouxesse um resumo fiel da batalha.

---

[100] 19 de setembro de 43.

E que Zé Lins escrevesse que a conquista do campeonato pelo Flamengo dera-lhe a mesma alegria da vitória de Estalingrado. O que provocou uma reação indignada do Genolino Amado: como é que José Lins do Rêgo se dava ao desporto de brincar com o que havia de mais sagrado? Ou José Lins do Rêgo não sabia que em Estalingrado se lutara pela liberdade do mundo?

Genolino Amado só tinha olhos para a guerra lá fora. Não tomara conhecimento da guerra cá de dentro. A que fora desencadeada pela paixão do povo pelo seu clube, pela sua cidade, pelo seu Estado e até pelo seu Brasil.

Por isso é que São Januário estourou na finalíssima entre cariocas e paulistas. A multidão de quando em quando cuspindo um torcedor da arquibancada. Via-se, de repente, uma figura humana rolando por cima das cabeças juntas, compactas, que ondulavam feito um mar de gente, mar grosso, de tempestade, até cair na pista de carvão moído, onde ficava, imóvel e quase nua, ou nua mesmo, como uma banana espremida que saísse da casca[101].

E não foi por outra que o jogo decisivo Flamengo e Vasco de 44 se transformou numa operação de guerra. Até tropa, mas tropa mesmo, o Flamengo levou para o campo da Gávea.

A Gemac ficava perto, os soldados todos torciam pelo Flamengo, o Flamengo colocou quinhentos deles atrás do gol do placar.

O Vasco não pôde dar um pio. Fez tudo para que o campo do Flamengo continuasse interditado, como estava desde o desabamento das arquibancadas do São Cristóvão. A Polícia interditara todos os campos que tinham arquibancadas de madeira. O Flamengo tinha uma de cimento mas assim mesmo entrou na lista negra.

Em vinte e oito dias o Flamengo levantou gerais de cimento do outro lado. Fazia degraus de areia bem socada e metia por cima cimento. A obra terminou antes do jogo com o Vasco.

E então o Flamengo, que era quem ia vender os ingressos, fez um mapa de guerra. Quem fosse do Vasco, nas cadeiras, nas arquibancadas, nas gerais, tinha de ficar no meio de flamengos. Como se não bastasse, atrás do gol do placar, quinhentos soldados da Gemac, dispostos a tudo, esperando o sinal da invasão.

O Vasco tirou Jair da Rosa Pinto do time. Aquele era um jogo de vida e morte e Jair da Rosa Pinto, por mais que jogasse ou que desse o passe na continha, não era jogador disposto a morrer por nenhum clube. Saía de campo sempre com a camisa enxuta.

Ondino Viera, que vivia a ver fantasmas, barrou Jair. 'Jajá de Barra Mansa' vingou-se na preliminar. Nunca correu mais na vida dele. Empapou a camisa. Acabou com os reservas do Flamengo. Era para mostrar que, se jogasse no time de cima, o Vasco seria o campeão.

---

[101] 30 de dezembro de 43.

O campeão, aliás tri, foi o Flamengo. Até hoje os vascaínos que viram o jogo juram, pelo que há de mais sagrado, que Valido trepou, com as duas mãos nos ombros do preto Argemiro, para cabecear o gol da vitória rubro-negra.

Argemiro estava de costas, tapando o caminho de Valido. E Valido pulou por trás, talvez tivesse mesmo apoiado as mãos nos ombros dele, para aumentar o impulso da subida e meter a testa na bola.

Foi a bola entrar e foi a Gemac invadir o campo. Barqueta, o quíper do Vasco, quando deu acordo de si, estava no chamado grande círculo, como um soldado, depois de uma derrota, aturdido ainda pelo fragor da batalha, perdido, vagueando, à procura não se sabe de que.

Fora o impacto, menos do gol, ou da derrota, do que das divisões do exército inimigo que, em levas sucessivas, invadiam o campo e levavam tudo de roldão aos gritos de 'Flamengo, Flamengo!'. Subitamente Barqueta se viu na guerra de que falava sempre Ondino Viera e em que não acreditava muito.

Sabia que o mundo estava em guerra, mas lá longe, nos campos da Europa, da África, da Ásia, nos mares do Atlântico e do Pacífico, não aqui. Ele era um paisano vestido de quíper.

E subitamente lá estavam os soldados. Desarmados, mas soldados, e enlouquecidos por uma vitória do Flamengo[102].

Há quem diga que Guilherme Gomes, o juiz, apontava para o meio do campo com os dois braços esticados. Os soldados da Gemac, passando por ele, juntos, raspando, arrastaram-lhe os braços, deixando-os assim estendidos.

Era a guerra de que tanto falara Ondino Viera e que lhe caía em cima. O Vasco não ficou quieto: botou a boca no mundo.

Não adiantou de nada. O Flamengo era tricampeão da cidade. A cidade ficou em festa a noite toda. Zé Lins do Rêgo foi a pé para casa acompanhando a multidão que gritava, pulava e sambava.

Pouco importava o filme que o Vasco exibiu no Capitólio e que na hora do gol gaguejava, parando, para que se visse Valido trepando nos ombros de Argemiro, como para pular carniça. Nem as fotografias, tremidas, tiradas do filme, em que não se via direito as mãos de Valido sobre os ombros de Argemiro.

Ari Barroso é que concordava com os vascaínos. Valido tinha, realmente, trepado em Argemiro. Mas era para gozar o pobre vascaíno que se consolava, momentaneamente, por aquela confissão de um insuspeito. Quem mais insuspeito do que Ari Barroso que, de quando em quando, era caçado em São Januário aos gritos de 'pára, pára'?

Por causa de Ari Barroso é que o Vasco mandara construir as cabinas de rádio em cima das arquibancadas. Para colocá-lo a salvo das iras do corpo social vascaíno.

Depois Ari Barroso explicava que a vitória do Flamengo, para ele, só tivera um defeito. Subsistia a dúvida: Valido trepara ou não trepara em Argemiro? Para muito 'flamengo' não trepara. O próprio Valido negava que tivesse trepado.

---

[102] 29 de outubro de 44.

E Ari Barroso resumia, então, o seu ideal de torcedor. Queria que o Flamengo fosse campeão, e num jogo contra o Vasco, com um gol feito com a mão.

Mas com todo mundo vendo, sobretudo o juiz, porque se o juiz não visse não tinha graça nenhuma.

Só aí o vascaíno descobria que também Ari Barroso pertencia à seita dos Dragãos Negros.

Transformado em pracinha, numa guerra total, é fácil avaliar a provocação a que se submetia o jogador. Alguns iam ao sacrifício sem uma queixa. Com uma vaidade de macho.

Um exemplo foi Pirilo, que entrou em campo, na final Vasco e Flamengo, com uma orquite. Para poder jogar, e não admitia a hipótese sequer de ficar de fora, levou, ao local, uma injeção de novocaína. Só assim pôde andar e, o que é mais, correr em campo, lutando feito um desesperado. Era um título que estava em jogo.

Bria foi outro a receber a picada da agulha do Dr. Paes Barreto: estava com um tumor nas costas. Um tumor que ainda não chegara ao ponto de cortar mas que o impedia, tal era a dor aguda que só fazia aumentar, de dar um passo.

No vestiário do Flamengo, antes da injeção de novocaína, Bria ficara deitado, gemendo, de barriga para baixo, no banco comprido.

Era preciso ser muito homem para jogar assim. Pirilo podia levar um pontapé que a coquilha de *boxeur* mal defenderia. E Bria estava exposto a ser derrubado, a qualquer momento, a cair de costas, ou a ser empurrado, talvez à cotovelada.

Um mulato, marinheiro, Jocelin, que jogava de alfe, acabou assim, com uma injeção de novocaína. Teve uma distensão, foi carregado para fora de campo, o Flamengo não podia ficar com dez[103]. O Dr. Paes Barreto não teve dúvida: aplicou-lhe uma injeção de novocaína.

Jocelin não era moço. Estava no fim da carreira. Poderia durar mais uns dois, três anos no máximo. Os músculos velhos, estourados, foram submetidos a um esforço de quarenta e cinco minutos.

Com a injeção de novocaína Jocelin não sentia nada. Sentia-se bom, podia correr, meter o pé, receber o troco.

Nunca mais vestiu a camisa do Flamengo. Os médicos obedeciam às leis da guerra. Em vez de Pervertin, novocaína. O pracinha vestido de jogador de futebol tinha de aguentar até o fim. Só se quebrasse a perna é que não voltava.

Muito mais novo do que Jocelin, Bigode passou praticamente um turno de campeonato sem jogar, pelo mesmo motivo. O Fluminense estava longe na frente do campeonato de 44. Tinha derrotado o Vasco que parecia ser o outro único candidato, pois o Flamengo sentara em campo numa derrota de cinco contra o Botafogo em General Severiano.

---

[103]Bangu e Flamengo lá em cima, 12 de outubro de 41. O médico de um clube agia como um torcedor. O importante era que o jogador continuasse em campo, lutando.

O adversário do Fluminense era o América, o jogo em Álvaro Chaves. Bigode deu as costas para Jorginho do Morro do Pinto, numa fração de segundo esticou a perna direita, numa tentativa de dar uma volta. Jorginho do Morro do Pinto viu a perna de Bigode esticada no máximo esforço muscular. E, rápido, meteu-lhe o bico da chuteira no meio da coxa, por trás.

Os refletores como que iluminaram a cena. O foco de luz tirava centelhas do óleo da massagem da coxa de Bigode. O preto oleoso dos músculos tensos brilhava. Jorginho do Morro do Pinto pôde, assim, escolher o ponto em que vibrou a ponta da chuteira. Bigode caiu e esticou.

Era uma distensão. O Dr. Hilton Gosling bem que quis levantá-lo. Bigode, quando tocava com o pé direito no gramado, desabava.

Foi levado para o vestiário. O América estava vencendo por dois a zero. Se Bigode não voltasse, adeus possibilidade de uma reviravolta.

Também se levasse uma injeção de novocaína, quanto tempo demoraria a voltar? Era uma decisão grave a que tinha de ser tomada. E tinha de ser tomada rapidamente porque o segundo tempo ia começar.

Com Bigode o Fluminense ainda podia vencer, manter a distância que o separava do Vasco, garantir mais o título que, ninguém negava, estava ao alcance de suas mãos.

O Dr. Hilton Gosling abriu uma ampola de novocaína, encheu a seringa e espetou a coxa de Bigode, bem no ponto da distensão. Com um pouco a dor passou. Bigode levantou-se, meio trôpego, como se estivesse bêbado — é que não sabia que droga milagrosa era aquela que tirava, instantaneamente, a dor cruciante de uma distensão — e foi para o campo[104].

Quando viu o gramado muito verde, de um verde escuro de folhagem de presépio atirou-se de borco no chão e começou a chorar. Era uma cena de arrepiar, aquela de Bigode se arrastando na grama e chorando. Chorando de não se ouvir, mas de se ver de longe. As lágrimas corriam brancas, como água pura, pelo rosto de Bigode.

O estádio ficou quieto, à espera, Bigode levantou-se de um salto e saiu correndo. Sabia o que se esperava dele. Nunca lutou tanto por uma vitória. Jogava atrás, ia lá para a frente chutar em gol.

Não adiantou de nada, América dois a um, Bigode não jogou mais uma partida, até o campeonato acabar, e o Fluminense foi descendo a ladeira, de derrota em derrota. De ponteiro absoluto, com cinco pontos na frente do segundo colocado, terminou lá atrás, para ver o Flamengo tricampeão.

O Brasil também perdeu um campeonato sul-americano, o de 45 no Chile, por uma coisa parecida. O ataque brasileiro era tão bom que Ademir, o grande

---

[104] 16 de setembro de 44. O Chefe do Departamento Médico do Fluminense era o Dr. Sílvio Rocha Lima. Quem aplicou a injeção, segundo o testemunho de João Coelho Neto, foi o Dr. Hilton Gosling.

goleador, só conseguiu um lugar na ponta-esquerda. Quem podia sair? Tesourinha? Zizinho? Heleno? Jair? Daí a ala maravilhosa Jair e Ademir.

Parecia que tinha chegado o momento esperado desde 39. Só faltava ao futebol brasileiro uma vitória contra a Argentina. Tudo indicava que ia ser naquele sul-americano no Chile.

Mas Jaime de Almeida torceu o joelho. Havia Alfredo II, preto como ele, que podia tomar-lhe o lugar. Flávio Costa, contudo, não concebia um escrete sem Jaime de Almeida.

Só tinha uma restrição a respeito dele: era limpo demais. Em plena guerra dos campeonatos, valendo tudo, Jaime de Almeida era incapaz de dar um pontapé. De entrar duro na disputa de uma bola. De parar o jogador do outro time que passava por ele: ou com um calço, com um rapa, ou mesmo puxando-o pela camisa, segurando-o pelo calção.

Flávio Costa, às vezes, um pouco sem jeito, tal a limpeza ou a pureza de Jaime de Almeida, procurava convencê-lo, não a ser sujo, a ser duro.

A bola ficava com quem a prendia com mais força, com quem entrava com mais vigor, com quem levantava a sola. Não havia jeito. Jaime de Almeida lembrava um Gandhi jogando futebol. Levando às últimas consequências o princípio da não resistência.

Não era cego para deixar de ver e de sentir a guerra dos campeonatos profetizada por Ondino Viera. Mais de uma vez a sentiu na própria carne.

Podiam meter-lhe o pé: ele não revidava. Chegava no vestiário, capengando, Flávio Costa aproveitava o momento para doutriná-lo.

– Você vê? Não adianta ser limpo. Um dia te arrebentam.

Jaime de Almeida nem respondia. Era um preto bonito, de cara redonda, cheio de saúde, alto, com aquela dignidade boa, de alma, que a gente via no cinema, em certos pretos imponentes, escolhidos a dedo, para representar um mordomo do velho Sul dos Estados Unidos. Bastava, com a fantasia solta, fechando os olhos, vestir Jaime de Almeida de mordomo de *My Old Kentucky Home*.

Falava manso, a voz um pouco arrastada de mineiro. Tudo nele rescendia à limpeza, à bondade, à lealdade.

Quando se queria citar um jogador modelo, um novo Mimí Sodré, só um nome acodia à todas as bocas: Jaime de Almeida. Flávio Costa esperava que um dia Jaime de Almeida abrisse os olhos e visse que o futebol, valendo dois pontos, valendo um título de campeão, não comportava um Gandhi. Era o branco tentando corromper um preto. Não para fazê-lo igual aos outros pretos, que soltavam o pé. Para fazê-lo igual aos pretos e brancos, que, na hora de meter o sarrafo, eram iguais.

Mas tanto o futebol, mesmo o da guerra dos campeonatos de Ondino Viera, comportava um Gandhi, é que Flávio Costa, o 'Alicate', - o que nos tempos de jogador, embora medíocre, mas já líder, comandante de homens, mandava descer o pau - não prescindia de um Jaime de Almeida, mesmo com um entorse no joelho, apesar do jogo ser praticamente o decisivo do sul-americano do Chile.

Jaime de Almeida deve ter-se submetido a uma injeção de novocaína aplicada pelo Dr. Amílcar Giffoni. A dor passara, mas o entorse no joelho dificultava-lhe os movimentos. Em dez minutos a Argentina fez três gols em cima dele, Jaime de Almeida saiu de campo, no lugar dele entrou, saltitante, esguio, o preto Alfredo II, sem um dente. Mas era tarde. Pouco adiantou o domínio do escrete brasileiro: o campeonato sul-americano estava perdido.

Ninguém culpou Jaime de Almeida. Entrara em campo sem condição física, fora um sacrificado. O fracasso, em vez de diminuí-lo, exaltou-o.

Se Flávio Costa não conseguiu que Jaime de Almeida revidasse um pontapé, desse um calço, ou entrasse de sola, o Flamengo conseguiu que ele assinasse uma carta mentirosa para absolver Biguá.

Tinha havido um Fla-Flu na Gávea, e Biguá metera o pé em Careca, chamado de 'filho de Gentil Cardoso' e que nem era careca, pois raspava a cabeça a zero para não mostrar o cabelo ruim; ou recebera um pontapé de Careca e revidara.

Biguá era tido como um índio. Se não fosse o cabelo de boneca japonesa seria tomado por preto. Era baixo, atarracado, de pernas grossas, de poltrona. Mas, tocando no chão, subia feito uma bola de tênis. Quando se enfurecia parecia um daqueles indígenas dos poemas de Gonçalves Dias. Ou melhor um *Apache* ou *Sioux* de fita americana, de machado em punho para escalpelar um *Pale Face*.

Foi o que fez, sem o machado, com Careca. Meteu-lhe o braço. O juiz, Waldemar Kidzinger, viu tudo e anotou na súmula. Para Biguá representava uma ameaça de cinco ou seis jogos na 'cerca'. Era um reincidente contumaz. Tinha sete punições na ficha, o que ia pesar na balança.

Como salvá-lo? José Moreira Bastos, o 'Bastinhos', lembrou-se de Jaime de Almeida. Se Jaime de Almeida escrevesse uma carta, o Tribunal de Justiça Esportiva, quem sabe? Que valia a palavra de um pobre Waldemar Kidzinger diante da palavra de um Jaime de Almeida?

Não se sabe quem redigiu a carta, se José Moreira Bastos, o 'Bastinhos', ou José Alves de Moraes, que defenderam Biguá no Tribunal de Justiça Esportiva da Federação Metropolitana de Futebol. Era um Tribunal severo: Martinho Garcez Netto, que o presidia, Sadí de Gusmão, Henrique Barbosa, Sílvio Netto Machado, Álvaro Ramos Nogueira, Ângelo Bergamini e Renato Pacheco Marques, que foi o relator.

Renato Pacheco Marques era Delegado de Polícia no Estado do Rio, uma boa fera. Quando se tratava de enfrentar um bandido era implacável. No Tribunal de Justiça Esportiva era o mais temido pelos clubes. Porque vendo um jogador acusado de agressão se lembrava que era Delegado de Polícia, que era também preciso reprimir a delinquência nos campos de futebol. A punição mínima que pedia, nesses casos, era de seis jogos.

Mas lá estava a carta de Jaime de Almeida. E acostumado a lidar com bandidos, com desalmados, lendo, embaixo da carta datilografada, o nome de Jaime de Almeida, Renato Pacheco Marques se enterneceu.

– Se o Jaime de Almeida, meus dignos pares, diz que Biguá não agrediu Careca, temos todos a obrigação irrefutável, o dever sagrado de não duvidar. Porque se há um jogador limpo, imaculado, se há um jogador leal, incapaz da menor falta, se há um exemplo no futebol brasileiro de *fair-play*, este exemplo é o de Jaime de Almeida.'

Renato Pacheco Marques leu, alto, a carta assinada por Jaime de Almeida, que nem estava no Rio, que tinha embarcado com o Flamengo para uma excursão, que talvez a tivesse assinado sem lê-la, na hora do embarque, 'é para salvar Biguá de uma suspensão'. E os juízes do Tribunal de Justiça Esportiva da Federação Metropolitana de Futebol bebiam as palavras de Jaime de Almeida pela voz de Renato Pacheco Marques.

Sentado ao fundo da mesa comprida da sala da presidência, José Moreira Bastos, o 'Bastinhos', e José Alves de Moraes estavam mais do que graves. O momento era solene. Estava em jogo a palavra de Jaime de Almeida. Ou a ilibalidade de Jaime de Almeida que o Flamengo fazia questão de preservar.

Tudo deu certo. Cada juiz do Tribunal de Justiça Esportiva da Federação Metropolitana de Futebol não quis perder a oportunidade, rara em qualquer Tribunal, de exaltar as melhores virtudes humanas que se reuniam, ainda em plena guerra dos campeonatos, num preto bom que se chamava Jaime de Almeida.

Biguá apenas levou uma multa de trezentos cruzeiros por jogo bruto, do qual, por omissão, não o inocentava a carta de Jaime de Almeida[105].

6

Flávio Costa não queria perverter Jaime de Almeida quando pedia que entrasse duro, que derrubasse o jogador do outro time que passasse por ele, ou o parasse, puxando-o pela camisa ou segurando-o pelo calção. Nem José Moreira Bastos, o 'Bastinhos', e José Alves de Moraes, redigindo uma defesa de Biguá, embora alterando a verdade. O que desejavam todos eles era o bem do Flamengo.

Quando o Botafogo deu um carro *Austin*, de segunda mão, a Luís Paulo Tovar, amador puro, também não pretendia pagar-lhe o esforço de jogador em campo. Era uma maneira brasileira de retribuir a quem não cobrava nada. A quem se recusava a receber, todos recebendo.

---

[105] A sessão do Tribunal de Justiça Esportiva da Federação Metropolitana de Futebol foi a 4 de junho de 47. Foi a única vez na história em que a palavra de um jogador valeu mais do que a de um juiz. O juiz, Waldemar Kidzinger, era major do Exército.

Nada mais difícil do que retribuir a alguém assim. Havia, naturalmente, um segundo sentido no presente do Botafogo. Ou de sócios do Botafogo. Se fosse o clube, Luís Paulo Tovar podia até achar que era pagamento. Mas a ideia partiu de Ademar Bebiano ao saber que Luís Paulo Tovar era louco por guiar um carro.

Fora uma coisa que Jair Tovar, pai de Luís Paulo, deixou escapar. Ademar Bebiano disse:

– Pois ele vai ter um carro.

Nélson Cintra se encarregou de recolher assinaturas para uma subscrição. A lista correu de mão em mão e com um pouco se tinha o dinheiro para a compra do *Austin*. Tinha de ser de segunda mão porque não havia carro novo na praça.

João Saldanha desvenda a intenção pura: prestava-se uma homenagem a Luís Paulo Tovar, que se ia formar em medicina, e quem sabe, ele ainda jogaria mais um pouco pelo Botafogo.

O que o dinheiro não consegue, quando não disfarça a condição de dinheiro, um jeitinho transforma o dinheiro noutra coisa irresistível: uma braçada de rosas, uma joia, e em se tratando de alguém como Luís Paulo Tovar, louco por guiar um carro, um *Austin*.

O Botafogo não pedia nada. Dava por vontade de dar. E justamente quando Tovar anunciava que não ia jogar mais. Depois de Tovar formado ainda fez mais: montou um Departamento Médico para ele dirigir.

Conseguiu, assim, que Tovar jogasse mais umas partidas. Era difícil lidar com um amador e puro, naquela época. Sobretudo um incorruptível, porque se fosse corruptível, estaria corrompido depressa. Pelo menos assinaria um contrato, até sob o pretexto, altamente elogiável, de pagar os estudos.

Mas Luís Paulo Tovar era filho de Jair Tovar que foi deputado federal pelo Espírito Santo. Que foi Secretário de Governo. O Botafogo deu-lhe logo um cargo de diretor: diretor jurídico. Indisfarçavelmente cercava Tovar por todos os lados.

Quando Tovar não entrou no escrete brasileiro que disputou o sul-americano do Chile, nem no jogo com a Bolívia, que o Brasil ganhou de nove, o Botafogo se ofendeu, embora o efetivo fosse Zizinho, considerado o maior jogador brasileiro da época. Na volta do escrete, o Botafogo fez questão de desagravar Tovar e deu-lhe um título de sócio benemérito.

O presente do *Austin* a Tovar melindrou mais a Heleno de Freitas do que o título de sócio benemérito. Era um profissional, cobrava caro, mas pertencia a uma das melhores famílias do Rio.

Como um aristocrata julgava-se com diretos, senão maiores, pelo menos iguais aos de Tovar. Ensinava maneiras até a diretores do Botafogo. Tinha maioral do clube de General Severiano que diante de Heleno se sentia malvestido, inferiorizado socialmente.

Heleno de Freitas teve que comprar o carro. O Botafogo tinha com ele atitudes contraditórias: ou lhe queria dar tudo ou nada. A elegância de Heleno na sede, numa reunião social, desaparecia em campo.

Era um esquizofrênico. Ninguém sabia disso, nem ele. Chamavam-no de temperamental. O futebol é que lhe dava equilíbrio. Se o Botafogo estava vencendo, era a sanidade mental em pessoa. Bastava, porém, o jogo desandar para o lado do Botafogo, para que Heleno se voltasse contra os companheiros.

Não respeitava ninguém. Acabado o jogo, ou mesmo o primeiro tempo, tinha jogador do Botafogo que queria dar nele. Uma vez Augusto Frederico Schimidt teve que se abraçar a Otávio para evitar uma cena de sangue. Porque Otávio partiu para cima de Heleno como se estivesse disposto a matá-lo.

Por isso o Botafogo fazia rapapés a Tovar e não a Heleno. Nem a Ermelindo Matarazzo, arquimilionário que jogava de goleiro no time de baixo. Era um bom goleiro, corajoso, capaz de se arrebentar todo para salvar um gol.

A fortuna, porém, tornava-o suspeito. O torcedor via um Matarazzo, Matarazzo mesmo, filho do Conde, herdeiro das Indústrias Reunidas, e concluía que o Botafogo queria era dar-lhe o 'golpe do baú'.

E era de botar uma pulga atrás da orelha do torcedor do Botafogo a maneira, quase suicida, como os negros do time de baixo, a principiar por Marinho e Orlando Maia, os beques, defendiam a cidadela de Ermelindo Matarazzo.

Ermelindo Matarazzo estava debaixo dos três paus para defender. Para pegar as bolas dele. Para mostrar que era quíper. Marinho e Orlando Maia faziam tudo o que era humanamente possível para evitar isso. Para que nenhuma bola fosse ao gol de Ermelindo Matarazzo. E se a que fosse entrasse?

De quando em quando uma bola passava. Era o grande momento de Ermelindo Matarazzo. Atirava-se e abraçava a bola. Marinho e Orlando Maia suspiravam de alívio.

Não é que não confiassem em Ermelindo Matarazzo. Bom goleiro ele era. Mas era também um homem marcado pelo dinheiro.

Se cercasse um 'frango', nem toda fortuna dos Matarazzos salvaria Ermelindo da ira da torcida do Botafogo. Era o que os crioulos do time de baixo queriam evitar a todo o custo.

Também, depois de uma vitória dos reservas, Ermelindo Matarazzo abria as portas de seu apartamento da Avenida Atlântica para comemorar. Só convidava os companheiros dele, os jogadores do segundo time.

Às vezes abria uma exceção para Geninho, o 'desembargador' Ephigênio Bahiense, que era um mulato de cabeça grande, a eminência parda do futebol do Botafogo. Como bom mineiro sabia formar grupos, fazer maquinações políticas. Uma espécie de Benedito Valadares. Quando se ia somar os votos, ou as opiniões, a maioria estava com Geninho.

Muito cobrão do time de cima daria tudo para ir a uma recepção no apartamento de Ermelindo Matarazzo. *Champagne* francesa correndo como de uma cascata. Os *garçons* indo e vindo, adivinhando os pensamentos dos convivas.

Marinho e Orlando Maia como figuras de proa. Embaixadores de um país da África cujo nome seria indelicado perguntar.

E Ermelindo Matarazzo tranquilo, grande senhor, corno se em cada jogo do time de baixo do Botafogo não arriscasse a vida ou coisa mais preciosa.

Era a segurança do rico? Não, porque ele sabia que o dinheiro não o deixaria nunca, por melhor que pegasse, jogar no time de cima. Era mais a vontade de viver perigosamente que o fazia correr desabalado de motocicleta, corno se perseguisse uma batida, num poste, num muro, um salto no trampolim de um meio-fio, coisa que lhe sucedeu mais de uma vez.

Arrebentava motocicletas, carros, lanchas, desafiando o destino. Que é que lhe podia acontecer? Morrer, no máximo.

Outros goleiros não podiam pensar assim. Jogavam para ganhar a vida, embora o que mais os fizesse jogar fosse o amor pela bola, pela 'bichinha' de Jaguaré, pela 'menina', como começavam a chamá-la os craques mais ternos, a moça, a namorada.

Só assim se entende o que aconteceu com Moacir Barbosa quando estreou no escrete brasileiro. Flávio Costa vira-o jogar, classificou-o logo como o maior goleiro do Brasil. Oberdan estava velho. Batataes acabara. Luís Borracha tinha crises de tremedeira. Depois de um jogo, como o Flamengo e Vasco de 44, pusera-se a soluçar no vestiário.

Flávio Costa escalou Moacir Barbosa, quase um desconhecido. Em São Paulo falava-se nele. No Rio nunca se ouvira falar. Era a primeira melhor de três contra a Argentina na Copa Roca de 45, o ano acabando. O futebol brasileiro estava preparado para tomar a forra de 39.

Em Santiago do Chile, com dez minutos, Oberdan engolira três bolas. Chutes de Mendes que, segundo Flávio Costa, nem sabia andar. É verdade que Jaime de Almeida entrara em campo com uma entorse no joelho. Mendes vencia Jaime de Almeida que não podia se virar e enchia o pé.

Entra Moacir Barbosa debaixo dos três paus do Brasil no Pacaembu e leva um gol, se apavora, engole outro. Teve que mudar de calção. Enquanto mudava de calção o velho Oberdan entrava no lugar dele[106].

Para muita gente Moacir Barbosa estava condenado irremediavelmente. Como é que se botava no gol do Brasil um quíper que não aguentava o rojão? Que era capaz de ter de mudar de calção depois de um gol?

Houve quem, editando erudição de futebol, lembrasse que a posição de goleiro, até prova em contrário, era mais para branco, para um Marcos de Mendonça, um Ferreira, um Kuntz, um Nestor, um Haroldo, um Tuffy, um Amado, um Joel de Oliveira Monteiro, é claro, um Batataes, um Tadeu, um Válter Goulart, um Oberdan, tudo branco. Os goleiros mulatos e pretos geralmente eram moleques. O caso de Dionísio, que defendia com a cabeça, de Jaguaré Bezerra de Vasconcelos que, depois de uma defesa, atirava a bola nos pés de quem chutara, na cabeça de

---

[106] 16 de dezembro de 45.

quem cabeceara. Quando jogavam sério, como um Nélson da Conceição, estavam sujeitos a deboche. Ou então, como Baltasar Franco que, para mostrar que preto era bom no gol, se arriscava demais, oferecendo até a cabeça para o chute. Restavam os descansados, como Osvaldo 'Balisa', que gostava de ler *Gibis* nos treinos, espetando a revista num gancho do gol e, às vezes, deixava passar uma bola como se estivesse com o pensamento longe. E os emotivos, como Luís Borracha que chegava às lágrimas. Ou como Moacir Barbosa, que tinha de mudar de calção.

Era melhor o branco. Oberdan, acabado, no lugar de Barbosa, novo, tinindo. O jogo estava perdido. A Argentina ganhou de quatro a três, mas, em São Januário, na revanche, o Brasil lavou o peito. Devolveu os cinco a um de 39 com um seis a dois. E na decisão, barrado Vacca, como um outro Barbosa, um goleiro argentino, quase um menino, chamado Ogando, foi obrigado a mandar, em defesas salvadoras, vinte e quatro bolas para escanteio, num tempo.

Nunca se vira maior domínio num jogo de futebol. A Argentina, porém, viera disputar a Copa Roca depois de garantir a presença do Brasil no sul-americano extra de Buenos Aires, em janeiro de 46.

Antes da partida decisiva, Batagliero, que tinha quebrado a perna num choque casual com Ademir, desfilou na pista do estádio do *River Plate*, numa cadeira de rodas, o branco do gesso bem à mostra para preparar o ambiente.

Quando Salomon, o beque argentino, foi para cima de Jair, Jair só fez esperá-lo de sola. Salomon ficou estendido, a perna quebrada. Foi o sinal para uma caçada aos jogadores brasileiros. Zezé Procópio, que escondia uma navalha na meia, fez uma espécie de barricada, mostrando a lâmina que brilhava ao sol.

Em vez de se abrigar atrás de Zezé Procópio, Chico saiu correndo. E atrás dele os policiais argentinos e os pivetes que tinham pulado o fosso. Um soldado botou o pé na frente e Chico tropeçou e caiu. Foi carregado para o vestiário inconsciente, em estado de choque.

Ciro Aranha disse, então, que o Brasil não voltava a campo. A resposta dos dirigentes argentinos foi a de que, se o Brasil não continuasse o jogo, eles não poderiam oferecer a mínima garantia aos jogadores brasileiros. E aos cartolas brasileiros também. A multidão estava no estádio do *River Plate* desde as sete horas da manhã. Não haveria polícia capaz de contê-la.

E o escrete brasileiro teve que voltar ao campo. Para perder o jogo que dominara até então. Quem podia pensar em vitória, naquele campo de concentração em que se transformara o gramado do *River Plate*?[107]

Os canhões não troavam mais nos campos da Europa, da África, da Ásia. O último vestígio de guerra do mundo como se apagara na aurora atômica que iluminou Hiroshima pela última vez.

---

[107] 10 de fevereiro de 46.

Aqui, no continente feliz, onde não caíra uma bomba, brincávamos ainda de guerra, no futebol.

Quem queria paz era Ondino Viera. Não aguentou a tensão de três anos. Fora o prazo que pedira para formar um esquadrão e levantar o campeonato.

O mais espantoso é que Ondino Viera, o 'Caviloso', como o chamara José Lins do Rêgo, ofendendo todo o Vasco, teve o colapso depois de alcançar o sucesso pleno. Nenhum general teria traçado um plano para a vitória com mais precisão matemática.

O esquadrão do Vasco era quase o escrete brasileiro. Com um ano de antecedência, segundo os planos preestabelecidos, quase atingira o objetivo do título. Na data certa, porém, Ondino Viera fazia o Vasco campeão.

Mas estava mais do que esgotado: estava assustado. Aquela arma que forjara, e que tornava o Vasco a maior potência do futebol brasileiro, em vez de tranquilizar Ondino Viera, alarmava-o.

Sabia ele como conseguira formar o esquadrão do Vasco, o chamado 'Expresso da Vitória'. Pedindo cada vez mais, não se contentando nunca com o que tinha. Desencadeando uma guerra de nervos em São Januário para obter mais, mais e mais.

Vislumbrava inimigos em toda a parte, inimigos poderosos, capazes de destruírem o esquadrão do Vasco. Acreditava nos fantasmas. Não nos fantasmas de mortalhas. Nos fantasmas de carne e osso, capazes de cochichar jogadores, de atemorizá-los pelo rádio e pela imprensa.

Campeão, Ondino Viera era um vencido. Sentia-se sem a menor garantia. O Vasco tinha um escrete, mas não bastava ter um escrete para ganhar um campeonato. E se com aquele escrete ele perdesse?

Fora ele que anunciara, profético, os horrores do campeonato como uma guerra. A guerra não acabara. Quando acabaria? Ondino Viera passou a desejar a paz.

Não a teria no Vasco, o campeão, agora alvo de todos os outros. O grande inimigo. Só de imaginar o que os outros fariam para que o Vasco não fosse bi, Ondino Viera desistiu.

Foi uma coisa que ninguém entendeu em São Januário. Que mais queria Ondino Viera? O Vasco fez tudo, o humanamente possível, para que Ondino Viera ficasse. Não houve jeito.

Ondino Viera parecia adivinhar que o Vasco não ia ser o campeão. Com certeza estudara a história do Vasco: o Vasco nunca fora bi. Um título, em vez de fortalecê-lo, enfraquecia-o.

É uma explicação para a deserção de Ondino Viera. Flávio Costa faria o mesmo com o Flamengo, largando-o pelo Vasco. O esquadrão do Flamengo, depois de um tri, acabara. O caminho da vitória era o de São Januário.

Ondino Viera tenta o Botafogo: dura um campeonato. E lhe vem a nostalgia do Fluminense que largara, como Flávio Costa largaria o Flamengo, quando o grande time de Álvaro Chaves se esvaziou depois de levantar cinco campeonatos em seis anos.

O Fluminense mandara embora Gentil Cardoso, fez um aceno a Ondino Viera. E lá voltou Ondino Viera, um pacifista. Certos exemplos só o Fluminense poderia dar.

Um deles foi o do jogo com o *Southampton*. O *Southampton* era um clube inglês de segunda divisão. Foi um detalhe que a imprensa e o rádio fizeram questão de ignorar.

Era inglês e bastava. No fundo, o brasileiro admirava mesmo era o inglês. Quem sabe se por um amolecimento dos velhos tempos do colonialismo do qual ainda não se libertara. Nada mais verdadeiro do que aquele dito 'para inglês ver'. O que fazíamos de melhor era para o inglês ver.

Em futebol nos iludimos com uma admiração exagerada pelo argentino. Era uma maneira de pagarmos o massacre da Copa Roca de 39.

Durante um certo tempo o mundo do futebol, para o Brasil, se resumiu, realmente, na América do Sul. A conquista do campeonato sul-americano de 19 valeu, para nós, como a de um campeonato do mundo. Pareceu-nos uma confirmação o feito uruguaio em Paris e Antuérpia, nos Jogos Olímpicos, no primeiro mundial de Montevidéu. A derrota de 30, com um escrete que não era o brasileiro, foi compensada pelas vitórias de 31 e 32 na disputa da Copa Rio Branco.

Bastou, porém, a vinda de um time inglês para que renascesse a admiração autêntica. Chegamos até ao ridículo proclamando essa admiração. Num simples bate-bola dos ingleses, no campo do Botafogo, grandes nomes da crônica esportiva brasileira não se continham em gritinhos de entusiasmo. Um inglês parava uma bola e era como nunca se tivesse visto um jogador parar uma bola. Ou chutar uma bola. Ou passar uma bola.

Ondino Viera, que ao ir para o Vasco como que se naturalizara português, afirmando que o Viera sem *i* era uma deturpação do nome do avô português, Vieira, participou dessa admiração.

O Fluminense, embora campeão de 46, não estava bem. O campeonato de 46 fora um campeonato sem dono porque o único grande time, o do Vasco, sem comando, não resistiu à primeira derrota, foi para quinto lugar, tendo de haver um supercampeonato com o Fluminense, Flamengo, Botafogo e América, todos empatados com doze pontos perdidos.

Além do Fluminense não ter um time que inspirasse confiança, estava fora de forma. Ondino Viera, certo de que ia para uma derrota, não fosse o *Southampton* um time inglês, reuniu antes da partida, no vestiário, os jogadores do Fluminense, e fez-lhes uma exortação. Não lhes deu uma instrução técnica, que costumava dar noutras ocasiões, com minúcias e repetições quase exasperantes, para que ninguém se esquecesse de nada, apenas pregou-lhes um sermão. Foi um verdadeiro sermão.

Os ingleses eram os pais do futebol. Em condições normais, mesmo se o time do Fluminense estivesse bem, era preciso reconhecer a superioridade do futebol inglês. Os ingleses não tinham inventado o futebol à-toa. Sabiam-lhe os segredos todos. Assim os jogadores do Fluminense não tiveram ilusões: iam perder.

– Já que nada lhes podemos mostrar em futebol, pelo menos, é o que peço a vocês, vamos mostrar-lhes que aprendemos uma coisa deles: a esportividade.

Porque os ingleses não eram só os pais do futebol. Eram também os pais da esportividade. Do jogo limpo.

– É um pedido pessoal que faço a todos vocês: joguem limpo – e Ondino Viera olhava particularmente para Careca, o chamado 'filho de Gentil Cardoso'.

Careca era o maior cafajeste do futebol brasileiro. Entre marcar um gol da vitória e passar uma rasteira num beque que estivesse dando sopa, não hesitava um instante: passava a rasteira no beque. Jogou fora, assim, um campeonato de reservas do Fluminense. Ia marcar um gol, era só empurrar a bola, quando viu um beque correndo para cima dele. Largou a bola e esperou o beque para dar-lhe uma sarrafada.

Era quem Ondino Viera mais temia naquele jogo que tinha de mostrar, para inglês ver, a pureza, a branqueza, a limpeza do futebol brasileiro. A cabeça de Careca raspada a zero, para disfarçar-lhe a prova do 'teu cabelo não nega'. Era negro e talvez quisesse passar por índio, ou não se sabe o quê. Careca tranquilizou Ondino Viera, ou procurou tranquilizá-lo, balançando a cabeça de cima para baixo, em sinais enfáticos. Ia jogar limpo.

Pois jogando limpo Careca foi uma coisa. Nem estava na verdadeira posição dele: Ondino Viera escalara-o na ponta-direita. Mas jogou na bola, sério, grave mesmo, britânico. Dava dribles circunspectos, quase cômicos em se tratando dele. O inglês que levava o drible, desabava.

Que era aquilo? Estarrecida, a multidão assistiu a um baile de futebol. Os jogadores do Fluminense limpos, fazendo questão de honra de nem tocar nos ingleses do *Southampton*. Para eles só existia a bola.

Os ingleses do *Southampton* é que nem viram a bola. A 'bichinha', amiga íntima dos brasileiros, como que trocara de mal com os ingleses.

E foi a goleada. Havia um inglês que se divertia a valer com tudo aquilo. Era um velhinho, *Mr.* Reader, o maior juiz de futebol do mundo. Via uma jogada brasileira e batia palmas, encantado.

Subitamente *Mr.* Reader fez uma coisa que foi considerada um erro clamoroso por toda a crônica esportiva, por todos os dirigentes e juízes brasileiros. Orlando, o 'Pingo de Ouro', invade a área do *Southampton,* a bola toca no chão, sobe, bate na mão dele. Orlando sentindo o toque da redonda, pára.

Mr. Reader, rindo, satisfeito da vida, manda Orlando continuar. Orlando não teve dúvida: continuou e marcou mais um gol para o Fluminense.

Acabado o jogo, com intérpretes a tiracolo, os jornalistas brasileiros foram para cima de *Mr.* Reader. Por que ele não marcara o *hands* de Orlando?

– Que *hands?*, perguntou *Mr.* Reader.

– A bola bateu na mão de Orlando, *Mr.* Reader, não bateu?

Tinha batido. Mas era bola na mão. *Hands* era mão na bola e não bola na mão. Bola na mão não era nada. Foi um pasmo. Durante quase meio século o brasileiro jogara futebol achando que era a mesma coisa mão na bola e bola na mão.

Mimi Sodré construíra a fama de jogador mais leal do amadorismo áureo levantando o dedo, como quem pede à professora para ir lá fora, toda a vez que sentia a bola tocar-lhe na mão. Porque meter a mão na bola era coisa que Mimi Sodré seria incapaz de fazer, como se praticasse uma indignidade.

– Foi o jogo mais limpo que vi na minha vida – declarou *Mr.* Reader. – Os jogadores brasileiros são esportistas.

Estranhamente o público não gostara. A multidão saiu de São Januário revoltada, pedindo o dinheiro de volta, chamando os ingleses de vigaristas, de ladrões, como se os ingleses lhe tivessem roubado alguma coisa[108]. Talvez o prazer de um jogo duro, disputado palmo a palmo, angustiado, sofrido.

E aquele jogo mostrava o melhor caminho da paz desejada por Ondino Viera. E mais do que o caminho da paz, o caminho da vitória. Jogando na bola, o brasileiro era irresistível.

Um Careca se transformava num jogador admirável. Era só deixar de ser um cafajeste: era só transformar-se num *gentleman*.

Daquele jogo, porém, só ficaria uma lição: a de *Mr.* Reader. Bola na mão não era nada.

O brasileiro descobriu que não conhecia mais as regras de futebol. Que as tinha deturpado tanto, que tanto as desfigurara, que caía para trás quando um juiz, um *Mr.* Reader, reconhecido como o maior do mundo, aplicava uma delas, simples como o bê-á-bá.

Em 38 tínhamos perdido um campeonato do mundo pela ignorância das regras. O campeonato do mundo que se aproximava ia ser no Brasil. Por isso é que se construía o Estádio Municipal, um templo do futebol.

Mas para ser campeão do mundo era indispensável que o brasileiro conhecesse as regras.

7

Voltou a lembrança do jogo Brasil e Checo-Eslováquia de 38. Se Zezé Procópio não tivesse agredido um checo já expulso, o Brasil, jogando dez contra dez e não nove contra dez, teria ganho. Vinha a certeza da vitória num empate de nove anos atrás. E, então, o escrete brasileiro não seria obrigado a jogar o desempate. Leônidas estaria presente na partida contra a Itália e, com Leônidas no comando do ataque brasileiro, não havia dúvida, a Copa do mundo teria vindo para cá.

---

[108] 16 de maio de 48.

E mesmo se Leônidas ficasse de fora bastaria Domingos não ter feito o pênalti em Pióla. Por que fizera o pênalti? Porque não sabia regra de futebol. E o que era pior: porque raciocinara como um chicanista do futebol, que havia muitos, entre dirigentes, sobretudo entre dirigentes, mas também entre jornalistas, técnicos, jogadores e torcedores.

Como a bola saíra, Domingos tacou o pé em Pióla. O raciocínio dele era o seguinte: com bola fora o jogo pára, em jogo parado não há nada. O juiz marcou pênalti, o Brasil perdeu de dois a um.

Mr. Reader como que abriu os olhos dos brasileiros. Era preciso acostumar os jogadores brasileiros à aplicação exata das regras. Senão em 50 poderia acontecer o mesmo que em 38.

Cada juiz brasileiro apitava de um jeito. Mário Vianna, de cabeça raspada à soldado alemão, às vezes marcava um pênalti para mostrar que era homem. Tinha juiz que mandava bater a penalidade logo, à maneira argentina. Outros só depois de formada a barreira, o goleiro fazendo a barreira andar um pouquinho para a direita ou para a esquerda.

Mandou-se, assim, buscar uma missão de juízes ingleses. Vieram quatro: Barrick, Devine, Ford e Lowe. *Mr.* Ford marcava quatro pênaltis no mínimo em cada jogo. *Mr.* Lowe era mais humano. *Mr.* Barrick parecia um intérprete de Shakespeare. *Mr.* Devine era o mais modesto.

O brasileiro ficou sabendo que o que valia era a intenção. Que se um jogador fosse na bola nunca poderia cometer um *foul*.

O mistério estava no *off-side*. Mas para isso havia a marcação diagonal. O bandeirinha, em vez de correr de um lado para o outro, abaixo e acima, tinha de ficar na linha imaginária do *off-side*. Entre um bandeirinha e outro podia-se traçar uma linha diagonal, dividindo o campo.

Mas era 48, e embora se estivesse construindo já o Maracanã, o que estava em jogo não era a Copa do mundo. Continuou, portanto, a guerra do campeonato. Carlito Rocha usou um cachorro vira-lata, o 'Biriba', como mascote do Botafogo. O 'Biriba' entrava em campo com o time do Botafogo e atacava os jogadores dos outros times. Pelo menos os jogadores dos outros times sentiam-se atacados. Mas ai de quem desse um pontapé no 'Biriba'.

Evidentemente Carlito Rocha, para ganhar o campeonato, não usou apenas o 'Biriba' como mascote. No vestiário, na hora do café, antes da entrada do time em campo, alguém tinha de derramar açúcar na gola do paletó, sempre o mesmo, velho e surrado, de Carlito Rocha. E havia a gemada, e havia a rapadura. E Nossa Senhora das Vitórias. E Santa Terezinha. E Pais de Santo trabalhando pelo Botafogo, porque Carlito Rocha não queria deixar uma brecha por onde escapasse a vitória.

Segundo o Vasco, que era o campeão de 47, ganhava um campeonato e perdia outro, havia outras coisas. Pó-de-mico, por exemplo.

Os jogadores do Vasco, entrando em campo, receberam borrifadas de pó-de-mico[109]. Quando perceberam, ou desconfiaram, que era pó-de-mico, apressaram o passo, subiram, aos saltos, os degraus da escadinha que dava para o campo.

Nenhum dos gols do Botafogo foi atribuído a uma coceira mais forte, irresistível, que tomasse conta de Moacir Barbosa. Mas Ely contou, depois do jogo, que durante o segundo tempo atuara como se tivesse tomado um entorpecente.

Talvez alguém do Botafogo tivesse entrado, durante o primeiro tempo, no vestiário do Vasco, destampado as garrafas térmicas e colocado sedativos fortes no chá.

No intervalo os jogadores do Vasco tomavam chá. Depois da queixa de Ely, outros se lembraram de que não tinham podido correr direito. Que sentiam um peso nos olhos, uma dormência nas pernas, que a vontade que tinham, em certos momentos, olhando a grama muito verde, o 'tapete' das crônicas, era deitar-se e dormir.

Que o Vasco acreditou na estória prova o fato que, em 49, quando foi jogar em General Severiano, não se serviu do vestiário dos visitantes. A ordem de Flávio Costa foi peremptória: nem banho de chuveiro[110].

Os jogadores do Vasco ficaram na pracinha, ao lado da sede. Sentaram-se nos canteiros, alguns chegaram a se deitar. As garrafas térmicas, com o chá indefectível, tinham ficado no ônibus sob a guarda de um cérbero.

Exceto umas melhores noções de regras, nada tinha mudado com a vinda dos juízes ingleses. Talvez, em certos aspectos, tivesse piorado. O que ninguém se atrevia a fazer mais com um 'Juca da Praia', por exemplo, fingir que tinha morrido, com os ingênuos ingleses chegou ao abuso.

Quando um dos quatro ingleses via um jogador ficar duro em campo, como se tivesse sido fulminado, parava o jogo, tomava um susto de quem acaba de assistir a um assassinato.

Também, descobrindo a fraude, se ofendia. E então o sabido era posto fora de campo como se fosse um ser desprezível.

Em certas ocasiões não se compreendia como um pontapé na cara de um adversário não indignasse tanto o juiz inglês como, por exemplo, um puxão de camisa. O inglês não acreditava que um esportista fosse capaz de meter o pé na cara de outro, de propósito. Já o puxão de camisa lhe parecia uma deslealdade. Se um jogador era batido, o marcador devia deixá-lo ir embora.

O brasileiro argumentava: não era melhor agarrar o adversário, abraçando-o, puxando-o por um braço, pela camisa, pelo calção, do que meter-lhe o pé? Para o juiz inglês não: o pontapé era do jogo, na bola, naturalmente, embora às vezes não pegasse na bola. Agora, segurar o adversário era antiesportivo.

Enquanto os ingleses foram olhados apenas como ingleses, como juízes que não entendiam uma palavra de português, tudo foi bem. Mas os ingleses, aqui, se abrasileiravam. Já faziam coisas de juízes brasileiros.

---

[109] 12 de dezembro de 48
[110] 18 de setembro de 49.

Para o jogo decisivo do campeonato de 48 o Botafogo não quis saber de nenhum inglês. Harry Welfare tinha ainda ligações com o Vasco, falava com os juízes ingleses na língua deles. E quem entrou em campo em General Severiano de apito na boca, o cabelo cortado à soldado alemão, protegido pela guarda quase pretoriana da Polícia Especial, foi Mário Vianna.

O brasileiro se foi convencendo de que não precisava tanto dos juízes ingleses. Que o importante era um Zezé Procópio não agredir um checo já expulso, um Domingos não fazer um pênalti num Pióla.

Domingos da Guia não faria, mesmo se não tivesse recebido a lição, de que não se esquecera, outro pênalti daqueles. Acabara. E melancolicamente.

Começara a acabar num jogo do campeonato brasileiro, jogando pelos paulistas contra os gaúchos. Os gaúchos tinham trazido um comandante de ataque, negro, negro, e redondo, redondo, chamado Adãozinho, cheio de varizes nas pernas, mas novinho ainda, e correndo feito um *sprinter*. Deu um esticão em Domingos, de vinte metros, e adeus Domingos[111].

Sempre Domingos dissera que ia acabar antes. Em plena glória. Mas as casas dele em Bangu eram uma só. Tinha de continuar a jogar. Voltou para Bangu e um dia levou um baile de Orlando, o 'Pingo de Ouro'.

Caiu sentado depois de um drible de um jogador que, se ele fosse ainda o Da Guia, diante dele nem se atreveria a tentar um drible. Nem Tim, *'El Peon'*, se atreveu jamais. Avalie Orlando.

Era o fim de Domingos da Guia, do 'Mestre'[112]. Leônidas da Silva não acabara. Mas estava fora dos escretes brasileiros. Para a crônica paulista, Leônidas ainda era Leônidas. Flávio Costa convocava-o para deixá-lo na cerca. Mesmo com Heleno de Freitas na Colômbia. Em 49, no sul-americano, Flávio Costa preferiu Octávio a Leônidas, para os paulistas, a Ademir, para os cariocas.

A multidão, em São Januário, pedindo Ademir, no jogo que o Brasil perdeu para o Paraguai, Flávio Costa se virando para explodir:

— Quem é que manda? Eles ou eu?

Era o técnico, o general, o ditador. Mas quando botou Ademir no desempate o Brasil ganhou de sete a zero. Seria Ademir o ídolo que ia tomar o lugar de Leônidas da Silva? Ou seria Zizinho, para a grande torcida do Flamengo o 'Deus do estádio'? Jair da Rosa Pinto é que não seria.

Depois de um jogo Vasco e Flamengo, em São Januário, teve até a camisa número dez queimada numa fogueira.

Já no intervalo Zizinho lhe perguntara:

— Que é que há com você?

— Eu acho que estou tomado – respondeu Jair da Rosa Pinto. – Não saio do chão.

---

[111] 8 de dezembro de 46.
[112] 7 de novembro de 48. O jogo foi lá em cima, no novo campo do Bangu em Moça Bonita.

Perdeu um gol, cara a cara com Barbosa. E na segunda-feira, lá na Gávea, pegaram a camisa dele, jogaram álcool em cima, e acenderam um fósforo. Aquela camisa, enxutinha, virgem de uma gota de suor de Jair da Rosa Pinto, não seria mais vestida por ninguém.

Francisco de Abreu comunicou, de cara amarrada, a 'Jajá de Barra Mansa', que ele estava definitivamente fora do Flamengo. Em dois dias o Palmeiras veio buscar Jair para levá-lo, em triunfo, para São Paulo[113].

O Estádio Municipal crescia. Estaria pronto para o campeonato do mundo de 50. Ia ser, longe, o maior estádio que já se construíra na face da Terra. Para exaltar o amor do brasileiro pelo futebol. A paixão de um povo.

Era o palco onde surgiria o novo ídolo. Um ídolo como o fora Arthur Friedenreich. Como o fora Leônidas da Silva.

Seria mais fácil que fosse Zizinho, o mulato bem escuro, de cara grande e marcada, como de varíola, do que Ademir que passava por branco, que era branco para todos os efeitos. Isto porque, antes, no campeonato brasileiro que mostrara o declínio de Domingos da Guia, Ademir jogando, a multidão entrou em campo, depois da vitória carioca, para carregar o negro Maneco em triunfo[114].

Maneco era de azeviche, feio, desengonçado. Em algumas coisas lembrava Leônidas, embora não tivesse a inesgotável malícia do 'Homem de Borracha'. Mas fazia gol de bicicleta quase ao rés-do-chão.

Talvez noutro time tivesse ido mais longe, porque era vivo, rápido, escorregadio, um 'Saci'. Mas jogava no América do tempo do 'Tico-Tico no Fubá', Maneco e Lima, o Lima preto, irmão do Lima branco do Palmeiras, sendo os tico-ticos. Ou, pelo menos, os primeiros bailarinos do balé que o América dançava em campo com a música do chorinho de Zequinha de Abreu.

Se o outro time levava um gol do América, era um baile como nunca se vira em futebol. Mas geralmente acontecia o contrário. Aquele 'Tico-Tico no Fubá' ficou sendo o símbolo de um futebol lindo, mas só para os olhos, gostoso, mas só para o paladar de certos *gourmets* das arquibancadas e cadeiras numeradas.

Também foi aquele o dia de glória de Maneco. Já ia longe. Não seria Maneco o ídolo que se esperava como um Messias em 50, aparecendo, de repente, no templo do futebol mundial.

O campeonato do mundo de 50, em vez de glorificar um novo ídolo do futebol brasileiro, que, segundo todas as probabilidades, seria outro mulato ou preto, à imagem e semelhança de Arthur Friedenreich e Leônidas da Silva, o que fez foi reavivar um racismo ainda não de todo extinto. O que o disfarçava era o entusiasmo pelos heróis mulatos e pretos do futebol e de quem dependiam milhares de torcedores de clubes e milhões e milhões e milhões de brasileiros.

---

[113] A camisa de Jair da Rosa Pinto foi queimada, na Gávea, na manhã seguinte à do jogo Vasco e Flamengo, 22 de agosto de 49. A 24 o Palmeiras contratava o jogador renegado.

[114] 17 de março de 47. Maneco marcou três gols e foi saudado como o novo Leônidas.

Quem amava o futebol sentia essa dependência. Daí a gratidão de tanto branco, por um mulato ou preto que ganhava um jogo ou um campeonato. O amor pelo clube transferia-se para os que o defendiam em campo, independentemente da cor.

E talvez a gratidão maior fosse pelo mulato ou pelo preto por um senso de justiça que, lá no fundo, descerrava o véu de um racismo. O torcedor do Fluminense gostava do preto dele. Tratava-o como branco. Mas chamava de negro o preto do outro clube. Para ofender.

Era um insulto que, em alguns momentos, escapava da boca de um preto. Quando um preto do outro clube atingia o preto, mulato ou branco do clube dele. Por um instante o torcedor preto de um clube se esquecia de que era preto.

Paulo Azeredo deixara de ir ao Botafogo desde que Leônidas da Silva vestira a camisa alvinegra. E nem voltara quando Leônidas da Silva fora vendido ao Flamengo por cinco contos. Não tinha mais Leônidas mas tinha Valdemar de Brito. E logo depois outros pretos e outros mulatos.

Somente em 48, depois de um título que demorara treze anos a chegar, é que voltou. Para quê? Para ver a senhora Helena Matarazzo, branquíssima, riquíssima, grã-finíssima, conversando com o negro Ávila. Pouco importava que Ermelindo Matarazzo jogasse no segundo time do Botafogo e a senhora Helena Matarazzo, indo buscá-lo, depois de um treino ou de um jogo, apertasse a mão dos jogadores do Botafogo, inclusive dos pretos.

Para Carlito Rocha quem vestisse a camisa do Botafogo, quem ajudasse o Botafogo a vencer, era como um filho, com todos os direitos. Nas festas do Botafogo os jogadores podiam comparecer, dançar, feito um sócio proprietário ou contribuinte.

No Fluminense, nem os jogadores brancos. Não eram sócios, eram empregados do clube. O que aos olhos do Fluminense não os diminuía. Apenas não eram sócios e, portanto, não tinham os direitos conferidos apenas aos sócios. Um branco que não fosse sócio também não entrava. A não ser com convite, que raramente o Fluminense dava.

Mas apesar do Fluminense ter pretos no time, e defendê-los, um Manoel de Moraes e Barros Netto, paulista de quatrocentos anos, vendo Veludo pela primeira vez, teve uma reação:

– Vocês não acham que é preto demais?

Não que o Fluminense tivesse mais pretos do que devia ter, pois não havia limite. O que chocou o presidente do Fluminense foi a cor, para ele exageradamente preta, de Veludo. Veludo era tão preto que chegava a brilhar. Daí o apelido. Viera do Cais do Porto, onde carregava sacos de sessenta quilos.

Embora preto demais, ficou. E se quase saiu foi porque, apesar do corpo de Hércules, largava as bolas. Colocava-se bem, atirava-se melhor, mas na hora de agarrar a bola, largava-a.

– Não serve – disse Ondino Viera. – E é uma pena, porque tem tudo para ser um grande goleiro. Mas como pode ser um grande goleiro se larga todas as bolas?

Foi João Coelho Neto, o 'Preguinho', que teve, naquele momento, um estalo de ovo de Colombo.

– Veludo é estivador, Ondino. Carrega, o dia todo, sacos de sessenta quilos. A bola para ele nem pesa, é uma pluma, ele nem a sente, só a cócega.

O remédio era pagar a diária de Veludo no Cais do Porto, mudar-lhe a profissão, de estivador para jogador de futebol, para goleiro. Deixando de carregar sacos de sessenta quilos, Veludo agarrava a bola com tenazes de ferro.

Não era só a vaidade de ser jogador que fazia Veludo deixar de ser estivador, lugar seguro e bem pago. O Brasil ia ser o campeão do mundo. E se o Brasil fosse campeão do mundo, com o Maracanã, até onde poderia chegar um jogador de futebol?

Era uma Nova Era que ia se abrir para o futebol brasileiro. Todos as esperavam: ela tinha data marcada para começar. 16 de julho de 50.

Pareceu até que fora antecipada, na goleada do Brasil contra a Espanha, quando uma multidão de duzentas mil pessoas cantou, de repente, na hora exata, sem aviso prévio, sem um sinal, as 'Touradas de Madri'.

> *Conheci uma espanhola*
> *Natural da Catalun-unha*
> *Que tocava castanhola*
> *E pegava touro à un-unha!*

Era uma quinta-feira, 13 de julho, e comemorou-se com três dias de antecedência o título de campeão do mundo que ninguém ia tirar do Brasil. Durante toda a noite, em todos os bares, em todos os botecos da cidade, o brasileiro bebeu e cantou. Os bares e botecos cheios, gente na calçada sambando.

E cada um se lembrava de um lance. Principalmente do gol de Jair, o terceiro. Os espanhóis recuando enquanto Jair avançava porque só chutava forte com a bola parada. Jair empurrou a bola de leve, parando-a a um passo dele e encheu o pé. Ramalletes fechou os punhos, juntou os braços para receber o impacto. E os braços de Ramalletes se abriram e foram levados para trás. A bola quase furou a rede.

Era o fim da Fúria, como se chamava o escrete espanhol. Para a crônica europeia, aquela fora a maior exibição de futebol que o mundo já vira. Poucos levaram em conta o fato de que o Brasil fizera o primeiro gol aos três minutos de jogo. Que em dez minutos já estava vencendo de três. E que, desinibidos, jogando à vontade, ao som das 'Touradas de Madri', indo para o baile, os brasileiros tinham feito uma partida que não podia servir de base.

O melhor jogo do Brasil, num sentido de verdadeiro futebol, sério, compenetrado, tinha sido o contra a Iugoslávia, quando Zizinho tivera de fazer o mesmo gol duas vezes, para valer. O gol seria o da vitória. O juiz anulou o primeiro, Zizinho repetiu pouco depois o lance, como num bis de teatro, para mostrar que o gol tinha de valer. E valeu.

A vitória contra a Espanha, porém, virou a cabeça do brasileiro. Não do jogador brasileiro: do brasileiro que ficava de fora e que já se sentia campeão do mundo. Ainda mais porque o Uruguai empatara com a Espanha no finzinho do jogo, um jogo perdido, ganhara da Suécia a duras penas.

Enquanto isso o Brasil goleava a Suécia e a Espanha. Que dúvida podia haver? As fábricas de flâmulas trataram de fazer centenas de milhares de flâmulas: 'Brasil, campeão do mundo.' As tipografias imprimiram milhões de cartões-postais com o escrete brasileiro: 'Brasil, campeão do mundo.' Os gabinetes fotográficos reproduziram em milhares de cópias uma pose do escrete brasileiro com letras gravadas em preto: 'Brasil, campeão do mundo.'

O Prefeito Mendes de Moraes mandou preparar o Carnaval, o maior Carnaval que já se vira no mundo. Em cima da marquise milhares de sacos de confete para serem despejados, lá de cima, logo que o juiz desse o jogo por terminado.

Preparara-se uma rampa de ferro que, uns cinco minutos antes do jogo acabar, seria colocada através do fosso para dar passagem aos jipes das sociedades carnavalescas que fariam a volta do campo. Contrataram-se bandas de clarins, baterias de Escolas de Samba.

No sábado 15 de julho, à tardinha, os jogadores do escrete brasileiro estavam despreocupados e alegres, relaxados, vendo na quadra da curva de São Januário um treino de vôlei de moças. Foi quando veio a ordem: todos ao salão nobre.

É que tinha chegado tudo quanto era candidato a vereador, a deputado, a senador, para cumprimentar os jogadores que no dia seguinte iam ser campeões do mundo. Flávio Costa podia achar errado: estava, porém de pernas e braços amarrados, pois era também candidato a vereador. Com a vitória do Brasil a eleição dele era mais do que certa.

Como candidato não podia cercear a liberdade dos outros candidatos. E durante duas horas, de pé, os jogadores do escrete brasileiro ouviram discursos inflamados. Cada candidato queria demonstrar mais confiança no escrete. Assim os jogadores brasileiros recebiam, de cara, o tratamento de campeões do mundo.

Mal se podia respirar no salão nobre do Vasco, aquela massa incalculável de candidatos queimando carbono, sacudindo os braços, gritando. Os jogadores brasileiros cercados, aprisionados em abraços de candidatos.

– Me assine um autógrafo aqui.

Era numa flâmula: 'Brasil, campeão do mundo.' Num cartão-postal colorido: 'Brasil, campeão do mundo.' Numa fotografia dezoito por vinte e quatro, uma montagem de péssimo gosto, do estádio e do escrete, com letras góticas a nanquim: 'Brasil, campeão do mundo.'

Deve ter passado pela cabeça de mais de um jogador brasileiro:
– E se der o azar?

Podia dar o azar, e tudo aquilo que se estava fazendo era justamente o que nenhum clube na véspera de um campeonato se atrevia a fazer: porque podia dar o azar. Porque sempre, de acordo com as estatísticas, dava o azar. Um jogo era um jogo, era um jogo, era um jogo.

E talvez mais de um jogador brasileiro se lembrasse, entre os gritos e os abraços dos candidatos, de que dois meses antes houvera um Brasil e Uruguai, em São Januário, e que o Brasil vencera só de um a zero, num gol quase espírita de Ademir Menezes.

Naquele sábado já um vespertino não aguentara em guardar o furo que na segunda-feira não seria mais furo. Nem numa extra de domingo. E esticou a manchete com vinte e quatro horas de antecedência: 'Brasil, campeão do mundo.'

No domingo, às onze horas da manhã, os jogadores brasileiros estavam almoçando, todos procurando não pensar no jogo, uns contando anedota, se todos rissem relaxariam, seria uma beleza, quando tiveram de levantar-se. Eram os candidatos que voltavam. Uns que não tinham vindo na véspera e que não queriam ser passados para trás. E tome discurso. E tome abraço. E tome autógrafo.

Entrando em campo viram o que olhos humanos ainda não tinham contemplado, a maior multidão que já fora a um jogo de futebol, duzentas e vinte mil pessoas que cá de baixo pareciam esfarelar-se.

Era assustadora aquela massa humana que se comprimia no Maracanã. Dependia deles, só deles, que aquelas duzentas e vinte mil pessoas vivessem o dia mais feliz ou mais desgraçado de suas vidas. E não só aquelas duzentas e vinte mil pessoas que tinham conseguido entrar no Maracanã. Não havia um brasileiro lá fora, no Rio, em São Paulo, em Minas, no Rio Grande, na Bahia, em Pernambuco, em qualquer Estado ou Território do Brasil, que não estivesse ao pé de um rádio, para ver, também, com os ouvidos, o Brasil ser campeão do mundo.

Só na hora em que os dois escretes ficaram formados em campo, um de cada lado, o velhinho alegre Mr. Reader olhando o cronômetro para dar início ao jogo, é que veio o medo. Todo torcedor, por mais confiança que tenha no seu time, conhece bem esse instante de suprema humildade. Então sabe, com certeza plena, que um jogo é um jogo é um jogo. Que tudo pode acontecer num jogo. Que será o que Deus quiser.

Daí o silêncio súbito que pesou, como chumbo, sobre o Maracanã. O mistério ia desvendar-se para o bem ou para o mal.

Toda a força do futebol está nesse encontro frente a frente, um olhando nos olhos do outro, do homem com o destino. Só que o homem só vê o destino depois que ele descerra o último véu. Por isso é que o torcedor se encolhe e emudece no momento em que o destino vai principiar a desencadear-se, sem que qualquer força humana possa detê-lo.

Capítulo VI

A VEZ DO PRETO

1

O velhinho risonho, *Mr.* Reader, só tinha uma preocupação: levar o jogo até o fim. Porque o Uruguai não podia ter a menor pretensão de ser campeão do mundo, tal a superioridade do futebol brasileiro. O perigo estava num pretexto, por mais leve que fosse.

Acontecera um fato inédito em toda a história do campeonato do mundo: o juiz fora 'conversado'. O termo talvez esteja mal-empregado. *Sir* Stanley Rous, no próprio nome e no nome do presidente da FIFA, Jules Rimet, pedira a *Mr.* Reader todo o cuidado com os uruguaios. Por qualquer coisa os uruguaios abandonariam o campo[115].

Eram temperamentais, indisciplinados, agarrariam pelos cabelos qualquer desculpa para a derrota inevitável. E até aquele momento não houvera um único incidente no campeonato do mundo, o mais limpo que jamais se disputara.

Tudo por amor e admiração pelo Brasil. O Brasil construíra o maior estádio do mundo. O Brasil planejara e executava uma organização perfeita da Copa de Ouro. O Brasil apresentara o melhor e o mais belo futebol que já se vira. Era preciso que o título que o Brasil ia conquistar, inevitavelmente, não tivesse uma mancha, mesmo salpicada pelos uruguaios.

Quando Bigode, duro, dando aqueles botes de cobra, começou a dominar Gigghia, Obdúlio Varela primeiro foi para cima de Gigghia. Deu-lhe uns gritos, uns empurrões. Para Gigghia deixar de ser covarde. Depois, logo em seguida, Obdúlio Varela agarrou Bigode pelo pescoço. Não lhe meteu a mão na cara. Mas que o balançou em safanões, balançou.

Bigode, que era uma fera, ficou quieto, sem uma reação. Não houve ninguém no Maracanã que não compreendesse Bigode, a passividade de Bigode. Se Bigode reagisse seria expulso, o Brasil ficaria com dez.

E os uruguaios não cruzariam os braços se *Mr.* Reader mandasse Obdúlio Varela para fora de campo: sairiam todos atrás do capitão, mostrando os punhos para os duzentos e vinte mil brasileiros que se apertavam no Maracanã.

Mr. Reader não caiu no conto da expulsão: separou Bigode e Obdúlio Varela, sorrindo, mandou o jogo continuar. Só depois da derrota é que se olhou para aquela cena como a decisiva, a que mudara o rumo do jogo.

Bigode obedecera às ordens terminantes: não podia reagir. Bigode e todos os jogadores brasileiros. *Remember 38*. Se levássemos um bofetão, tínhamos era de oferecer a outra face. Mas quem se lembrou que um jogador como Bigode, valente, explosivo, dando sempre mais do que levando, não ia aguentar, lá por

---

[115]Mário Polo, então na presidência da CBD, teve pleno conhecimento do fato, confirmando-o mais tarde ao Autor.

dentro, que por fora aguentara, que remédio, uns safanões diante de duzentos e vinte mil brasileiros?

E foi o que aconteceu: com as faces ardendo de vergonha, contendo-se, Bigode não dominou mais Gigghia. Os dois gols uruguaios saíram dos pés de Gigghia. Bigode sempre recuando, não se atrevendo mais a dar o bote de cobra com os pés juntos.

E já o brasileiro, de fora, no Maracanã, ao pé do rádio por esse mundão todo do Brasil, estava de coração apertado. O gol não saía: o primeiro tempo acaba zero a zero.

Era a vitória, o zero a zero, era o campeonato do mundo. Mas ninguém se lembrava disso. Ou se lembrava apenas para sentir um nó na garganta, um frio no estômago, o medo, e mais do que o medo, a vergonha de um empate. Todos tinham ido ao Maracanã para ver outra goleada. Era o que esperavam milhões de brasileiros.

Os jogadores brasileiros bem o sabiam. E a goleada não saía, não havia jeito de sair. Finalmente veio o gol de Friaça. Não era a goleada mas era um gol, não era mais o empate.

E o Maracanã como que se desintegrou. A multidão pipocava, enlouquecida. Desconhecidos se abraçavam e beijavam. Namorados, noivos, casados, mesmo à beira de um desquite, amavam às escâncaras. Inimigos se estendiam as mãos, uns para os outros. Aquela era a hora do amor. Não podia haver um brasileiro de mal com outro. O Brasil era campeão do mundo.

Além da vantagem do empate, o Brasil tinha a vantagem de um gol. Era só aguentar o um a zero, desistir da goleada, agarrar o título com unhas e dentes.

Mas a multidão, desvairada, exigiu outras 'Touradas de Madri'. Mais um, mais um. Era preciso aproveitar aquele momento, em que o Uruguai levara um gol e devia estar ainda tonto, para fazer outro, e mais outro. Acabar com ele de uma vez, mais um, mais um.

E os jogadores brasileiros foram para o mais um. Em vez do mais um, veio o gol de Schiafino. Gigghia avançou, Bigode foi recuando, recuando. Gigghia chegou à linha de fundo e deu a bola para trás, para Schiafino. Schiafino pegou a bola à meia altura, desviou-a, de leve.

Barbosa saiu do chão tarde. Estendeu as mãos, a bola já tinha tocado as redes. E os uruguaios todos se puseram a correr em volta do campo dando socos no ar.

Um silêncio como nunca houvera antes baixou sobre o Maracanã. Ainda éramos os campeões do mundo, o um a um não tinha mudado nada. Para o brasileiro, porém, mudara tudo. Era a vergonha.

Lá embaixo, no gramado, como num pesadelo, os jogadores brasileiros sentiram o peso esmagador daquele silêncio. E foi em meio do silêncio mortal de duzentos e vinte mil brasileiros que Gigghia fez o segundo gol. Avançou como da primeira vez, Bigode recuando, recuando. Só que, quando Gigghia chegou quase junto da linha de fundo, Barbosa se lembrou do passe para trás do primeiro gol. Deu um passo à frente: se Gigghia centrasse, ele cortaria o centro.

Gigghia chutou para o gol. A bola ia para fora, para as redes do lado de fora. Barbosa, porém, atirou-se e, quando sentiu que a bola passara, levou a mão esquerda para trás, para puxá-la, como às vezes fazia. Em vez de puxá-la, o que fez foi desviar-lhe o caminho, de fora para dentro do gol.

Tanto que a multidão só soube que era gol quando viu a bola lá no fundo das redes. Como é que a bola que ia para fora tinha entrado?

Foi só aí que nos lembramos todos que o empate era a vitória. E pedimos o empate. Bastava um gol para o Brasil ser campeão do mundo.

Em campo Obdúlio Varela puxava, com a pinça de dois dedos, um pedaço da camisa, sobre o peito, para gritar para os jogadores brasileiros:

– *Es la Celeste! Es la Celeste!*

Tudo começara quando aquele mulato uruguaio dera uns safanões em Gigghia e em Bigode. Gigghia crescera com o carão em público de Obdúlio Varela. Bigode se acabara.

O segredo não estava evidentemente só nesses safanões: mais do que isso, influíra o horror ao empate, a vergonha do empate.

De lá para cá, se tem repetido que o Brasil perdeu por excesso de confiança. Mas o escrete brasileiro não cometeu o pecado, realmente imperdoável em futebol, do excesso de confiança. Quem tinha certeza da vitória, absoluta, era a CBD, era a FIFA, era a crônica mundial, era o brasileiro bêbado ainda da goleada contra a Espanha.

Aquela certeza de fora, dos que não iam jogar, só podia assustar os que jogavam, aumentando-lhes a responsabilidade. E quando sentiram que, para o Brasil, o empate era a suprema vergonha, não tiveram mais pernas para lutar por ele.

Só reagiram depois de tudo perdido, libertados da vergonha do empate, não mais vergonha e sim a glória de num campeonato do mundo. Nada adiantou. Os uruguaios, com Obdúlio Varela à frente, estavam dispostos a morrer pela vantagem que tinham de um gol.

E quando *Mr.* Reader deu o apito final, o Maracanã transformou-se no maior velório da face da Terra. Todo mundo queria ir embora, desaparecer. Muitos não tinham mais forças para um passo, para um gesto. Ouviam-se gritos de viúvas sicilianas.

Poucos eram os que não choravam. Os que não choravam deixavam-se ficar numa cadeira numerada, num degrau da arquibancada, num canto da geral, a cabeça sobre o peito, largados. Ou então esbravejavam, batendo no peito, apontando para o campo. Uns acusavam Flávio Costa. Mas quase todos se viravam era contra os pretos do escrete.

– O culpado foi Bigode!

– O culpado foi Barbosa!

Na verdade sentíamo-nos todos culpados. A culpa era nossa. Não tínhamos aguentado uma vitória, a das 'Touradas de Madri', contra a Espanha.

E vinham as acusações do brasileiro contra os brasileiros. O brasileiro que acusava os brasileiros naturalmente desabafava para ficar de fora. Ou ver se ficava de fora.

– A verdade é que somos uma sub-raça.

Uma raça de mestiços. Uma raça inferior. Na hora de aguentar o pior, a gente se borrava todo. Como Barbosa quando estreara no escrete brasileiro.

– Enquanto dependermos do negro vai ser assim.

Barbosa e Bigode tiveram de sair quase escondidos do Maracanã. Flávio Costa também. Flávio Costa saíra antes. Quando Gigghia fizera o segundo gol, descera as escadas do túnel. Não ia ser mais vereador. Estava derrotado.

Mas não culpava Barbosa nem Bigode, culpava outro preto, Juvenal. Juvenal não cobrira Bigode. E Flávio Costa se lembrou de todos os defeitos de Juvenal 'Cachaceiro'.

Ah! se pudesse ter contado com Wilson. Mas Wilson, um preto limpo, forte, de coxas grossas, de músculos só, ainda não se refizera da contusão do sul-americano de 49. E Mauro estava marcado. Entrara para substituir Wilson e os paraguaios fizeram dois gols. Sobrara Juvenal.

Assim três pretos foram escolhidos como bodes expiatórios: Barbosa, Juvenal e Bigode. Os outros mulatos e pretos ficaram de fora: Zizinho, Bauer e Jair da Rosa Pinto.

Era o que dava, segundo os racistas que apareciam aos montes, botar mais mulatos e pretos do que brancos num escrete brasileiro. Mas ao mesmo tempo que se observava esse recrudescimento de racismo, o brasileiro escolhia um ídolo às avessas: Obdúlio Varela, mulato uruguaio, de cabelo ruim.

Era o ídolo que queríamos para nós. O que lamentávamos era não ter um Obdúlio Varela, *El Gran Capitan*. Se Obdúlio Varela tivesse jogado pelo Brasil, o Brasil teria sido campeão do mundo.

E o brasileiro se esquecia, ou talvez não se esquecesse, pelo contrário, que Obdúlio Varela era mulato.

Por uma coincidência, todo ídolo nacional do futebol brasileiro tinha sido um mulato. Um mais claro, claro mesmo, de um cinza desbotado e de olhos verdes: Arthur Friedenreich. Outro mais escuro, quase preto, ou preto, pelo menos na cor que herdara da mãe. Do pai português apenas lhe ficara o nariz arrebitado. O cabelo era ruim, como o de Friedenreich que tinha de amansá-lo toda vez que ia jogar. Leônidas apenas mandou esticar o cabelo. Mas nunca o besuntou de gomalina para ficar quieto, encerado, brilhante.

50, que devia coroar um ídolo brasileiro, foi buscar um ideal de ídolo num mulato uruguaio. Secretamente o admirávamos, talvez mais do que tínhamos admirado Friedenreich e Leônidas: porque tinha tudo o que nos faltara naquela tarde de luto nacional de 16 de julho.

O brasileiro que fosse como Obdúlio Varela ocuparia o lugar vago. O trono vazio do futebol brasileiro.

Para a crônica europeia, o 16 de julho não atingira o prestígio do futebol brasileiro. Pelo contrário: a prova que faltava fora dada. Era a da maturidade esportiva, estranha, quase insólita, num povo sul-americano.

Os uruguaios faziam questão de demonstrar mais do que admiração pelos brasileiros. Se aquele campeonato do mundo tivesse sido disputado em Montevidéu, o Brasil não o teria conquistado de jeito nenhum. Porque na hora do desastre os uruguaios todos, jogadores, dirigentes, torcedores, mudariam o curso do jogo a pontapé, a bofetão, coagindo o juiz, os brasileiros. Tal, ou pior, como os argentinos em 46.

Daí a gratidão dos uruguaios. O nome do Maracanã foi dado a uma avenida em Montevidéu, a uma das tribunas do Estádio Centenário.

Era uma gratidão que, em vez de aplacar o brasileiro, fazia com que a ferida aberta não cicatrizasse. A única maneira de consertar as coisas seria um outro jogo. Pedimos uma revanche. Os uruguaios, claro, nem quiseram ouvir falar nisso.

Sabíamos que noutro jogo o Brasil era capaz até de uma goleada. Nas forras sempre o futebol brasileiro se mostrava irresistível.

Assim nem os elogios dos europeus ajudaram o brasileiro a suportar o que chamava 'a vergonha de 16 de julho'. E que adiantava a crônica europeia proclamar o futebol brasileiro como o melhor, se o Uruguai era o campeão do mundo?

Muito brasileiro jurou nunca mais ir a um campo de futebol. Eram tantos a levantar a mão para o céu, tomando Deus por testemunha, que a impressão que se tinha era a de que os campos iam ficar vazios.

Houve até um aumento de público em 50. Não por quebra de juramento, embora aos poucos, passado um luto decente, de anos, muitos torcedores fossem voltando. Uns não voltaram mesmo e ainda cumprem a jura.

Apenas, desde 43, quando São Januário estourou na finalíssima entre cariocas e paulistas, os campos não chegavam mais. Muita gente ficava com medo de ir a um jogo e não caber. Aconteceu muitas vezes. Num Vasco e Flamengo, o muro de cimento da arquibancada veio abaixo, como um dique que não resiste ao furor das águas represadas e enfurecidas pela ânsia de libertação.

Sempre o público faz o cálculo de se vai caber ou não, nos estádios, nos cinemas, nos teatros. Raramente perde essa sensibilidade profética, por assim dizer. Com o Maracanã, quem não ia a futebol há anos pôde voltar. E quem nunca tinha ido aproveitou a ocasião.

Depois o campeonato tem a força do amor do torcedor por um clube. O torcedor vai, de uma certa maneira, defender o seu clube na geral, na arquibancada, na cadeira numerada. Torcer. Torcer-se. Chutar mentalmente quando o seu jogador chuta, defender mentalmente quando seu goleiro defende. E, às vezes, não tão mentalmente. Fisicamente. Chutando mesmo. Estendendo as mãos para a defesa.

Mas o jogador brasileiro sabia que tinha de mostrar que era homem. Tão homem como Obdúlio Varela. O torcedor perdoava tudo, menos a covardia. Porque a covardia o atingia, como brasileiro.

Identificando-se com um clube, com um time, com um jogador, o que estava com a bola, o torcedor queria exaltar-se, ver exibidas as melhores qualidades que tinha ou que desejava ter. No fundo pedia ao jogador mais do ele, torcedor, como homem ou como jogador, pois não há brasileiro sem a pretensão de se dar para o futebol, era capaz.

Era natural que o Vasco, que tinha dado técnico, médico, massagista e dez jogadores para o escrete brasileiro que perdera o campeonato do mundo, sentisse mais. O grande esquadrão começou a disputar o campeonato de cabeça baixa. Esteve com o título praticamente perdido.

Pagava o 16 de julho como o Flamengo, que dera Bigode e Juvenal para o escrete, pois Zizinho fora vendido ao Bangu. Zizinho vivia se queixando que o Flamengo lhe pagava pouco. Guilherme da Silveira Filho foi perguntar a Dario de Mello Pinto se vendia Zizinho. Dario de Mello Pinto, que se lembrava que o Flamengo fora bicampeão depois de vender Leônidas e tri depois de vender Domingos, disse que sim.

Zizinho, embora fosse ganhar muito mais, se ofendeu mortalmente. Nunca lhe passara pela cabeça que o Flamengo fosse capaz de vendê-lo. Um dos orgulhos dele era a resposta de Hilton Santos ao Corinthians:

– Zizinho? Só com trinta milhões, para início de conversa.

E Dario de Mello Pinto vende-o por quinhentos mil cruzeiros. Também toda vez que jogava contra o Flamengo, Zizinho parecia que queria comer a bola. A torcida do Flamengo ficava com dor de corno.

Tinha de defender os pretos do Flamengo, pois Bigode era um dos principais acusados do desastre de 16 de julho. O outro era Barbosa. Quem falava mais em Juvenal era Flávio Costa, para os íntimos. Mas quando acabava o jogo e o time do Flamengo, depois de mais uma derrota, saía de cabeça baixa, a torcida rubro-negra não aguentava. E os jogadores e o técnico, que era o português Cândido de Oliveira, e os dirigentes que gostavam de ficar na boca do túnel, recebiam na cara, no peito, nas costas, laranjas chupadas, bolas de papel e até pedradas.

Parecia que tinha chegado a hora do 'Tico-Tico no Fubá'. Para reabilitar o mulato e o preto, porque o time do América só tinha disso. Osni, Joel, Rubens, Natalino, Maneco, Dimas, pretos. Osmar, Oswaldinho, Godofredo e Ranulfo, mulatos. O único branco, careca, já no fim, Jorginho, o ponta-esquerda.

Pegando o Vasco em São Januário, logo no princípio do campeonato, o América deu de três. Foi um choque.

É verdade que o Vasco nunca tinha sido bi na vida dele. Mesmo antes de 50, com o esquadrão tinindo. Era campeão em 45 para cair verticalmente em 46. Voltava a ser campeão, fácil, em 47. Em 48 não resistira ao ímpeto do Botafogo, apesar da explicação dos entorpecentes nas garrafas térmicas, com o chá e a laranjada. Em 49 novamente conquistava o título.

Assim se podia dizer que era a escrita de um ano sim e outro não, 'da costela' como se dizia. Mas a queda de produção não era só do Vasco. Era dos donos do campeonato. Também do Flamengo, do Fluminense e do Botafogo, mais diretamente atingidos porque lhes cabia a salvaguarda do grande futebol.

O abalo causado pelo 16 de julho tocava-os mais de perto do que ao América e Bangu. Há quinze anos o América não era campeão. O Bangu há dezessete.

E a experiência do Bangu fora amarga. Passou a pequeno depois de levantar um título, o único. Agora, porém, Guilherme da Silveira Filho se dispunha a fazer o Bangu grande, grande mesmo. Daí Zizinho. Daí Ondino Viera.

Mas o América disparara. Chegou a estar cinco pontos na frente do Vasco faltando três jogos para acabar o campeonato. Quando foi enfrentar o Vasco na final, tudo mudara. A distância que os separara era apenas de um ponto.

Até então, depois do campeonato do mundo, o Maracanã não se enchera uma única vez. Ia mais gente a futebol do que antes porque havia lugar de sobra. Quem quisesse ver um jogo não precisava se preocupar, se o jogo era no Maracanã. Podia chegar na hora, tranquilo.

Observava-se a diferença. Sobretudo pela presença da família incorporada. O torcedor que não se atrevia, antes, a levar a mulher e os filhos, para enfrentar uma arquibancada, aparecia na frente. Atrás, em fila indiana, a mulher, os filhos, em escadinha.

A final Vasco e América, porém, quebrou as resistências dos recalcitrantes. Não dos que tinham jurado nunca mais ir a um campo de futebol. Dos que tinham tomado férias. Ou luto. Porque havia torcedores de luto. Esperando aliviá-lo aos poucos. Até tirar o fumo da lapela.

Há um público, e grande, de decisão. O campeonato, no fim das contas, se resume na decisão. E um romance quase policial. A diferença é que na última página não se descobre o criminoso e sim o herói.

Há os suspeitos, sempre em menor número do que numa novela de mistério. A cada rodada eles vão minguando. Acabam reduzidos a dois. Finalmente o último véu vai descerrar-se e todos querem ver esse *strip-tease* que é o destino de todos os campeonatos.

E o que explica a multidão que foi naquela tarde quente de janeiro ao Maracanã como numa volta ao campeonato do mundo. O cenário, se não era aquele de 16 de julho, lembrava o do campeonato do mundo.

Se o lago azul das cadeiras continuou azul, a grande arquibancada se encheu. Era uma lembrança forte que voltava: a do campeonato do mundo.

O torcedor fazia as pazes com o futebol. Entrando em campo os jogadores poderiam experimentar essa alegria. Acabara-se a angústia do 16 de julho.

Aconteceu o contrário, porém. Pelo menos para alguns jogadores. Um deles não aguentou aquela visão. Não tinha jogado uma única vez no campeonato do mundo, embora pertencesse aos vinte e dois do Brasil: Ipojucan.

Era, aparentemente, um jogador frio. Um mulato alto, que parecia alto demais para um jogador de futebol. Mas um virtuoso. Fazia com a bola coisa que poucos jogadores faziam.

Tinha uma missão importante em campo que era a de preparar os lançamentos. Empurrar Ademir para uma arrancada de gol.

Diante dele, porém, estava aquela multidão de pesadelo. Olhando-a, ele se julgava jogando pelo Brasil a 16 de julho. E lhe vinha um nó na garganta, um frio no estômago, uma fraqueza nas pernas.

Resistiu um tempo. Mas quando desceu as escadas do túnel, quando se viu no vestiário, ao ouvir Flávio Costa gritando, dando ordens, o jogo estava mais para o Vasco, era mais um esforço, o Vasco ia ser bi, Ipojucan escondeu o rosto entre as mãos e prorrompeu em pranto.

Houve um silêncio no vestiário. Os outros jogadores olhavam aquele mulato comprido, curvado, escondendo o rosto, sacudido pelos soluços. Flávio Costa foi para cima dele.

– Cale-se! Cale-se!

Ipojucan levantou o rosto por onde rolavam, grossas, as lágrimas do desespero. Foi quando recebeu o primeiro bofetão.

– Levante-se! – gritou Flávio Costa.

Ipojucan levantou-se, passando a mão pelo rosto, não se sabe se para enxugar as lágrimas ou para limpar a marca do bofetão.

– Vamos para o campo – e Flávio Costa empurrou Ipojucan.

Os outros jogadores se encaminharam para a porta do vestiário, para o corredor que se estendia até a escada que dava para a boca do túnel. Ipojucan, não. Atirou-se no chão, agarrou-se a um pé do banco comprido.

Flávio Costa abaixou-se para levantá-lo a bofetão. Ipojucan ficou de joelhos, gemendo.

– Não posso, não posso!

E Flávio Costa levou-o aos empurrões para o corredor. Vendo o corredor, Ipojucan correu como se fosse para a liberdade. Diante, porém, da escada, por onde entrava o rumor oceânico da multidão, caiu outra vez, de joelhos.

E como se subisse os degraus da Penha, numa promessa que não queria cumprir, teve que galgar, de joelhos, empurrado, sacudido, esbofeteado, a escada do túnel.

Subitamente se viu na boca do túnel, o campo, muito verde, diante dele. Ficou de quatro. E entrou em campo rastejando, ouvindo os gritos de Flávio Costa como chicotadas.

Alcançando a linha branca de cal, onde começava o campo, levantou-se. Limpou as lágrimas, endireitou o corpo, mas pisou o gramado de pernas ainda bambas[116].

---

[116] 28 de janeiro de 51.

2

Mesmo com Ipojucan querendo parar e sair de campo de quando em quando, só continuando porque, antes de tomar a decisão fatal olhava para a boca do túnel e lá estava Flávio Costa, a esbravejar, como a tocá-lo com aguilhões de berros que ele julgava ouvir, o Vasco foi bi pela primeira vez na vida.

Em São Januário, o *champagne* escorria, como de torneiras abertas, de garrafas emborcadas. Flávio Costa devia estar feliz mas não estava. Guardava mágoas de 16 de julho, de 3 de outubro, pois perdendo o campeonato do mundo perdera, também, as eleições para vereador, do presidente Octávio Póvoas que jogara futebol contra ele e que, por isso, ainda o julgava o 'Alicate'. Como beque Octávio Póvoas fora melhor ou tivera mais nome do que Flávio Costa como alfe, o 'Alicate' do Flamengo. Era uma velha rixa.

Daí Octávio Póvoas ir para os treinos do Vasco e dar palpites. Menos como presidente do Vasco, que nenhum presidente do Vasco ousaria tanto, mas como ex-jogador, ex-craque. Flávio Costa ainda era intocável em São Januário. E naquela hora de festa, os vascaínos enlouquecidos, parecia mais intocável.

Florita Costa, porém, desabafou. O que ela não perdoava ao Vasco era a derrota do 'Velho' nas eleições de 3 de Outubro. Se os vascaínos tivessem votado nele, Flávio Costa seria vereador. E aí houve o bate-boca.

Ainda brilhava no dedo de Florita Costa, faiscante, o anel de brilhante que naquele tempo custara setenta mil cruzeiros. Não era o único, pois Florita adorava joias. Aquele anel, porém, tinha sido presente de vascaínos. Para abrandar-lhe o coração rubro-negro.

Não abrandou. O 'Velho' era bi, a estrela do 'Velho' não se apagara, pelo contrário, e Florita Costa aproveitou o momento para gritar umas verdades àqueles portugueses. Não era que não gostasse de portugueses, que gostava. Mas queria ferir. E para ferir levantou a voz, todos tinham de escutá-la.

– O lugar do 'Velho' não é aqui, é onde esteve sempre o coração dele.

Estava mais do que claro: o Flamengo. Houve vascaíno que para não engrossar saiu do bar e foi para o campo, onde desfilava uma Escola de Samba.

Florita Costa conseguiria tirar o 'Professor' de São Januário? Só se o Vasco deixasse. Flávio Costa, por mais vontade que tivesse de voltar para o Flamengo, tinha uma fraqueza, ainda maior, pelo esquadrão do Vasco. Mesmo assim, depois do que Florita Costa fizera, enfrentando os vascaínos todos, tinha de fazer alguma coisa: pediu demissão.

Os donos do Vasco, chamados de 'cardeais', não haviam de deixá-lo ir embora, logo após um bi. Não faltava um bom pretexto, pelo contrário: Flávio Costa teria de cumprir o contrato. Octávio Póvoas, contudo, não teve dúvida: concedeu imediatamente a rescisão do contrato.

Foi como Flávio Costa voltou, depois de quatro anos de ausência, ao Flamengo. Na sede da praia, em meio de discursos inflamados, o 'Professor' recebeu logo um título de sócio-proprietário do Flamengo. As homenagens prestadas a Florita Costa foram as que só cabem a uma Primeira-Dama.

Para o Flamengo, Flávio Costa era o filho pródigo na Gávea. Gilberto Cardoso não escondeu as lágrimas. Fez questão de exibi-las, grossas, rolando-lhe pelas faces, orvalhando-lhe o bigode, embaciando-lhe os óculos que teve de tirar, mais de uma vez, para limpar com o lenço depressa úmido, tão úmido que em vez de enxugar as lentes o que fazia era embaciá-las mais.

Quem levou o Vasco a Montevidéu, para o que foi uma espécie de revanche do 16 de julho, foi Otto Glória, mulato escuro, de rosto redondo, a testa se alargando mais e mais pela calvície que se alastrava, lustrosa. Tinha sido, em São Januário, o auxiliar de Flávio Costa. Saindo o 'Professor', o Vasco, antes de pensar noutro técnico, deixara-o ficar tomando conta do time.

Para enfrentar o Vasco, escolhe-se, de propósito, o *Peñarol*, com seis campeões do mundo: Máspoli, Mathias Gonzalez, Obdúlio Varela, Gigghia, Miguez e Schiafino. Do escrete brasileiro de 50 que perdera para a *'Celeste'*, o Vasco apresentava cinco. Barbosa, Augusto, Danilo, Friaça e Ademir.

O jogo foi arranjado para que o público uruguaio pudesse ter uma visão do 16 de julho. Não era, oficialmente, um Uruguai e Brasil. Valia, contudo, como uma reprise. Em vez da *'Celeste'*, o *Peñarol* que fora a base da seleção campeã do mundo. Tal como o Vasco, que representara o mesmo papel em relação ao escrete brasileiro.

O cenário é que era completamente diferente. No lugar do Maracanã, o Estádio Centenário.

E eis que o Vasco esmaga o *Peñarol*. Foi uma vitória total, de domínio completo. Quando o jogo acabou, lá estava o placar: Vasco três, *Peñarol* zero[117].

A façanha do Vasco, momentaneamente, como que sarou a ferida ainda bem aberta. Tanto que os jornais de todo o Brasil esticaram manchetes: *'Vingado o futebol brasileiro!'*

A recepção aos jogadores do Vasco foi de campeões do mundo. Mais bandeiras do Vasco do que do Brasil. Havia, porém, em mastros empinados, também bandeiras brasileiras.

A alegria durou pouco. Que é que adiantava mostrar que o futebol brasileiro era superior ao uruguaio? Quem não sabia que o Brasil tinha o melhor futebol do mundo?

Era o que doía mais. O Brasil tinha o melhor futebol do mundo, mas o campeão do mundo era o Uruguai. E ia continuar a ser até 54, na Suíça.

Mesmo para o Vasco não serviu de muito. Veio a Copa Rio e o Vasco perdeu para o Palmeiras, que ia ser o campeão. O Palmeiras só dera um jogador para o escrete de 50: Jair da Rosa Pinto, expulso do Flamengo, com a camisa queimada na Gávea, numa fogueira de Inquisição.

---

[117] 8 de abril de 51.

O 16 de Julho não deixara marca no 'Jajá de Barra Mansa' que repartira o cabelo ao meio, dividindo-o à navalha, numa abertura longa. Para disfarçar o mulatismo? Por um requinte de elegância, talvez.

É possível que fosse essa preocupação, de estar sempre bem composto, que o fizesse andar que, em campo, como um Domingos da Guia jogando lá na frente. Era incapaz de um pique. De um esforço que lhe arrancasse, como uma lágrima, uma gota de suor. Saía de campo como tinha entrado: limpo, enxuto, a camisa ainda quente da lavanderia.

É o que explica o sucesso do Palmeiras, o intocado pelo 'dia da vergonha'. campeão paulista, campeão do Rio-São Paulo, campeão da Copa Rio, que era uma espécie de campeonato mundial de clubes campeões.

É verdade que, no Pacaembu, na chave paulista da Copa Rio, o Palmeiras sofreu uma derrota de quatro para o Juventus, campeão da Itália de 49-50. Como, pelo regulamento, o campeão da chave Rio enfrentava o segundo colocado da série de São Paulo e o primeiro da série de São Paulo o segundo da série Rio, houve a final, que se desdobrou em dois jogos, Palmeiras e Juventus.

No Maracanã, o Palmeiras ficou mais em casa do que no Pacaembu onde o Juventus, mais italiano do que o Palmeiras que nem era mais o Palestra Itália, além de dividir a torcida do Palmeiras contou com a dos outros clubes paulistas, invejosos de um título que o Palmeiras ia ostentar sozinho, se vencesse a Copa Rio: o da Tríplice Coroa.

O carioca apoiou tanto o Palmeiras no primeiro jogo, o do empate com o Juventus, que no domingo da finalíssima quem quisesse guiar-se pelas placas dos carros não saberia se estava no Rio ou em São Paulo. Milhares e milhares de carros de São Paulo vieram para o Rio. E ônibus fretados. E caminhões. Não havia um lugar num trem ou num avião.

O paulista compreendeu que não era o Palmeiras que estava em jogo. Que era o futebol brasileiro. Não quis ficar atrás do carioca. E o Maracanã parecia que recuava no tempo. Voltava a 50, ao campeonato do mundo.

Quem marcou o gol da vitória do Palmeiras, no fim do jogo, um gol que teve de ser feito e refeito, a bola entrando, quase sendo desviada, tendo de ser empurrada outra vez, carregada, até chegar às redes, foi um Lima que nada tinha ver com o Lima branco, o 'Menino de Ouro', ou com o Lima preto. Apenas também se chamava Lima. Era um pouco mais atarracado do que o Lima branco, mais escuro, bem escuro, de cabelo farto, grosso e liso.

Jair da Rosa Pinto não foi carregado em triunfo. Era uma homenagem que recusava sempre. Os torcedores enlouquecidos que corriam para abraçá-lo, para erguê-lo nos braços, colocá-lo sobre os ombros e passeá-lo feito um herói, estacavam, antes, intimidados. Havia alguma coisa em Jair da Rosa Pinto que os fazia parar.

Contudo, naquele começo de noite, os refletores do Maracanã já acesos, porque os italianos e dinamarqueses do Juventus só entraram em campo trinta minutos depois da hora, quatro horas, fixada por eles para o início do jogo, com medo do calor, pois era um dia de verão em pleno inverno carioca, Jair da Rosa Pinto fez uma coisa que o colocava, subitamente, num divã de psicanalista: pegou a Copa Rio, uma enorme taça de prata, e emborcou-a na cabeça para coroar-se Rei da partida. E deixou-se fotografar uma porção de vezes assim: de coroa na cabeça, mostrando os dentes que não mostrava nunca, pelo menos em campo[118].

O brasileiro podia ficar em paz. Não ficou. Sem dúvida festejou a conquista do Palmeiras. Mas com uma dor que não passava. Ou passava para voltar. Não tão forte, que não há nada como o tempo para essas coisas, mas sempre dor. E de vaidade ferida.

Não se perdoava o 16 de julho. Quem sabe se porque, naquela tarde do desastre, o brasileiro se sentiu, que se sentiu, Barbosa, Bigode e Juvenal. Os brancos culpando a cor, o que não adiantava de nada. Culpando também a raça. A começar por Pedro Álvares Cabral que descobrira o Brasil.

Faltava ainda ao brasileiro alguma coisa para ser campeão do mundo. A explicação Obdúlio Varela era simples demais.

Tanto que valeu só para 16 de julho. Porque o Vasco derrotara o *Peñarol* com Obdúlio Varela e tudo. Com Barbosa no gol, embora sem Bigode para recuar à medida que Gigghia avançava. Em vez de Bigode, o velho Alfredo II, negro, negro, e sem um dente na boca, que deixava a dentadura no vestiário.

O *Peñarol* não se convenceu. Na data do primeiro aniversário do 16 de julho, transferido para dois dias depois, porque era domingo, arranjou um jogo com o América. Desta vez parecia não haver perigo nenhum. O América continuava a ser o 'Tico-Tico no Fubá'. Perdera um campeonato ganho, com cinco pontos na frente, faltando três jogos.

Gostava, é verdade, de estragar festa. Era conhecido como um desmancha prazeres. Se botasse um gol na frente no placar ia para o baile. Que o dissesse o *Arsenal*. Voltara ao Brasil, fora jogar com o América, bastou o América fazer um gol para dar-lhe um baile como nunca se vira.

Todo mundo achando que o inglês, voltando a Londres, arrasasse o brasileiro, chamando-o de moleque. Quem conhecia ou julgava conhecer o inglês afirmava, categoricamente, que o inglês só admitia o futebol sério. Qual foi o espanto do brasileiro quando os telegramas de Londres proclamaram o pasmo britânico pelo futebol do América. O melhor time que os jogadores do *Arsenal* tinham visto em qualquer tempo.

Os uruguaios não eram ingleses. Por isso não gostaram nada do baile que o América deu no *Peñarol*. Porque foi um baile, no bom estilo do 'Tico-Tico no Fubá'. Os mulatos e pretos do América, eram quase todos mulatos e pretos, jogando como se dançassem em campo, e depressa, cada vez mais depressa, o chorinho de Zequinha de Abreu[119].

---

[118] 22 de julho de 51.
[119] 18 de julho de 51.

A vingança uruguaia foi tocar na ferida brasileira.

– *Nosotros somos los campeones del mundo.*

Aquele jogo não valia nada. O jogo que valera fora o de 16 de julho de 50. E a gente via Obdúlio Varela puxando, um gancho de dois dedos, a camisa azul, para mostrá-la aos brasileiros:

– *Es la Celeste.*

A lembrança de Obdúlio Varela permanecia viva. Como um ideal. Cada jogador brasileiro tratava de ser um Obdúlio Varela. Metendo o pé, o braço. Para mostrar que era homem.

Ai do que fraquejasse. O que ninguém admitia mais no futebol brasileiro era um gesto de fraqueza. Vestindo a camisa de um time, ou de um escrete, um jogador brasileiro tinha de aguentar tudo.

Carlyle acabou com Oswaldo, goleiro do Bangu, passando-lhe a mão pela cabeça. Desfazendo-lhe o topete. Fez isso uma vez, por acaso. Oswaldo 'Topete' perdeu a cabeça: partiu para cima de Carlyle, quis brigar, teve que ser seguro como o chinês da anedota.

Para Ondino Viera, Oswaldo era o maior goleiro do Brasil. Tinha tudo para ser o titular absoluto do escrete brasileiro. E um topete desfeito acabou com a carreira de Oswaldo.

Bastava haver um Fluminense e Bangu, Carlyle passava por Oswaldo e desfazia-lhe o topete. Oswaldo tinha de ser agarrado à unha enquanto a multidão assobiava, num coro ensurdecedor:

– Fi-fiu.

Oswaldo 'Topete' passou a ser Oswaldo 'Fi-fiu'. Entrava em campo e era saudado por assobios.

– Fi-fiu! Fi-fiu!

Na boca do túnel do Bangu, de onde se podia observar o nariz longo, quase pendurado de Ondino Viera, estavam juntos, xipofogamente, os Silveirinhas, Guilherme da Silveira Filho e Joaquim Guilherme da Silveira. Era para mostrar que não apoiavam o time da fábrica apenas com dinheiro. Tanto que se expunham: ficando como que numa vitrine, para todo mundo ver.

Na boa tradição banguense os brancos eram poucos: Oswaldo 'Topete', Rafaneli, beque que ia para onde Ondino Viera ia, Décio Esteves, ainda novinho, e Nívio, um mineiro bom de bola com um grande chute. Os demais mulatos e pretos. Mendonça; Mirim; Rui, que chegara ao escrete brasileiro mas que começava a descer a ladeira; Djalma, o homem dos sete instrumentos que saíra do Vasco chorando porque quis ir lá dentro no intervalo de um Vasco e *Arsenal* de Londres e Flávio Costa mandou que ficasse e ele foi; Menezes que revesava na ponta com Moacir Bueno; Zizinho; Joel; e Vermelho, tão preto que ganhou o apelido de 'Vermelho', de sangue pisado, escuro.

Se o Bangu não tivesse um grande time, os Silverinhas não apareceriam no túnel. Os jogadores precisavam saber que podiam contar com eles. Era para anular a diferença da camisa. Porque desde 16 de julho se voltara a falar em camisa. Ainda se escutava o grito de Obdúlio Varela:

– *Es la Celeste!*

A camisa pesou, outra vez, na balança. Na decisão a vitória coube ao Fluminense que aceitara, manhosamente, o nome de 'Timinho'. Foi o ano de Castilho, o 'Leiteiro'. Quando a bola vencia Castilho e parecia que ia entrar, batia na trave.

Ao contrário do Bangu, o Fluminense embranquecera mais o time. Dois mulatos apenas: Pinheiro e Edson, um que tinha um desvio na espinha e que jogava como uma torre de Pisa transformada em gente, cai não cai, mas sem parar um instante em campo, e um preto, Didi.

Carlyle, branco, sem uma orelha, ou com um pedaço de orelha, que o fazia posar só de perfil, do lado da orelha inteira, acabara com Oswaldo 'Topete' ou 'Fi-fiu'. Zezé Moreira jogava-o lá na frente para levar ao desespero os beques e os goleiros do outro time. Orlando, o 'Pingo de Ouro', pegava as sobras. Mas quem lançava os dois, indo e vindo, era Didi.

Para o Bangu quem decidiu o campeonato foi Didi, quebrando a perna de Mendonça. Um crime perfeito. Só se soube que Mendonça tinha quebrado a perna depois. Didi metendo a sola como se num gesto de autodefesa.

E ninguém tinha o direito, sequer, de estrilar. Antes de Ondino Viera proclamar que o campeonato era uma. guerra, Carlito Rocha, olhando embevecido para os jogadores do Botafogo, que os queria altos e fortes, e que os chamava carinhosamente de belos cavalos, 'que belos cavalos', vendo-os trotar em campo, tivera a frase:

– Futebol é jogo p'ra homem.

E como era 'jogo p'ra homem', fora a conclusão a que o brasileiro chegara a 16 de julho de 50, tínhamos perdido o campeonato do mundo.

O Fluminense ficou com Didi: se o crioulo não se defendesse, quem estava de perna quebrada era ele. Porque Mendonça entrara para valer.

51 apresentara outro grande negro do futebol brasileiro: Didi. Jogava em pé, a não ser quando aparentemente se desequilibrava para enfiar um passe. Zezé Moreira apontava aquele preto de pescoço alto, feito de foca, equilibrando a cabeça, como o maior atacante do Brasil. Maior do que Zizinho.

E havia gente que só ia a futebol para ver Zizinho. A bola sempre ao alcance do pé dele, para uma cutucada, para um drible seco e curto, para um chute de estufar rede. O que Zizinho fazia com a bola era até de se duvidar.

Didi trouxera uma coisa nova. Quase sem olhar, dando, pelo menos, a impressão de que não olhava, esticava um passe de trinta, de quarenta metros, lançando um Carlyle ou um Orlando diante do outro gol, sozinho. E quando batia uma penalidade dava um efeito na bola, cobrindo a barreira, surpreendendo o goleiro. Era a 'folha seca'.

Além do mais tinha a vantagem de ser duro. Zizinho também era duro. Talvez estivesse pagando o 16 de julho. O 16 de julho não saía da cabeça do brasileiro. Aquela fora a hora de dar o safanão, de meter o braço, de tacar o pé.

Daí impressionarem mais os que, no momento exato, fizeram isso depois. Não apenas os jogadores. Os técnicos, os massagistas. O caso de Mário Américo. Era o massagista do Vasco. Tornara-se uma figura popular como o 'Pombo Correio' de Flávio Costa.

Quando entrava em campo, correndo, como se apostasse corrida, a careca negra brilhando ao sol ou mesmo à luz dos refletores, não era só para socorrer um jogador caído. Mesmo porque o técnico, precisando dar uma instrução, fazia um gesto e fulminava um jogador de seu time. Sem ser tocado o jogador caía, se contorcendo. Era a hora de Mário Américo.

Apostava corrida com ele mesmo, os joelhos subindo e baixando como pistões de um motor à velocidade plena. E mostrava os dentes, alegre, feliz. Abaixava-se junto ao jogador caído, despejava a bolsa carregada de pedaços de gelo, e não parava de falar. É como se explica o apelido de 'Pombo Correio'.

Na decisão do Rio-São Paulo de 52 foi, porém, mais do que um 'Pombo Correio'. Ely do Amparo, já metido a Obdúlio Varela, ao Grande Capitão que ia ser no Pan-americano, meteu o pé em Pinga. Pinga, que não se distinguia muito pela coragem, tocou o braço em Ely. Até o presidente da Portuguesa de Desportos de São Paulo entrou em campo para brigar, para dar gritos. Ely e Pinga estavam expulsos de campo por *Mr.* Elife. Mas não saíam, ainda no meio da confusão.

Viu-se Mário Américo entrar em campo e meter-se no barulho. A primeira coisa que fez foi dar um bofetão no presidente da Portuguesa de Desportos.

Era o caso de Augusto Isaias não querer nem mais olhar para a cara de Mário Américo. Diante de uma multidão, no maior estádio do mundo, um massagista, e preto, retinto, metia a mão na cara de um presidente de clube, e branco, branquíssimo.

Ao contrário do que se esperava, o presidente da Portuguesa de Desportos, Augusto Isaias, ficou deslumbrado. Era de um homem assim que ele precisava. E não sossegou enquanto não levou Mário Américo para São Paulo. A proposta foi tão boa que Mário Américo não hesitou: largou os anos todos que tinha de Vasco e foi ser o massagista da Portuguesa de Desportos de São Paulo[120].

Mal acabou o Rio-São Paulo o escrete brasileiro partiu para Santiago do Chile, onde se ia disputar o primeiro campeonato Pan-americano. A.C.B.D. não podia pensar em Flávio Costa. Senão ia reabrir a ferida de 50. Chamou Zezé Moreira, técnico campeão carioca de 51.

A imprensa, exceto a tricolor, não gostou da escolha. É que Zezé usava a marcação por zona. Atacava com dois, no máximo com três, às vezes até com um. Isto, para a crônica ainda amargurada com 50 e com pavor de outro 16 de julho, era o antifutebol brasileiro.

Zezé Moreira principiou por nem convocar Zizinho, o que representava, para o fã-clube de 'Mestre Ziza', uma heresia a merecer uma fogueira de Inquisição.

---

[120]O bofetão de Mário Américo em Augusto Isaias foi a 30 de março de 52. A 6 de maio de 53, Mário Américo era contratado pela Portuguesa de Desportos de São Paulo.

Do escrete de 50, entre reservas e efetivos, Zezé Moreira só ficou com Castilho, Ely, Bauer, Bigode, Ademir, Baltazar, Friaça e Ipojucan. Dos oito, efetivos mesmo, três, embora Friaça entrasse no lugar de Maneca machucado e tivesse marcado o único gol do Brasil no 'dia da vergonha'. Bigode talvez tivesse sido chamado para que não houvesse dúvida de que era homem.

Eis uma coisa que Zezé Moreira não admitia: covardia. Então, por que Ipojucan? Zezé Moreira também tinha uma fraqueza pelo virtuoso, coisa que Ipojucan era, sem a menor dúvida.

A novidade de Zezé Moreira era a de três goleiros. Além de Castilho, Oswaldo 'Balisa', que nos treinos do Botafogo pregava um *Gibi* na trave para ver as figuras quando a bola estava longe, e Cabeção. Os outros eram Djalma Santos, Arati que tocava o pé para valer, Brandãozinho, Ruarinho, também de briga, Julinho, que não se sabe como não tinha sido visto em 50, Rubens, que viera para o Flamengo e parecia jogar com a bola presa com um barbante no pé, Didi, Pinga e Rodrigues, redescoberto.

O escrete só deu um treino e partiu na mesma noite para Santiago do Chile. Parecia um 'embrulhe e mande'. Para piorar as coisas, antes do sábado de aleluia, o Brasil empatou com o Peru.

O brasileiro ainda não tinha perdido a vergonha do empate. Houve uma revolta nacional. Só uns tricolores, pensando, inclusive, mais no Fluminense do que no Brasil, não acharam o empate com o Peru a suprema ignomínia.

Foi tal a indignação popular que o Judas do sábado de aleluia nada teve a ver com o Iscariotes que tinha vendido o Salvador por trinta dinheiros: todos os Judas pendurados nos postes dos quatro cantos do Rio eram Zezés Moreiras. Para que não houvesse dúvida, pregado em cada Judas, havia um cartaz com o nome de Zezé Moreira.

Até que houve o Brasil e Uruguai. O Brasil com a camisa amarela da C.B.D., o Uruguai com a *'Celeste'*. Aquele jogo, sim, era a revanche do 16 de julho. Pela primeira vez, desde 50, se encontravam os dois escretes[121].

E o Brasil ganhou em tudo: no futebol, no pontapé, no safanão, no bofete. Baixara sobre Ely do Amparo o espírito do Grande Capitão. Era um preto que fazia questão de mostrar que preto não fugia da raia. Exagerando um pouco para vingar Barbosa e Bigode. Para acabar com aquela história de que o preto é que tinha deitado tudo a perder em 16 de julho de 50. O preto brasileiro, porque o herói uruguaio fora o mulato Obdúlio Varela.

No primeiro bafafá, Ely do Amparo meteu a mão em Obdúlio Varela. Obdúlio Varela, diante da fúria de Ely do Amparo, recuando, quase não reagindo, indagando apenas:

– *Que es esto?*

Bigode estava no banco dos reservas. Não resistiu: também entrou em campo para dar em Obdúlio Varela.

---

[121] 16 de abril de 52.

O Brasil todo se babou de gozo ao pé do rádio. Pouco importava que tudo aquilo fosse inútil. O escrete brasileiro estava vencendo fácil, jogando muito mais futebol. Contra o ímpeto do ataque brasileiro a defesa uruguaia nada podia fazer.

Porque não era apenas uma vitória. Era uma goleada. E era o baile. Para que a pancadaria? É que o safanão de Obdúlio Varela em Bigode em 50 estava atravessado na garganta de todo brasileiro.

Qual de nós duvidava da superioridade do futebol brasileiro? A dúvida que havia era a outra: a do brasileiro não aguentar na hora agá.

Só que em Santiago do Chile não se reproduziam as circunstâncias de 50. Em vez do Brasil e Uruguai, era um outro Brasil e Espanha. Com a diferença do pontapé, do safanão, do bofete.

Diante dos uruguaios, de Obdúlio Varela, voltaram as mágoas todas. Mágoas mais de nós mesmos do que deles.

De uma certa forma se podia compreender um Ely do Amparo tomado de uma fúria iconoclasta. O torcedor brasileiro lamentava, desde 50, não ter um Obdúlio Varela. Era preciso mostrar que o Brasil tinha um Ely do Amparo, capaz de dar em Obdúlio Varela.

Por isso aquele escrete que saíra daqui melancolicamente, sem levar as esperanças da torcida, fez questão de ganhar no futebol, no peito e na raça. Preferindo uma vitória salpicada de incidentes, de sururus, a um triunfo maior e limpo, sem uma mancha. Mesmo com a embriaguês dionisíaca daquela contra a Espanha, a das 'Touradas de Madri'.

Era uma fúria de forra, a brasileira, que não se aplacava nem com a goleada. Bigode tirara uma casquinha de Obdúlio Varela. Podia levantar o queixo de novo. Ely do Amparo passeava em campo, as pernas compridas em arco, de peito cheio, como um galo de briga depois de fazer o outro galo cantar de galinha.

Para Nilton Santos, porém, não bastara. Não jogara em 50, não tinha nenhuma diferença com Obdúlio Varela. Mas herdara o rubor do 'dia da vergonha'.

O placar estava de quatro a um, faltava apenas um minuto para acabar o jogo. Mário Américo esticava um dedo, lá longe, para mostrar que o jogo ia acabar num minuto. Foi quando Nilton Santos viu dando sopa, perto dele, o autor do gol da vitória uruguaia em 50: Gigghia.

Podia tomar-lhe a bola, dar-lhe um drible, fazer o que sempre fazia, fingir que ia para um lado e ir para outro. Não fez nada disso: encheu o pé para chutar Gigghia.

Era pênalti. Nilton Santos nem se preocupou. Quatro a um ou quatro a dois, que diferença fazia? Mas chutara Gigghia. Os fantasmas uruguaios não iam mais atormentar as meia-noites do futebol brasileiro.

Foi uma vitória que lavou o peito de todo Brasil. Daí a recepção aos heróis do Pan-americano: de campeões do mundo. Maior do que a dos pracinhas quando voltaram da guerra.

3

Havia tanta gente no Galeão que se tinha a impressão, diante daquele mar humano, se agitando em ondas de ressaca, de que todo o Rio estava lá.

Não se vira, ainda, nada parecido. Era uma cidade de peito lavado, o coração lépido e leve, que ia agradecer uma vitória. Pouco importava, naquele momento, que tivesse vindo quase dois anos depois. E que, sobretudo, não modificasse nada.

O Uruguai continuava campeão do mundo. Era um gesto que, em todo o Brasil e Uruguai, depois de mais uma derrota os uruguaios iam repetir: dois dedos abertos da mão esquerda, um dedo esticado, sozinho, da mão direita. Queria dizer: Uruguai dois, Brasil, um.

A data não precisava ser lembrada: 16 de julho de 50. O brasileiro vivia a coçar a ferida. Principalmente no Maracanã: o gol à direita da Tribuna de Honra era o 'gol de Gigghia'[122].

Bastava uma bola estufar o barbante do lado fatal. Os locutores gritavam:
– A bola balançou o véu da noiva do gol de Gigghia.

Mas o brasileiro tinha gostado da vitória de Santiago: no futebol, no peito e na raça. Talvez até mais porque no peito e na raça.

Já não se podia acusar o negro de não aguentar o rojão, embora, acusando o negro, o brasileiro se acusasse a si mesmo. Tanto que, além dos pretos que foram os bodes expiatórios, Barbosa, Juvenal e Bigode, o brasileiro se xingava de sub-raça. Raça de mestiços.

Ely do Amparo metera o braço em Obdúlio Varela em nome não só dos pretos e mulatos mas, também, dos brancos do Brasil. Os brancos tinham esta satisfação: Ely do Amparo não dera sozinho. Os brancos, os mulatos e os pretos do escrete brasileiro foram iguais uns aos outros.

O cortejo dos campeões do Pan-americano foi, do Galeão à Câmara Municipal engalanada, em passo de corso carnavalesco. Os automóveis se arrastando.

E na beira das estradas, das avenidas, multidões à espera. A Avenida Rio Branco que não se podia andar.

Bandeiras brasileiras nas sacadas, nos mastros dos edifícios. E das janelas abertas os flocos de neve de papel picado.

O curioso é que o lugar de ídolo nacional, antes ocupado por Arthur Friedenreich e Leônidas da Silva, continuou vago.

Quem fora o herói de Santiago? Castilho? Djalma Santos? Nilton Santos? Pinheiro? Ely do Amparo, o Grande Capitão? Julinho? Didi? Baltazar? Ademir?

---

[122]Somente depois de 58, com a conquista do campeonato do mundo pelo Brasil, o 'gol de Gigghia' perdeu o nome.

Muitos nomes eram novos. Por que não se descobriu antes um Djalma Santos? Por que não se lançara um Pinheiro? Por que Nilton Santos ficara de fora? Por que não se usara um Ely do Amparo? Por que Julinho não chamara a atenção quando não se tinha um ponta-direita em 50?

Didi surgira mesmo, como craque, em 51. E havia Zizinho, que muitos ainda consideravam o maior jogador brasileiro. Mas estava no Bangu, perdera o apoio da torcida do Flamengo que se voltava para Rubens.

E dentro do sistema de Zezé Moreira a peça era um Didi e não um Zizinho. Um Didi que obedecia ordens, de um lado para o outro, sem parar em campo, enfiando bolas de longe. Sem ter, todavia, a vaidade do Didi que ia aparecer como um Príncipe Etíope de Rancho'.

A crônica engoliu a contragosto a consagração de Zezé Moreira. Não ia com o sistema dele. O que queria, no fundo, era o Brasil do Brasil e Espanha, das 'Touradas de Madri'. Solto em campo, desinibido. Jogando ao som de uma marcha de Carnaval.

Daí, talvez, se deixar morrer mais depressa a euforia da façanha de Santiago. Influiu um pouco a derrota dos cariocas, com Zezé Moreira, para os paulistas, com Aimoré Moreira, com Julinho dando um baile em Nilton Santos. Para a crônica, culpa de Zezé Moreira, da marcação por zona, que deixava Julinho pegar a bola livre e dominá-la para o drible.

Mas o ídolo paulista era Baltazar, o 'Cabecinha de Ouro'. São Paulo todo ao pé do rádio, sofrendo o que parecia uma derrota inevitável, em Porto Alegre, para o Rio Grande. Veio o empate, o jogo estava acabando, Baltazar subiu e meteu a cabeça na bola para o gol da vitória[123].

Baltazar era do Corinthians, o 'Flamengo de São Paulo'. Passou a ser, logo, o 'Cabecinha de Ouro'. Cabecinha apesar da cabeça grande, de cabelo enrolado. E de ouro a despeito da cor de mulato bem escuro.

A conquista do Pan-americano ia favorecer o último lampejo do esquadrão do Vasco. O grande time, que dera dez dos vinte e dois jogadores do escrete de 50, voltou a sentir-se a seleção.

Era um canto de cisne. Fora se formando há dez anos atrás. De 45 em diante, um ano sim e outro não, era campeão da cidade. Chegara, em 48, a campeão sul-americano de clubes e, em 50, a bicampeão da cidade.

Caíra em 51, sem comando, pois Flávio Costa fora para o Flamengo. Agora o Vasco tinha Gentil Cardoso. Depois do mulato Otto Glória, o preto Gentil Cardoso.

Quem amargava as vitórias do Vasco era Flávio Costa. Considerava-se um pouco roubado: aquele esquadrão tinha sido dele durante quatro anos.

E, enquanto ele tinha de formar um time, Gentil Cardoso pegava, de mão beijada, o esquadrão dele, Flávio Costa.

---

[123] 8 de março de 50. A gratidão do paulista, sobretudo do corintiano, se manifestou num concurso que deu a Baltazar um *Cadillac* dourado.

Bem que Gentil Cardoso sabia que as vitórias dele pouco adiantavam. Os 'cardeais' do Vasco não saíram da casa de Flávio Costa.

Octávio Póvoas não era mais presidente do Vasco. E Ciro Aranha queria coroar a sua gestão com a volta do 'Professor'.

Por isso, toda a vez que se referia a Flávio Costa, Gentil Cardoso chamava-o de 'Moço Branco'. Era o 'Moço Branco' contra o 'Moço Preto'.

Mas Gentil Cardoso ia mostrar quem era o 'Moço Preto'. O 'Moço Preto' ia dar um campeonato ao Vasco. E depois?

Era o que o Gentil Cardoso queria ver. Tinha um contrato de dois anos. Como é que o Vasco ia romper o contrato de um técnico campeão?

Talvez Gentil Cardoso se lembrasse do Fluminense que o mandara embora depois da conquista de um campeonato. Por um outro 'Moço Branco', e estrangeiro, ainda por cima: Ondino Viera.

O Vasco, porém, era diferente. Tinha uns Sebastianistas, mas também tinha uns Gentilistas. Vascaínos que depois de uma vitória batiam palmas para ele.

Quando o Vasco se tornou campeão, por antecedência, num jogo em São Januário contra o Olaria, Gentil Cardoso não resistiu: entrou em campo e fez a volta olímpica. Era para que os 'cardeais' do Vasco, que viviam atrás de Flávio Costa, vissem com quem estava a torcida vascaína.

Nunca um técnico fizera isso. O técnico sempre esperava que se lembrassem dele, do comandante, do general, e o carregassem em triunfo, ele resistindo um pouco, fingindo que não queria, que isso era para o jogador.

Gentil Cardoso tirou o boné e não deixou de acená-lo um só momento para as arquibancadas e para as sociais de São Januário, enquanto carregava, nas pernas fortes, o corpo gordo, quase redondo, embora mais de músculos do que de banda.

E recebeu, realmente, uma consagração. As palmas dos vascaínos fizeram com ele a volta do campo.

Todos sabiam que se tramava a volta de Flávio Costa ao Vasco. Mas se Gentil Cardoso levava o Vasco à conquista do título, para que Flávio Costa?

Gentil Cardoso era um vereador catando votos para a reeleição. Em votação popular estava reeleito.

Era o que se perguntavam os que já sabiam, inclusive, que Flávio Costa estava apalavrado com o Vasco. Havia quem dissesse que mais do que apalavrado: de contrato assinado. Para começar no dia em que acabasse o contrato dele com o Flamengo.

Como é que o Vasco ia sair desta? Feito um triunfador, Gentil Cardoso entrou no vestiário do Vasco. Mostrava os dentes todos, arredondando mais o rosto largo, apertando mais os olhos que quase se escondiam atrás das bochechas infladas como balões de gás. A consagração da torcida subira-lhe à cabeça. A prova é que disse alto, levantando o boné inseparável amarrotado na mão fechada:

– As massas estão comigo!

Para a nobreza do Vasco, para os 'cardeais' que já tinham a palavra de Flávio Costa, foi um pretexto. Artur Fonsêca Soares, Grande do Vasco, não deixou de apanhar a luva para atirá-la no rosto de Gentil Cardoso.

– Cale-se! O senhor é um simples empregado do clube!

E levantou o dedo à altura do nariz de Gentil Cardoso. Sabia que Gentil Cardoso tinha o sangue quente, que não ia aguentar um carão na frente de todo mundo.

Gentil Cardoso reagiu como Artur Fonsêca Soares esperava. Ao grito respondeu com grito. E ao dedo no nariz com o dedo no nariz.

Então Artur Fonsêca Soares, o 'Cordinha', declarou que um empregado do clube tinha insultado um Grande Benemérito. E exigiu, ali mesmo, a demissão do empregado[124].

Gentil Cardoso não foi despedido logo. Carregaram-no para um canto do vestiário, levaram Artur Fonsêca Soares, o 'Cordinha', para outro lado. Aquele era um momento de alegria. O De Luca arrancou uma *casaca, casaca saca, Vasco, Vasco, Vasco!'*

As comemorações da vitória prosseguiram sem Gentil Cardoso. Quando a diretoria do Vasco se reuniu foi para hipotecar solidariedade a Artur Fonsêca Soares, o 'Cordinha'. Gentil Cardoso levantara a voz para um Grande Benemérito, não podia continuar no Vasco.

Era o bilhete azul. O Vasco procurou ser generoso na indenização pelo ano que faltava do contrato rescindido e no prêmio pelo título.

Para Gentil Cardoso aquilo era mais uma prova de racismo. Entre o 'Moço Preto' e o 'Moço Branco', o Vasco preferia o 'Moço Branco'. Por quê? Porque era branco.

Parecia que uma maldição o perseguia: a de ser preto. Não que abjurasse a cor que Deus lhe dera. Tanto que se proclamava o 'Moço Preto'. Em nenhum momento deixava de se sentir preto.

Se fosse branco não teria sido despedido do Fluminense. Ou teria continuado no Flamengo. Nenhum 'Moço Branco' o tiraria do Vasco.

O jogador era diferente. Se era preto e subia, não ficava branco, mas perdia a cor. Por mais preto que fosse se misturava com os brancos, como se branco fosse.

A frase é de Robson, um jogador preto, deste tamanhinho, do Fluminense. Era um tico de gente, uma miniatura de Carreiro. Não chegou a ter o futebol de Carreiro. Era capaz, porém, de acabar com um Ely do Amparo, o Grande Capitão, enorme, de pernas arqueadas, que se sentia desarmado diante de Robson, pela desproporção de forças.

Contra o Obdúlio Varela, quase do tamanho dele, Ely do Amparo sabia o que fazer. Soltava o pé, eram elas por elas. Que fazer, porém, contra um Robson, que lhe parecia uma formiguinha indefesa? Se o pisasse, esmagava-o.

Daí a inibição de Ely do Amparo vendo surgir, na frente dele, o minúsculo Robson. E Robson empurrava-lhe a bola por entre as pernas e ainda zombava:

---

[124] 20 de janeiro de 53.

– Futebol é jogo p'ra homem!

Robson jogava futebol e trabalhava na Imprensa Nacional. Ainda arranjava tempo para manter uma alfaiataria. Não tomava medida de ninguém. E quando o freguês estranhava, Robson dava a explicação:

– Eu tiro a medida no golpe de vista.

Uma noite Benício Ferreira Filho levava, no seu *Cadillac*, Robson e Orlando, o 'Pingo de Ouro', para o Fluminense. A Rua Soares Cabral, como sempre, mal iluminada.

No volante Benício Ferreira Filho não parava de falar e de rir, satisfeito da vida. Era uma companhia agradável pela felicidade que irradiava. Junto dele todo mundo se sentia melhor. A vida merecia ser vivida.

E com dois jogadores do Fluminense ao lado dele, no banco da frente, Benício Ferreira Filho se sentia ainda mais feliz. Pode ter sido culpa da satisfação descuidada dele, da má iluminação da Rua Soares Cabral. E pode ter sido também a cor do casal de pretos, de roupas escuras, que surgiu, como do chão, ou de dentro da noite, diante do *Cadillac*.

O preto e a preta, enlaçados, estavam bêbados. Tanto que ziguezagueavam, lentamente, como se a Rua Soares Cabral fosse deles. Benício Ferreira Filho viu o casal de pretos ainda a tempo. Enterrou o pé no freio, até o fundo.

O *Cadillac* parou de estalo. Quer dizer: os pneus do *Cadillac* se grudaram nos paralelepípedos da Rua Soares Cabral. Mas a carroceria foi para a frente antes de vir para trás. Orlando foi projetado fora do banco. Bateu com a cabeça no pára-brisa do *Cadillac*, quando passou a mão pela testa um galo estava lá.

Então Orlando teve uma explosão. O mínimo que gritou para o casal de pretos foi:

– Seus pretos sujos!

E por aí afora. O preto e a preta que tinham parado, ainda enlaçados, nem ligaram. Trocando pernas foram até a outra calçada como se nada tivesse acontecido. Orlando enfureceu-se ainda mais. Quem o acalmou foi Robson:

– Não faz, Orlando. Eu já fui preto e sei o que é isso.

Robson nem era um jogador do time de cima. Subia num jogo, descia noutro. Zezé Moreira usava-o como arma. Sobretudo depois que Fleitas Solich apareceu com Babá, ainda menor do que Robson.

Babá era baixinho, mas atarracado, de pernas cabeludas e fortes. De longe, porém, parecia um menino de calças curtas. Quando um adversário levantava o pé para ele, a multidão chegava a rugir de indignação. E o juiz vinha de lá, esbravejando.

Assim o Fluminense mandava Robson para o campo como um Babá preto. E Robson abusava até de um Ely do Amparo.

– Futebol é jogo p'ra homem!

Era uma arma que não podia ser usada sempre. Senão dava na vista, que deu. Descobriu-se, subitamente, que Babá era homem feito. Podia levar pontapé como outro qualquer.

Mesmo no time de baixo Robson não se sentia preto. Sabia apenas que tinha sido preto. Que nascera preto. Como podia ser preto se pertencia à família do Fluminense?

Com um jogador, quem gostava do clube queria era intimidade. Se pudesse abraçá-lo, lá ia o abraço. Muito branco, antes de atingir essa intimidade, se acanhava diante de um jogador preto.

As posições se invertiam, como se o preto pudesse até olhar o branco de cima. Bastava que a barreira se rompesse para que o branco se orgulhasse de passar o braço em volta do ombro do preto. De se mostrar com ele, na sede do clube, diante dos outros sócios que não tinham a mesma felicidade, ou nas ruas, despertando a inveja dos passantes.

Com um técnico era diferente. O técnico sempre um pouco distante. Achando que quanto mais distante da torcida, melhor. Flávio Costa chegou a exigir treino secreto. Pelo menos tornou o treino secreto.

Era uma espécie de segredo de Estado a hora do treino. Só os jornalistas mais íntimos eram avisados. Daí as arquibancadas vazias, gélidas. Noutros tempos, quando o campeonato esquentava, a assistência de um treino era a mesma de um grande jogo.

O técnico preferia trabalhar sem a fiscalização implacável da torcida. O torcedor, realmente, não se limitava a ver. Se gostava batia palmas, se não gostava ia logo enfiando dois dedos na boca para a vaia. E exigia, a gritos, a presença de um jogador que estava no banco.

Flávio Costa fizera escola. Quem era técnico queria ser como ele, mandando e desmandando. Era um tempo que estava acabando, embora os técnicos fossem os últimos a saber.

É o que explica, talvez, a mágoa maior de Gentil Cardoso. Para ele nada tinha mudado. Apenas ele era preto e Flávio Costa branco.

Mas o Flamengo ia entregar, embora por pouco tempo, o time a Jaime de Almeida, enquanto esperava por Fleitas Solich. Otto Glória estava no América. E quem comandava os juvenis do Fluminense era Gradim.

O técnico preto era acolhido em grande clube. E se quem era Flamengo desejava que Fleitas Solich viesse o mais depressa possível, não era pela cor de Jaime de Almeida. Se Fleitas Solich não desse certo, nada mais fácil que mandá-lo embora. Mas nem se podia pensar em mandar embora um Jaime de Almeida.

O que o torcedor do Flamengo fazia, rezando pela vinda rápida de Fleitas Solich, era para defender Jaime de Almeida[125]. Como jogador, sem dar um pontapé, Jaime de Almeida chegara ao escrete brasileiro. Teria ido mais longe se não fosse tão limpo.

---

[125] Anos mais tarde o Fluminense teria o mesmo cuidado com Gradim, outro preto limpo, incapaz de levantar a voz. Tomar conta do time de cima era um risco demasiado grande. Gradim acabou indo para o Vasco. Preferiu arriscar-se. Jaime de Almeida seguiria idêntico caminho para fazer-se como técnico.

Jaime de Almeida não seria bom demais para ser técnico? Um técnico tinha de usar de malandragem. E mesmo que não tivesse de ser malandro no sentido de sabido, de esperto, tinha de ser mandão, de dar grito. E Jaime de Almeida era incapaz de dar um grito.

Era a vontade de que Jaime de Almeida ficasse sempre no Flamengo que fazia o rubro-negro temer por aquela provação tremenda imposta ao bom preto. O torcedor percebia que os tempos mudavam. Que mudassem sem atingir Jaime de Almeida.

Gentil Cardoso, porém, era um ressentido. Saía do Vasco para entrar, em seguida, no Botafogo[126]. E quem estava na presidência do Botafogo era Paulo Azeredo que, dentro de General Severiano, fora o último a concordar com o preto vestindo a camisa alvinegra.

O Vasco nunca tivera dessas coisas, pelo contrário. Mas talvez por isso Gentil Cardoso não se esquecia. Quem sabe se, também, como Flávio Costa, ele se iludia com o esquadrão que acabava?

O Botafogo não era campeão desde 48. Em General Severiano Gentil Cardoso ia sentir-se um pouco como Flávio Costa no Flamengo: tendo de formar um time.

Ia ter a glória de descobrir Garrincha que andara de clube em clube. No Fluminense nem o deixaram mudar de roupa. No São Cristóvão viu o treino acabar-se sem que o chamassem para entrar em campo.

É verdade que o mesmo acontecera no Vasco, o 'Moço Branco' no lugar do 'Moço Preto'. Em todos os treinos apareciam jogadores desconhecidos. Um sócio tinha-o visto jogar. É um 'novo Zizinho'. É um 'novo Ademir'. É um 'novo Didi'. O técnico mandava entrar um, nem o deixava esquentar o corpo. Era a vez de outro. Dependia da recomendação. Às vezes um jogador trazia um bom pistolão.

Garrincha estava na cerca, esperando. A tarde caía, daqui a pouco o treino ia acabar. De repente Gentil Cardoso se vira e chama-o:

– Você aí. Entre.

Garrincha entrou. A sorte dele foi a de que o beque que ia marcá-lo se chamava Nilton Santos. Garrincha pegou a bola, parou diante de Nilton Santos, as pernas tortas, fez que ia, não foi, foi.

Quem estava em General Severiano viu o que nunca esperava: um novato, de pernas tortas, derrubar Nilton Santos num drible. Nilton Santos estava no chão, de pernas para o ar.

Gentil Cardoso não teve dúvida: ficou logo com Garrincha[127]. Era um jogador que tinha vindo da Raiz da Serra, que só jogara em pelada, que tinha uma perna oito centímetros maior do que a outra e que só se mantinha em pé, e andava e corria com a bola porque, antes, fazia um verdadeiro arco da perna mais comprida até colocá-la da altura da mais curta.

---

[126]O Vasco rescindiu o Contrato de Gentil Cardoso a 21 de janeiro de 53. Dois dias depois, o 'Moço Preto' era contratado pelo Botafogo.

[127]9 de julho de 53, data do primeiro treino de Garrincha no Botafogo.

Um jogador assim aparecia só de longe em longe. Por um milagre. Não ia servir muito a Gentil Cardoso. Garrincha dava um drible, a multidão caía na gargalhada, pois o marcador ficava estendido no chão. Mas Garrincha continuava a driblar. Gostava de ter a bola nos pés, de correr com ela, não queria largá-la.

Depois de um drible esperava que o adversário se levantasse para dar-lhe outro, de lambuja. Era a alegria do jogo. Havia quem perguntasse: e daí?

O Brasil ia ter a experiência amarga de um sul-americano e de outro campeonato do mundo. O sul-americano foi em Lima. Devia ter sido em Assunção mas o Paraguai não tinha dinheiro para pagar as despesas de viagem e estada de uma porção de delegações. Só a Argentina não compareceu. Assim não havia dúvida: o Brasil ia ser campeão.

Nunca houve um sul-americano mais fácil para o Brasil. E apesar disso, ou por isso, o Brasil perdeu.

O técnico era Aimoré Moreira. Agastado com as críticas da imprensa, Zezé Moreira excusou-se. O irmão tinha sido o técnico de São Paulo, campeão brasileiro de 52. Daí a escolha da C.B.D.

No princípio parecia que nenhuma força seria capaz de deter o escrete brasileiro. Subitamente tudo começou a dar para trás. Era que o escrete estava dividido em cariocas e paulistas.

A crônica paulista puxando pelos paulistas, a carioca pelos cariocas. Zizinho assumiu o comando dos cariocas. Aimoré Moreira, técnico de São Paulo, tratou de apoiar-se nos paulistas.

Quando, depois de duas derrotas, o Brasil estava para decidir o título, num desempate com o Paraguai, Rivadávia Correia Meyer, presidente da C.B.D. resolveu, sem destituir Aimoré Moreira, entregar a direção do escrete também a Flávio Costa e Zezé Moreira.

Aimoré Moreira armou uma barricada na concentração brasileira. Quem ficou tomando conta da porta foi Mário Vianna:

– Só entram aqui passando por cima do meu cadáver.

José Lins do Rêgo pôs-se do lado de Aimoré Moreira. Zezé Moreira chegou a Lima para dizer que o escrete era de Aimoré. E Aimoré comandou o escrete na derrota para o Paraguai.

A C.B.D. resolveu tomar duas medidas: nunca mais entregar um escrete a Aimoré Moreira e nunca mais convocar Zizinho. O relatório de José Lins do Rêgo foi decisivo: Zizinho dividira a seleção, formara um grupo. Com Zizinho num escrete nenhum técnico poderia ter tranquilidade.

Chegou a vez da queda de Zezé Moreira, no campeonato mundial de 54 na Suíça. Para a crônica europeia havia dois favoritos: o Brasil e a Hungria.

Há anos a Hungria construía um time pensando em 54. Já dera uma amostra de força arrasando a Inglaterra em *Wembley*. Mas a crônica europeia ainda se lembrava do jogo Brasil e Espanha em 50, no Maracanã. Se o Brasil fosse o mesmo talvez nem o maravilhoso escrete da Hungria resistisse.

311

O brasileiro, porém, não se esquecera de 50. A prova é que Bauer assinou, antes de embarcar, um contrato com o São Paulo, o que vinha recusando firmemente. Na hora de partir não hesitou mais um momento: e se o Brasil perdesse? Se o Brasil perdesse Bauer se viu desembarcando em Belém do Pará, vindo escondido para São Paulo[128].

Zezé Moreira cometeu um erro: levou os jogadores brasileiros para um treino dos húngaros que todos chamavam de 'os fantasmas do campeonato do mundo'. E o que os jogadores brasileiros viram levou-os de volta a 50, a 16 de julho.

Com oito minutos de jogo os húngaros marcaram dois gols[129]. O primeiro aos quatro minutos, Castilho se abraçando à trave, escondendo o rosto como se fosse chorar. Pouco depois, aos oito minutos, Pinheiro, na hora de rebater uma bola fácil, ficou de perna bamba. Era o segundo gol húngaro.

Enquanto isso, no campo molhado, pois chovia, Didi escorregava como se estivesse de patins. Eram as traves rasas que não o deixavam firmar-se no gramado. Só no segundo tempo é que Didi mudou de chuteiras para poder enfiar as bolas dele.

Mesmo assim o primeiro tempo acabou dois a um. Quando se pensava que o Brasil ia empatar, *Mr.* Ellis deu pênalti contra o Brasil. Era o terceiro gol húngaro.

O Brasil ainda fez mais um gol. Podia empatar ainda. Mas ficou sem Nilton Santos que levando um pontapé de Boszic meteu-lhe o braço. Boszic revidou. *Mr.* Ellis mandou os dois para fora de campo.

Os húngaros fariam o quarto gol e Humberto, desesperado, daria um pontapé, pelas costas, em Kocsis.

Tinha sido outro erro de Zezé Moreira. Colocara Humberto no escrete e tivera de tirá-lo mais de uma vez diante das vaias.

Humberto sabia entrar na hora exata. Ficava sozinho diante do gol e chutava fora. Levava uma vaia e repetia o chute para fora.

Na Suíça Zezé Moreira não tinha o Maracanã para vaiar Humberto. Escolheu a dedo o jogo para lançá-lo: justamente contra a Hungria. Humberto, com certeza, ouvia ainda em Zurique as vaias do Maracanã.

Já que tudo estava perdido era preciso mostrar que, pelo menos, ele era homem.

No banco, Ely do Amparo só lamentava uma coisa: não estar em campo para ser o Obdúlio Varela brasileiro.

Para Mário Vianna, a culpa era de *Mr.* Ellis, o juiz. Chamou *Mr.* Ellis de ladrão e acabou expulso do quadro internacional de árbitros.

Zezé Moreira fez mais: quebrou a cara de Sebes, Vice-Ministro de Esportes da Hungria. Acabado o jogo pegou uma chuteira, Sebes apareceu na frente dele e levou com a sola da chuteira no rosto.

---

[128]Confissão de Bauer: jogar no escrete, então, era como ir para a guerra. Uma derrota podia marcar um jogador para o resto da vida.'
[129]27 de junho de 54.

Quem, porém, despertou a maior atenção da imprensa mundial foi um jornalista brasileiro, Paulo Planet Buarque, que passou uma rasteira num *gendarme* suíço. Foi uma rasteira perfeita. O *gendarme* suíço desabou, ao comprido.

Levantou-se logo e fez um gesto. Quando Paulo Planet Buarque esperava que o *gendarme* suíço fosse sacar do revólver e fuzilá-lo, o que ele fez foi puxar um lenço para limpar o uniforme.

O *Paris-Match* publicou uma fotografia de página inteira mostrando Paulo Planet Buarque a passar a rasteira no *gendarme* suíço e o *gendarme* suíço já inteiramente sem equilíbrio, a caminho do chão.

4

A princípio, enquanto durou a emoção do jogo, o brasileiro chamou *Mr.* Ellis de ladrão, como Mário Vianna. Repetia-se 38.

Talvez tenha sido por isso, pela lembrança que veio, de 38, que súbita e inesperadamente o brasileiro se envergonhou. Era uma desculpa ultrapassada a do juiz, pouco importando o que o homem do apito tivesse feito em campo.

Aos poucos o torcedor brasileiro tinha adquirido consciência esportiva. O que noutros tempos fora uma arma dos cartolas, infalível para desviar a atenção de uma torcida de cabeça baixa, o pedido de anulação de um jogo, tornara-se de um tal ridículo que ninguém se atrevia mais a usá-la.

É de uma importância, ainda não devidamente analisada, a influência do esporte, sobretudo do futebol, na vida política do Brasil. Os papéis se tinham invertido. Porque quando o futebol dava os primeiros passos teve que voltar-se para a política nacional em busca de um modelo. Daí a anulação dos jogos, semelhante à depuração dos eleitos para o Congresso pela matemática Pereira Lôpo.

Um clube ganhava um jogo e tinha de lutar, para que a vitória valesse, como um deputado depois de vencer uma eleição.

Em 50 tentou-se evitar a posse de Getúlio Vargas na Presidência da República com a tese da maioria absoluta. Tal tese tinha até, para torná-la válida, um dispositivo militar. Não triunfou por causa de um princípio esportivo: não se muda a regra do jogo depois da competição.

E mais do que isso a frase que todos entendiam por andar na boca de cada torcedor:

– Jogo se ganha no campo.

A vergonha maior, porém, que sentiu o brasileiro, foi pelo *rififi* em Zurique. Igual à experimentada em 39, depois da vitória brasileira, debaixo de pau, contra os argentinos.

Para apagar o rubor, o brasileiro passou a admirar desmedidamente o argentino[130]. Ia fazer o mesmo com o húngaro. Depois do platinismo, o magiarismo.

Futebol era o húngaro. O curioso é que mais para o branco do que para o mulato ou preto.

Quem meteu o pé em Zurique, quem tocou o braço, quem atirou chuteira, foi o branco, só o branco.

Os mulatos e pretos ficaram quietos. Tinham pago, mais de uma vez, a dívida de 16 de julho. Em todo o jogo contra os uruguaios nem discutiam. Mas diante dos húngaros se sentiram apenas jogadores de futebol.

Um mulato tremeria antes do primeiro gol húngaro: Pinheiro. Um preto chegaria a irritar a torcida brasileira que acompanhava o escrete pelos escorregões que dava em campo: Didi.

Cediam à guerra de nervos desencadeada pelos próprios brasileiros que chamavam os húngaros de 'fantasmas'. É o que explica a imobilidade de Castilho, preso ao chão, os pés chumbados, no segundo gol húngaro. E os nervos à flor da pele de Nilton Santos que reagiu a um pontapé com um bofetão. E o desespero de Humberto que, perdido, tentou salvar-se dando um pontapé nas costas de Kocsis.

Os que em 50 lamentaram que Castilho ficasse na 'cerca', cedendo lugar a Barbosa, agora perguntavam porque se deixara Veludo de fora.

Todos os gols húngaros foram feitos da pequena área. E dentro da pequena área não havia goleiro melhor do que Veludo. Podia ser vencido de longe, pois não tinha a atenção de um Castilho, a bola no meio de campo e ele a se mexer debaixo dos três paus.

E Veludo tinha dado a maior prova de possuir nervos de aço em Assunção, quando o Brasil disputou a classificação para o campeonato do mundo contra o Paraguai[131].

Em todo o ataque paraguaio a arquibancada de madeira atrás do gol de Veludo como que desabava. Torcedores guaranis eram atirados dentro de campo.

Veludo não se perturbava. Agarrava a bola com mãos-de-ferro enfrentando, ao mesmo tempo, jogadores e torcedores paraguaios.

Ah! se Veludo tivesse jogado contra a Hungria! Vinha uma como nostalgia do preto, quem sabe se para reparar a injustiça de 50.

A torcida do Flamengo acusara Zezé Moreira por ter deixado outro preto de fora: Rubens. E mesmo quem não era Flamengo. Faltara em Zurique um 'Dr'. Rubens.

Era como o chamavam, de 'Dr'. Rubens. Gostava de dar drible largos. Parecia que prendia a bola com um barbante ou um elástico amarrado à chuteira. Porque a bola, que ele atirava para a direita ou para a esquerda, voltava sempre, e logo, aos pés dele.

---

[130] Foi quando nasceu o ideal brasileiro de ganhar limpo, jogando só na bola. É o que explica 50. 54 tornou, por isso, possível 58.

[131] 7 de março de 54. Centenas de brasileiros da fronteira invadiram Assunção, armados, sobretudo, com facas e punhais.

Era um preto atarracado. Lembrava um mongol pelos olhos apertados, amendoados mesmo, pelo bigode ralo caindo-lhe, frouxo, pelos cantos da boca, o tronco largo e grande, as pernas curtas.

Um dia Nélson Cintra foi com o carro que guiava de encontro a um poste, só porque viu o 'Dr'. Rubens na calçada andando.

Não andava como qualquer mortal. Levava um pé à frente, devagar, deixava-o posar na calçada e, depois, trazia o outro, gingando o corpo, como se dançasse. Não era um samba, embora o corpo do 'Dr'. Rubens balançasse num compasso de samba.

O tronco meio girava, levando para trás um braço encolhido. Era um gingar de malandro. De bamba de terreiro.

Apenas esse bamba de terreiro sabia que era o 'Dr'. Rubens. Diante do torcedor, e na rua, para ele, todos torciam por ele e pelo Flamengo, posava de 'Dr'. Rubens.

Nelson Cintra nunca vira nada parecido. Tinha jogador que depois de uma vitória como que tomava um porre. Noutros tempos um Caxambu passeara pela Avenida Rio Branco com a bola debaixo do braço. Mostrando os dentes mais brancos pelo bigode preto e cerrado, mas sem olhar para os lados. Querendo apenas sentir que todos o viam e apontavam:

– Aquele é o Caxambu.

Caxambu era branco, com sangue sírio nas veias. 'Dr'. Rubens era preto. E Nélson Cintra acompanhou-o, fascinado. Até que bateu com o carro num poste.

Quem não gostava da pose do 'Dr'. Rubens era Fleitas Solich, agora dono dos campeonatos. O time que Flávio Costa abandonara, para pegar o esquadrão do Vasco, era agora campeão, bicampeão, ia ser tricampeão.

Flávio Costa se ofendera um pouco com a escolha de um paraguaio para o lugar dele no Flamengo. Deu uma entrevista para resumir todos os argumentos num só: o soldado paraguaio andava descalço. Montava sentinela, na fronteira Brasil-Paraguai, descalço e empunhando um fuzil de pau.

E eis que o Flamengo volta a ser campeão. No começo parecia que Flávio Costa tinha razão. O Flamengo continuava a perder, ia fazer nove anos que não levantava um título.

Foi quando José Alves de Moraes levou o padre Góes à Casa Grande da Gávea, onde se concentravam os jogadores do Flamengo. O padre Góes foi com uma palavra de São Judas Tadeu para os desesperados rubro-negros.

– Em nome de São Judas Tadeu eu garanto que o Flamengo vai ser campeão.

Mas era preciso que Gilberto Cardoso, que 'Dom' Fleitas, que os jogadores fossem a Cosme Velho, acender velas para o santo, mostrar que acreditavam nele.

No domingo foram todos, os pretos, com o 'Dr'. Rubens de porta-estandarte, fazendo questão de ficar bem na frente. Cada um acendeu a sua vela, rezando de olhos fechados e cabeça baixa.

E o Flamengo foi campeão, o que provocou um protesto de torcedores do Fluminense contra o padre Góes. Um padre tinha era de rezar a sua missa e não se meter nos campeonatos. Muito menos em nome de um santo tão poderoso como São Judas Tadeu. O padre Góes, então, prometeu o bi.

– Pois agora o Flamengo vai ser bi.

Depois do bi, torcedores do Fluminense enviaram um abaixo-assinado ao Cardeal Dom Jaime Câmara. Eram crentes de São Judas Tadeu, cuja capela, inclusive, ficava ali em Cosme Velho, a dois passos do Fluminense. O padre Góes, que tinha recebido a faixa de bicampeão, como um jogador, zangou-se de vez:

– Pois agora, em nome de São Judas Tadeu, garanto o tricampeonato ao Flamengo.

Os jogadores rubro-negros já não iam tanto à capela de S. Judas Tadeu. Tinham a palavra do santo, o santo não ia faltar com a palavra.

A própria torcida rubro-negra, que andava de rosário de contas vermelhas e pretas distribuído pelo padre Góes, cantava nas arquibancadas, na hora da vitória do Flamengo:

O 'Dr'. Rubis *mandou*

O Flamengo ganhar.

Na noite da decisão 'Dom' Fleitas barrou o 'Dr'. Rubens. Botou Dida no lugar dele e Dida fez quatro gols[132].

Era a queda de um ídolo. Antes pouca gente acreditava que 'Dom' Fleitas fosse capaz de uma coisa dessas. Um outro preto, e também barrado na grande noite no tri, Paulinho, chegou a dar gargalhadas no vestiário. Ia de um lado para o outro, repetindo:

– Fui barrado! 'Dom' Fleitas está louco.

Não era a cor que barrava Rubens ou Paulinho. O Flamengo estava cheio de mulatos e pretos. 'Dom' Fleitas queria era que Rubens se esquecesse que era o 'Dr'. Rubens, que jogasse como se ainda não o fosse. Que Paulinho lutasse como os meninos do Jardim-de-Infância' do Flamengo, o berçário da Gávea. 'Dom' Fleitas gostava de escandalizar meio-mundo dizendo que tinha meninos capazes de substituir até o 'Dr'. Rubens. E não ficava na palavra.

Se o Flamengo perdesse, o 'Dr'. Rubens faria a peregrinação pelos jornais. A imprensa não deixaria passar uma ocasião daquelas. Mas o Flamengo venceu e Dida ficou no lugar do 'Dr'. Rubens.

Outro grande preto cairia naquele ano do tri do Flamengo: Veludo. E justamente num Fla-Flu.

Engoliu uma bola de longe, meteu as mãos na cabeça quando viu a bola entrando. Para Mário Polo uma prova de que estava vendido. Os gols foram entrando e o Fluminense perdeu de 6[133].

---

[132] 4 de abril de 56.
[133] 18 de dezembro de 55.

Acabado o jogo, na desolação do vestiário, os tricolores olhavam para Veludo como promotores diante de um criminoso. Veludo não enfrentava os olhares. Sabia o que se estava pensando dele.

Como defender-se? Para os tricolores, a cabeça baixa de Veludo era mais uma prova de que se vendera.

E nem era preciso nenhuma prova. Um jogador de futebol tem de ser como a mulher de César: acima de qualquer suspeita.

Bastava a desconfiança insinuar-se na alma do torcedor para transformar-se naquele monstro terrível que habitava o coração de Otelo.

O Fluminense mandou Veludo embora. Se Veludo bebia, passou a beber mais. Contava-se que não saía da Lapa, enchendo a cara.

Para Veludo ia começar a descida. Ou o *trottoir*. Porque ele andaria de clube em clube, como de mão em mão.

O clube que o mandava chamar esquecendo-se, por um momento, que o Fluminense desconfiara dele. Para lembrar-se quando Veludo 'cercava' o primeiro 'frango'. Então tudo se repetia mais uma vez. No vestiário Veludo sentia aqueles olhares todos fixando-o, perscrutando-lhe a alma.

Veludo podia perguntar se havia um goleiro que não 'cercasse um frango'. Todo goleiro falhava, por melhor que fosse. Por que é que ele não tinha o direito de 'cercar um frango'?

Benício Ferreira Filho costumava dizer que a grande vantagem de Castilho era poder 'cercar', de quando em quando, o seu 'frango'.

– A gente olha e vê as peninhas atrás da bola, se abrir as narinas sente até o cheiro inconfundível de galinheiro.

Foi o direito que Veludo não teve. Se cercava um frango, tornava-se logo suspeito. Vinha à tona a desconfiança do Fluminense.

Como um Fluminense iria desfazer-se de um goleiro como Veludo se não tivesse provas?

E a verdade é que não houvera uma prova. Mesmo que a quisesse buscar, o Fluminense sabia muito bem que não a encontraria. Não podia, porém, ficar com um jogador de quem desconfiava.

Veludo tornou-se um 'Judeu Errante' do futebol, fugindo da maldição, sem nunca encontrar o repouso. Ou só o encontrando na miséria, quando nenhum clube, nem mesmo um pequeno, o quisesse mais como goleiro.

Era o que todos recusavam ver: o jogador de futebol vivia sob ameaça permanente. Podia acabar de um momento para o outro. Por mais que durasse sabia que estava condenado.

Quanto mais alto estivesse, pior. Carreiro, o 'Rui Barbosa do futebol', era visto dormindo debaixo de um banco de praça pública. Falava-se disso quase à meia voz, como um segredo. Para que pronunciar, outra vez, o nome de Carreiro?

O jogador que acabava saía da glória para o anonimato. Tornava-se preciso uma tragédia, como a de Maneco, o 'Saci do Tico-Tico no Fubá', para torná-lo de novo um nome em letra de fôrma. Maneco tomou formicida para adiar, por um dia, o despejo que lhe rondava a casa[134].

Quem era preto sentia mais. Durante anos vivera como se não fosse preto. Enganando-se pelo tratamento que tinha, de branco. Para, subitamente, mergulhar na escuridão.

Talvez a cor marcasse Veludo. Não porque fosse preto, porque era preto demais. A pergunta de Manoel de Moraes e Barros Neto:

– Você não acha que Veludo é preto demais?

Tornava-se, portanto, difícil, senão impossível, tirar a cor de Veludo. Nunca Veludo poderia sentir-se como Robson, liberto da cor.

– Eu já fui preto e sei o que é isso.

É o que explica um Veludo arredio, frustrado, mesmo em plena glória. Vestia tropical inglês, brilhante, escondia os olhos injetados de cachaça atrás de óculos *ray-ban*. Bem que Robson procurava quebrar aquela pose de Veludo:

– Casa de sapé com janela envidraçada.

Veludo não ria. Que lhe adiantava o tropical inglês? Os óculos *ray-ban*? Na Lapa enchia a cara. Era como se soubesse o destino que o esperava, de 'Judeu Errante' do Futebol.

Bastou uma dúvida para lançá-lo, irremediavelmente, na estrada. *No trottoir*. Outros resistiam às dúvidas. Quem sabe se porque eram menos pretos do que Veludo. O caso de Jair da Rosa Pinto.

Não se desconfiou mais de nenhum outro jogador. Quando saía de um clube era como um empestado. Só o Madureira, o primeiro, é que pretendeu retê-lo.

Não era um clube, o Madureira, em condições de exigir muito de um jogador. Podia-se dizer o que se dissesse de um Jair da Rosa Pinto, que se tinha até vendido ao Botafogo, ao Vasco, o Madureira não levantava um dedo para apurar nada. Queria Jair da Rosa Pinto assim mesmo.

O Vasco, quando o tirou de Conselheiro Galvão, partiu, talvez, do princípio de que em São Januário ninguém se vendia. O Vasco era um clube rico. Quem pagava mais do que ele?

Porque pagava mais, exigiu mais de Jair da Rosa Pinto. Imaginava um Jair da Rosa Pinto correndo em campo sem parar, molhando a camisa, se matando pelo Vasco. E Jair da Rosa Pinto era um Domingos da Guia jogando lá na frente.

O que se admitiu num Domingos, e só num Domingos, embora às vezes se duvidasse dele, não se admitia num Jair da Rosa Pinto. Possivelmente porque um era beque e outro era atacante. O beque esperava, podia esperar quieto, como

---

[134] O despejo da casa onde morava Maneco estava marcado para o dia 25 de maio de 56. De manhã Maneco tomou formicida. Os Oficiais de Justiça, quando chegaram, já o encontraram morto. O despejo foi adiado.

Domingos, o atacante, não. O atacante tinha de ir buscar a bola, lutar por ela.

Assim, o Vasco abriu aporta para Jair da Rosa Pinto ir embora. O Flamengo queimou-lhe a camisa com um fervor dominicano. O Palmeiras demorou mais em desprezá-lo. Quem não sabia que Jair da Rosa Pinto era assim?

O curioso é que sempre se soubera. Jair da Rosa Pinto não iludia ninguém. Sempre fizera questão de mostrar-se tal qual era. Andando em campo, saindo com a camisa enxuta, como se não tivesse jogado.

Bastou que o Palmeiras o largasse para que o Santos ficasse com ele. Jair da Rosa Pinto, desprezado e desejado por todos os clubes, ia ser bicampeão em Vila Belmiro.

Só não tinha mais lugar em escrete brasileiro. Chegava ao escrete paulista, decidia a favor de São Paulo o campeonato brasileiro, mas já estava na lista negra da C.B.D. Como Zizinho.

A cor não tinha nada a ver com a lista negra. Outros pretos jogariam no lugar de Jair da Rosa Pinto ou de Zizinho.

Mesmo Flávio Costa, que sempre não admitia os dois, não se atreveu a convocar um ou outro. É verdade que Flávio Costa voltou a tomar conta do escrete brasileiro em condições anormais. Tinha sido escorraçado do Vasco.

O Vasco preferiu pagar-lhe o ordenado, religiosamente, todos os meses, e contratar outro técnico e entregar-lhe o time. Assim Flávio Costa se amoldou aos interesses da C.B.D.

Faltavam dois anos para o campeonato do mundo da Suécia. Era preciso mudar. Em vez de Zizinho, Didi. No lugar de Jair, Walter. Em vez de embranquecer, o escrete escureceu.

Escureceu tanto que provocou um pudor racista. Quem jogou na ponta-direita, pois Julinho já estava na Itália, foi Sabará, quase da cor de Veludo.

Naturalmente não haveria margem para o pudor racista se o escrete brasileiro, dando o pontapé inicial para 58, tivesse feito boa figura. Foi melancólica a temporada da seleção, ainda folheada a ouro, pela Europa em 56.

A derrota que nos doeu mais foi a de Londres[135]. Ainda não tínhamos perdido o respeito colonial pelo inglês.

Diante do inglês desejávamos, ardentemente, ser melhores do que éramos.

Não há outra explicação para a perturbação de Didi que, devendo estar lá na frente, veio cá para trás, fazer uma defesa como se fosse Gilmar. Não se deu conta que já estava dentro da área brasileira. Tanto que se curvou para trás, quase dobrando a espinha, para segurar a bola com as duas mãos.

Era pênalti. De nada adiantou a reação do Brasil que chegara a empatar o jogo depois da Inglaterra fazer dois a zero.

Tudo isso, porém, passou a um segundo plano. O brasileiro ocultou a vergonha das derrotas para sentir uma vergonha maior: a de Sabará.

---

[135] 9 de maio de 56.

Parecia que Sabará tinha escolhido Londres de propósito. Pelo menos não houve um episódio que se contasse dele em Lisboa, Viena, Praga, Roma, Beirute ou Cairo. Em Londres, depois de um treino, Sabará entrou no salão de chá do *Lane Park Hotel* de chinelo, toalha, macacão, camisa e gorrinho de marinheiro, transformado, por alguns, num turbante.

Eis a hora sagrada dos ingleses, ou, melhor, das inglesas, sobretudo das velhas inglesas. Vendo, de repente, surgir, emoldurado na porta aberta do salão de chá, aquele preto de macacão e chinelos, as velhas inglesas deixaram cair as xícaras que seguravam, religiosamente, nas pontas dos dedos encolhidos, enquanto levavam à boca escancarada a outra mão, livre, para sufocar o grito bem inglês de suprema repulsa.

– *Shocking!*

Aquele *shocking* ecoou no Brasil. Como é que o Brasil mandava para Londres, numa representação esportiva, um Sabará? Que é que os ingleses pensariam de nós?

Os ingleses estavam chocados também. Desde 50 tinham colocado o futebol brasileiro numa redoma. Futebol era o brasileiro.

A decepção tornou amarga a crônica inglesa. O futebol brasileiro, era o que se lia nas folhas londrinas, para maior vergonha nossa, tinha tudo de um circo: o comedor de fogo, o engolidor de faca, os acrobatas, os trapezistas, até os palhaços. Só não tinha essa coisa elementar que era um time.

Nada, portanto, podia trazer o prenúncio do que seria 58 para o futebol brasileiro. Pelo contrário. As derrotas colocavam em dúvida, novamente, a fibra do brasileiro em geral, e do negro em particular.

Daí a pouca significação de um Garrincha ou de um Pelé, como mensageiros da esperança. Pelé era um menino. O brasileiro não tinha olhos para vê-lo. Achava graça em Garrincha que, toda vez que dava um drible, deixava o adversário estendido, de pernas para o ar.

Mas Garrincha não soltava a bola. Talvez, era o que ocorria a muitos, o inglês tivesse razão. Até palhaços tinha o futebol brasileiro.

Não passava despercebido que as restrições eram feitas mais aos pretos do que aos brancos. Nem um Didi escapou, embora, como Robson, não se sentisse preto.

Principiara a embranquecer-se com um romance. A Guiomar, para ele, era uma espécie de Duquesa de Windsor. Largou mulher e filhos para viver o romance proibido.

Foi para o Botafogo menos por causa do dinheiro, embora tivesse um preço ainda não pago por nenhum jogador brasileiro, no Brasil, bem entendido, do que pela maior compreensão ou maior condescendência do clube de General Severiano. O Fluminense fazendo questão de pagar a pensão à mulher dele. O Botafogo, ou gente do Botafogo, se prestando a arranjar um flagrante que tirasse, definitivamente, a pensão da mulher dele.

Toda a briga de Didi com o Fluminense nasceu daí. O que Didi queria era que o Fluminense lhe pagasse por fora, como um amador. Ou lhe reduzisse o ordenado, oficialmente, a uma ninharia, para que a mulher recebesse quase nada.

Uma vez chegou a ameaçar de não embarcar com o Fluminense para a Europa. Benício Ferreira Filho foi convencê-lo. Didi acabou indo[136]. Mas Jorge Amaro de Freitas, o presidente do Fluminense, chamou Didi de moleque. Era uma expressão que só se usava, para ofender, em relação a um preto.

Os pretos sentiam isso. Principalmente os pretos que não podiam dizer, como Robson, que já tinham sido pretos. Que, pelo contrário, se julgavam condenados pela cor. Como Olavo.

Era um beque do Olaria que revivia a revolta de Fausto. Ou de Aragão. Jogava metendo o pé, com raiva, como se estivesse se vingando de tudo e de todos. Nem os pretos escapavam à fúria de Olavo. Talvez porque os considerasse pretos que queriam ser brancos.

Ele não. Metia o pé como preto. Não respeitava nem juiz. Que o diga Antônio Musitano, juiz de um Olaria e Fluminense em Bariri. Expulsou Olavo de campo e teve de correr, Olavo atrás dele.

Os jogadores do Olaria e do Fluminense agarrando-se a Olavo, como se 'cerca um frango', e Olavo enlouquecido atrás de Antônio Musitano. Nem a polícia livrou Antônio Musitano da agressão de Olavo[137]. Também o Tribunal de Justiça Esportiva não teve contemplação: suspendeu Olavo por mais de um ano.

E Olavo, como o Olaria provou, era um ótimo sujeito, pai da família exemplar, que só vivia para a mulher e para os filhos. Nunca mais pôde jogar futebol.

Se fosse de um grande clube talvez merecesse um perdão. Era um jogador típico de um pequeno clube, sem esperança de subir.

Um Didi pertencia à categoria dos que tinham deixado de ser pretos. Um Nelson Rodrigues só se lembraria da cor de Didi para chamá-lo de 'Príncipe Etíope de Rancho'. Didi tinha a graça de uma foca equilibrando uma bola na cabeça. Jogava ereto. Só na ocasião de um drible, ou de um passe, é que aparentemente se desequilibrava. Não passava uma bola ao natural, empurrando-a, fazendo-a rolar. Dava-lhe uma chicotada com o pé para que ela tomasse efeito e caísse onde ele queria.

Foi assim que inventou a 'folha seca'. Com uma 'folha seca' classificaria o Brasil para o campeonato mundial da Suécia. O escrete brasileiro de cabeça baixa, depois que perdeu o sul-americano de Lima, e logo para a Argentina.

O primeiro jogo de classificação foi em Lima. Jogo em branco, zero a zero. O segundo foi no Maracanã. E aí, quando todos desesperavam, de longe, de quase quarenta metros, Didi bate uma penalidade. Era a 'folha seca', a bola descrevendo uma curva, caindo de repente, para desespero do goleiro que não previa nada disso[138].

---

[136] 17 de maio de 55.

[137] 14 de agosto de 55.

[138] 22 de abril de 57.

5

Aquela vitória de um a zero sobre o Peru não despertou o menor entusiasmo. Ainda não desaparecera a decepção de 56 que o campeonato sul-americano só fizera avivar[139]. Assim se ignorou, praticamente, tudo que anunciava, num prenúncio de aurora, a conquista de 58.

Bastaria o aparecimento de Pelé para fazer renascer a esperança. Era um jogador de dezesseis anos que Valdemar de Brito já apontava como o maior do mundo. O brasileiro, porém, que se enganara tantas vezes, como que se defendia na descrença.

Nem mesmo vendo. Pelé mostrou-se aos olhos de todos. Enquanto o via a multidão se deixava empolgar. Depois esquecia-o.

Quantas revelações se tinham perdido, melancolicamente? A própria imprensa, exceto para os craques consagrados, se continha. Com medo de elogiar. De estragar um Pelé.

Depois da Copa Roca que o Brasil conquistou, Nestor Rossi, o capitão argentino, apontou Pelé como o melhor. Era uma consagração rara, aquela tributada por um argentino ainda na ilusão de que o melhor futebol do mundo estava do outro lado do Prata.

Nem mesmo um Garrincha era visto inteiramente. Ia decidir o campeonato carioca para o Botafogo, soltando as bolas pela primeira vez. Quando se pensava que ia continuar driblando, largava a bola e lá estava Paulo Valentin para o gol.

O Fluminense perdeu de seis, o Botafogo era campeão com Garrincha. Todos os gols tinham saído dos pés de Garrincha[140]. Mas o São Paulo era também o campeão paulista e quem levara o São Paulo ao título fora Zizinho, rejuvenescido.

Via-se mais Zizinho, via-se mais Didi. Zizinho pensando em 58, como Didi. Não seria sequer convocado.

Anunciou-se que seria convocado, ele falando que não aceitaria. Bastou que o Dr. Hilton Gosling fosse falar com ele para que desse o 'sim'. Deu o 'sim' e ficou de fora.

Tinha o nome na lista negra da CBD. Mas não era só por isso. A CBD queria levar o menor número de pretos para a Suécia.

Não esquecera 56, o relatório de Flávio Costa aconselhando, por causa do preto Sabará, a convocação só de jogador que, pelo menos, soubesse vestir-se e sentar-se a uma mesa. Daí a preocupação cebedense de um escrete, senão branco, o menos preto possível.

---

[139] O Brasil perdeu melancolicamente o campeonato sul-americano de 57. A 3 de abril era derrotado pela Argentina por três a zero. Realmente nada fazia vislumbrar 58. Pelo contrário.
[140] 22 de dezembro de 57.

Ainda se discutia a deterioração do mulato, mais do mulato do que do preto, em clima nórdico. Portanto a preocupação da CBD não era racista: ela acreditava mais no branco para jogar no frio, embora a época do campeonato do mundo caísse no verão sueco.

A prova do não-racismo está na convocação dos mulatos e pretos que acabaram jogando e contribuindo, decisivamente, para a vitória brasileira.

Entre Zózimo, que vinha figurando sistematicamente nos escretes brasileiros, e Orlando, ficou com Orlando. Melhor o branco do que o preto.

No caso específico de Orlando, a escolha foi feliz. Mas um Djalma Santos ficaria de fora até o último jogo. E, jogando um jogo apenas, conseguiria aparecer como um dos maiores jogadores do campeonato do mundo, enquanto De Sordi, o branco titular, não chamava a atenção da crônica europeia.

A preocupação de embranquecer o escrete chegou a tal ponto que na estreia contra a Áustria o único preto foi Didi[141]. Era uma posição, a de Didi, em que não havia escolha. O reserva era outro preto: Moacir.

Onde se podia escolher entre um branco e um preto ficava-se, inicialmente, com o branco. De Sordi em vez de Djalma Santos, Orlando em vez de Zózimo. No lugar de Garrincha, Joel, no de Pelé, Dida. E mesmo entre o caboclo, mas moreno escuro, Vavá e o louro Mazola, o louro Mazola.

E a direção do escrete era a melhor. Agia certa do bem do escrete. É o que explica a plasticidade que teve.

Se não a tivesse, nunca teria colocado Garrincha no lugar de Joel. Garrincha tinha sido dado como irresponsável pelo psicotécnico da delegação, o professor Carvalhaes, com plena aprovação do selecionador, o gordo e plácido Feola, e do supervisor, o magro, de nervos à flor da pele, Carlos Nascimento.

Formara-se uma equipe para tratar do escrete, física e psicologicamente. Até então era o técnico que resolvia tudo. O jogador com um problema tinha de dirigir-se ao técnico.

Resultado: o técnico se sentia atirado às feras, tendo de se desdobrar e com plena consciência que não podia atender a tudo e a todos. O jogador, por sua vez, sentia-se só, abandonado. Então se apegava a qualquer desculpa que aparecia pela derrota que talvez viesse, e que acabava vindo mesmo[142].

Agora, não. O técnico era apenas o técnico. Nem assumia a responsabilidade da escalação do escrete que tinha de ser aprovada pela Comissão Técnica. Votavam todos: o chefe, Paulo Machado de Carvalho, o supervisor, Carlos Nascimento, o técnico, Vicente Feola, o preparador físico, Paulo Amaral, e o médico Hilton Gosling.

O dentista Mário Trigo e o psicotécnico professor Carvalhaes não votavam. Os dois acabaram servindo para relaxar os jogadores. Mário Trigo contando

---

[141] 8 de junho de 58.
[142] Primeiro, o juiz. Quando não se aceitou mais a explicação do juiz, veio a da comida. Daí se pensar em escrete em termos de feijão. Depois surgiu a saudade de casa. A nostalgia.

anedotas, o professor Carvalhaes servindo para piadas. Tendo de tranquilizar os jogadores, entrou em pânico logo que subiu ao avião. Os jogadores é que tiveram de tranquilizá-lo.

Era uma experiência nova. E ia funcionar pela maleabilidade dos chamados cartolas, remando no mesmo barco dos jogadores, desejando o que os jogadores desejavam.

Garrincha tinha sido barrado depois de um gol contra o *Fiorentina*, o último de uma vitória de quatro a zero. Driblara toda a defesa italiana, inclusive o goleiro, o gol estava vazio, mas esperou que o beque voltasse para tirá-lo de debaixo dos três paus com outro drible. O beque saiu do gol, quando viu Garrincha entrando, de bola e tudo, quis voltar e bateu com a cara na trave[143].

Até a multidão que enchia o campo do *Fiorentina*, e que era toda italiana, caiu na gargalhada. Os únicos que não riram foram Carlos Nascimento, Vicente Feola e o professor Carvalhaes. Carlos Nascimento gritou logo:

– Irresponsável!

Vicente Feola fez eco:

– Não me entra mais no escrete.

Não era por causa da cor de Garrincha. Tanto que Dida, depois da estreia contra a Áustria, foi barrado sumariamente. Daí por diante Feola, Nascimento, Gosling e Paulo Amaral só pensaram em recuperar Pelé, que estava machucado.

Em Garrincha a direção do escrete nem queria ouvir falar. Era que Garrincha vivia a botar apelido em todo mundo e a brincar de 'teje preso' e 'teje solto'. Saía todas as manhãs pelos jardins de Hindas, a agarrar e a soltar os jogadores:

– 'Teje' preso. 'Teje' solto.

Foi preciso que, antes do jogo com a Rússia, Belini, o capitão, Nilton Santos e Didi fossem a Feola para dizer:

– 'Seu' Feola: viemos aqui para ganhar o campeonato do mundo. Sem Garrincha não vai dar pé.

Já sabiam que não ia poder ser sem Garrincha e sem Pelé. Mas Pelé estaria escalado no dia em que aguentasse dois tempos de um treino. E Didi foi convencer Pelé de aguentar os dois tempos do último treino.

Então o escrete tomou quase a feição definitiva, escurecendo. Faltava apenas Djalma Santos. Por isso deu a grande arrancada que começou contra a Rússia.

A Rússia tinha mandado, com o *Dínamo*, olheiros para analisar o futebol brasileiro. Os olheiros deram a ficha de Garrincha: imarcável no drible para a direita.

O curioso é que, aqui, no Brasil, havia gente que dizia o mesmo: Garrincha só tinha um drible, o tal drible para a direita. Apesar disso, de só driblar para a direita, era irresistível.

---

[143] 29 de maio de 58.

A Rússia botou dois homens para marcar Garrincha. Um para levar o drible, outro para tomar a bola que Garrincha atiraria de lado, para a direita, na hora do drible. Aconteceu, porém, o seguinte: o primeiro drible de Garrincha foi para a esquerda.

Garrincha driblou para a esquerda, invadiu a área russa, chutou na trave, com segundos de jogo. Os russos só pegaram na bola depois do primeiro gol brasileiro, uma bola atrasada por Garrincha, da linha de fundo, que Vavá emendou para o fundo das redes.

Era o caminho que se abria para a grande conquista[144]. Até então ninguém acreditava na vitória final do Brasil. A Rússia era a grande favorita. Tinha acabado de lançar o *Sputnik*. Até onde chegaria a ciência russa? O futebol transformara-se, na Rússia, em matéria de laboratório.

Os que amavam o esporte mais popular do mundo saudaram a vitória do Brasil contra a Rússia como a salvação do futebol-arte. Que laboratório poderia produzir um Didi, um Garrincha, um Pelé? Ou um Nilton Santos, um Zito, um Zagalo?

Aqueles artistas nasciam nos campos livres, nas peladas, pelo amor à bola, ao futebol. Chamavam a bola de 'menina'. Tratavam-na com o carinho de namorada. Era a primeira namorada. O amor de infância que se prolongava, cada vez mais intenso, pela vida afora.

Willy Meisl, grande cronista internacional, austríaco dos tempos do *Wonderfull Team*, naturalizado inglês, fez questão de agradecer, pessoalmente, à crônica brasileira:

– Vocês salvaram o futebol como arte.

'Vocês' não eram os cronistas brasileiros. Eram os brasileiros. O povo que tinha produzido um Pelé, deus do estádio aos dezessete anos. Pelé explicava os outros como os outros explicavam Pelé.

Só a posse da bola, plena, total, de quase ato sexual, o conhecimento no sentido bíblico, da bola, a menina, a namorada, a noiva, a mulher, é que poderia ter feito Pelé encontrar o caminho do gol contra o País de Gales[145].

O gol não foi obra apenas de Pelé. Nasceu de uma bola enfiada por um Didi em meio a uma floresta de pernas. Quando a recebeu Pelé não podia chutá-la. Um pé enorme se levantou e veio, de travas à mostra, para cobrir-lhe o pé e a bola. Pelé tocou na bola, levantando-a, ao mesmo tempo que rodava sobre si mesmo.

A bola estava fora do alcance do pé enorme, e ele também, porque rodara e dera as costas, como se tivesse saído da jogada. Completando o giro, porém, ficou de frente para o gol no momento exato em que a bola descia para o tiro de misericórdia, um peteleco na bola, bem no canto do gol.

---

[144] 15 de junho de 58.
[145] 19 de junho de 58.

Viu-se então, em pleno esplendor, o melhor e o mais belo futebol do mundo. O escrete brasileiro, já com a fisionomia definitiva, ou quase, pois faltava Djalma Santos, o 'Nariz', amorenado, nem preto nem branco, café-com-leite, tornara-se irresistível. Sobretudo quando uma dificuldade surgia, como contra a França, que chegou a fazer um a um, como contra a Suécia, que marcou o primeiro gol.

Didi veio lá da frente para apanhar a bola no fundo das redes de Gilmar. Botou-a debaixo do braço, esticou o pescoço de foca, e gritou de dentes cerrados:

– Vamos encher esses gringos!

Quando o juiz francês, M. Guigue, ia dar o último apito, enciminha da hora, Pelé estava marcando o quinto gol do Brasil. Pediu a bola a Zagalo, Zagalo levantou-a, Pelé subiu tão alto que o goleiro sueco tocou-lhe, com as mãos estendidas, na cintura, como se fosse agarrar um fantasma. A cabeça de Pelé jogou a bola no outro lado e o goleiro sueco correu, bracejando, para, vencido, abraçar-se à trave que surgiu de repente, diante dele.

Era uma imagem que ia ficar na Copa do mundo: Pelé sentado na pequena área, chorando feito um menino desmamado, e a dar socos na grama úmida do estádio de Estocolmo. Para exprimir melhor a vitória do Brasil só o gesto de Belini, o 'Grande Capitão', belo como um Apolo, erguendo bem alto, para o céu, a Taça de Ouro.

Nunca ninguém segurara a Taça de Ouro com maior unção, feito uma hóstia, num gesto puro, de quem ergue os olhos para fitar Deus. A Copa do mundo era nossa[146].

Ao meio-dia o comércio do Rio fechou as portas[147]. A cidade toda foi para a rua. Parecia terça-feira de um Carnaval de outros tempos, quando as casas se esvaziavam e todos marcavam encontro na Avenida Rio Branco. Só que para saudar os campeões do mundo a Avenida Rio Branco não bastava.

A multidão começava a engrossar diante do Palácio do Catete onde se armara o palanque presidencial. Era lá que os campeões do mundo iam receber as medalhas de ouro mandadas cunhar, especialmente, pelo Presidente Juscelino Kubitschek. Pouco importava que, até chegarem lá, os jogadores fossem demorar. Era preciso, porém, guardar o lugar. O carioca não fazia outra coisa, do Catete ao Galeão. A multidão espraiava-se, cada vez mais compacta, comprimindo-se, acotovelando-se, diante do Palácio do Catete, pela Rua Silveira Martins, Avenida Beira-Mar, Avenida Rio Branco, Avenida Presidente Vargas, Avenida do Mangue, Avenida Brasil e Galeão.

Muitos sabiam, ou calculavam, que no Galeão nem iam poder ver os jogadores. Os que foram para o Galeão foram mais por impaciência. Para ver de longe, descendo do avião, os jogadores, e acenar-lhes, para depois, às pressas, voltar para a cidade. Havia tempo de voltar e chegar antes, bem antes.

---

[146] 29 de junho de 58.
[147] 2 de julho de 58.

Os campeões do mundo só iam passar pela Avenida Rio Branco quase às dez horas da noite. A Avenida que não se podia mexer. As Escolas de Samba, os Blocos Carnavalescos tinham descido, ouviu-se de longe o batuque enlouquecedor.

Apenas um jogador podia mostrar-se no mais belo momento do campeonato do mundo: Belini. Repetia o gesto que tínhamos guardado como num escrínio: os braços erguidos, as mãos se fechando para segurar a Taça de Ouro. De Pelé só se podia ver o riso largo e branco, os olhos escancarados de criança. De Garrincha nem as pernas tortas. Garrincha sorria, meio sem jeito. Didi esticava o pescoço de foca. Vavá enrugava o rosto, apertando os olhos, para mostrar o riso de chinês. Era um chinês alto, moreno escuro. Irresistivelmente os olhos se voltaram para Belini, feito uma estátua grega. Principalmente os olhos das mulheres, brancas, mulatas e pretas.

No carro do Corpo de Bombeiros, Belini era a Taça de Ouro, era a vitória. Mesmo no palanque presidencial, ao lado de Juscelino Kubitschek, Belini, enquanto esteve com a taça, dominava como um deus. Bastou, porém, que chegasse o momento do autógrafo para que se percebesse que o ídolo era outro.

Nem era um, eram dois: Pelé e Garrincha. A crônica europeia tinha escolhido Didi como o maior jogador do campeonato do mundo. Mas não como ídolo. O ídolo era Pelé, era Garrincha. Os jornais de Götenborg tinham esticado manchetes: 'Hoje tem Garrincha'. O *Paris-Match* chamava Pelé de 'Rei': *'Le Roi* Pelé'.

Didi sabia que não ia ser ídolo. Não era surpresa para ele a escolha de Pelé e Garrincha. Por isso é que, logo depois da vitória contra a Rússia, certo de que o título já era do Brasil, reuniu os jogadores efetivos e reservas para evitar que sucedesse o mesmo que em 38, quando Leônidas da Silva, transformado em ídolo nacional, símbolo da vitória na derrota, açambarcou todas as atenções. Uma homenagem ao escrete reduzia-se a uma homenagem a Leônidas. As flores, os presentes, só para Leônidas, os outros jogadores feito bobos, pano de fundo da glória do 'Diamante Negro'.

Daí a pressa de Didi[148]. O Brasil ia ser campeão do mundo. Era o momento de um compromisso: o de que todos eram iguais. Os que tinham jogado e os que não tinham jogado. Mesmo os que não eram jogadores, como o bom preto Assis, que ficava até altas horas da noite limpando as chuteiras, consertando as travas, preparando a ferramenta dos que iam jogar. O bom preto Assis, o roupeiro, não podia ser esquecido. Nem Mário Américo, o preto de mãos ágeis, que esquentava os músculos dos jogadores antes dos jogos. E que passava o dia a fazer compressas quentes e frias. Todos ali eram iguais. Castilho torcendo por Gilmar, Joel querendo que Garrincha fizesse miséria em campo, Mazola feliz porque Vavá estava uma fera solta, Dida achando que o lugar era mesmo de Pelé.

Um deles ia ser escolhido ídolo. O ídolo, fosse quem fosse, tinha de assumir o compromisso de que o que recebesse pelo título não seria só dele, seria de todos. Assim ninguém ia poder tirar o título do Brasil.

---

[148]Didi reuniu os companheiros na noite da vitória contra a Rússia.

Se um reserva quisesse o lugar do efetivo, se não se botasse o Brasil acima de tudo, o Brasil não podia ser campeão. Era preciso não pensar em si mesmo, pensar só no Brasil, no título. Por isso nenhum jogador brasileiro podia revidar um pontapé, rebelar-se contra qualquer decisão do juiz. Se o juiz anulasse um gol do Brasil, o jeito era fazer outro. Se o juiz desse, como válido, um gol ilícito do adversário, o jeito era fazer outro.

Foi um campeonato conquistado sem uma mancha. Nunca uma equipe foi mais limpa, mais inglesa, no sentido do inglês ideal, ideal recôndito de todo brasileiro.

O curioso é que, imaginando um ídolo, o brasileiro pensava, por um hábito de oito anos, em Obdúlio Varela. Num 'Grande Capitão'. Tanto que o chamado Plano Paulo Machado de Carvalho dava ênfase ao capitão, considerando-o figura essencial para a conquista do título. E não se podia sonhar com melhor capitão do que Belini.

Era um Obdúlio Varela inglês ou nórdico, para não dizer grego. Um Obdúlio Varela limpo. Sem aquele ar acafajestado, do mulato uruguaio, Belini lembrava um cavaleiro andante, um 'Robin Hood' *do* futebol. Ou um 'Cid'.

Quando Mazola, contra a Inglaterra, teve um ataque de nervos e pôs-se a chorar, num verdadeiro chilique, Belini veio lá de trás e levantou-o a bofetada. Não vibrou bofetadas para agredir e sim para levantar o ânimo de Mazola[149]. Repetiu, sem o saber, a cena de Obdúlio Varela com Gigghia. A diferença estava em Bigode, um Bigode do outro time, que não houve.

Pode-se dizer que o torcedor prefere sempre o atacante ao defensor, o que decide lá na frente ao que decide cá atrás, o que dá a vitória ao que evita a derrota.

Mas se poderia ter aberto uma exceção para Belini, pela espera de oito anos. Esperava-se um Obdúlio Varela nativo, como um Messias. Na hora, porém, de escolher, o brasileiro ficou com o que melhor representava o seu futebol, com Pelé e Garrincha.

Por que dois e não um? Sempre se escolhera um: primeiro Arthur Friedenreich, depois Leônidas da Silva. Pelé e Garrincha eram dois jogadores diferentes. Os dois, porém, se assemelhavam pela capacidade que tinham de abrir o caminho da vitória por mares nunca dantes navegados.

Garrincha imitava aquele personagem de mais de mil e uma comédias, encanto de gerações. O bobo que não era bobo. O bobo que era o herói. Olhava-se para aquele jogador simplório, de pernas tortas, que aparentemente não queria nada. Bastava que tocasse na bola para transfigurar-se. Então o bobo virava o sabido, o mais sabido de todos, sem perder a cara de bobo, o jeitão de bobo.

Por isso as crianças e os velhos da Suécia rebolavam pelos degraus dos estádios, como se estivessem vendo uma fita de Charles Chaplin. Era a impressão que Garrincha dava: o desajeitado que não errava uma.

---
[149] 11 de junho de 58.

Os marcadores dele desabavam de pernas para o ar e a multidão caía na gargalhada. O engraçado era que o drible de Garrincha era mais do que manjado. Não que fosse, como alguns afirmam até hoje, ainda enganados, driblados, como os outros, só para a direita. Garrincha driblava para a direita, para a esquerda, pelo centro. O drible é que era sempre o mesmo.

Parecia a coisa mais simples do mundo marcar Garrincha. E quando acaba Garrincha era irresistível. Daí a surpresa, o choque, a gargalhada. Diante de Garrincha o torcedor de todo o mundo virava criança. Só a criança, ou quem volta a ser criança, embora por um só momento, acha graça num escorregão de alguém importante, como, por exemplo, um marcador de Garrincha.

O marcador de Garrincha é colocado em campo para detê-lo. Geralmente não é um só. São dois, três. E Garrincha passa por eles todos e eles todos caem, como se escorregassem numa casca de banana colocada no campo pelo moleque Garrincha.

Outra coisa que fazia rir: a cara de Garrincha, sério, grave mesmo. E mais sério e mais grave quanto mais gargalhadas despertava. Como se não compreendesse, ou compreendesse menos do que ninguém, o que estava acontecendo.

Era o que explicava a incolumidade de Garrincha. Outro, que fosse fazer o mesmo, faria uma vez. Na segunda levava um bofetão. Muito jogador, depois de derrubado por Garrincha, levantava-se para brigar. Mas se desarmava vendo um Garrincha desajeitado, humilde, quase pedindo desculpas.

O jeito era sair para outra. Tentar, inutilmente, mais uma vez, tomar a bola de Garrincha, para de novo cair, de pernas para o ar, e provocar a gargalhada da multidão.

Pelé não fazia rir. Mesmo quando fazia coisas de não se acreditar. Gostava de fazer tabelinha na perna do adversário. O adversário sentia a bola batendo-lhe na perna. Tentava apanhá-la, ela já estava nos pés de Pelé.

Havia alguma coisa em Pelé que provocava o respeito de todos. Vendo-o jogar, a multidão se sentia num templo do futebol, onde só se admitia o entusiasmo das palmas.

Em vez de rir a multidão punha-se de pé para bater palmas calorosas de Municipal, de *Scala* de Milão, de *Metropolitan* de Nova Iorque. Muitos nem se levantavam. Continuavam sentados, esquentando as mãos, batendo palmas cada vez com mais força.

Em Pelé se sentia toda a grandeza do futebol como paixão do povo, como drama, como destino. Pelé era o próprio destino. Era o destino que vestia a camisa amarela do escrete brasileiro. O Deus é brasileiro do dito popular.

É verdade que só tivemos olhos para ver Pelé e Garrincha depois do campeonato do mundo de 58. Pelé e Garrincha tinham feito quase que as mesmas coisas que fizeram depois. A gente via e esquecia a seguir.

A prova é que ninguém, aqui, protestou quando os dois ficaram de fora do escrete. Pelé estava machucado, seguiu machucado para a Suécia, mas o efetivo era Dida. Garrincha, então, não tinha um arranhão. Só tinha as pernas tortas que sempre tivera. Talvez a gente preferisse, em se tratando de escrete, as pernas direitas de Joel. Pelo menos a barração de Garrincha não provocou nenhuma reação. Foi considerada natural.

E Garrincha era Garrincha e Pelé era Pelé. Garrincha fazia rir, como faria rir depois, derrubando os marcadores, atirando-os de pernas para o ar. Pelé já era a vitória. Com dezesseis anos vestira a camisa amarela do escrete brasileiro para conquistar a Copa Roca[150]. Ninguém, contudo, guardara a frase de Nestor Rossi, o capitão do escrete argentino:

– Pelé *es lo mejor de todos.*

Bem que Pelé se vinha mostrando. Fazia gols que nunca tinham sido vistos. Como aquele contra o *Belenenses,* quando depois de ter marcado dois, antológicos, invadiu a área e se viu diante de uma barreira compacta de portugueses: quatro, ombro a ombro, para impedir-lhe a passagem. Pelé deu as costas, fugiu, levou uma vaia, virou-se porque sabia que sua fuga desfizera a barreira, que os portugueses todos estavam no encalço dele, driblou cinco e colocou a bola, mansamente, no fundo das redes[151].

Todo mundo se espantou. Mas se espantou como se tivesse visto uma coisa que não veria mais, quase uma assombração. Se se levasse em conta a idade de Pelé, dezesseis anos, se teria descoberto Pelé um ano antes. Apenas, apesar de se ter visto a jogada espantosa, ninguém quis aceitar a existência de um gênio do futebol, muito menos a de um gênio menino de dezesseis anos.

É que só se aceita o consagrado. Fosse um Didi ou um Zizinho fazer aquilo, que não fariam, e o espanto seria duradouro, como mais uma prova de que Didi era Didi, de que Zizinho era Zizinho.

Mas quem era Pelé? Quem era Garrincha? Garrincha derrubava os marcadores, atirando-os de pernas para o ar, antes de 58. A gente, porém, duvidava que Garrincha fizesse isso num campeonato do mundo. E, se fizesse, a gente duvidava que isso acabasse com a Rússia, como acabou.

Ainda pensávamos, como os russos, que Garrincha só tinha um drible para a direita. Ignorávamos, inteiramente, que ele, apesar de ter um drible só, driblava para qualquer lado. E não acreditávamos muito num palhaço do futebol. Talvez lembrando as restrições inglesas ao futebol brasileiro. Aquela condenação irremissível do futebol brasileiro que tinha tudo de um circo, os trapezistas, os acrobatas, os engolidores de espada, os comedores de fogo, os palhaços, mas não tinha o elementar, que era um time.

Já Pelé, quem sabe, era quase ignorado pela idade. Um menino. Talvez mais tarde, se não se perdesse. Mas com dezessete anos, que podia fazer um Pelé num

---

[150] Entrou no segundo tempo do primeiro jogo, 8 de julho de 57, para marcar o gol brasileiro. A 11, no jogo final, marcaria outro gol. O Brasil ficou com a Copa Roca.
[151] 19 de junho de 57.

campeonato do mundo? Melhor um Dida, já com vinte e um anos, experiente, calejado, malandro.

O campeonato do mundo de 58 fez a gente ter olhos para ver Pelé e Garrincha. Na verdade não os escolhemos como ídolos. Eles já voltaram escolhidos. Se os europeus riam com Garrincha, podíamos rir à vontade com ele. E lhe agradecemos as boas gargalhadas que dávamos toda vez que ele jogava. Se os europeus aclamavam Pelé como Rei, 'Roi Pelé', podíamos, livremente, acalentar o orgulho de ter um Rei, o Rei do esporte que mais amamos e que nos fizera campeões do mundo[152].

6

A popularidade de Pelé e Garrincha era a forma que o povo tinha de manifestar gratidão aos campeões do mundo. Os jogadores, evidentemente, esperavam mais. Daí a decepção de muitos. Sobretudo depois que o governo não cumpriu a promessa de uma casa e um emprego público para cada um deles.

Na hora do banquete tudo parecia simples. O Presidente Juscelino Kubitschek prometeu a casa e o emprego público. Chegou a mandar uma mensagem para o Congresso pedindo crédito para as casas dos campeões do mundo. Apareceu logo um deputado com uma emenda estendendo o benefício a todos os pracinhas.

Os pracinhas eram quatorze mil. Logo os campeões do mundo ficaram sem casa. Alguns não se incomodaram. Não acreditavam em promessa de governo. Outros, porém, se julgaram vítimas de um conto do vigário.

É o que explica a facilidade com que cederam às tentações do futebol europeu. Vavá chegou a suplicar para ir para a Espanha. Era a oportunidade da vida dele. Deixou crescer a barba, amarrou a cara, só reabriu o sorriso quando o Vasco, que o queria vender, partindo do princípio de que ninguém valia dezoito milhões, agarrou o pretexto para entregá-lo ao *Atlético de Madri*.

Didi teve que representar o mesmo papel de Vavá para vestir a camisa do *Real Madri*. Fazia tanta questão de ir embora que se desvalorizou. O Botafogo tendo de fazer abatimento, o Real de Madri fingindo quase desinteresse.

Basta dizer que o *Real Madri* comprou Didi por menos da metade que o *Atlético* pagou por Vavá. Didi é que arrotava grandeza. Ia mandar a filha dele e de

---

[152]Ler, do Autor, *Viagem em torno de Pelé*. Pode-se acompanhar, passo a passo, a formação e a evolução do 'Rei do futebol'.

Guiomar, a Rebeca, para um colégio da Suíça. E explicava que se não fosse isso ficaria por cá.

A verdade é que estava certo de desbancar Di Stefano que a Espanha apontava como o maior jogador do mundo. 'Dom' Alfredo estava velho. Didi ainda tinha vinte e oito anos. Era a maneira de provar que o 'Rei' era ele e não Pelé.

Para ir para a Espanha aguentou vaias. Jogava mal de propósito. E, quando o Botafogo estranhava, Didi explicava tudo numa frase:

– Não tenho cabeça para jogar aqui.

O Botafogo teve que soltá-lo. Didi foi para uma decepção pior da que tivera pela ingratidão do Brasil. Em Madri o 'Rei' era 'Dom' Alfredo. E não fazendo segredo de que desejava tomar-lhe o lugar no coração da Espanha e do mundo, Didi despertou-lhe o pior dos sentimentos.

Viu-se, então, o jogador que fora considerado o maior do campeonato do mundo ser barrado do *Real Madri*. Didi repetia o destino de Leônidas, depois da Copa Rio Branco de 32, na reserva do *Peñarol* O futebol uruguaio, bicampeão olímpico e campeão do mundo, vingava-se em cima de Leônidas que fizera os dois gols da vitória brasileira. O *Real* se proclamando o maior esquadrão que jamais houvera dava-se ao luxo de ter um Didi no banco de reservas.

Os outros campeões não aceitaram assim, sem mais nem menos, a escolha de Pelé e de Garrincha como ídolos. A prova está na reação dos jogadores que nem tinham ido à Suécia e que também se consideravam campeões do mundo, como brasileiros.

Não havia beque ou alfe que não quisesse tirar a carteira de ídolo de Pelé e de Garrincha. Subitamente os dois foram transformados numa espécie de inimigos públicos número um dos companheiros de profissão. Eram caçados à ponta de chuteira em todos os jogos.

Garrincha não reagia. Levava o pontapé como se fosse uma trouxa. Caía a dois metros, já embrulhado, depois é que apalpava as pernas para ver se tinha alguma coisa quebrada. Não tinha, levantava-se e nem olhava para quem lhe metera o pé. Só algumas vezes, recebendo uma pancada mais forte, para quebrar mesmo, é que erguia os olhos mansos, como se perguntasse:

– Que é que lhe fiz?

Foi por isso, para apaziguar os ânimos dos que queriam mandá-lo para fora do campo, que Garrincha inventou a mais pura jogada do futebol brasileiro: o da bola fora quando um adversário se machuca.

Inventou essa jogada num Fluminense e Botafogo[153]. Pinheiro foi rebater uma bola, estourou um músculo e caiu. A bola sobrou para Garrincha que invadiu a área. Podia fazer o gol, mas viu Pinheiro caído e, tranquilamente, como se fizesse

---

[153] 27 de março de 60.

a coisa mais natural do mundo, atirou a bola para fora. Era um Gandhi do futebol florescendo, subitamente, em meio ao incêndio das paixões de um jogo.

Altair, quando foi bater o arremesso, chamado lateral, compreendeu que tinha de retribuir. Aquela bola não era do Fluminense, era do Botafogo. E foi do Botafogo, dando início a uma tradição do futebol brasileiro que ganhou mundo, que já é cultivada em qualquer rincão onde se jogue bola.

Pelé reagia. Depois de derrubado, como se uma foice o tivesse decepado, erguia-se de um salto. E olhava o pistoleiro do outro time bem no fundo dos olhos, quando não revidava logo.

Tinha de reagir. O pai dele, Dondinho, ficara marcado, no joelho, para o resto da vida, justamente quando ia alçar o voo como jogador. Pelé não esquecia o horror da mãe pelo futebol que fizera o marido sofrer. A missão dele era reabilitar o futebol aos olhos da mãe. Dar ao pai a fama que nunca tivera. Daí a preocupação de falar no pai, de por qualquer coisinha lembrar Dondinho.

Depois de marcar três gols contra a França, quando o mundo começava a saudá-lo como o 'Rei do Futebol', a primeira coisa que fez, sem quê nem para quê, foi dizer que Dondinho é que era jogador de futebol.

– Papai jogava muito mais do que eu.[154]

Não se explica Pelé sem esse amor pela família, pelo pai, pela mãe, pela avó, pelo tio que inteirava as despesas da casa, pelos irmãos. Não fumava e não bebia porque o pai lhe dissera para não fumar e não beber.

– Se você quer mesmo ser jogador de futebol, Dico, não fume nem beba.

Era uma família, a de Pelé, de bons pretos, tementes a Deus. Pobres e agradecidos. O que tinham era Deus quem dava. Como não agradecer a Deus pelo pão de cada dia?

Já Garrincha tinha tido um princípio diferente. O pai bebia de cair. Ele era um aleijado. Uma perna mais curta do que a outra. Para andar teve que entortar a perna mais comprida.

Pode-se ver Garrincha fazer isso, para ficar em pé e andar direito, a qualquer momento. Basta olhá-lo quando se levanta. De pé, não anda logo. Primeiro pousa num pé, depois ajeita a outra perna que se entorta, encurvando. Só aí é que Garrincha dá o primeiro passo.

Era um milagre ele jogar futebol. Nunca tinha saído de Pau Grande, na Raiz da Serra. Fora lá que aprendera tudo. Como? Menos nas peladas, onde jogava em qualquer posição, exceto na ponta-direita, do que no mato, onde ia caçar.

Não largava o bodoque. Era o brinquedo mais querido. Dormia com ele enrolado no pescoço, como um cordão de ouro com uma medalha de S. Judas Tadeu.

---

[154] 24 de junho de 58. Pelé repetiu a declaração várias vezes. Bastava que lhe entregassem um microfone. Sabia que Dondinho estava ao pé do rádio. Queria tornar o pai campeão do mundo, como se tivesse ocupado um lugar que pertencia ao pai.

Só se compreende Garrincha identificando-o com o caçador. Ou melhor, com a caça. Foram os passarinhos, as pacas, os gambás, que lhe ensinaram o melhor dele em futebol.

O drible de Garrincha é fuga de bicho ou de passarinho. Mais de bicho do que de passarinho. O passarinho, às vezes, ou quase sempre, estava num galho de árvore, descansado, sem desconfiar de nada. E lá vinha Garrincha, pé ante pé, de bodoque em punho. Gostava de matar garrinchas que é o nome de cambaxirra no Norte. Daí o apelido. Chegava em casa, o bornal cheio de cambaxirras, a irmã o apontava, horrorizada. Não olhava para as cambaxirras, olhava para ele, o dedo acusador:

– Garrincha! Garrincha!

E ficou Garrincha. Mas que lhe podiam ensinar as pobres cambaxirras? As pacas, os gambás, sim. Ficavam olhando para ele, nos olhos, nas mãos, nas pernas, no corpo inteiro, para sentir-lhe o menor movimento. Garrincha tinha de ficar quieto, imóvel, como quem não quer nada.

Quantas vezes um bicho o driblara e o jogara no chão, de pernas para o ar? Garrincha, diante de um marcador, se sentia como uma paca, um gambá. Não olhava para os olhos do marcador: olhava para as pernas dele. E de repente fingia que ia. Jogava o corpo para um lado, anunciando o drible. Não ia, só ia quando o marcador descambava o corpo para o lado que ele queria. Então enveredava pelo outro.

Era queda na certa. O marcador perdia o equilíbrio, tentava retomá-lo, não podia mais e desabava, de pernas para o ar. Nada mais simples. Tão simples, tão infalível que provocava sempre a surpresa. Era como se alguém visse uma casca de banana e levantasse o pé para não pisá-la e a pisasse, infalivelmente.

Pelé teve uma escola de futebol. Primeiro a bola de meia, depois a bola de concurso de figurinha, menor do que a da Liga, finalmente a bola grande, de campeonato. Com onze anos estava calçando chuteiras. Já fazia da bola o que queria. Desde os cinco anos andava às voltas com a redonda. Quando teve a primeira bola de verdade dormiu abraçado a ela, como se ela fosse uma mulher.

Dondinho foi o primeiro professor. Embora gostasse de enfeitar uma jogada, para mostrar que era o Dondinho falado, ao filho desaconselhava a firula.

– Jogue simples, Dico, quanto mais simples melhor.

Era preciso, porém, saber tudo. Às vezes o único jeito de fazer um gol era de letra. Se ele não soubesse fazer uma letra, dar uma bicicleta, parar a bola numa embaixada, cobrir o jogador do outro time com um lençol, gingar o corpo, fingir bem fingido que ia, como se fosse e mudar de intenção, encolher o peito para amortecer a bola, chutar enchendo o pé ou dando um peteleco na bola, não seria nunca grande.

Quando se sabia fazer tudo isso, a vontade que se tinha era de mostrar que se sabia. Podia passar um jogo inteiro sem aparecer a necessidade de um bom lençol, de cama de casal, largo e comprido, de cama de menino, estreito e curto, na medidazinha.

O grande jogador tinha que se limitar ao necessário. Com a humildade de quem sabe mesmo. O que se sabe é para a hora da necessidade. Não sendo preciso, para que ostentar sabedoria?

Foi o que espantou mais Valdemar de Brito: a maturidade de Pelé. Um menino de doze anos que parecia um homem pela maneira de jogar. E pensar. Por isso, já treinando Pelé, sendo um segundo pai para ele, Valdemar de Brito disse a Petronilho:

– Lá em Bauru tem um garoto que joga mais do que nós dois jogávamos juntos.

Pelé tinha, então, treze anos. Para Valdemar de Brito já era o maior jogador do mundo. Nunca vira ninguém fazer com a bola o que o garoto Pelé fazia. O mais insólito é que sabendo fazer tudo, tudo mesmo, no jogo se limitava ao indispensável. Era um clássico no melhor sentido.

Valdemar de Brito sabia que era muito difícil resistir à vontade de dar *show*. Quantas vezes ele cedera a essa cócega de se mostrar? Era mais forte do que ele. Queria ouvir palmas, música de harpa dos anjos para qualquer jogador, e não havia meio mais infalível.

Valdemar de Brito fora um Dondinho que chegara a saborear a glória. Se não o tivessem acertado no joelho magro, anguloso, talvez, quem sabe, o lugar de Leônidas da Silva teria sido dele.

Diante de Pelé a amargura de Valdemar de Brito ia embora. A amargura de Valdemar de Brito e de Dondinho. O futebol não dera tudo o que poderia ter dado aos dois. Mas lhes dava Pelé para ser o que eles nunca tinham sido. Daí os cuidados do pai, de Valdemar de Brito. Até o conselho de não ler jornais ele deu para Pelé.

– O melhor que você pode fazer é não ler jornais.

Os jornais estragavam um jogador com elogios, perturbavam-no com críticas. Se jogara bem, para que ouvir elogios? Quem gostava de ouvir elogios acabava se mascarando. E nada havia pior do que uma máscara para um jogador. E, se jogara mal, para que se martirizar lendo as críticas e até os deboches que saíam nos jornais?

Por isso Pelé raramente pegava num jornal[155]. Podia fazer uma ideia do que saía nos jornais pelo que ouvia no rádio. Leônidas da Silva falando mal dele. É que o 'Diamante Negro' não se conformava com a glória de Pelé, maior do que a dele.

Pelé era o 'Rei'. Nunca se escolheu melhor um ídolo. Ou um 'Rei' para reinar no futebol. A diferença entre Pelé e Garrincha. Pelé agarrou a coroa e colocou-a na cabeça. Não para exibi-la: para que ninguém a tirasse. Garrincha nem nada.

Notava-se bem a diferença entre os dois num individual. Garrincha tratava de se esconder. Ia lá para trás, longe dos olhos do preparador físico. Pelé colocava-se na primeira fila, bem à mostra. O que o preparador físico fazia ele fazia, com a mesma energia.

---

[155] Ainda hoje Pelé evita a leitura de jornais, sobretudo depois de um jogo. (N.E. - 3ª ed.: o Autor escreveu este texto em 1963).

Garrincha gostava era de correr atrás de uma bola, tocá-la, acariciá-la. Parecia que tinha o pé de papel, fofo. A bola batia no pé dele e morria. Ou adormecia como num colo de mãe.

Tinha as coxas como as de Pelé. Pelo menos tão fortes. Só que os músculos de coxas de Pelé eram mais trabalhados. Foram enrijecendo aos poucos, pelos exercícios, pela ginástica metódica. Já os das coxas de Garrincha tinham outra origem. A do esforço maior de entortar as pernas para poder andar. A das correrias no mato, caçando garrinchas, pacas e gambás. A das peladas, umas atrás das outras, quase o dia todo, quando não havia caça.

A impressão que se tinha era a de que o pique de Garrincha era mais rápido. Corria como bicho, ziguezagueando, fugindo enquanto investia. No campo descobria picadas, como se fossem de mato, onde só bichos passavam.

Já Pelé parecia que andava de bússola na mão. Conhecia todos os caminhos. O campo era o reino dele, a bola, o cetro. Era impossível deixar de reconhecer que ele era o 'Rei'.

É verdade que o brasileiro custou a chamar Pelé de 'Rei'. Talvez pelo medo de admirar que lhe ficara de 50, como uma herança quase patológica. Foi quando mais admirava o jogador, ou o futebol brasileiro, que experimentou a amargura de 16 de julho.

O brasileiro se defendia, contendo-se. O europeu, não. Entregava-se inteiro para poder gozar, num orgasmo, o futebol de um Pelé e de um Garrincha. E se não pudesse ser de um Pelé ou de um Garrincha, de um brasileiro.

Daí a exploração do futebol campeão do mundo. Qualquer time brasileiro tinha colocação no mercado europeu. Até um Bela Vista, time sem classificação, do interior de Minas, pôde dar uma volta ao mundo depois da conquista de 58. Era brasileiro e bastava.

Um Santos, com Pelé, um Botafogo, com Garrincha, poderiam jogar todos os dias, se quisessem. E quase que jogavam todos os dias.

Só demoravam no Brasil o tempo do Rio-São Paulo, disputado a toque de caixa, do campeonato carioca e do campeonato paulista. Para o campeonato paulista o Santos sempre chegava atrasado. Tinha de descontar as rodadas perdidas, jogando três partidas por semana.

O Santos bateu o recorde de vinte e cinco jogos em quarenta e cinco dias. A desculpa era o dólar, trocado no Brasil no câmbio negro. Lá fora recebia muito mais por jogo, apesar da concorrência desleal dos outros clubes. Dos clubes que não tinham campeões do mundo e que jogavam por qualquer preço.

Pelé foi a grande vítima. Não sabia jogar sem se empregar a fundo. De corpo e alma. Nem jogar nem treinar. Mesmo num treino fazia questão de ser 'Rei'. Já Garrincha não se sentia de coroa na cabeça. Era diferente. Na maioria dos jogos se contentava em dar uns dribles, em fazer rir a multidão sem se matar em campo.

Era a única maneira de aguentar jogo em cima de jogo. Acabava um jogo e era preciso sair correndo para pegar um trem, um avião, viajar sem dormir direito, para jogar no dia seguinte, no máximo dois dias depois.

E isto mudando de clima, de comida, de tudo. As vezes em condições inteiramente opostas. Jogando um dia no Egito, a quarenta e tantos graus à sombra para, quarenta e oito horas depois, disputar uma partida na Suécia, a doze graus acima de zero[156].

Quando chegava a um hotel, Pelé trancava-se para descansar, as pernas estiradas, os músculos ainda doendo. Jogou de clavícula deslocada, de dedo do pé quebrado. Não podia dizer não. Em todos os contratos havia a cláusula de obrigatoriedade da presença de Pelé. Se Pelé não jogasse, nada feito.

O Santos era o clube dele. Pelé era fiel por natureza. Fiel ao futebol brasileiro. O Santos dependia dele. Por causa dele cobrava cada vez mais por jogo. Cobrando mais podia pagar mais aos companheiros dele.

O que salvava Pelé era a idade. Tinha sido campeão do mundo com dezessete anos. Ia ser bi com vinte e um. Mas com vinte anos teve que ficar fora do escrete brasileiro por proibição médica. Chegou a ser publicado, como uma indiscrição de médico, que Pelé estava inutilizado para o futebol. Com um mês de descanso ele voltava para reinar, supremo, mais uma vez.

O aviso, porém, fora dado. Em se tratando de um Pelé não podia ser ignorado. Sem Pelé o Brasil seria campeão do mundo? O Presidente Jânio Quadros, como brasileiro, se alarmou. Era preciso salvar Pelé.

Foi como o jogador de futebol conseguiu as férias de vinte dias. De 17 de dezembro a 6 de janeiro, todos os anos, ficou terminantemente proibida a prática do futebol. Por causa de Pelé, também, se estabeleceu o intervalo de setenta e duas horas entre dois jogos do mesmo time[157].

O sacrifício de Pelé não foi em vão, embora desde a promulgação da lei os clubes venham lutando para a redução do intervalo das setenta e duas horas. Para conseguir o apoio dos jogadores oferecem gratificações de cem mil, de cento e cinquenta mil, de duzentos, de trezentos mil cruzeiros.

É uma maneira de perverter o jogador. De interessá-lo na multiplicação de jogos. Muito jogador já prefere jogar mais vezes para ganhar mais 'bichos'.

Sem Pelé, contudo, não se tentaria, sequer, humanizar a profissão de jogador de futebol no Brasil. Pensando-se em Pelé, pensava-se no jogador de futebol. Pelé era o jogador de futebol em si.

Bastava que se anunciasse 'Pelé vai jogar', para que qualquer estádio do mundo se tornasse pequeno. O brasileiro não podia ficar alheio a esse fascínio. Quando se deu conta só tinha mesmo um ídolo. Ou um 'Rei'. Não por ingratidão a Garrincha. A verdade é que Garrincha não dava para 'Rei'.

---

[156] O escrete brasileiro jogou no Cairo, contra a seleção da RAU, a 6 de maio de 60. A temperatura era de 43 graus. A 8 de maio enfrentava em Malmoe, numa temperatura de 12 graus, o time do Malmoe.
[157] O decreto de Jânio Quadros foi assinado a 20 de junho de 61.

Faltava-lhe o mínimo de vocação. Talvez se visse ao espelho, de coroa na cabeça, e se perguntasse, como no samba:

– Que Rei sou eu?

Era a resposta que dava quando o saudavam como 'Rei', lá no Chile. Pelé machucado, sem poder jogar, só restava Garrincha, o herdeiro natural da coroa. Do jogo contra a Inglaterra até o final, Garrincha foi o 'Rei'[158].

O curioso é que, para ser 'Rei', não jogou na ponta-direita, como Garrincha: jogou nas meia e no centro, como Pelé. Tratou de ocupar o lugar vago, de ser Pelé. Pelé não podia faltar: por isso Garrincha foi muito mais Pelé, no bi, do que Garrincha.

Não marcou um só gol da ponta-direita. Começava o jogo, tratava logo de ir para o miolo do ataque. Era lá que tudo se decidia.

Bem que quis ser Garrincha. Contra a Espanha foi a última vez, no campeonato mundial do Chile, que pôde ser Garrincha, livremente. O segundo gol do Brasil nasceu de uma jogada dele, típica, da ponta. Começou a driblar espanhol, a crônica escrita e falada do Brasil em pânico. O mínimo que os locutores chamavam Garrincha era de irresponsável.

– Miserável! Débil mental! Irresponsável! Larga!

E Garrincha chamando os espanhóis todos para o drible. Os espanhóis formaram um bolo em volta dele, Garrincha driblando. Quando achou que não devia haver mais espanhol dentro da área, levantou a bola para a cabecinha de Amarildo. Era a vitória[159].

Mas fora um jogo sofrido aquele. A continuação do pesadelo. Há uma fotografia de Pelé, caído depois de tentar o gol contra a Checo-Eslováquia. Aparecem Aimoré e Mário Américo de queixo caído, a desolação no rosto. E a uns três passos, Garrincha, de mãos postas, os olhos fechados, em prece.

Como jogador sabia, pelo jeito de Pelé no chão, querendo levantar-se e não podendo, que era distensão. Era distensão e o 'Rei' estava fora da Copa. Com o 'Rei' fora da Copa, o que seria do Brasil?

Pelé não recebeu homenagem maior do que aquela, prestada por Garrincha. Era o reconhecimento público, humilde, cristão, de que o 'Rei' era Pelé.

Quando Garrincha tratou de substituir Pelé, de fazer o que Pelé faria, de ser Pelé, enfim, foi saudado como 'Rei'. Tinha destruído o *English Team*, ia destruir o Chile. O primeiro gol que fez contra a Inglaterra foi de cabeça, num salto que até então se pensava que só Pelé podia dar. Houve quem se julgasse vítima de uma ilusão de ótica. Não podia ser Garrincha, tinha de ser Pelé. E só quando Garrincha desceu, o número 7 às costas, e pousou desajeitado, as pernas tortas, é que a dúvida desapareceu: era Garrincha mesmo[160].

---

[158] O curto reinado de Garrincha é narrado minuciosamente pelo Autor em *Copa do Mundo de 62*.
[159] 6 de junho de 62.
[160] 10 de junho de 62.

Foi, então, saudado como 'Rei'. Recusou-se, porém, a botar a coroa na cabeça. Sorria, tímido, como uma moça de roça a quem fizessem um piropo, e perguntava:

– Que Rei sou eu?

O Botafogo esticou faixas na sede colonial: 'Rei dos Reis'. Pelé podia ser 'Rei', mas Garrincha era o 'Rei dos Reis'. Enquanto isso, parecia que Garrincha tinha de assumir o reinado, quisesse ou não. A distensão na virilha de Pelé custava a sarar. Temia-se até que nunca mais Pelé jogasse. E aí?

Bastou, porém, que Pelé voltasse. Voltou mais 'Rei' do que nunca. Como se precisasse deixar bem claro que o 'Rei' era ele. Voltou para conduzir o Santos ao título de campeão mundial de clubes.

Em Buenos Aires, depois da derrota do *Peñarol*, a multidão de *píbes* argentinos invadiu o campo para rasgar a camisa de Pelé e guardar um pedaço dela como relíquia[161]. Era a cena que se ia repetir em Lisboa. Até em Londres: o time inglês, vencido, formando duas filas para dar passagem a Pelé. Antes, contudo, Pelé teve que tirar a camisa. Os ingleses iam guardá-la, inteira, ainda cheirando ao 'Rei', ainda molhada pelo suor do 'Rei'.

O mundo não vira jogador semelhante. Era o que ninguém discutia: Pelé era o maior jogador de todos os tempos. Jogava atrás e na frente, de goleiro a ponta-esquerda. E onde jogasse era o melhor.

Em Viña del Mar os cronistas ingleses viram-no treinando no gol e não se contiveram:

– *Better than Gilmar!*

Quantas vezes, quando o outro time atacava, o torcedor que conhecera Domingos Da Guia, via-o sair da área, dando dribles de meio milímetro? Até que os olhos corrigiam o engano. Não era Domingos Da Guia, era Pelé.

E quando jogava no meio de campo, quem defendia e apoiava melhor do que ele? Atacando, então, jamais se vira nada parecido. Desde que começou a jogar no time de cima, aos dezesseis anos, menino ainda, com pernas de ripa, os músculos das coxas mal começando a engrossar, foi, longe, ano após ano, sem o lapso de um só, o artilheiro absoluto do campeonato paulista[162].

Uma vez quiseram botar uma placa no Maracanã para comemorar um gol dele. Foi o gol de lado a lado, num jogo Fluminense e Santos pelo Rio-São Paulo. Pegou a bola na área do Santos e foi levando. Driblava um, driblava outro, sempre para a frente. Súbito, viu o gol que não pensara fazer. Castilho se mexia debaixo dos três paus e Pinheiro se dispunha a investir sobre ele. Que fez Pelé? Partiu

---

[161] 30 de agosto de 62. Foi nesse jogo que Pelé marcou um gol de cinema. Fábio Cardoso pediu-lhe um gol do lado onde estava a câmera. Era a filmagem do 'Rei Pelé'. Pelé tinha de fazer o gol do lado da câmera e dar o pulo, esmurrando o ar de frente para a câmera. O que foi feito. Só tinha quarenta e cinco minutos para obedecer à marcação cinematográfica do gol.

[162] Em sete anos de campeonato paulista, Pelé marcou 279 gols, o que lhe dá uma média de 39,80 gols, nunca alcançada, nem de longe, por nenhum goleador do mundo.

para cima de Pinheiro, que parou, à espera. De repente Pelé mudou de rumo, tomando o caminho do gol[163].

Pinheiro levou um drible a cinco metros de distância. Pelé faria isso outras vezes. Sobretudo depois de uma série de dribles, quando só faltava um beque para driblar. Encaminhava-se para o beque, obrigava-o a esperar, como se marcasse um encontro e, de repente, mudasse de intenção. Foi o que fez Pinheiro cair como fulminado, a cinco metros de Pelé.

Basta que o jogo comece para que a cabeça de Pelé seja um *'tropel de potros en la pampa imensa'*, do verso de Santos Chocano.

– O que passa pela cabeça da gente na hora de uma jogada! – disse Pelé a Nilton Santos.

– Tem nego aí que não passa nada - respondeu o 'Velho'.

– Pois na minha – confessou Pelé – passa um filme de longa-metragem.

O que em Garrincha é instinto, em Pelé é raciocínio. Não faz uma jogada que não seja pensada. E pensada de olhos abertos, aqueles olhos de criança, escancarados, descobrindo o mundo. O campo todo se descortina diante dele. E as jogadas vão surgindo, em turbilhão. E só escolher uma delas, a melhor. Tem de decidir rápido, numa fração de segundo. Às vezes se decide numa arrancada de Coutinho, de Pepe, de Dorval. Lança-lhes a bola antes que transponham a linha de *off-side*.

Daí aquele marulhar das multidões, em qualquer parte do mundo, toda vez que Pelé toca na bola. Imediatamente tudo se transfigura. Os jogadores do outro time correm de um lado para outro, se arrumam, se desarrumam, a bola está com Pelé. E o que se pergunta, dentro e fora do campo, é o que Pelé vai fazer.

Quem não sabe que ele tem mil jogadas? E que pode criar uma nova, a que ninguém espera nem nunca viu? Daí a expectativa em volta, incontrolável. Não há quem se contenha. A bola está com Pelé e todos se preparam para ver o não-visto.

Porque Pelé não se repete. Todo jogo é diferente. Ele tem de mudar, de adaptar-se às situações inéditas de cada jogo.

O que surpreende em Garrincha é a mesmice. Em Pelé é o contrário. Quando a bola vai para Garrincha todo mundo se prepara para rir. Olhe-se em volta quando a bola for para Pelé. Os olhos se iluminam, as bocas se abrem, prontas para o espanto. É como se fôssemos presenciar um mistério se desvendando.

A bola está entre os dois pés de Pelé. Corre com ela assim. Daí a perplexidade dos marcadores. Qual é o pé que Pelé vai usar? Pode usar um ou outro, indiferentemente. E para fazer o que ninguém ousa sequer prever.

O que é um jogo, para quem torce por um time ou por um escrete, o mistério que se vai desvendar, sempre indecifrável até que o último véu se descerre, é cada jogada de Pelé para quem ama o futebol.

Por isso o preto que nasceu em Três Corações e se criou em Bauru e transfigurou o Santos e trouxe a mística da vitória para o futebol brasileiro não pode

---

[163] 5 de março de 61.

andar em rua nenhuma, de nenhuma cidade do mundo, onde o futebol seja o futebol. É saudado em todas as línguas como o maior ídolo que o esporte mais popular da Terra já produziu.

Ninguém melhor do que ele poderia deixar de ser preto, para encarnar o ideal do molequinho Robson, 'eu já fui preto e sei o que é isso'. Pelé, porém, faz questão de ser preto.

Dondinho era preto, preta dona Celeste, preta vovó Ambrosina, preto o tio Jorge, pretos Zoca e Maria Lúcia. Como se envergonhar da cor dos pais, da avó que lhe ensinara a rezar, do bom tio Jorge que pegava o ordenado e entregava-o à irmã para inteirar as despesas da casa, dos irmãos que tinha de proteger? A cor dele era igual. Tinha de ser preto. Se não fosse preto não seria Pelé.

Só podia ser Pelé assim, sem mudar nada. Nem mesmo os dias de dificuldades que não foram poucos, mas que o fizeram conhecer melhor o pai, a mãe, a avó, o tio, entregues a Deus, ao culto de Nossa Senhora Aparecida, sem hesitar em um só instante, por maior que fosse a provação, entre o Bem e o Mal. Por isso Pelé fazia questão de ser preto. Tanta questão que se tornou 'o Preto'.

E como o chamam todos os pretos, sobretudo os que jogam futebol e que estão ainda na encruzilhada de ser ou não pretos. Os companheiros de Pelé do escrete brasileiro, pretos como ele, ou mulatos, mas de cabelos 'não nega', nunca o tratam de Pelé. Nem de 'Rei'. São duas palavras proibidas, embora cada uma delas dissesse tudo. Por acordo tácito saúdam-no com 'o Preto'.

– Crioulo!

É a maneira mais fácil de exaltarem a própria cor. Olhando-se no espelho de Pelé. Se Pelé é preto, pode-se ser preto. Quem é preto deve ser preto.

Faltava alguém assim como Pelé para completar a obra da Princesa Isabel. O preto era livre, mas sentia a maldição da cor. A escravidão da cor. Donde tanto preto não querendo ser preto.

Quanto mais alto estivesse, o preto menos queria ser preto. Se era mulato tratava de passar por moreno, esticando o cabelo. Se era preto esticava o cabelo também, para transformar-se num descendente de índio.

O futebol brasileiro conheceu vários índios. Ia-se ver: não tinha nada de índios. Quando muito, mulatos, mulatos carregados, de cabelo liso.

Que significava isso senão a fuga à cor? Robson, realmente, encontrara uma fórmula mágica: a do 'eu já fui preto'. Era uma porta aberta. Melhor do que a de certos pretos, artistas de teatro, rádio e televisão, que fazem da cor um motivo, ou um *leitmotiv*, de piada[164]. Como se, fazendo rir, rissem da própria cor. E pare-

---

[164] Entre eles Grande Otelo, Monsueto e Chocolate. Pode-se dizer que obedecem ao *script*, talvez de um branco, embora muitas piadas que dizem sejam inventadas na hora, como uma jogada. Pelé nunca se prestaria a esse papel, por maior que fosse o cachê. Quando Fábio Cardoso lhe ofereceu quatro milhões para interpretar 'Rei Pelé', ele recusou porque 'não faria nenhum papel ridículo'. Foi preciso que lhe garantissem a salvaguarda da dignidade para que aceitasse.

cessem, assim, menos pretos. Ou brancos pintados de pretos. Tão pretos que se visse logo que não eram pretos.

É a explicação que se encontra para o deboche desses pretos a todos os pretos. Ao preto. No fundo, humor negro. O mais pungente humor negro.

O futebol apagara a linha de cor. O Clube esquecendo-se de que tinha preto no time, o preto esquecendo-se, de não se lembrar mesmo, que era preto.

Como se lembrar se o tratavam como branco? Ou como se não fosse preto? Era bom não ter cor. Não sentir, no corpo, a marca da cor. Confundir-se com os brancos. A fuga, para o preto do futebol, parecia, irresistivelmente, a melhor solução.

Pelé não a aceitou. Tinha uma missão a cumprir. Antes, a missão dele fora a de exaltar Dondinho, a de obrigar a falar em Dondinho, 'jogador era Dondinho', 'Dondinho jogava muito mais do que eu'. Agora não era mais. Toda vez que falava em Dondinho havia quem perguntasse:

– Dondinho? Que Dondinho?

Encontrara a maneira de exaltar Dondinho. E não só Dondinho: dona Celeste, vovó Ambrosina, tio Jorge, Zoca e Maria Lúcia. Como se envergonhar de ser preto se se orgulhava deles? Se tudo o que era devia a eles? Dondinho e Celeste deram-lhe a vida. Vovó Ambrosina ensinara-o a rezar. Tio Jorge mostrara-lhe até onde podia ir a solidariedade humana. Todos eles lhe deram conselhos. Por eles, não bebia e não fumava. Por eles, toda vez que entrava em campo era para jogar o melhor que sabia e que podia.

Se era 'Rei', o que eram aqueles pretos admiráveis que o formaram, que o modelaram, que só lhe ensinaram o que era bom? Eis o que todos precisavam conhecer. Para isso ele tinha de ser o que era: um preto. 'O Preto'. 'O Crioulo'.

Os que o admirassem pelo mundo afora teriam de admirá-lo como preto. Não queria ser melhor do que ninguém. O preto não era melhor do que o branco, o branco não era melhor do que o preto. E ele era preto. Deus dera-lhe a cor, mas lhe dera Dondinho e dona Celeste, vovó Ambrosina e tio Jorge. Para que ele fosse mais do que um preto. Para que ele fosse 'o Preto'.

E ajudasse, pela admiração que despertava, como jogador e como homem, a quebrar barreiras raciais. Clubes de todo o mundo sonham com um Pelé, com um preto. Querendo Pelé, sonhando com um Pelé foram se acostumando com o preto. A querer um preto, mesmo que não fosse Pelé.

O caso da Itália. Os maiores clubes da Itália disputaram, entre si, a conquista de Pelé. Os lances, que começaram na base de quinhentos mil dólares, foram logo a um milhão, chegando à cifra, nunca dantes imaginada pela compra de um passe, de um milhão e quinhentos mil dólares.

Nenhuma quantia abalou Pelé. A cada investida de um clube europeu tinha uma resposta: não deixaria o Santos e muito menos o Brasil. Talvez para mostrar o quanto um preto pode ser fiel. Ao seu clube. Ao Brasil.

Sem poder conquistar Pelé, o único preto que queria, a Itália acabou abrindo as portas de um futebol racista para os pretos. Os sucedâneos de Pelé foram escurecendo os times italianos.

Assim Pelé cumpria uma missão. A de exaltar a cor de Dondinho e dona Celeste, de vovó Ambrosina, e de tio Jorge, de Zoca e Maria Lúcia. Para permitir que os pretos, brasileiros e de todo o mundo, pudessem livremente ser pretos.

Enquanto isto não se realizar, Pelé cresce como uma grande figura solitária. A do 'Preto'. A do 'Crioulo', como todos os pretos o chamam para se acostumarem a ser pretos.

CARACTERÍSTICAS DESTE LIVRO:
Formato: 16 x 23 cm
Tipologia: IowanOldSt BT 10/12,5
Papel: Polén Soft 70g/m² (miolo)
Cartão Supremo 250g/m² (capa)
5ª edição: 2010

*Para saber mais sobre nossos títulos e autores,
visite o nosso site:*
www.mauad.com.br